中国广播电视社会组织联合会学术研究系列丛书

U0621908

第十六届宁波广电杯主题征文
获奖作品集

国 家 广 播 电 视 总 局 机 关 党 委
中 国 广 播 电 视 社 会 组 织 联 合 会　编
宁 波 广 播 电 视 集 团

中国广播影视出版社

图书在版编目（CIP）数据

第十六届宁波广电杯主题征文获奖作品集 / 国家广播电视总局机关党委，中国广播电视社会组织联合会，宁波广播电视集团编. -- 北京 ：中国广播影视出版社，2024. 6. -- （中国广播电视社会组织联合会学术研究系列丛书）. -- ISBN 978-7-5043-9244-2

Ⅰ. G229.2-53

中国国家版本馆CIP数据核字第2024SC6314号

第十六届宁波广电杯主题征文获奖作品集

国家广播电视总局机关党委
中国广播电视社会组织联合会 编
宁波广播电视集团

责任编辑	杨 扬
装帧设计	刘丽媛
责任校对	张 哲

出版发行	中国广播影视出版社
电 话	010-86093580 010-86093583
社 址	北京市西城区真武庙二条9号
邮 编	100045
网 址	www.crtp.com.cn
电子信箱	crtp8@sina.com

经 销	全国各地新华书店
印 刷	涿州市般润文化传播有限公司

开 本	787毫米×1092毫米 1/16
字 数	475(千)字
印 张	26.5
版 次	2024年6月第1版 2024年6月第1次印刷

书 号	ISBN 978-7-5043-9244-2
定 价	88.00元

出 版 说 明

由国家广播电视总局机关党委、中国广播电视社会组织联合会、宁波广播电视集团联合举办，《中国广播电视学刊》编辑部具体承办的第十六届宁波广电杯"学习贯彻十九届六中全会精神，迎接党的二十大胜利召开"主题征文活动于2022年10月圆满结束，总计来稿157篇。经初评、终评，评选出一等奖作品15篇、二等奖作品20篇、三等奖作品25篇，现将部分获奖作品结集出版。

《中国广播电视学刊》编辑部

目 录

一 等 奖

二　等　奖

三　等　奖

一 等 奖

中国共产党广播电视思想的历史演进与经验启示

覃信刚

一、研究缘起

2021 年，我们欢度了中国共产党成立 100 周年；2022 年，我们又迎来党的二十大胜利召开。百年来，中国共产党始终把为中国人民谋幸福、为中华民族谋复兴作为自己的初心使命，团结带领全国各族人民英勇奋斗、翻身做主人，走上了社会主义的康庄大道，创造了社会主义革命和建设、改革开放和社会主义现代化建设、新时代中国特色社会主义的伟大成就，书写了中华民族几千年历史上最恢宏的史诗。在这个过程中，中国共产党始终坚持共产主义理想和社会主义信念，推动现代化新媒体——广播电视的建设。坚持马克思主义新闻观，发展马克思主义新闻观，提出了一系列广播电视思想，指导广播电视实践，使人民广播和电视从无到有、从少到多，不断发展壮大。到 2020 年底，全国广播电视从业人员已超过 100 万人，制作广播节目时间达 821.04 万小时，电视节目制作时间为 328.24 万小时。全国广播及电视综合人口覆盖率分别达到 99.38% 和 99.59%，全国直播卫星"户户通"用户 1.47 亿户，全国有线电视实际用户 2.07 亿户，全国已有高清电视频道 750 个，4K 超高清频道 6 个，全国有线电视高清用户超过 1 亿户，全国广播电视行业总收入达到 9214.6 亿元，持证及备案机构的网络视听收入达 2943.93 亿元，开展广播电视和网络视听业务机构约 4.8 万家，其中从事广播电视节目制作经营的机构约 3.7 万家。广播电视的大国地位牢固，其强国建设也随国家文化强国建设战略步入正轨。在这个时间节点梳理中国共产党广播电视思想的历史演进，并研析其经验启示，具有较强的现实意义和历史意义。

2022 年 1 月 1 日，中国广播电视社会组织联合会发布"学习宣传贯彻党的十九届六中全会精神，迎接党的二十大胜利召开"征文启事，列出了 17 项征文选题。其中，中国共产党广播电视思想的研究列入第 8 项。可以说，开展对中国共产党广播电视思想的研究，在迎接党的二十大胜利召开之际，极具当代价值。

近年来，研究中国共产党新闻思想、文艺思想、政策变迁、事业发展等方面的学术成果颇丰。相比较而言，研究中国共产党广播电视思想还有很大的空间。中国共产党广播电视思想是中国共产党新闻思想的重要组成部分，是马克思主义中国化新闻观在广播电视事业的集中体现，是被实践检验的先进的广播电视思想，是党和人民宝贵的精神财富。因此，我们有责任研究、传承好中国共产党广播电视思想，使其不断发展创新，有力指导中国广播电视火热的实践。本文从理论的角度对中国共产党广播电视思想进行相对系统的梳理，还有一个目的：以期引起学者们对中国共产党广播电视新闻传播、政治传播、统战传播以及概念史、知识史等方面的系统的研究。

二、中国共产党广播电视思想的历史演进

党的十九届六中全会审议通过的《中共中央关于党的百年奋斗重大成就和历史经验的决议》（以下简称《决议》），是党的历史上一个非常重要的决议。广播电视作为党的喉舌，离不开党的思想的指引。研究者依据《决议》精神，将中国共产党广播电视思想分为四个阶段阐释，其原因是党的广播电视思想主要出自中国共产党领导人。党的百年历程中，先有广播、广播思想出现；后有电视、电视思想产生。但广播电视作为一个概念、一个词语、一项事业，常常组合在一起，所以我们一并加以阐释。

（一）新民主主义革命时期中国共产党的广播思想（1921—1949）

新民主主义革命时期，党领导人民反对帝国主义、封建主义、官僚资本主义，争取民族独立、人民解放，经过28年浴血奋斗，于1949年10月1日宣告成立了中华人民共和国，中国人民从此站起来了，中国发展也从此开启了新纪元。这一时期还没有电视，中国共产党广播思想孕育、实践并逐步成熟。

从1921年至1949年，中国共产党广播思想主要有如下内容。

1.无线电是一种进步的通信方法，很重要

1917年，俄国十月革命一声炮响，给中国送来了马克思列宁主义。这里的马克思列宁主义，包括了马克思列宁新闻理论、新闻思想。1921年中国共产党成立后，列宁有两大比喻在中国共产党人中广为传播。其一，列宁在《火星报》第4号社论《从何着手？》中说："报纸不仅是集体的宣传员和集体的鼓动员，而且是集体的组织者。就后一点来说，报纸可以比作脚手架。"[①]1918年11月29日，列宁给下诺夫哥罗德国民经济委员会的电报曾说，无线电工作紧急而重要。1920年2月5日，列宁致米·亚·邦契——布鲁耶维奇的信中

---

① 《列宁全集》（第5卷），人民出版社，1986，第6～8页。

说："您正在创造的不要纸张、不受距离限制的报纸，将是一件大事。"①

中国共产党人对列宁的新闻思想，传播、践行并重。1929年10月，我党建立起第一座秘密电台，用于抄收通讯社新闻。这年冬天，毛泽东在起草著名的古田会议决议案中指出：无线电是一种进步的通信方法。②1931年1月6日，中央红军无线电队在江西宁都的小布正式成立。1月28日，中国工农红军第一方面军总司令朱德、政治委员毛泽东签发的《调学生学无线电的命令》强调，"无线电的工作，比任何局部的技术工作都更重要些"③。2月初，红军中第一个无线电训练班开学，毛泽东与通讯战士谈话：以后红军要大发展，这里要点火种，那里要点火种，一块块被分割的根据地，就要靠无线电从空中架起一座座桥梁连接起来。④1931年9月，上海党中央与江西中央革命根据地实现了无线电通信，同年11月7日，我党创办的"红中社"即新华通讯社前身开始对外发布消息。抗日战争爆发后，为了广泛宣传我党建立抗日民族统一战线的政策和主张，毛泽东等中国共产党领导人多次提出要在延安建立人民广播电台。1939年4月，毛泽东在延安接见通信学校的全体干部、学员讲话时说：通信工作是党和军队的重要工作，是耳目。这年冬天，周恩来因病到苏联治疗，同任弼时以驻共产国际代表的身份，与当时共产国际的领导人商谈在延安办人民广播的事宜，共产国际同意援助我党一部苏联制造的广播发射机。周恩来为这部发射机费尽了九牛二虎之力，终于辗转运到延安，保证了人民广播的开播。1940年7月，将要筹建电台时，朱德对有关工作人员说："电台是我党的喉舌，通过电台向全国、全世界人民宣传我们共产党的方针、政策，随时随地揭露国民党反动派不抗日的卖国嘴脸，电台工作很重要啊！"⑤

中国共产党领导人反复论述无线电广播的重要性，这里不得不考证列宁广播思想在中国的传播。1920年4月，经共产国际批准，俄共（布）远东局派共产国际代表马林和共产国际远东书记处代表尼克尔斯基等人来华。1921年6月初，马林和尼克尔斯基先后到达上海，马林作为共产国际的正式使节来到中国。据马林在中国的有关资料记载，他来中国的使命，首先是帮助成立共

---

① 《列宁全集》（第49卷），人民出版社，1986，第244页。

② 《中国共产党红军第四军第九次代表大会决议案》，原载《毛泽东选集》，东北书店，1948，第555页。

③ 通信兵史编审委员会：《红军无线电通信的创建、发展及其历史作用》，又据《毛泽东年谱（1893~1949）》（上卷）1931年1月28日记载。

④ 刘泮林：《要做革命的"鲁班石"》，原载《难忘的战斗岁月》，人民邮电出版社，1982，第56页。

⑤ 中国广播电视学会史学研究委员会、北京广播学院新闻传播学院新闻系编《延安（陕北）新华广播电台回忆录新编》，中国广播电视出版社，2000，第78页。

产党，然后依据共产国际二大精神，在中国搞民主联合战线，这是共产国际非常关注的使命。笔者考证分析，他的使命还少不了传播列宁的广播思想。因为列宁领导于1919年3月成立了第三国际（共产国际），而当时马林就在列宁身边工作。1918年10月至1922年11月世界上第一座无产阶级电台正式播音期间，列宁非常重视的还有一项工作：无线电广播，单写给有关部门和负责人的信件就有20封（见《列宁全集》中文第2版）。要成立一个政党，离不开新闻宣传，从列宁无线电广播的论述被中国共产党领导人反复运用，就可以看出他们之间一脉相承。从这个意义上讲，早期共产国际代表到中国，传播了马克思主义新闻理论，也传播了列宁的广播思想。当然，也还会有其他的传播渠道。

1942年1月24日，毛泽东在中央政治局会议讨论《解放日报》工作时指出：社论、新闻、广播应三者并重。广播比3000份报纸更重要，要成为第一位的工作。[①]1946年初，邓小平担任晋冀鲁豫中央局第一书记和军区政治委员，刘伯承任军区司令员。中央局和军区决定筹建邯郸新华广播电台，但此时编播干部缺乏。邓小平、刘伯承对中央局宣传部的同志说：办广播电台是件好事，很重要，要抓紧办好，并指示下决心从下面协调编播干部。[②]1948年10月2日，刘少奇发表著名的《对华北记者团的谈话》。他说："党怎样领导人民呢？除了依靠军政机关、群众团体领导人民之外，更多、更频繁的是依靠报纸和通讯社。现在我们铁路不大通、邮政也不大通，和广大群众通点消息，就靠新华社、广播台了。中央就是依靠你们这个工具，联系群众，指导人民，指导各地党和政府的工作的。"[③]从上述可以看出，中国共产党领导人高度重视广播这一新兴媒体，并使广播在艰难岁月中诞生、发展壮大，成为党和人民的主流媒体。

2. 坚持党的领导，恪守党性原则

中国共产党一大决议规定："杂志、日刊、书籍和小册子须由中央执行委员会或临时中央执行委员会经办……无论中央或地方的出版物均应由党员直接经办和编辑。"[④]这一规定源于马克思主义新闻理论。马克思、恩格斯在《给奥·倍倍尔、威·李卜克内西、威·白拉克等人的通告信》中就明确提出，党的机关报要由党员担任编辑。中国共产党成立时，国内尚无无线电广播，但此规定逐步运用到了人民广播的创办中。1931年1月6日，中央红军无线电队成立，

---

① 赵玉明：《赵玉明文集》（第二卷），中国广播影视出版社，2014，第7页。

② 王士光：《组建邯郸新华广播电台和接替陕北广播的回忆》，载北京广播学院新闻系编《中国人民广播回忆录》，中国广播电视出版社，1990，第243~253页。

③ 刘少奇：《对华北记者团的谈话》，见《刘少奇选集》，人民出版社，1981，第399页。

④ 中国社会科学院新闻研究所编《中国共产党新闻工作文件汇编（上册）》，新华出版社，1980，第1页。

王诤任队长、冯文彬任政委;1940年春节,以毛泽东为核心的党中央决定成立广播委员会,领导创办人民广播,周恩来任主任,中央军委三局局长王诤、新华社社长向仲华等人为成员,他们均为共产党员。筹建任务由三局九分队承担,分队队长傅英豪、政委周浣白也是共产党员。其中,周浣白曾任毛泽东的秘书。在人民广播的创办过程中,领导人不但均为共产党员,而且配备了政委,加强了党的领导。这说明,中国共产党人奉行了马克思主义新闻观并有新的发展。

1941年5月25日,《中共中央关于统一各根据地内对外宣传的指示》(以下简称《指示》)颁布。《指示》明确规定:"广播台及起广播台作用的战报台,应划归通讯社,并设立广播委员会专门负责广播材料的审查编辑,并由宣传部指定一名政治上坚强的同志领导之,并经常检查其工作。"[1] 这一指示是延安新华广播电台开办不到半年颁发的,尽管之后人民广播单设或与电视合并,但"由宣传部一名政治上坚强的同志领导"一直沿袭到现在。

"党性原则是无产阶级新闻事业的根本原则,坚持党性原则是自马克思、恩格斯创办世界上最早的无产阶级政党机关报《新莱茵报》以来,各国无产阶级政党新闻事业始终坚持的一个优良传统。"[2] 中国共产党在新民主主义革命时期人民广播的实践中,培育了坚持党性原则的优良品质,主要内容有:(1)广播是党的喉舌,围绕党的中心工作并为这个中心工作服务,必须无条件地宣传中央的路线和政策;(2)在思想上、政治上与党中央保持一致,未经中央许可,不得播出涉及全党全军全国性的有关文电、谈话;(3)各级党委应关心广播工作,各地应经常接收延安新华社的广播,各地报纸应经常发表新华社广播;(4)揭露国民党的腐败黑暗统治;(5)对敌军广播,要具有鲜明的无产阶级战斗风格;(6)播音风格义正词严、爱憎分明。

人民广播是中国共产党继报刊、通讯社之后创办的新兴媒体,是现代化的传播工具,充分借鉴了报刊、通讯社的新闻理念,特别是在党内流传的马克思主义的新闻理论,是人民广播办台的灵魂。但广播的技术性、声音化又与报刊、通讯社的文字传播不同,因而有其独特性。党性原则体现在人民广播的实践中,与文字传播既有许多相同,又有自身的特色。上述六条,就充分说明了这个规律。

3. 坚持为人民服务的宗旨,人民广播大家听、大家办

全心全意为人民服务是中国共产党的宗旨,也是人民广播的宗旨。毛泽东的经典名篇《为人民服务》中有这样一句话:"我们这个队伍完全是为着解放

---

① 中国社会科学院新闻研究所编《中国共产党新闻工作文件汇编(上册)》,新华出版社,1980,第99页。

② 郑保卫:《中国共产党领导人新闻实践与新闻思想研究》,中国人民大学出版社,2011,第20页。

人民的，是彻底地为人民的利益工作的。"[1] 可以说，这也是人民广播的真实写照。《庆贺新年——XNCR 的自我介绍》："XNCR（延安新华广播电台）的宗旨，在于使各位了解人民政党、人民军队和人民自己建立起来的解放区的情形，了解它的主张和事业。"[2] 这也是全心全意为人民服务。该篇广播介绍认为，延安新华广播电台是"大家听、大家办的"，并要求听众"请你们多多地要 XNCR 为你们服务"。[3] 另一篇文章《大家都来说话——XNCR 周年纪念广播》则认为，"XNCR，它是全中国人民的声音""是真正代表着人民的声音"。[4] 陆定一在《延安广播电台一周岁》中写道："我们的广播事业，从它存在的第一天起，就为中国的独立、和平、民主事业服务，就为中国人民的解放事业服务。"[5] 抗日战争胜利后，国共两党达成协议，于 1946 年 1 月在重庆召开政治协商会议，周恩来、董必武等中国共产党领导人在会议上提出《和平建国纲领草案》："改组国家宣传机关，使之一切国营之报纸、通讯社、广播及戏剧电影事业，为全国人民服务，不为少数人所垄断统治。"[6] 这些都表明中国共产党广播思想的精髓是全心全意为人民服务。也正因为这一思想，人民广播大家听、大家办，全心全意为人民服务，受到了人民的喜爱。

4. 坚持不懈做好统战广播

1922 年 6 月，在《中国共产党对于时局的主张》中，党明确建立"民主联合战线""是要邀请国民党等革命的民主派及革命的社会主义团体开一个联席会议……共同建立一个民主主义的联合战线"。[7] 随即，党的二大通过了《关于"民主的联合战线"的决议案》，标志着中国共产党开始探索构建中国化的马克思主义统一战线。1935 年 12 月，中央政治局在陕北瓦窑堡召开扩大会议，明确提出党的基本策略任务是建立广泛的抗日民族统一战线。中央军委三局依据于这一重大战略转变，在陕北开始恢复和重建人民的无线电事业。1937 年 7 月，全面抗日战争爆发，中国共产党发表了《为日军进攻卢沟桥通电》，号召"全中国同胞，政府，与军队，团结起来，筑成民族统一战线的坚固长城，抵抗日寇的侵略"[8]。呼吁"国共两党亲密合作抵抗日寇的新进攻"[9]，促使国共两

---

[1] 毛泽东：《为人民服务》，见《毛泽东选集》，人民出版社，1964，第905页。

[2] 延安《解放日报》1946年1月2日。

[3] 延安《解放日报》1946年1月2日。

[4] 延安《解放日报》1946年9月5日。

[5] 延安《解放日报》1946年9月5日。

[6] 延安《解放日报》1946年1月24日。

[7] 《建党以来重要文献选编（1921～1949）·第1册》，中央文献出版社，2011，第98页。

[8] 《建党以来重要文献选编（1921～1949）·第14册》，中央文献出版社，2011，第357页。

[9] 《建党以来重要文献选编（1921～1949）·第14册》，中央文献出版社，2011，第357页。

党达成合作共识。1938 年，毛泽东为《解放》周刊纪念抗战一周年特刊题词："坚持抗战，坚持统一战线，坚持持久战，最后胜利必然是中国的。"[①]延安新华广播电台诞生后，把统战广播作为主要的广播内容，全力宣传党的抗日民族统一战线政策，开办"对国民党军广播""劝降广播"等，在对敌斗争中发挥了巨大的作用，成为统战传播高地。

1941 年 5 月 1 日，陕甘宁边区中央局颁发《陕甘宁边区施政纲领》(21 条)，这是贯彻执行抗日民族统一战线的重要文件，延安电台迅速播出并重播，产生了广泛影响。同年 11 月 7 日，毛泽东在纪念俄国十月社会主义革命 24 周年之际，号召全国人民加强团结，驱逐日本强盗出中国；呼吁全世界人民团结起来，把世界反法西斯的斗争推向更高的阶段。[②]经延安电台播出，产生了广泛影响。延安电台全力宣传中国共产党和平、民主、团结的主张，宣传解放区各项事业的成就，不断揭露国民党反动派的种种阴谋，经常邀请从国民党统治地区来延安的人士发表广播讲演，在国民党军中引起较大反响。1946 年 6 月 26 日，在国民党军队发动全面内战、大举攻击中原解放区的时候，国民党空军第八大队上尉飞行参谋刘善本却驾驶飞机投奔延安。第二天，毛泽东亲切接见了他。[③]延安电台抓住这个机会邀请刘善本发表了《赶快退出内战漩涡》的广播演讲，他说："我不赞成中国人自相残杀，更不赞成用外国武器去屠杀自己的同胞。当我驾驶着美国飞机运送军火，去间接地屠杀自己兄弟时，良心和正义不断地谴责我，使我不能不退出内战，飞到延安来。"[④]此后，他与同机起义的人员又应邀到延安电台发表演讲。这些演讲对瓦解国民党军队起到了立竿见影的作用，国民党军队中的军官经常有人放下武器，投奔解放军，延安电台及时播发名单以及这些国民党军官写给家属的信件。同时，延安电台以及解放区的其他电台相继开办了"对国民党军广播"，配合中国人民解放军在战场上的军事斗争，瓦解和分化敌军。1948 年 11 月 6 日，淮海战役开始，人民解放军前线部队要求对已被我军包围的国民党黄百韬兵团进行劝降广播，毛泽东立即作了批示。陕北电台播出了劝降广播稿，并重复播出，瓦解了敌军意志，所部均被消灭。之后，"对国民党军广播"、"劝降广播"越办越精彩，在国民党军队引起强烈震撼。事隔 30 多年，一位国民党军长回忆当年的情景时说："当时每

---

① 郑保卫：《中国共产党领导人新闻实践与新闻思想研究》，中国人民大学出版社，2011，第 69 页。

② 此处有的记载为广播讲演，据延安电台老同志回忆，20 世纪 40 年代初毛泽东没有到过延安电台发表讲演，笔者也认为应为文字广播稿，延安电台播出。

③ 北京广播学院新闻系编《中国人民广播回忆录》，广播出版社，1983，第 243 页。

④ 赵玉明：《中国广播电视通史》，北京广播学院出版社，2004，第 114 页。

逢收听广播，犹如四面楚歌，惊心动魄。"① 解放战争取得重大胜利，不能不说人民广播立下了汗马功劳。这个时期的统战传播，也不能不说人民广播攀登上了最高峰，彪炳史册。

5. 对专业人才量才录用，关心爱护

对专业技术人才量才录用，关心爱护，是中国共产党一贯的思想和做法。人民广播是从现代无线电通信技术发展而来，没有专门的无线电技术人才，要创办广播就是一句空话。列宁重视无线电技术人才，毛泽东、周恩来、朱德等也同样重视无线电技术人才。红军总部曾根据朱德总司令、毛泽东政治委员的指示，发出通知：被红军解放过来的电务人员等专业人才，要予以优待，量才录用。"1930 年底 1931 年初，中央革命根据地在第一次反'围剿'胜利之际，王诤等报务人员脱离国民党军，参加了红军，成为红军中最早的无线电报务人员"②，就是典型的例子。1939 年冬，中共中央军委三局创办《通信战士》刊物，毛泽东题写了刊名。1941 年，他为《通信战士》题词："你们是科学的千里眼、顺风耳。"③

中国共产党的领袖高度重视无线电技术和人才，各级干部也是如此。1940年春，以毛泽东为核心的党中央决定建设人民广播电台，周恩来副主席将在北平清华大学无线电工程系读过书，又在武汉罗家墩电台当过技师的重庆八路军办事处电台机务员傅英豪及其妻子唐旦调往延安做广播技术工作，筹备建立中国共产党第一座广播电台。傅英豪被任命为三局九分队队长，一门心思焊接、装配、调试周恩来从苏联运回的散件发射机，妻子唐旦生下儿子傅延延，9 天以后就被送到老乡家寄养，食堂炊事员则给唐旦做小米饭、蒸馒头吃。儿子傅延延没有奶吃，每天吃土豆泥，7 个月了换了 5 个老乡家，8 个月了却长得很瘦，唐旦抱回小分队，政委周浣白看见后千方百计买回一只生了小羊羔的母羊，解决小延延吃奶的问题，"并派其勤务员高应其看护小延延，碾小米面，买鸡蛋，买枣，捡牛骨捣骨油喂小延延"④。周浣白生活上处处关心分队长，傅英豪一门心思扑在发射机的装配上，终于按时完成了任务，为人民广播的创建立下了汗马功劳。

6. 重视和运用典型宣传

中国共产党十分重视和运用典型宣传，毛泽东一生都通过典型宣传推动各项工作的开展，在抗日战争、解放战争时期就做了大量的工作。1939 年 3 月

---

① 杨伯涛：《惊心动魄四面楚歌》，载北京广播学院新闻系编《中国人民广播回忆录》，广播出版社，1983，第287页。

② 赵玉明：《赵玉明文集》（第二卷），中国广播影视出版社，2014，第2～3页。

③ 林玉华：《崇高的赞誉》，载《难忘的战斗岁月》，人民邮电出版社，1983，第41～44页。

④ 中国广播电视学会史学研究委员会、北京广播学院新闻传播学院新闻系编《延安（陕北）新华广播电台回忆录新编》，中国广播电视出版社，2000，第84页。

18 日，毛泽东和军委副主席王稼祥、总政治部副主任谭政、八路军留守兵团司令员肖劲光发给八路军、新四军各政治机关的电报中说："在抗战中，我们八路军、新四军的干部战士中涌现出许多民族英雄。表扬这些英雄及其英勇行为，对外宣传与对内宣传均有重要意义，各级政治机关应注意收集这些英雄的事迹，除在各部队报纸上发表外，择其最重要者电告此间及广播。"[1] 毛泽东这里说的广播显然是文字广播。但延安新华广播电台诞生后，就把先进典型的宣传作为一项主要工作，对典型人物、典型事件的传播一刻也不松懈，凡报纸报道的英雄典型，都进行了广播，如子弟兵母亲戎冠秀、女英雄张吉兰等。而《解放日报》关于吴满有的消息、社论大多进行了广播，在听众中引起较好反响。国民党空军飞行参谋刘善本听了人民广播的各种报道投奔延安后，延安电台及时邀请他作了系列讲演，又邀请对他同机起义的官兵进行演讲，这一典型宣传产生了巨大效应，一些国民党官兵又放下武器，投奔中国人民解放军。可以说，典型报道是中国共产党人民广播的重要武器，是组织群众、宣传群众、感召群众的最有效的方法。

7. 纠正土地改革宣传中陕北电台的"左"倾错误

1948 年 2 月，毛泽东严肃纠正陕北电台宣传中的"左"倾错误，在人民广播业产生强烈震动。1947 年秋冬到 1948 年春，许多地方的通讯社和报纸在解放区开展的土地改革宣传中"正确地反映和指导了战争、土地改革、整党、生产、支援前线这些伟大斗争，帮助了这些斗争取得了伟大成绩，并且在宣传中占着主要成分……但是也必须看到一些错误、缺点。其特点就是过'左'"[2]。毛泽东在为中共中央起草的党内指示《纠正土地改革宣传中的"左"倾错误》中，在充分肯定通讯社和报纸的宣传工作时，严肃指出了土改宣传中存在的"左"倾错误，严肃批评道："甚至因为陕北广播电台播发了某些不正确的新闻，人们竟误认为这是被中央认可的意见。"[3] 新华社语言广播部（陕北电台编辑部）认真检查广播中存在的"左"倾错误，重新制定了宣传方针，改变了过去的做法，使土改宣传迈入了正确的舆论轨道。4 月 2 日，毛泽东发表著名的《对晋绥日报编辑人员的谈话》，他说："有关土地改革的各项政策，都应当在报上发表，在电台广播，使广大群众都能知道。群众知道了真理，有了共同的目的，就会齐心来做。"[4] 1948 年 10 月 2 日，刘少奇在人民日报社、新华社华北总分社的部分记者集中学习中，发表了著名的《对华北记者团的谈话》。他说："党怎样领导人民呢？除了依靠军政机关、群众团体领导

① 中共中央文献研究室、新华通讯社：《毛泽东新闻工作文选》，新华出版社，2014，第54页。

② 中共中央文献研究室、新华通讯社：《毛泽东新闻工作文选》，新华出版社，2014，第183页。

③ 中共中央文献研究室、新华通讯社：《毛泽东新闻工作文选》，新华出版社，2014，第182页。

④ 《毛泽东选集》，人民出版社，1964，第1213页。

人民更多、更频繁的是依靠报纸和通讯社。现在我们铁路不大通、邮政也不大通，和广大群众通点消息，就靠新华社、广播台了。中央就是依靠你们这个工具，联系群众，指导人民，指导各地党和政府的工作的。"① 这两篇谈话，是人民广播的遵循，为指导人民广播发扬成绩，改正不足，为党的事业、人民的事业作出了积极贡献。同时，陕北电台的"纠错"案例，也成为日后人民广播经常运用的"教材"。

8. 倡导人人学会写新闻，领袖新闻成经典

人民广播开播后，倡导"大家办广播""人民大众的号角要人民大众来鼓吹""大家听、大家办"。这个时期，中国共产党人还倡导"人人学会写新闻"，并阐明"新闻的来源乃是物质的东西，乃是事实，就是人类在与自然斗争中和在社会斗争中所发生的事实。因此，新闻的定义，就是新近发生的事实的报道"②。大家办广播，人人写新闻，成为马克思主义中国化新闻观在人民广播的常态工作，各界著名人士的演讲、各地民主人士的稿件、通讯员的来稿，延安新华广播电台都广泛采用，使人民广播的"大家办广播"形成高潮，许多报纸都刊发其播出稿，使"记录新闻"被广泛传播，人民广播的影响力日益扩大，成为党的最有力的宣传武器。这里要特别提出的是，延安新华广播电台播出的"领袖新闻""领袖评论"发挥了巨大的作用，应引起我们足够的关注，在广播电视采编工作中践行。

1933年，美国总统罗斯福在经济大萧条时期发表"炉边谈话"，在美国听众中产生了较大影响，被研究者称为"广播总统"，也把"炉边谈话"称为"总统广播"。之后，丘吉尔、戴高乐发表的广播演讲也被学者广泛研究。毛泽东在人民广播发表的演讲不多，但他撰写的"新华社×××电"的消息、评论在延安新华广播电台广播的不少。这些消息、评论大气磅礴，脍炙人口。"据不完全统计，在从1945年8月至1949年9月的4年时间里，他仅为新华社撰写的各类稿件就有40余篇。"③ 其中，多篇为经典名作，影响深远。如《我三十万大军胜利南渡长江》《人民解放军百万大军横渡长江》《南京国民党政府宣告灭亡》等，事实重大且高屋建瓴，富于浓郁的领袖气概，所以笔者称为"领袖新闻"。而评论《南京政府向何处去》《四分五裂的反动派为什么还要空喊"全面和平"》《丢掉幻想，准备斗争》《别了，司徒雷登》《友谊，还是

① 中国社会科学院新闻研究所编《中国共产党新闻工作文件汇编（下册）》，新华出版社，1980，第251页。

② 中国社会科学院新闻研究所编《中国共产党新闻工作文件汇编（下册）》，新华出版社，1980，第188页。

③ 郑保卫：《中国共产党领导人新闻实践与新闻思想研究》，中国人民大学出版社，2011，第91页。

侵略》等，对国民党反动派和美帝国主义的本质进行了充分揭露和深刻批判，震撼人心，虽然没有署名毛泽东，但在党内、新华社内、延安新华广播电台内广为流传，也可把这称为"领袖评论"。"领袖新闻""领袖评论"在人民广播播出，影响力空前，为解放全中国、建立新中国立下了汗马功劳。

9.围绕生产建设这个中心工作并为这个中心工作服务

毛泽东对党的媒体的组织性与纪律性向来要求严格，对包括广播在内的宣传工作多次作过重要指示，明确其原则。1948年8月28日，他在《中共中央关于各中央局、分局、军区、军委分会及前委会向中央请示报告制度决议》的第三稿中，加写了"各地党报必须无条件地宣传中央的路线和政策，并不得在宣传中将中央和受中央委托执行中央的路线、政策和任务的机关（各中央局、分局、军委分会和前委会）处于平列的地位"①。毛泽东在这里提出的是党报，但根据党的宣传工作长期以来的做法，这里应包括新华社和广播。1949年3月5日，在党的七届二中全会上的报告中，他强调指出："通讯社、报纸、广播电台的工作，都是围绕着生产建设这一个中心工作并为这个中心工作服务的。"②这实质明确了人民广播在新中国成立后将要做的工作，事后也的确如此。

10.发展人民广播事业

1949年6月，新政治协商会议筹备会第一次全体会议在北平召开，成立了新政协筹备会常务委员会，负责共同纲领的起草、政府方案的拟定等，由毛泽东任主任，全面开展筹建中华人民共和国的工作。9月29日，中国人民政治协商会议第一届全体会议通过了《中国人民政治协商会议共同纲领》（新中国临时大宪章）。第49条规定"发展人民广播事业"，这充分体现了马克思主义中国化新闻观，是列宁广播思想在中国的发展，也是毛泽东广播思想的精髓。

为什么要发展人民广播事业，而且作为法律形式确定下来？中国共产党人除了受马克思主义新闻观的影响，更从抗日战争、解放战争的实践中，体会到了人民广播的威力，说它是"集体的宣传员""集体的鼓动员""集体组织者"，当之无愧；说它是党和人民的喉舌，比喻贴切；说它是"不要纸张，不受距离限制的报纸"也比较恰当，这就说明了人民广播的重要性。1949年9月新中国成立前夕，人民广播虽然已有39座，但离新中国的广播业需求还有较大差距，所以必须要发展人民广播事业，这也是中国共产党广播发展思想、发展理论的创立，也表明中国共产党广播思想的飞跃。

思想理念的重要性，有一条是要看它是如何形成的，即产生的来龙去脉。在新民主主义革命时期，中国共产党人艰苦卓绝，对无线电广播事业的论述简

---

① 中共中央文献研究室、新华通讯社：《毛泽东新闻工作文选》，新华出版社，2014，第194页。

② 中共中央文献研究室、新华通讯社：《毛泽东新闻工作文选》，新华出版社，2014，第202页。

明扼要，没有长篇大论，但具有较强的实践意义。上述有三个方面属于传承马克思主义新闻思想＋实践体验真知，是在革命斗争的实践中"结合"而产生的。新民主主义革命需要无线电广播，中国共产党人想开办无线电广播，马克思主义新闻观在中国的传播送来了先进的广播思想，中国共产党传承运用当属自然。这个时期中国共产党的广播思想多数属于领导人提出，是他们的"领导"地位所决定的，包括广播业务领导。这一特征，在以后的几个阶段也是如此。

（二）社会主义革命和建设时期中国共产党的广播电视思想（1949—1978）

社会主义革命和建设时期，党领导人民完成社会主义革命，实现了中华民族有史以来最为广泛而深刻的社会变革，实现了一穷二白、人口众多的东方大国大步迈进社会主义社会的伟大飞跃。这一阶段虽遇"文化大革命"的严重干扰，但马克思主义中国化新闻观视域的广播电视思想，大多是广播电视发展的指导思想、方针原则、发展理念，从实践中来，又指导实践，推动了新中国广播电视的发展。这一阶段共29年，概括起来讲，有如下九个方面的内容。

1. 广播以发布新闻、社会教育及文化娱乐为重，学会自己走路

1950年3月，京津新闻工作会议形成"初步意见"，确定了发布新闻之制度以及人民广播发展方向。该意见认为，"广播电台应以发布新闻、社会教育及文化娱乐三者为重"[①]。全国性与全世界性的重要新闻，应主要依靠新华社，但广播电台亦应在可能条件下对国内外重要新闻进行采访工作。新华总社应将重要新闻尽早交中央电台播出。"广播电台的新闻来源，除新华社外，应采用报纸言论及消息，并应有自己的新闻与评论。"[②]

新中国成立后，发展人民广播事业是党的一项重要工作。中央领导人在京津新闻工作会议确立"初步意见"的同时，指出广播要学会"自己走路"，要根据广播特点，自力更生办广播，不能完全依靠报纸和通讯社，这在业务指导思想和业务实践上有着重大的意义。[③]人民广播原由新华总社管理，1949年6月5日，中共中央发出通知，将原新华总社语言广播部扩充为中央广播事业管理处，管理并领导全国人民广播事业。中央广播事业管理处和新华总社为平行组织，同受中共中央宣传部领导。从这时开始，广播事业管理处（中央电台）、地方电台已成为独立的广播机关。显然不能完全依赖新华总社，但即便作为新华总社的语言广播部，在抗日战争、解放战争期间也没有完全依赖总社，如自己开办"广

---

① 中国社会科学院新闻研究所编《中国共产党新闻工作文件汇编（中册）》，新华出版社，1980，第159页。

② 中国社会科学院新闻研究所编《中国共产党新闻工作文件汇编（中册）》，新华出版社，1980，第159页。

③ 方汉奇：《中国新闻事业通史》（第3卷），中国人民大学出版社，1999，第136页。

播演讲""记录新闻"，编播党的方针政策文件及人民群众的来信等。不同的是，新中国成立后的广播电台作为机关，独立运行，涉及方针政策、体制机制、节目技术等，要学会"自己走路"，才能有效运行。而广播电台方向的"三者并重"，"在今天看来，这三个理念应属于广播节目的内容，表现为广播节目的形态，同时也是广播的核心竞争力。电视诞生后，又成为电视节目编排的指南"①。

2. 建立广播收音网，发展农村广播网

建立广播收音网，发展农村广播网，这是中华人民共和国成立后，中国共产党人民广播一段时间的指导思想、发展思想，也是举国体制的重大工程。建立全国性的广播收音网、农村广播网，对宣传党的方针政策，传播人民群众中鲜活的新闻，发挥了巨大的作用。

新中国成立时，国家一穷二白，我党要领导人民进行社会主义革命和建设，离不开强有力的宣传。但当时交通不便，报纸不能及时送到读者手中，发展新兴媒体——广播，就是一项紧迫任务。1950 年 4 月 14 日，《中央人民政府新闻总署关于建立广播收音网的决定》颁布，决定在全国县市人民政府、部队、全国机关、团体、工厂、学校等设置收音员，"收听或记录中央和地方人民广播电台广播的新闻、政令和其他重要内容，向群众介绍和预告广播节目，组织群众收听重要节目"②。1950 年 6 月 6 日，《人民日报》发表《各级领导机关应当有效地利用无线电广播》的社论，强调各级领导机关要迅速落实新闻总署的决定，充分重视和利用好广播，从而统一了全党、全国人民的思想。全国省级电台普遍开展收音员的培训，如云南电台 1951 年 1 月举办第一期收音员培训班，培养各族收音员 166 名。培训班为期 9 个月，共分为 6 个模块。按现在的话语叙事，6 个模块都贯穿了马克思主义中国化新闻观，也可以说，是马克思主义中国化新闻观在云南人民广播的首次大规模传播。培训期间，省委宣传部部长和云南电台台长作动员并授课，组织学习了列宁、毛泽东、周恩来、刘少奇、朱德、彭真、陆定一、胡乔木、邓拓、梅益等关于广播、新闻方面的经典文献，组织学习了延安《解放日报》发表的《大家办广播》《介绍 XNCR》《庆贺新年——XNCR 的自我介绍》等，使学员们较好树立了人民广播为人民的思想，在建立收音网中自力更生、艰苦奋斗，发挥了积极作用。"到 1952 年底统计，全国已有收音站 2.05 万个，有 1056 个收音站在抄收重要的记录新闻后，编成油印的收音小报，或者抄录在黑板报上，供人们阅读。这一年的头 10 个月，21 个省的 2900 多个收音

---

① 覃榕、覃信刚：《新中国70年广播电视发展理念的演进历程与主要特征》，《中国广播电视学刊》2019年第10期。

② 中国社会科学院新闻研究所编《中国共产党新闻工作文件汇编（中册）》，新华出版社，1980，第64页。

站的收音员，带着收音机下乡，组织农民收听，听广播的达1800万人。"①1955年10月4日至11日，中共中央召开七届六中全会扩大会议，会议的主题之一是关于农业合作化问题。毛泽东主持全会，并作了《关于农业合作社问题》的报告，明确提出了"发展农村广播网"的战略思想。之后，12月21日在《征询对农业十七条的意见》中又提出："在七年内，建立有线广播网，使每个乡和每个合作社都收听有线广播。"②刘少奇对农村有线广播十分重视，1956年5月28日，他代表党中央对广播工作做指示，共谈了10个问题。第1条说："发展农村广播很重要，要依靠群众，但不要因此加重群众的负担。"③发展农村有线广播网，非常适合新中国的国情、省情以及人民群众的需要，各地方党委、政府、电台积极而为，举国行动发展快速，到1956年6月底，"全国已有783个县市建立了农村有线广播站，占当时全国县市总数的34.4%，共有喇叭19万多只。"④农村广播网发展较快，但在三年困难时期受到严重损失。1966年3月，周恩来在第九次全国广播工作会议上发表讲话时明确指出：广播要面向农村，为6亿农民服务。这说明，中国共产党领导人广播思想的一致性和坚定性。

3. 广播要重视反映人民群众的意见

1950年5月8日，毛泽东在中南海菊香书屋会见中央三家新闻单位的负责人，中央广播事业局的梅益、徐迈进和温济泽参加会见。三家单位负责人汇报完人民群众及各方面人士对党和党的政策的意见后，毛泽东说："报纸、广播，都要重视反映人民群众的意见，你们还要经常把各方面人士和人民群众的意见反映给中央。"⑤

全心全意为人民服务是党的宗旨，也是人民广播的宗旨。中国共产党执政后，经常通过广播、报纸来了解人民的意见，这是一种好办法，因为这样可以随时了解群众的意见，更好地为群众服务。1956年，刘少奇在对广播工作的指示中也明确指出："广播有各方面的听众，你们应当关心所有听众关心的问题""人民关心的事情是很多的，想听的东西也是很多的，各方面都应关心到"。⑥人民广播长期以来通过《听众信箱》《听众来信》以及其他节目、栏目

① 徐光春：《中华人民共和国广播电视简史》，中国广播电视出版社，2003，第22页。

② 《毛泽东文集》（第六卷），人民出版社，1999，第510页。

③ 中国社会科学院新闻研究所编《中国共产党新闻工作文件汇编（下册）》，新华出版社，1980，第370页。

④ 徐光春：《中华人民共和国广播电视简史》，中国广播电视出版社，2003，第27页。

⑤ 温济泽：《忆毛主席的一次会见》，载《当代中国广播电视回忆录》第1集，中国广播电视出版社，1995，第1~3页。

⑥ 中国社会科学院新闻研究所编《中国共产党新闻工作文件汇编（下册）》，新华出版社，1980，第375页。

反映群众呼声，解决实际问题，也把群众的意见整理成《内参》，供各级党委、政府和有关部门参阅，这都是我党广播思想指引的结果。

4. 人民广播是最重要的武器之一

1950年5月5日，西南人民广播电台在重庆正式播音。当时，重庆解放不久，西南电台各方面条件都比较艰苦，电台写信给中共中央西南局第一书记邓小平，恳望建设办公用房，邓小平及时批示给予建筑费。1951年，在西南电台成立一周年之际，邓小平为西南人民广播电台题写台名并题词："人民的广播事业，是传播政策、教育人民和同敌人斗争的最重要的武器之一，一年来，在这一方面工作的同志们是尽到责任的，尚望继续努力，为更高度地发挥它的作用而努力！"①

邓小平在这里把人民广播比喻成武器。这之前，中国共产党人和人民群众把人民广播比喻成"灯塔""号角""喉舌""指针""精神食粮"等，但"武器"的功能更多样，作用更广。周恩来在1945年就曾说过，广播的声音是我们党的意志和力量的象征。1951年5月23日，刘少奇在中国共产党第一次全国宣传工作会议上的总结提出："利用广播、报纸等在全国范围内全体规模上建立党的经常性的宣传工作。"②刘少奇把广播排在前，倡导在全国范围内"全体规模上"建立党的"经常性的宣传工作"，也强调了人民广播的多样功能作用。

5. 应该有大学培养干部

中国共产党领导人向来重视广播电视人才的培养。1938年创办了延安通信材料厂和通信学校，艰苦奋斗、自力更生培养无线电技术人才。新中国成立初期，广播人才缺乏，全国省级电台在收音网建设中大规模培训广播人才，以解燃眉之急。1952年11月，中共中央发出关于广播干部不得另调工作的指示，特别强调广播专业干部未经中央批准均不得另调。1956年5月28日，刘少奇在听取广播事业局汇报时说："你们为什么不办大学，搞一个大学好，应该有一个大学来训练干部。"③当年，中央广播事业局开办了北京广播专科学校，1959年9月，升格为本科学院——北京广播学院。当年10月，刘少奇到中央广播事业局视察时再次强调："广播、电视事业今后还要大发展，必须尽早培养各种人才，包括外语干部、记者、播音员和工程师。"④在党中央的关怀和支持下，北京广播学院不断发展壮大，根据广播电视需求培养各类人才，并为业界输入

---

① 《四川省志·广播电视志》，四川人民出版社，1976，第29页。

② 《刘少奇选集》（下卷），人民出版社，1985，第85～89页。

③ 中国社会科学院新闻研究所编《中国共产党新闻工作文件汇编（下册）》，新华出版社，1980，第374～375页。

④ 赵玉明：《赵玉明文集》（第二卷），中国广播影视出版社，2014，第104页。

各类人才，这些人才在广播电视事业建设中挑大梁，多数成为业务骨干。

　　6. 重视彩色电视台的开办

　　1890 年至 1920 年，美国、英国、法国、俄国和德国的一些科学家开始致力于电视技术，但直播电视画面的公开展示则是在 1926 年 1 月 26 日，由苏格兰发明家约翰·L. 贝尔德在伦敦主持。1932 年，4000 多人在伦敦一家电影院观看贝尔德把英国德比马赛的电视画面投放在一个大银幕上。1936 年 11 月 2 日，英国广播公司开始提供定期的电视服务。1953 年 12 月 7 日，NBC 及其母公司美国无线电公司（RCA）发明的彩色电视制式得到了美国联邦通讯委员会（FCC）的承认；1954 年，NBC 正式播出彩色电视节目。新中国成立后，中国共产党领导人像办广播一样，也提出要办电视。据梅益回忆，毛泽东最早提出要办电视，那是 1954 年。1955 年 2 月 12 日，周恩来对中央广播事业局向国务院提出在北京建立电视台的计划作出批示：将此事列入文教五年计划讨论。1956 年 5 月 28 日，刘少奇在听取中央广播局汇报时，又讨论了发展电视。刘少奇认为，计划中规定的电视发展的速度不快，可慢点搞，将来搞彩色的好。这就明确了还是先发展黑白电视，逐步过渡到彩色电视，因为彩色电视媒介化，更贴近人民的生活。这次谈话（亦称为指示），蕴含着朴素的广播电视思想，中国化色彩鲜明，它既是中共中央首次对发展电视事业作出的方向性的论述，又明确了发展的步骤，还明确了"电视发射机和接收机最好自己生产""电视可以多转播各个剧院的演出"等。党中央领导人的关心支持，广播电视人的辛勤努力，终于使我国第一座电视台——中央电视台（原称北京电视台）于 1958 年 5 月 1 日试播，9 月 2 日正式播出。1964 年 9 月，北京电视台的负责人给毛泽东写信，恳请题写台名，毛泽东用宣纸书写了三幅。从 1965 年元旦开始，毛泽东题写的"北京电视台"台标正式开始播放。毛泽东特别关注彩色电视事业的发展，1973 年 5 月 1 日，北京电视台彩色电视节目开始试播，他观看节目后，提出要办好少年儿童节目。1974 年 8 月，他又指出办好彩色电视事业是重要的事情，要长远打算。①经过努力，1974 年 10 月 1 日，我国的彩色电视正式播出，全国人民从此可以看到彩色电视了。

　　7. 用延安精神做好广播

　　1958 年底，中央电台广播大楼竣工。这幢大楼建筑面积为 68 562 平方米，于 1953 年秋天列入国家第一个五年发展计划，1955 年 12 月破土动工，历时 3 年紧张施工而完成，在百业待兴的时代建成，来之不易。广播大楼建成后，党和国家领导人前来视察，感慨万千。周恩来见到播音员齐越时，充满感情地说："广播大楼建成了，比起延安的窑洞来条件好多了，你们一定要用延安精神

---

① 　中央广播局理论组：《红波永奏〈东方红〉》，《人民日报》1977年9月15日。

做好工作。"①

延安精神是马克思主义理论和中国共产党在延安时期的革命实践相结合的产物，是中国共产党培育和弘扬的一种革命精神。2009 年 11 月，习近平在陕西调研时指出，伟大的延安精神是党的性质和宗旨的集中体现，是党的优良传统和作风的集中体现。周恩来强调要用延安精神做好广播工作，是因为人民广播诞生于延安，一直用延安精神办台，全心全意为人民服务。1965 年 11月 15 日，周恩来为广播事业题词，也强调艰苦奋斗、自力更生的革命精神，为发展人民广播事业而努力。在这里，强调的也是延安精神，这也是中国共产党一贯的思想。

8. 努力办好广播，为全中国人民和全世界人民服务

1955 年 12 月，毛泽东对新华社发展对外传播提出："要把地球管起来，让全世界都能听到我们的声音。"② 毛泽东是对新华社的对外宣传提出的要求，但广播电视也作为遵循，做了大量工作。1956 年 5 月 28 日，刘少奇听取广播事业局工作汇报时，特别强调："我们一定要照毛主席所说的，把地球管起来。""像我们这样的国家，请百来个外国人当对外广播的顾问是可以的。"③ 刘少奇在这里指出把地球管起来，最主要的是落实毛主席的指示，切实把对外广播做好。1965 年 9 月 5 日，广播电视业纪念人民广播事业创建 20 周年（按当时日期的计算方法），党和国家领导人分别题词祝贺。毛泽东的题词是："努力办好广播，为全中国人民和全世界人民服务。"1966 年 3 月，周恩来在第九次全国广播工作会议上发表讲话时指出，要面向全国、面向世界，努力办好广播，为全中国人民和全世界人民服务。党和国家领导人反复强调要办好广播，为全中国和全世界人民服务，这一思想可以说是中国共产党广播电视思想的精髓。

9. 注重电视节目的质量

周恩来在领导人民广播电视事业中，比较注重质量，有过许多指示、谈话、批示。即便在时间十分紧张的情况下，他审稿时，也要一字一句把稿件审完，并嘱咐记者要注意的事项。他在审批开办普什图语广播时，强调广播电视宣传要真实自然，具体生动，注重效果。1969 年 4 月，他在审看中共九大的电视新闻时说，电视节目"要严肃，要活泼，要扎实""质量要高一些"。④ 在"文化大革命"中，极"左"思潮流行，广播电视对外传播也受到极大影响，周恩来曾多次指示，反对生搬硬套和公式化，强调注重效益。他还严肃地告诫记者：记者要有很好的

① 赵玉明：《赵玉明文集》（第二卷），中国广播影视出版社，2014，第96页。

② 中共中央文献研究室、新华通讯社：《毛泽东新闻工作文选》，新华出版社，2014，第226页。

③ 徐光春：《中华人民共和国广播电视简史》，中国广播电视出版社，2003，第78页。

④ 赵玉明：《赵玉明文集》（第二卷），中国广播影视出版社，2014，第94～95页。

素质，少而精才算过得硬。

在社会主义革命和建设时期，中国共产党广播电视思想从实践中来，又到实践中去，指导、引领我国的广播电视工作，取得不少成就。其原因是，这一时期中国共产党奉行独立自主政策，提出国内矛盾是人民对经济文化迅速发展的需要同当前经济文化不能满足人民需要的状况之间的矛盾，逐步满足人民日益增长的物质和文化需要是主要任务。因此，广播"要发扬延安精神""要自己走路""要重视人民群众的意见""要重视彩色电视台的开办""要为全中国人民和全世界人民服务"等。这一时期，业界曾照搬苏联老大哥的经验，结果因国情不同（苏联搞"加盟"，我国是"自治"），水土不服，走了一段弯路。纠错以后，一度发展态势良好。但由于"大跃进"运动、人民公社化运动等以及反"右派"斗争被严重扩大化，特别是"文化大革命"，广播电视事业受到严重挫折。但挫折中也有发展，这靠的是中国共产党广播电视思想的运用。这一阶段中国共产党广播电视思想主要出自中央领导人，其思想主体的身份逻辑是政治家，思考的问题往往从政治出发，大局意识、全局意识突出，在举国体制中发挥了引领作用。

（三）改革开放和社会主义现代化建设新时期中国共产党的广播电视思想（1978—2012）

改革开放和社会主义现代化建设新时期，中国共产党继续探索中国建设社会主义的正确道路，解放和发展社会生产力，为实现中华民族伟大复兴提供充满新的活力的体制保证和快速发展的物质条件。这一时期，马克思主义中国化新闻观不断发展，党的广播电视思想不断发展，有力指导了广播电视事业的改革和现代化建设，使中国成为广播电视大国，继而向广播电视强国迈进。在三十四年中，中国共产党的广播电视思想主要有下列几个方面。

1. 宣传工作是各级广播电视机构的中心工作

邓小平是我国改革开放总体规划与宏伟蓝图的总设计师，也是改革开放新闻事业的引路人。1980 年 1 月 16 日，他在《目前的形势和任务》的讲话中强调："党报党刊一定要无条件地宣传党的主张""要使我们党的报刊成为全国安定团结的思想上的中心。报刊、广播、电视都要把促进安定团结，提高青年的社会主义觉悟，作为自己的一项经常性的、基本的任务"。①针对意识形态领域出现的"精神污染"，必须坚决予以扫除，以此促进全国的安定团结。1981 年1 月 29 日，中共中央在《关于当前报刊新闻广播宣传方针的决定》（中共中央〔1981〕7 号文件）中规定，"报刊、新闻、广播、电视要认真进行关于坚持四项基本原则的宣传""对怀疑、诋毁四项基本原则的思想和言论，不能放任、

---

① 《邓小平文选》（第三卷），人民出版社，1993，第2～3页。

容忍，更不允许利用党的宣传工具加以散布，而必须进行有力的批驳"。①

1981年2月24日至28日，中央广播事业局召开座谈会，学习、贯彻落实中共中央7号文件精神。但此阶段，新闻战线仍然有人站在资产阶级自由化的立场上，与四项基本原则唱反调，暗地里否定共产党对新闻事业的领导。在这样一种情况下，1981年3月19日，中共中央书记处开会讨论广播电视工作。会议指出："广播电视事业是建立精神文明的重要工具，是宣传党的路线、政策，促进安定团结，丰富人民精神文化生活的重要工具，不能传播靡靡之音，不能搞精神污染。"同年11月16日，又听取关于广播电视工作的汇报，提出了广播电视工作的根本性质和任务。广播电视部门经过学习领会，从思想上明确了下列问题。（1）坚持四项基本原则，自觉地在思想上政治上与党中央保持高度一致，为各个时期的中心工作服务。（2）广播电视必须努力为全中国人民和全世界人民服务。（3）广播电视的根本任务，是教育、鼓舞全党、全军和全国各族人民建设社会主义物质文明和精神文明。因此，宣传工作是各级广播电视机构的中心工作。（4）充分发挥广播电视的优势，争取更好的宣传效果。以上理念形成共识，为广播电视行业全面改革创新打下思想政治基础。②

2. "三个并重"与"四级办"

1983年3月31日至4月10日，第十一次全国广播电视工作会议在北京召开。这次会议是中央广播事业局改革为广播电视部之后，广播电视部召开的第一次全国性的工作会议。中共中央书记处书记邓力群到会讲话，广播电视部第一任部长吴冷西在会上作了《立志改革，发挥优势，努力开创广播电视新局面》的报告。这次会议确定了广播电视事业的奋斗目标：到20世纪末，要在我国建成一个具有社会主义中国特色的、中央和地方、无线和有线相结合的，广播和电视、城市和农村、对内和对外并重（简称"三个并重"）的广播电视现代化宣传网。这个宣传网，要与我国经济和社会发展相适应，与我国国际地位相称，使我国广播电视事业，无论在事业规模还是在技术水平方面都进入世界先进列。要进入世界先进列，将采取"三步走"的战略。同时还提出了四级办广播、四级办电视、四级混合覆盖（简称"四级办"）的方针政策。"三个并重""四级办"成为中国共产党在改革开放时期最重要的广播电视思想，推动了新中国广播电视事业的大发展。

第十一次全国广播电视工作会议是广播电视战线在思想政治上拨乱反正、清除"左"倾思想影响的背景下召开的。前两年，改革探索虽然取得了一些成绩，但广播电视事业还存在不少问题，最主要的是广播和电视、城市和农

① 徐光春：《中华人民共和国广播电视简史》，中国广播电视出版社，2003，第209页。

② 徐光春：《中华人民共和国广播电视简史》，中国广播电视出版社，2003，第211页。

村、对内和对外宣传发展不平衡，农村和对外的传播比较薄弱，重电视、轻广播的现象时有出现，技术条件落后，干部管理水平低，而且当时我国主要采取四级办广播、两级办电视、分级覆盖的政策，中央和省级财政投入过大，覆盖地域不广，广播电视的整个发展与世界先进国家相比，还比较落后。采取"三个并重""四级办"无疑是一个符合中国国情的极好的方针政策。广播电视部以党组名义将会议讨论的议题以书面形式向中央作了汇报，中共中央及时批转并发出通知（中央〔1983〕37号文件）。这个文件是指导广播电视改革和发展的纲领性文件，对广播电视事业产生了较好的引领性作用，推动了新中国广播电视的大发展。但是，在十多年的发展中，也出现了乱播滥放、重复播出、重复投入、加重基层负担等问题。1996年12月，中共中央办公厅、国务院办公厅发布了37号文件，明确停止实施"四级办台"方针。1997年，国家广播电视部开始"治滥治散"工作，同年8月11日国务院令第228号《广播电视管理条例》颁布（以下简称《条例》）。《条例》施行后，广播电视结构不断优化，创收创优不断扩大，覆盖率也不断提升。

3. 扬独家之优势，汇天下之精华

中国广播电视要进入世界先进行列，照搬照套国外的经验，会水土不服。20世纪50年代用苏联老大哥的做法办广播，结果留下了诸多教训。80年代初，美国的CNN、英国的BBC在世界有其影响，因体制、机制、意识形态不同，更不能照搬照套。那么，要怎样才能把广播电视节目做好，使其走向世界？ 1980年10月第十次全国广播工作会议重提"自己走路"的方针，在实践中又不断总结；1982年强调在坚持"自己走路"发展广播电视时，要积极依靠社会资源，"开门办广播电视"。"开门办广播电视"是"开门办广播""大家办广播"的演进发展。在1983年3月召开的第十一次全国广播电视工作会议上，再次将"自己走路"的理论归纳、提炼、演绎为"扬独家之优势，汇天下之精华"。这一中国话语、中国叙事精练、准确，形成中国风格、中国气派的原创性的广播电视思想，从实践中来，又较好地指导实践，影响深远，因而被认为是马克思主义中国化新闻观在广播电视事业的创新发展，是研究者经常研究的学术主题。

4. 新闻宣传要以社会效益为最高准则

1985年9月23日，邓小平《在中国共产党全国代表会议上的讲话》指出："思想文化教育卫生部门，都要以社会效益为一切活动的唯一准则，它们所属的企业也要以社会效益为最高准则。思想文化界要多出好的精神产品，要坚决制止坏产品的生产、进口和流传。"[①]邓小平希望精神产品的生产必须把社会效益作为唯一准则、最高准则，这一思想是由我国无产阶级新闻事业的性质决定的，

① 《邓小平文选》（第二卷），人民出版社，1994，第272页。

保持了鲜明的党性原则，进一步发展了马克思主义新闻观。1994年1月，江泽民在全国宣传思想工作会议上发表讲话指出："坚持把社会效益放在首位，在这个基本前提下实现经济效益和社会效益的统一""我们在宣传文化工作中要始终把社会效益作为最高准则，当经济效益同社会效益发生矛盾时，自觉服从社会效益"。[①] 这一思想论及的是宣传文化，广播电视无疑列入其中，在实践中贯彻落实：坚持把社会效益放在首位，实现经济效益和社会效益的统一。习近平在党的十九大报告中则提出了加快构建把社会效益放在首位，社会效益和经济效益相统一的体制机制，使这一思想又有了新的发展。

5. 建立具有中国特色的广播电视学

1986年10月15日，中国广播电视学会在北京宣告成立，这是中国广播电视研究的一个里程碑。在成立大会上，中国广播电视学会领导人发表讲话，明确提出学会的主要任务就是建立具有中国特色的社会主义广播电视学。1994年11月3日，广播电影电视部部长孙家正在中国广播电视学会二届四次常务理事会上又强调说："作为事业要长远发展，有序地发展，科学地发展，亟须理论的支持。对我们系统来说，就是如何建立有中国特色的广播电视学。"[②]中国特色广播电视学，简要概括，就是把马克思主义新闻理论与新中国改革开放广播电视的具体实践相结合而总结提炼出的学说，回答了改革开放后中国广播电视事业最为关心的问题，因而受到业界学界高度关注。[③]之后，有关论文、论著不断出现，并形成影响。建立具有中国特色的广播电视学，是一个重大课题，随着时代的发展而发展，仍需要业界学界下功夫研究，取得新的成果。

6. 正面宣传为主

1989年11月底，中共中央举办全国省、自治区、直辖市党报总编辑新闻工作研讨班。这次研讨班是当年春夏之交我国发生严重政治风波后，党和政府依靠人民，捍卫社会主义国家政权，维护人民根本利益而举办的一次新闻研讨班。中共中央政治局常委李瑞环出席会议并发表了《坚持正面宣传为主的方针》的讲话。他指出："所谓正面宣传，就是要鼓舞和启迪人们发展社会生产力，坚持四项基本原则，坚持改革开放，推进精神文明建设。总之，一切鼓舞和启迪人们为国家的富强、人民的幸福和社会的进步而奋斗的新闻

---

① 《十四大以来重要文献选编（上）》，人民出版社，1996，第657页。

② 覃榕、覃信刚：《新中国70年广播电视发展理念的演进历程与主要特征》，《中国广播电视学刊》2019年第10期。

③ 覃榕、覃信刚：《新中国70年广播电视发展理念的演进历程与主要特征》，《中国广播电视学刊》2019年第10期。

舆论，都是我们所说的正面。"① 广播电视管理部门和全国的广播电视机构举办培训班，认真学习、领会、落实"正面宣传为主"思想，高度负责地传播党的路线、方针、政策，把央广、央视《新闻和报纸摘要》《新闻联播》等办成了政治传播高地、新闻传播高地。先进典型受到了大力报道，社会丑恶现象遭到批评，为改革开放营造了良好舆论氛围。在中国特色社会主义新时代，习近平指出：舆论监督和正面宣传是统一的。这一观点进一步深化了正面宣传为主的思想，广播电视领域统筹规划，统一安排，正面宣传和舆论监督都作出了出色贡献。

7. 事业单位，企业化管理

"'事业单位，企业化管理'，是1989年12月广东广播电视厅经省委正式批准而对广播电视实行的新机制。这一理念突破了长期以来广播电视纯事业单位属性，使广播电视走上了转型的道路，在新中国广播电视业界产生了广泛而深刻的影响。"②

"事业单位，企业化管理"源于报业。1978年底，人民日报社联合8家媒体给财政部递交了一份报告，要求试行"事业单位，企业化管理"。人民日报社当初的想法是成为既搞活经营，也拥有一定的经济自主权，以及工资福利不同于财政全额拨款的事业单位。财政部的打算则是，一方面支持人民日报社等单位，另一方面也可以卸包袱，减轻财政负担并很快给予了批准。1985年，广播电视在统计分类上被国家列入了第三产业。1988年1月，广东省广播电视厅提出让广东电视台实行企业化管理的构想，这一构想得到了正式认可，这就是"事业单位，企业化管理"。这一思想适应当时广东的改革，在广东实践后又被全国广播电视机构所吸取，走向全国，被广泛运用，并由此给中国广播电视业带来良好社会效益和经济效益。

8. 广播电视是党的喉舌

1989年11月，江泽民在全国新闻工作研讨班上的讲话中指出："我们国家的报纸、广播、电视等是党、政府和人民的喉舌。这既说明了新闻工作的性质，又说明了它在党和国家中的极其重要的地位和作用。"③ 广播电视既是党和政府的喉舌，又是人民的喉舌，这就担当起了本应担当的"喉舌"的全部使命和职责。

---

① 李瑞环：《坚持正面宣传为主的方针——在新闻工作研讨班上的讲话》，《新闻战线》1990年第3期。

② 覃榕、覃信刚：《新中国70年广播电视发展理念的演进历程与主要特征》，《中国广播电视学刊》2019年第10期。

③ 《十三大以来重要文献选编（中）》，人民出版社，1991，第766页。

关于"喉舌"的比喻，在广播媒介使用较多。人民广播筹备期间，朱德就明确指出广播是党的喉舌。1945年10月25日，《解放日报》发文介绍延安新华广播电台也称：该台是人民的喉舌，民主的呼声。1962年12月，周恩来在听取广播事业局党组汇报时说："广播是党的喉舌。"

广播是党的喉舌、人民的喉舌，那么电视呢？因为广播与电视的特性不同。广播是单一的声音传播，没有文字、图像，电视既有文字、图像，也出现声音，会不会有所不同？其实不然，马克思、恩格斯创办《新莱茵报》时，就希望把这张报纸办成"人民精神的千呼万应的喉舌"[①]。所以，江泽民称我国的报纸、广播、电视等是党、政府和人民的喉舌。其实，在1985年2月8日，胡耀邦在中央书记处会议上所作的《关于党的新闻工作》的发言中就指出："我们党的新闻事业，究竟是一种什么性质的事业呢？就它最重要的意义来说，用一句话来概括，我想可以说党的新闻事业是党的喉舌，自然也是党所领导的人民政府的喉舌，同时也是人民自己的喉舌。"党媒姓党，都是党和人民的喉舌，广播电视当然也是党和人民的喉舌。

9. 立足全国，面向世界，建设具有世界先进水平的电视台

1992年初，邓小平视察南方时发表了重要谈话，这一谈话进一步统一了全党、全军、全国人民改革开放的思想，广播电视业进入了深化改革、创新发展的新阶段。这一阶段，中共中央、国务院通过各种途径加强了对广播电视的领导。其原因之一，是邓小平在南方谈话中批评电视一打开尽是会议，认为会议多，讲话也太长，而且内容重复。时任中宣部部长丁关根从1992年底至1993年初，三次对电视宣传提出要求，主要内容是要改进宣传方法，注意宣传效果；从群众的需要出发，增大信息量，增加新闻播出次数等。1993年初，中央电视台再度开始了新闻改革。他们分析研判了世界总的发展趋势，制定新的发展战略："立足全国，面向世界，把中央电视台建设成为同中国大国地位相称的具有世界先进水平的电视台。"时任台长杨伟光提出办世界大台、世界先进水平电视台的时候，曾遭到质疑，丁关根从正面作出回应，给予了支持。中央电视台当时已进行了多次改进，有了一些探索，积累了初步经验，并从此开始建设世界一流电视台，对节目进行改革，创办了不少优秀节目栏目，成为全国观众最喜爱的电视台。2018年4月26日，习近平致中央电视台建台暨新中国电视事业诞生60周年的贺信中，明确要求中央广播电视总台努力打造具有强大引领力、传播力、影响力的国际一流新型主流媒体，这是新时代中国特色广播电视新思想，也是广播电视强国建设的目标、任务和动员令。

---

① 《马克思恩格斯全集》（第6卷），人民出版社，1961，第275页。

10. 坚持正确的舆论导向

1996 年 9 月 26 日，江泽民在视察人民日报社时提出"舆论导向正确，是党和人民之福；舆论导向错误，是党和人民之祸"①的重要思想，同时，对新闻媒体如何以正确的舆论引导人提出了具体要求。

舆论导向，新闻界往往将其看成引导舆论的方向。导向错误，满盘皆输。因此，1994 年江泽民在全国宣传思想工作会议上提出："我们的宣传思想工作，必须以科学的理念武装人，以正确的舆论引导人，以高尚的精神塑造人，以优秀的作品鼓舞人，不断培养和造就一代又一代有理想、有道德、有文化、有纪律的社会主义新人，在建设有中国特色社会主义的伟大事业中发挥有力的思想保证和舆论支持作用。"②江泽民提出的"祸福论"和舆论导向观，是马克思主义中国化新闻观的组成部分，也是中国共产党广播电视的重要思想。

11. "三贴近"与"走转改"

2003 年初，胡锦涛带领政治局的同志到西柏坡参观，强调要牢记毛泽东 1949 年进北京前关于两个"务必"的教导。之后，他在多次讲话中强调"以人为本""权为民所用、情为民所系、利为民所谋"。在新闻宣传方面，则提出了"贴近实际、贴近生活、贴近群众"的理念，并倡导新闻界开展"走基层、转作风、改文风"活动，为新闻宣传工作和新闻队伍建设确定了正确方向和有效路径。

毛泽东、邓小平、江泽民对"三贴近"都有过论述。"三贴近"是新闻宣传、广播电视传播增强针对性、实效性和吸引力、感染力的根本途径，也是推动广播电视创新发展的重要举措。有一段时期，我们的部分广播电视记者在新闻传播中不同程度存在形式主义。在这种状况下，"三贴近"不仅是广播电视传播应遵循的指导思想，更是一个基本原则和方法论。

为推动"三贴近"的实践，使其制度化、常态化，中宣部、中央外宣办、国家广电总局、新闻出版署、中国记协及时召开视频会议，在全国新闻战线组织开展"走转改"活动，全国广播电视台积极响应，开设栏目，在平时和关键节点播出"走转改"的节目内容，坚定了马克思主义中国化新闻观，推动了广播电视事业健康发展，每年都产生了大量优秀节目、栏目和广播电视作品，涌现出不少优秀播音员、主持人、编辑和记者。

12. 资源整合，广播电视合并

广播电视资源整合、合并甚至收购，在世界范围内已经持续了几十年，到

---

① 《江泽民总书记视察人民日报社》，《人民日报》1996年9月27日。

② 江泽民：《在全国宣传思想工作会议上的讲话》，人民出版社，1994，第3页。

目前仍是一个动态的概念，如美国主要采取"收购"，购买电台或电视台。我国不同，最早出现的是广播电视集团。1999年，江苏省和黑龙江省出现了两个市级广播电视集团，之后，省级国家级广播影视集团出现，"集团化"概念也流行。但是，由于初期的尝试没有认真区别"事业""企业"性质，分分合合，拆分不断，走了一段时间的弯路。2006年7月24日，国家广播电影电视总局印发《广播影视体制改革工作实施方案》提出，"要逐步推进地方电视台、广播电台体制改造，实行资源整合，广播电视合并"，这是广播电视管理机构非常明确提出的"两台合并"。"由此，'两台合并'的理念与实践操作在全国兴起。到2010年底，244家副省级和地市级播出机构实现了两台合并。由于两台抵触情绪较大，许多电台、电视台实际仍是单独运行。"①

2012年7月1日，李长春在辽宁广播电视台考察时指出，"音频视频数字都是一码事，过去这种按技术类型分设的机构已不合时宜""电视台和广播电台的合并要作为规定动作，一定要实现'化学反应'，不是物理捏合"。②李长春还要求电台、电视台必须打破各干各的格局，在四个方面实现一体化。一是领导体制要一体化，二是机构要一体化，三是管理要一体化，四是资源配置要一体化。2018年3月，中央"三台"合并，2019年上半年，全国地方电台、电视台基本合并。

13.按照新闻传播规律办事

2008年6月20日，胡锦涛在视察人民日报社时发表重要讲话，提出"按照新闻传播规律办事"的重要观点。在这之前的2002年、2003年、2006年，在这之后的2009年，胡锦涛还四次在讲话中阐述"要尊重舆论宣传的规律""要善于把握新闻传播规律"。胡锦涛五次谈"规律"，强调要"按照新闻传播规律办事"，这使马克思主义中国化新闻观进一步深化，也有利于广播电视媒体及其编辑、记者和播音员遵循广播电视传播规律进行节目制作和传播，有利于广播电视机构的各级领导按客观规律管理广播电视工作。我国广播电视机构从业人员对新闻传播规律的认识逐步深化，在专业化、类型化方面深耕细作，使广播电视的新闻传播形态不断优化，从而也使"以人为本""为人民服务"的思想生根开花。

14.善待媒体、善用媒体、善管媒体

2004年9月，党的十六届四中全会通过的《中共中央关于加强党的执政

---

① 覃榕、覃信刚：《新中国70年广播电视发展理念的演进历程与主要特征》，《中国广播电视学刊》2019年第10期。

② 李长春：《文化强国之路——文化体制改革的探索与实践（上）》，人民出版社，2013，第444~445页。

能力建设的决定》，重申了"坚持党管媒体的原则"。2008年，胡锦涛提出各级党委、政府及各级领导干部要"提高与媒体打交道的能力"。2010年初，李长春在全国宣传部长会议上指出，"各级党委要切实做到善待媒体、善用媒体、善管媒体。充分发挥媒体凝聚力量，推动工作的积极作用"①。"三善"的提出，有其复杂的社会因素。多年发生的重大社会事件，不少是媒体和网络事件，从中反映了这样一个问题：我们的一些党政干部对媒体功能、属性、作用了解不够，与媒体打交道的能力不足，出现知识恐慌与本领危机。各级领导"要提高与媒体打交道的能力"，是一个国家政治民主化的需要，也是新闻媒体包括广播电视媒体的需要。因为领导干部的工作作风、工作态度将会影响广播电视的发展。而善待媒体、善管媒体、善用媒体，包括充分发挥广播电视的影响力、凝聚力，可以推动社会的发展进步。从这个方面来讲，就要改变过去对待广播电视存在的不足，关心爱护、管理好广播电视，并使用好广播电视，扩大广播电视的效能，使其为社会经济发展贡献力量。

在改革开放和社会主义现代化建设新时期，丰富中国共产党广播电视思想的有党的中央领导人、党的行业领导人、党的广播电视社会组织领导人、党的省级管理部门领导人，真所谓"百花齐放"，原创性概念展现了中国气派、中国风格、中国话语，这是改革开放的国情所决定的。这一时期，中国共产党广播电视思想的影响力、凝聚力、感染力都很强，较好地指导了中国广播电视的实践，使中国步入广播电视大国。

（四）中国特色社会主义新时代中国共产党广播电视思想（2012年至今）

党的十八大以来，中国特色社会主义进入新时代。我党实现了第一个百年奋斗目标，开启了实现第二个百年奋斗目标新征程。在新时代，广播电视大国地位更加稳固，高质量发展，并朝广播电视强国迈进。

在新时代，习近平关于新闻舆论工作的重要论述成为广播电视的普遍遵循，它也是中国共产党在这个时代最主要的广播电视思想。同时，广播电视改革、创新不断，中国共产党广播电视思想进一步发展，极大丰富了马克思主义中国化新闻观，强力引领了中国广播电视的发展。

1. 坚持以人民为中心，忠实履行职责使命

2018年9月26日，习近平致中央电视台建台暨新中国电视事业诞生60周年的贺信说：希望中央广播电视总台和全国广大电视工作者"坚持以人民为中心，忠实履行职责使命"。以人民为中心，是习近平新时代中国特色社会主义思想的精髓，也是中国共产党广播电视思想的精髓。2013年8月19日，习近平在全国宣传思想工作会议上指出："要树立以人民为中心的工作导向，把服务群

① 《李长春：切实做到善待媒体善用媒体善管媒体》，新华网2010年1月5日。

众同教育引导群众结合起来，把满足需求同提高素养结合起来，多宣传报道人民群众的伟大奋斗和火热生活，多宣传报道人民群众中涌现出来的先进典型和感人事迹，丰富人民精神世界，增强人民精神力量，满足人民精神需求。"[1] 他在党的新闻舆论工作座谈会上强调，要"坚持以人民为中心的工作导向"[2]。在党的十九大上，他再次强调"坚持以人民为中心"。习近平反复强调坚持以人民为中心的工作导向，坚持人民至上，这是因为，人民就是江山，江山就是人民，党的根本宗旨就是全心全意为人民服务。广播电视事业坚持以人民为中心的工作导向，就是要真正尊重人民主体地位，坚持党性和人民相统一，以人民利益为重，为人民群众提供丰富的精神食粮，真正做到全心全意为人民服务。

2016年2月19日，习近平在党的新闻舆论工作座谈会上发表讲话，指出："在新的时代条件下，党的新闻舆论工作的职责和使命是：高举旗帜、引领导向，围绕中心、服务大局，团结人民、鼓舞士气，成风化人、凝心聚力，澄清谬误、明辨是非，联接中外、沟通世界。"[3] 六个方面48字的职责使命，继承并创新发展了中国共产党对新闻舆论工作包括广播电视职责使命的一贯精神，并涵盖广播电视的方方面面，是马克思主义中国化新闻观的新发展，是新时代中国共产党广播电视的重要思想。

忠实履行新闻舆论工作的职责使命，是党的重托、人民的期待，全国各级广播电视工作者深刻理解、准确把握其内在逻辑和基本要求，内化于心、外化于行，努力推动广播电视高质量发展，在体制改革、媒体融合、新型主流媒体建设等方面，攻坚克难，务实笃行，一步一个脚印，步步稳健。

2. 坚持党管媒体，坚持政治家办台

习近平2013年8月19日在全国宣传思想工作会议上讲话时指出："要坚持党管媒体不动摇，坚持政治家办报、办刊、办台、办新闻网站。"[4] 2016年2月19日，习近平在党的新闻舆论工作座谈会上又指出，要"增强政治家办报意识。毛泽东同志说'搞新闻工作，要政治家办报'，办报办刊办台办网都需要坚持这个原则"[5]。坚持政治家办报，被公认是中国当代新闻学最具特色的核心概念之一。同样，我们认为，坚持政治家办台，也是中国当代广播电视学最

① 习近平：《习近平谈治国理政》，外文出版社，2014，第154页。

② 《习近平总书记党的新闻舆论工作座谈会重要讲话精神学习辅导材料》，学习出版社，2016，第2页。

③ 习近平：《习近平谈治国理政》（第二卷），外文出版社，2017，第332页。

④ 中共中央文献研究室：《习近平关于社会主义文化建设论述摘编》，中央文献出版社，2017，第25页。

⑤ 中共中央文献研究室：《习近平关于社会主义文化建设论述摘编》，中央文献出版社，2017，第47页。

具特色的核心概念之一，应长期坚守。

毛泽东提倡政治家办报，源自他和中国共产党其他领导人的新闻实践。因为政治家办报，与党的目标、任务结合紧密，可以很好推动党的事业的发展。毛泽东未提及政治家办台（主要是广播电视），但实质蕴含了这个意义。2005年12月30日，刘云山在纪念中国人民广播事业暨中央人民广播电台创建65周年大会上讲话时提出，要全面落实科学发展观，坚持政治家办台，这继承了毛泽东新闻思想。习近平提出坚持政治家办报、办刊、办台、办新闻网站，要坚持党管媒体不动摇，这是马克思主义新闻观、毛泽东新闻思想的创新发展：扩大了主流阵地、扩大了传播领域，从而扩大了服务对象，增强了广播电视的影响力、凝聚力。而坚持政治家办台，最主要的就是要坚持马克思主义中国化新闻观，用其指导、引领中国广播电视的创新发展。

3. 坚定文化自信，坚持新闻立台

2016年12月31日，习近平致中国国际电视台（中国环球电视网）开播的贺信提出要"坚定文化自信，坚持新闻立台"[①]。这是对中国国际电视台（中国环球电视网）的希望、要求，也是对全国广播电视机构和新闻工作者的希望、要求。坚定文化自信，习近平有一系列的论述，如他在《要有高度的文化自信》讲话中就指出："文化自信，是更基础、更广泛、更深厚的自信，是更基本、更深沉、更持久的力量。坚定文化自信，是事关国运兴衰、事关文化安全、事关民族精神独立性的大问题。""坚定文化自信，离不开对中华民族历史的认知和运用。历史是一面镜子，从历史中，我们能够更好看清世界、渗透生活、认识自己；历史也是一位智者，同历史对话，我们能够更好认识过去、把握当下、面向未来。"[②]这就从理论上深刻阐释了文化自信与国家前途命运、民族精神和文化安全的逻辑关系，并给予广播电视工作者实践的方法论。坚持文化自信、广播电视传播就会形成中国气派、中国风格、中国精神、中国话语、中国特色，更好地为全国人民和全世界人民服务。

坚持新闻立台，是一大问题导向。在广播电视的发展中，个别主流电视为了创收，放弃职责使命，以娱乐立台。就在当下，我们还看到一些互联网媒体在首页、首屏以娱乐立网，刊载低俗的内容。另外，有的广播电视机构单纯从经济利益出发，撤销原已开办的新闻台，这就值得反思。广播电视要牢固树立新闻立台思想，仍然任重道远，因为娱乐化博眼球仍使少部分从业者不能自拔。由此我们说，新闻立台在新时代是一项重要的历史使命，需要我们全力恪守。从这个意义上讲，坚定文化自信，坚持新闻立台是马克思主义中国化新闻观在

① 《人民日报》2017年1月1日。

② 习近平：《习近平谈治国理政》（第二卷），外文出版社，2017，第349～351页。

新时代的创新发展，是中国共产党重要的广播电视思想。

在"坚定文化自信，坚持新闻立台"思想指引下，我国广播电视的频率频道以及新闻节目、栏目加强了传播党的路线、方针、政策，新闻的专业化特色鲜明，时政传播、政治传播、新闻传播的高地稳固。如中央广播电视总台央视新办农业农村频道，深入宣传党的"三农"大政方针、深入宣传农业农村农民在新时代的新气象、新面貌，反映脱贫攻坚、乡村振兴的新风尚，专业特色突出，走进了农民观众的心灵。

4. 推动媒体融合发展，构建全媒体传播格局

现在看来，1999 年江苏省无锡市和黑龙江省牡丹江市成立广播电视集团，是我国广播电视媒体融合的发端，但那时尚未明确提出"媒体融合"的概念，且"媒体融合"的深度广度都不足。而媒介节目的融合，则从人民广播及电视诞生之日就已开始，但也未称媒介融合。英语 Media convergence 这个短语最先由美国密苏里大学新闻学博士、密苏里新闻学院国际项目中心中国合作项目主任，曾任《广州英文早报》副主编的章于炎介绍到我国，从 2000 年开始在业界学界流行，并对媒介融合作了许多探索，包括"全媒体"。但真正大规模进行媒体融合和全媒体建设，则是在中国特色社会主义新时代。

媒体融合概念在世界广播电视业人人皆知，也是全球广播电视发展的大趋势。面对这一世界性媒体话题、难题，中国共产党直面互联网及数字传播的挑战，进行了一系列顶层设计，这在世界执政党中少有。习近平在 2013 年 8 月 19 日全国宣传思想工作会议、2014 年 8 月 18 日中央全面深化改革领导小组第四次会议、2016 年 2 月 19 日新闻舆论工作座谈会、2016 年 4 月 19 日网络安全和信息化工作座谈会、2018 年 8 月 21 日全国宣传思想工作会议、2019 年 1 月 25 日中共中央政治局第十二次集体学习以及《人民日报》创刊 70 周年、中央电视台建台暨新中国电视事业诞生 60 周年发表讲话和发去贺信时，提出了一系列媒体融合的新思想。如推动媒体融合发展，加快构建全媒体传播格局；要坚持一体化发展方向，加快从相加阶段迈向相融阶段；打造一批具有强大影响力、竞争力的新型主流媒体；要坚持移动优先策略，建设好自己的移动传播平台；推动媒体融合发展，要研究把握现代新闻传播规律和新兴媒体发展规律；要扎实抓好县级融媒体中心建设，更好地引导群众、服务群众等。在世界大国领袖中，系统论述媒体融合，系统进行媒介融合的顶层设计，习近平是第一人。习近平关于媒体融合的重要论述，是马克思主义中国化新闻观的重要发展，是新时代中国特色广播电视的根本遵循，是中国共产党广播电视思想的重要组成部分。在这一思想指引下，我国广播电视的媒体融合大步向前，全国范围内三级广播电视已完成合并，县级融媒体中心已全部建成，现正向构建全媒体传播体系发力。我们有理由相信，这一目标一定会早日实现。

5. 统筹广播与电视、内宣和外宣、传统媒体与新兴媒体

"统筹广播与电视、内宣和外宣、传统媒体和新兴媒体"，是习近平致中央电视台建台暨新中国电视事业诞生60周年贺信提出的要求。在历史上，我党广播电视思想关于广播与电视、内宣和外宣的运行，叙事词是"并重"。意思是同等重视、同等看待。为什么呢？因为一些广播电视管理部门包括党委政府"重电视轻广播"，使广播的发展滞后，对外宣也一样，不及内宣重视，因而外宣不及内宣做得好，所以强调"并重"，要一样看待，一样重视。习近平的叙事话语使用"统筹"，这包括统一筹划、统一部署、一一落实。当然，前提也是要一样看待，同等重视。应该说，这是从媒体融合实际出发提出的问题，就是广播、外宣、新兴媒体的筹划，各项工作的部署、落实及效果没有电视、内宣、传统媒体那样有序、有效。例如广播，在两台合并后，有的台领导认为体量小，不及电视体量大，因而被边缘化。又如外宣，我们的广播电视做了不少传播，但影响力有限；一些原创性的概念，外国同行知之甚少，如"人民广播""珠江模式""西新工程""自己走路""社会效益第一位""政治家办台"等，但西方广播电视的一些概念，则满天飞，如"滚动新闻""全新闻电台""卫星直播"，包括一些口号，如"您给我20分钟，我将告诉您整个世界"。又比如在与新兴媒体的融合上，技术的研发、运用滞后等，这些都需要统筹。坚持"统筹"、落实"统筹"，无往而不胜。全国一批县级融媒体中心"统筹"到位，广播电视的融合发展向好，高质量发展带来了节目的变化，社会效益经济效益双丰收，上级满意，本单位满意，用户满意，在新时代走出了一条新路子。

6. 着力打造一批新型主流媒体

习近平高度关注新闻事业一流新型主流媒体的建设，多次讲话阐述这一思想。2014年8月18日，中央全面深化改革领导小组第四次会议审议通过了《关于推动传统媒体和新兴媒体融合发展的指导意见》，习近平在会议上强调："要着力打造一批形态多样、手段先进、具有竞争力的新型主流媒体，建成几家拥有强大实力和传播力、公信力、影响力的新型媒体集团，形成立体多样、融合发展的现代传播体系。"[1]2016年2月19日，习近平在党的新闻舆论工作座谈会上的讲话中又提出"着力打造一批新型主流媒体"[2]。2018年9月26日，习近平致中央电视台建台暨新中国电视事业诞生60周年的贺信中进一步指出：

---

[1] 中共中央文献研究室：《习近平关于全面建成小康社会论述摘编》，中央文献出版社，2018，第118页。

[2] 中共中央文献研究室：《习近平关于社会主义文化建设论述摘编》，中央文献出版社，2017，第46页。

"锐意改革创新，壮大主流舆论，努力打造具有强大引领力、传播力、影响力的国际一流新型主流媒体，奋力开创新局面，为实现'两个一百年'奋斗目标、实现中华民族伟大复兴的中国梦作出新的更大贡献。"[1] 在这些论述中，习近平反复强调"着力打造"一批"新型主流媒体"，原因是我们都是传统媒体，缺乏新型主流媒体；"打造一批"，不是一个；打造的新型主流媒体要"形态多样、手段先进、具有竞争力"，就不能是"形态单一、手段落后、缺乏竞争力"的主流媒体，而是"打造具有强大引领力、传播力、影响力的国际一流新型主流媒体"，这是对中央广播电视总台的要求，目的是要努力掌握国际话语权，让中国声音传遍全世界。习近平关于广播电视工作的重要论述，确立了新时代广播电视的目标、任务和努力的方向，已成为广播电视"十四五"规划及实践的指南。

7. 深入宣传农业农村农民在新时代的新气象新面貌

中国共产党历来关注农业农村农民问题。2022年2月22日，21世纪以来第19个指导"三农"工作的中央1号文件由新华社授权发布。文件指出：必须着眼国家重大战略需要，稳住农业基本盘，做好"三农"工作，接续全面推进乡村振兴。这与党的十九大报告明确要求"实施乡村振兴战略"一致。党的十九大以来，为了适应时代的发展，各地"乡村振兴局"纷纷成立，这加强了对"三农"工作的领导。而广播电视传播，从中央到地方，历来重视"三农"的宣传。但互联网出现后，特别是移动传播给广播电视带来了强有力的挑战，受经济因素制约，有的省市广播电视台减少了"三农"节目，甚至撤销农村频率。中央广播电视总台不同，其作为广播电视的头部媒体，勇挑重担，于2019年9月23日正式开播央视农业农村频道，习近平发去贺信，表示热烈祝贺，希望农业农村频道深入宣传党中央关于"三农"工作的大政方针，"深入宣传农业农村农民在新时代的新气象新面貌，在全社会营造关注农业、关心农村、关爱农民的浓厚氛围"[2]。作为党的核心，对一家专业电视台提出"深入宣传农业农村农民在新时代的新气象新面貌"，这说明对"三农"高度重视，也应引起全党和新闻界重视。当然，作为央视农业农村频道，更应不忘使命，奋发有为。

8. 管办分离，行业管理

新中国成立后，中央广播事业管理处改组为广播事业局，作为中央人民政府政务院（1954年9月后改为国务院）新闻总署下属的"广播机关"，领导全国的人民广播事业。这时的中央广播事业管理处虽然领导中央电台，但局台是一套人马，中央电台既是一个国家机关，也是一个传播媒体，局台合一、国内国外

---

① 《人民日报》2018年9月27日。

② 《人民日报》2019年9月23日。

广播合一。这种"机关"性质普及全国，如云南人民广播电台1950年3月4日成立（初称昆明人民广播电台），一直是全省广播事业的领导机关，到1964年1月29日，国务院批准设立云南省广播事业管理局，5月28日正式成立并与云南电台合署办公，仍然是全省广播事业的"机关"。1983年3月31日至4月10日，第十一次全国广播电视工作会议提出建立以宣传为中心，宣传、技术、行政"三位一体"的领导机构，从此，局（厅）台分设，台由厅（局）领导，一直持续到"两台合并"。

各级电台由广播电视管理机构直接领导，对我国广播电视事业的发展曾产生了较好的作用，功不可没。但改革开放以来，随着广播电视事业的深化发展，这种体制也显露出一些问题，主要是政事政企不分、管办不分，管理部门既当"裁判员"，又兼"运动员"，难以把二者的工作做到极致。因此，国家广播电视管理部门按照政事、政企分开和管办分离的改革要求，探索"管办分离，行业管理"，一段时间成为广播电视的热门词语，也指导我国在2018年基本完成了全国从中央到市州一级广播电视机构的"管办分离，行业管理"。2020年，全国已有超过2400家县级融媒体中心挂牌成立，县级广播电视机构已完成了"管办分离，行业管理"。

9. 智慧广电

智慧广电是新时代中国共产党人在广播电视实践中形成的一个概念。在社交媒体、自媒体发展的当下，我国广播电视碰到了一系列的困难，经营下行，技术滞后，人才流失，给广播电视带来不利影响。面对挑战，需要有新思想、新观念、新举措。2015年3月，时任国家新闻出版广电总局副局长聂辰席提出"智慧广播"战略。2018年11月16日，国家广播电视总局发布《关于促进智慧广电发展的指导意见》。国家广播电视总局随后召开全国智慧广电建设现场会，全面推进智慧广电的发展。时任中宣部副部长、国家广播电视总局局长聂辰席阐释并定义智慧广电："以全面提升广播电视业务能力和服务能力为目标，以有线、无线、卫星、互联网等多种手段协同承载为依托，以云计算、大数据、物联网、IPv6、人工智能等综合数字信息技术为支撑，实现广播电视智慧化生产、智慧化传播、智慧化服务和智慧化监管，着力提供无所不在、无时不在的高质量广播电视服务。"[①]经过三年多的艰苦努力，智慧广电发展态势良好。

10. 品牌强国工程

广播电视"工程"思想、理念，是中国共产党人从实践中体验、感悟、总结又用于指导实践的思想，它紧扣国家大局、时代发展，是广播电视事业发展

---

① 覃榕、覃信刚：《新中国70年广播电视发展理念的演进历程与主要特征》，《中国广播电视学刊》2019年第10期。

的重大战略、重大举措、重大行动。广播电视大国建设需要这样的工程，广播电视强国建设也需要这样的工程。新中国成立后，广播收音网、农村广播网、"村村通"工程、西新工程、无线覆盖工程、"户户通"工程、智慧广电工程都推动了广播电视的发展，这是贫穷落后的中国国情、人口众多的中国国情、地理复杂的中国国情所决定的，而更重要的是中国共产党人的初心所决定的。上述工程如广播收音网、农村广播网发挥了较好的传播作用，这在世界上是少有的。又如"村村通"工程，重在解决全国广播电视覆盖"盲区"、农民群众接收广播电视难的问题；"西新工程"则是在党和国家主要领导人的关心下实施的。广播电视的"工程"史也是思想史，值得深入研究。品牌强国工程与前几十年的"工程"不同，是中央广播电视总台组建后，于2019年8月启动的品牌工程，它联合中央有关部委、部分省区市党委宣传部、国家重大工程主导单位，以及国内知名品牌企业共同实施，在公益传播中产生了较大影响，社会效益和经济效益双丰收，因而其经验值得总结。

中国特色社会主义新时代，以习近平为主要代表的中国共产党人把马克思主义新闻观与中国广播电视具体实际相结合，与人民广播电视先进文化相结合，提出了许多富于前瞻性、创新性，并且有世界战略眼光的广播电视思想，大大推动了马克思主义新闻观的中国化，有力指导了中国广播电视的高质量发展，并向广播电视强国迈进，从中央到县级广播电视媒体融合、构建全媒体传播体系，打造国际一流新型主流媒体等都在朝纵深发展，引发全世界广播电视媒体关注。这一阶段到目前只有九年多，随着时间的推移，中国共产党广播电视思想将更加深入人心，广播电视也将迎来更加美好的明天。

三、经验启示

从上述四个阶段中国共产党广播电视思想的历史演进，研析中国共产党广播电视思想，我们看到，其科学性、时代性、开放性、实践性特征鲜明，其经验启示弥足珍贵。

一是始终坚持以马克思主义新闻观为指导。马克思主义是奠定中国共产党人坚定理想信念的理论基础，马克思主义新闻观也奠定了中国共产党人广播电视思想的基础，从而使中国共产党人在各个时期产生的广播电视思想有力指导了广播电视的实践。事实证明，始终坚持以马克思主义新闻观为指导，中国共产党广播电视思想视域下的人民广播电视事业就将无往而不胜。

二是始终以中华民族伟大复兴为主线。中国共产党广播电视思想的生成一直处于动态演进、不断发展之中。随着时代的变迁、中心任务的更迭而发生相应转变。但不变的是以中华民族伟大复兴为主线，人民广播电视事业践行初心，担当使命，在传承与创新中彰显了生机与活力。

三是始终坚持以人民为中心。中国共产党因其阶级属性、历史使命，长期以来坚定不移地以全心全意为人民服务为根本宗旨，无疑，党领导下的人民广播电视事业也以全心全意为人民服务为根本宗旨。我们党来自人民，坚持人民至上，以人民为中心，党的广播电视思想也是坚持人民至上、以人民为中心，各个阶段想的是为人民的传播，做的是为人民服务的事。

四是坚持不懈地以广播电视的发展为要务。梳理中国共产党的广播电视思想，各个时期都把发展列为要务。要发展，才能为人民服务，才能实现中华民族的伟大复兴；抓发展，才能满足人民群众对广播电视的需求，从而进入广播电视大国行列，继而向广播电视强国迈进。从最初抓文字广播，抓无线电"从空中架起一座座桥梁"，到现在抓"智慧广电"，无不把"发展"列为实践中的要务。未来，广播电视的"高质量发展"也必将助力我国文化强国的实现。

五是始终坚持"自己走路"与"走自己的路"。中国共产党奉行自力更生、发愤图强，这也体现在广播电视思想方面，就是始终坚持"自己走路"与"走自己的路"，在这一思想指引下，无论是"红中社"的文字广播，还是窑洞电台的"记录新闻"，广播收音网的普及到如今的"5G+4G/8K+AI"都是遵循的这一思想。但这并不排斥吸取世界文明成果。相反，学习、借鉴世界广播电视的文明成果，使"自己走路"与"走自己的路"更加坚实，创新发展更有成效。长期以来，广播电视的与时俱进、改革创新，就充分说明了这一条。

（作者系云南师范大学传媒学院特聘教授、中国广播电视社会组织联合会媒介融合学术研究基地主任）

奋力走好首都新型主流媒体新时代赶考之路

余俊生

党的十九届六中全会深刻总结了我们党百年奋斗的重大成就和历史经验，为新时代党的事业以史为鉴、开创未来提供了行动指南和根本遵循，也为我们做好新闻舆论工作、发展壮大主流媒体提供了根本指引。作为首都媒体，北京广播电视台要以高度的政治自觉深入学习贯彻全会精神，牢牢把握正确政治方向、舆论导向、价值取向，以首善标准全面做好全会精神宣传阐释和新闻报道，在全会精神指引下奋力开创首都新型主流媒体建设新局面，以新气象新作为走好新时代赶考之路。

一、精心做好全会精神宣传阐释工作，大力营造学习贯彻浓厚氛围

按照"宣传思想战线要坚持学在前、做在前"的要求，北京广播电视台在全会闭幕后立即组织开展全会精神学习宣传工作，以党的最新理论成果武装头脑、统一思想、坚定信心、增强斗志，统筹全台广播电视和新媒体深入宣传阐释全会精神，及时报道首都社会各界对全会的热烈反响和积极评价，迅速形成网上网下一体推进、专题专栏同向发力的强势宣传格局。

第一时间报道全会精神。紧紧围绕习近平总书记在全会上的重要讲话和全会通过的《中共中央关于党的百年奋斗重大成就和历史经验的决议》，及时组织新闻频道、新闻广播转发中央媒体社论，在《北京新闻》《北京您早》等近十个重点新闻栏目播出新闻发布会相关报道，全面、准确、深入解读全会公报内容。同时，结合北京市学习贯彻全会精神的工作部署和安排，推出"学习贯彻党的十九届六中全会精神""新时代新征程"等多个专题专栏，全面报道全市上下、社会各界学习贯彻全会精神的生动实践。截至2021年12月上旬，全台已推出相关报道350余篇，总时长超过300分钟，网络总点击量近200万次，为在全市迅速掀起学习贯彻全会精神的热潮贡献了重要力量。

策划推出全会专题节目。为突出全会的重大意义、作出的重要历史结论、提出的重大思想观点，聚焦新时代中国特色社会主义，北京广播电视台正在策划推出《百年奋斗 红色传奇》等专题专栏和特别节目，大型通俗理论节目《加油！中国现代化》、纪录片《档案里的中国——青春·致未来》等，全局式回顾党的百年奋斗历程和重大成就，全景式展现习近平新时代中国特色社会主义思想在京华大地的生动实践。同时，还将加强内宣外宣统筹，用足用好《新闻50+》《中国这些成就，外国朋友都点赞》等外宣节目扩大全会精神宣传报道，讲好北京故事、中国故事、中国共产党故事。

着力提升全会精神宣传效果。主动适应媒体融合发展中的新型传播生态，充分运用短视频、动图、视频直播等多种方式，全方位、多角度、深层次展示全会成果、阐释全会精神。"北京时间"联合多个平台对"中共中央举行新闻发布会介绍党的十九届六中全会精神"进行网络直播，吸引了数十万网友在线观看，取得明显的宣传实效。结合全会宣讲形式和载体的新变化，策划推出"理论＋百姓＋文艺"的特色化宣传报道方式，在宣讲活动的宣传创新上进行了有益探索。此外，"北京时间""听听FM"等客户端还聚焦全会主题制作推出一批接地气、易传播、有影响力的融媒体产品，进一步丰富拓展了全会精神宣传的形式样态和传播领域。

二、始终坚持党的全面领导，守好建强首都广电媒体主阵地

全会指出，党的领导是党和国家的根本所在、命脉所在，是全国各族人民的利益所系、命运所系。坚持党的全面领导，就要充分发挥党的领导的政治优势，将党的领导落实到党和国家事业各领域、各方面、各环节。北京广播电视台始终把坚持党的全面领导摆在第一位，勇担新闻舆论工作职责使命，忠实当好党和人民的喉舌。

全面落实党领导新闻舆论工作各项要求。党管宣传、党管意识形态、党管媒体，是坚持党的领导的重要方面，也是新闻舆论工作党性原则的集中体现。北京广播电视台以高度的政治责任感坚持和贯彻党性原则，严格落实意识形态工作责任制，持续推进内容安全、队伍管理等制度建设，加强舆情研判、安全播出、阵地建设管理等各项工作，实现了党的领导在新闻舆论工作各领域各环节的全贯穿全覆盖。目前，正结合媒体深度融合发展的新情况新要求，进一步完善制度、优化流程、创新机制，在不断加强党的领导中，着力巩固壮大主流思想舆论，提高新闻舆论工作能力。

深入持久做好习近平新时代中国特色社会主义思想宣传。党确立习近平同志党中央的核心、全党的核心地位，确立习近平新时代中国特色社会主义思想的指导地位，是党的十八大以来最重要的政治成果，是体现全党共同意志、反映人民共同心声的重大政治判断。北京广播电视台将切实增强把"两个确立"

真正转化为做到"两个维护"的思想自觉、政治自觉、行动自觉，进一步发挥理论宣传主渠道作用，加强"首条首页首屏"建设，策划推出《风劲正扬帆》《春天的脚步》《大道之行》等特别节目，生动阐释习近平新时代中国特色社会主义思想的思想伟力、实践伟力，充分展示习近平总书记的伟人情怀和领袖魅力，引导全市广大党员干部群众团结一致向前进。

集中力量做好重大主题宣传。2022年迎来党的二十大，聚焦党和国家政治生活中的这件大事，北京广播电视台策划推出了《喜迎二十大》《把二十大精神带回来》《空中"打卡"新北京》《我这十年》《中国故事：中华文明5000年》等专题专栏、融媒体报道和纪录片，大力营造喜迎欢庆党的二十大、学习宣传贯彻党的二十大精神的浓厚氛围。同时，还将结合"中国梦"提出十周年、共青团成立一百周年等重要节点和活动策划特别节目，继续做好城市副中心建设、京津冀协同发展和首都高质量发展等各方面宣传，立体呈现首都改革创新成就和全市各方面奋发有为的精神风貌。

三、牢固树立人民至上理念，更好地在服务群众中凝聚引导群众

回顾百年党史，党的根基在人民、血脉在人民、力量在人民，人民是党执政兴国的最大底气。实现好、维护好、发展好最广大人民根本利益，是党的一切工作的出发点和落脚点。北京广播电视台要站稳人民立场，厚植为民情怀，坚定不移贯彻以人民为中心的发展思想，把对党负责和对人民负责统一起来，把服务群众同教育引导群众结合起来，把满足需求同提高素养结合起来，不断丰富人民精神世界，增强人民精神力量。

奉献更多丰富有益精神食粮。立足首都、面向全国，北京广播电视台将持续深耕文化、健康、教育和科技等首都优势资源，进一步做精《养生堂》《档案》等品牌节目，做优新一季《上新了·故宫》《书画里的中国》《最美中轴线》等季播节目，同时倾力推出《国医春秋》《最美的课》《了不起的动画》《改变世界的30分钟》等新节目，创作生产《黄河安澜》《2022去北京》《锡兰王子东行记》《天工之城》《范儿》等纪录片、动画片和电视剧，着力构建形态更加多样、亮点更加突出的特色节目带和优质内容群，着力提升原创能力，激发创新活力，增强供给效能，不断夯实"大戏看北京"品牌，充分满足人民群众精神文化新需求新期待。

不断深化拓展为民服务工作。近几年，北京广播电视台在助推首都城市治理中逐步创办开办了《向前一步》《接诉即办》《我为群众办实事》《交通新闻热线》《新闻热线》和微信公众号"问北京"等一系列民生节目和新媒体账号，创造了媒体服务社会治理、服务群众生活的新模式、新经验，受到社会广泛关注和普遍好评。随着首都新发展格局加快构建，民生服务保障和首都城市治理

进入新阶段，北京广播电视台将充分发挥主流媒体在党委和政府联系群众中的桥梁纽带作用，加强与政府部门密切配合，创新工作手段和方式方法，努力推动群众急难愁盼的问题得到有效解决，及时有力有效引导社会舆论，将为民服务工作不断引向深入、推向前进。

打造冬奥盛会全民共享平台。北京冬奥会是一届全球瞩目、举国欢庆的体育盛会。作为举办地的重要媒体，北京广播电视台将汇聚全台力量、整合全台资源，以"五星耀五环"为统领，有计划、分阶段推出120余档节目栏目、近50项线上线下活动，全景式呈现冬奥盛况，立体式展现冬奥激情，情境式讲述冬奥故事，为全国人民，乃至全世界人民打造一个共享北京冬奥盛会的全媒体平台。目前，冬奥筹备和预热的宣传工作已经全面启动，北京广播电视台制作的冬奥口号推广歌曲《一起向未来》新版MV一经推出即引发了国内外热烈反响，获得外交部和众多央媒的高度评价。

四、不断强化开拓创新意识，加快构建首都广电媒体高质量发展新格局

党的百年奋斗经验告诉我们，创新是一个国家、一个民族发展进步的不竭动力。越是伟大的事业，越充满艰难险阻，越需要艰苦奋斗，越需要开拓创新。当前，广电媒体正处在转型升级和融合创新的攻坚期、爬坡期，全行业面临前所未有的发展压力、生存压力和管理压力。面对严峻形势带来的考验与挑战，北京广播电视台要从党的百年奋斗重大成就和历史经验中汲取智慧、力量和勇气，准确识变、科学应变、主动求变，不断推进传播创新、技术创新、经营创新和其他各方面创新。

加快推进媒体深度融合发展。2021年，北京广播电视台制定出台了推进媒体深度融合三年行动计划，提出着力实施内容提升、技术赋能、服务拓展、机制改革和人才支撑五大工程，对自主平台建设、整体转型升级等工作做出了战略部署。目前，一线人员整体转型工作基本完成，自有平台"北京时间""听听FM"在内容生产、业务创新、日活月活、用户黏性等方面都取得了显著成效，跻身同类产品头部阵营。北京广播电视台将继续抓好规划落地落实，聚焦流程再造、机制创新、人才培养等关键环节，突出平台建设、产品打造、业务开发和市场经营等重要方面，持续拓展一体融合发展格局的广度和深度。

不断提升技术创新赋能水平。在推进媒体深度融合中，北京广播电视台始终把技术创新赋能工作摆在突出位置。聚焦4K/8K超高清、5G高新视频等具有基础优势的技术方向，加大投入、加快布局，目前已建成24讯道4K超高清转播车，推出了国内第一个8K移动App产品原型，8K超高清试验频道已具备开播条件，5G高新视频台正在抓紧建设。北京广播电视台将加快推动技术工作由服务保障向助推创新转变、由专注广电向赋能融合转型，巩固 4K/8K 超高清内容制作与技术研发领先优势，充分运用移动直播、人工智能、虚拟现实等技术，不断提升内容产品的呈现质量和体验效果，切实增强政务、商用和民生服务能力，逐步培育和形成新的业务领域和发展优势。

大力拓展市场经营渠道和空间。打造拥有强大实力和传播力、公信力、影响力的新型主流媒体，必须具备强大的产业支撑。北京广播电视台坚持"瘦身健体"、淘汰落后产能，通过深入挖掘优质 IP 市场价值、加强战略合作、设立基金等方式，加快布局文化领域新兴产业，大力推进市场投资和运营，取得了较为明显的社会效益和经济效益。目前，正在加紧编制实施全台"十四五"时期产业规划，将着力引入市场新机制、激发转型新动能，充分发挥首都优势，加快推进全媒体营销、版权、培训、康养、体育等相关产业发展，同时充分把握北京市"两区""三平台"建设和北京证券交易所开市带来的有利机遇，聚焦文化健康领域，进一步加大市场投资和资本运营工作力度，不断拓宽事业产业协同发展双向通道，努力开创主流媒体借力资本市场创新发展的新模式、新经验。

五、发扬伟大改革开放精神，以更大的政治勇气和智慧推进全面深化改革

改革开放是我们党的一次伟大觉醒，是决定当代中国前途命运的关键一招，是当代中国大踏步赶上时代的重要法宝。全会强调，改革只有进行时、没有完成时，停顿和倒退没有出路，必须以更大的政治勇气和智慧推进全面深化改革。北京广播电视台要以"永远在路上"的坚定与执着，着眼于首都新型主流媒体建设，不断将全面深化改革推向深入，更好地激发和释放发展活力。

全面巩固提升现有改革成果。2020 年以来，北京广播电视台按照深化改革总体方案和实施方案，积极推进组织架构优化和人员调整，形成了由 16 个职能部门、34 个事业中心组成的扁平化管理架构，完成了对 130 余项规章制度的制定、修订工作，建立了行之有效的议事决策和工作运行机制，进一步提升了全台运行效率和管理效能。今后将立足于已取得的改革成果，进一步抓好各项改革任务的落实落深、落细落小工作，确保各项改革取得明显实效，同时结合新的形势和新的情况不断解放思想、创新思路，提出新的改革办法和措施。

以更大力度推进关键环节改革。2020 年以来，北京广播电视台继续大力推进供给侧结构性改革，关停了动听调频，撤销了七套有线调频广播，加快推进财经频道向金融频道转型，实现了"听听 FM"和故事广播一体化运营，并开展了全台自制常态栏目数据评估，督促排名末位的栏目加强整改。在人事机制改革上，构建了包括台本部、部门和员工在内的三级绩效考核体系，实现了

全向 KPI 考核。北京广播电视台将进一步聚焦供给侧结构性改革和人事机制改革这两个关键环节持续发力，不断改进内容生产模式和质量评价体系，加强频率频道建设和节目栏目调整，加快推进岗位设置等相关人事机制改革，推动资源、资产、资金更多向优势业务、优质团队、优秀职工集中，形成更具效率、更有潜力、更可持续的发展格局。

积极探索构建有效激发活力的新机制。目前，北京广播电视台正在推进工作室制建设，首批十三家工作室已从众多申报项目中脱颖而出，将围绕内容生产、晚会制作、融媒传播、影视剧投资等业务领域开展市场化运营，力争在出精品、出影响、出效益、出人才等方面闯出新路。同时，北京广播电视台还推出了突出贡献绩效奖励办法，对年度内作出重大贡献的团队进行奖励。这两项新机制都旨在激发员工的创新力和生产力，全面释放节目创新、经营创收、融媒建设等方面的活力。下一步，将充分聚焦传播能力、技术研发、商业模式、管理机制四个领域，破除观念障碍，打通渠道梗阻，突破制度壁垒，以更开放的思维和举措推进体制机制创新，不断增强改革发展活力，全力推动事业产业发展迈上新的台阶。

对历史最好的致敬是书写新的历史，对未来最好的把握是开创更美好的未来。北京广播电视台将不断推动学习宣传贯彻十九届六中全会精神走深走实，持续以昂扬的精神状态谋划工作、开创新局，胸怀"国之大者"，勇挑时代重任，以精品力作唱响新时代主旋律，以改革创新推动媒体深度融合发展，奋力走好新时代首都新型主流媒体的赶考路，在建设社会主义现代化强国的新征程上、在服务和推动首都高质量创新发展中，发挥更重要作用，作出更大贡献。

（作者系北京广播电视台党组书记、台长。本文为国家广播电视总局部级社科研究项目"广电媒体深度融合发展策略研究"的阶段性成果，项目编号：GD2116）

从百年党史中汲取奋进力量
肩负起巩固壮大主流舆论的历史使命

张华立

党的十九届六中全会是一次承前启后、继往开来的重要会议。会议最重要的成果是审议通过《中共中央关于党的百年奋斗重大成就和历史经验的决议》（以下简称《决议》）。这是站在中国共产党成立一百周年的关口，作出的一次回望和总结，是一篇光辉的马克思主义纲领性文献；是一篇新时代坚持和发展中国特色社会主义的政治宣言；是一篇以史为鉴、开创未来，实现中华民族伟大复兴的行动指南。

《决议》像标注历史的坐标，回望百年党史，昭示前进方向。《决议》在谈及文化建设时指出："文化自信是更基础、更广泛、更深厚的自信，是一个国家、一个民族发展中最基本、最深沉、最持久的力量，没有高度文化自信，没有文化繁荣兴盛就没有中华民族伟大复兴。"

回顾百年党史，1942 年延安文艺座谈会上，毛主席提出一个精辟论断："干革命不仅靠枪杆子，还要靠笔杆子。"湖南广电从诞生之日起就牢牢握紧"笔杆子"。1949 年 11 月，湖南电台随着湖南和平解放成立。1971 年 8 月、1974年 10 月，毛主席两次观看了湖南电视台播出的节目，指示"要重视电视事业，办好人民电视，让更多的人看到电视"。2020 年 9 月，习近平总书记考察湖南时强调："要坚持把社会效益放在首位，牢牢把握正确导向，守正创新，大力弘扬和培育社会主义核心价值观，努力实现社会效益和经济效益有机统一，确保文化产业持续健康发展。"习近平总书记的殷殷嘱托，我们铭记于心。从诞生之日，湖南广电始终把"党之所指、我之所向，民之所愿、我之所为"作为理念追求，将红色基因融入血脉、深入骨髓。2020 年，湖南广电制定了建设主流新媒体集团的战略目标，这是我们践行中央做强新型主流媒体要求的积极探索，也是我们赓续红色血脉，壮大主流舆论的使命担当。

接下来，湖南广电将贯彻落实好党的十九届六中全会精神，以"党媒姓党、绝对忠诚，人民至上、守正创新，锐意进取、开拓创新"的精神，当好党的"笔杆子"，当好人民的"笔杆子"，当好新时代的"笔杆子"，以更加奋发有为、朝气蓬勃的姿态向着建设主流新媒体集团的目标阔步前进。

一、坚持党的领导，党媒姓党，绝对忠诚，当好党的"笔杆子"

《决议》系统总结的"十个坚持"，开宗明义就强调"坚持党的领导"。没有中国共产党，就没有新中国，就没有中华民族伟大复兴；没有中国共产党，就没有湖南广电，就没有湖南广电今天的成就。

进入新时代，湖南广电不断深化改革，推动创新发展，作为主流媒体的舆论引领能力不断增强，作为国有文化企业的市场竞争力不断提升。这些成绩的取得，归根结底是有党的坚强领导，归根结底是有习近平新时代中国特色社会主义思想为指导，归根结底是有习近平总书记宣传思想工作系列重要论述和考察湖南重要讲话精神为动力。在党的领导下，湖南广电发展壮大了，就应该担起更大的责任、肩负更重的使命，就应该更加旗帜鲜明地当好党的"笔杆子"，党媒姓党、为党立言。

（一）党媒姓党、为党立言，是湖南广电的天生使命

从几十年前的三个传统事业主体——湖南人民广播电台、湖南电影制片厂、湖南电视台，发展到现在的 13 个电视频道、8 个广播频率和包括芒果超媒、电广传媒 2 家上市公司在内的 228 家企业；从广播、电视等传统媒体，到构建芒果 TV、小芒电商、风芒新媒体平台矩阵；从三轮改革拉开序幕，到建设主流新媒体集团新征程开启，无论时代如何变迁、媒体面貌如何变化，党媒姓党、红色基因一直是湖南广电人的精神血脉，体现党的意志、反映党的主张、维护党中央权威一直是湖南广电人的使命担当。

（二）党媒姓党、为党立言，是湖南广电的胜利之源

在习近平新时代中国特色社会主义思想指引下，2020 年以来，湖南广电直接投入 31 亿元用于主旋律宣传。深入贯彻落实习近平总书记精准扶贫思想，打造脱贫攻坚三部曲——理论片《从十八洞出发》、大型歌舞剧《大地颂歌》、电视剧《江山如此多娇》，展现首倡之地、首倡之为；全面奏响庆祝建党百年主题交响乐，《百炼成钢》《理想照耀中国》《百年正青春》《党史上的今天》等16 个重点项目启动早、声势大、矩阵全、项目多、影响大、主投主控、融合传播；遵循习近平总书记关于文化自信的重要论述，纪录片《中国》《岳麓书院》以独特的叙述方式、极致的美学追求，展现出深邃的历史视野。这些主旋律作品，不仅在电视等传统媒体平台上实现了大声量，在互联网平台上获得了大流量，更让湖南广电获得了全国脱贫攻坚先进集体、全国脱贫攻坚奖组织创新奖、全国抗击新冠肺炎疫情先进集体三个国家级大奖。

（三）党媒姓党、为党立言，是壮大主流舆论的根本要求

按照党中央决策部署，湖南广电将全力做好党的十九届六中全会精神宣传阐释，尤其是紧紧围绕习近平总书记重要讲话，突出党的十八大以来的原创性思想、变革性实践、突破性进展、标志性成果，突出中国特色社会主义新时代，规定动作充分到位，自选动作精心策划；充分利用《党史上的今天》等品牌节目，用三分之一以上的篇幅，以真实的史料、鲜活的故事、典型的案例、有说服力的数据，展现在习近平新时代中国特色社会主义思想指引下，奋进新征程、建功新时代的成就；充分发挥全媒体传播矩阵优势，传统媒体和新媒体同频共振，推出一批现象级融媒体产品，以大流量带动正能量。

湖南广电将全力为党的二十大召开营造浓厚氛围，更加突出抓好头条建设、置顶工程，不断增强议题设置能力和传播能力，持续深入做好习近平新时代中国特色社会主义思想宣传。我们将围绕迎接党的二十大，用好湖南丰富的红色资源，赓续红色血脉，集中力量创制一批人民喜爱、艺术水准高的红色影视剧、红色纪录片、红色综艺，展现湖湘大地"寸土千滴红军血，一步一尊英雄躯"的伟大，让党媒底色、青春气质更好融合。在现实主义题材影视作品创作上加大投入、提早谋划、重点攻关，将《争峰》《庭前无讼》等献礼党的二十大重点影视作品打造成记录新时代、书写新时代、讴歌新时代的文艺精品。按照习近平总书记"要下大气力加强国际传播能力建设，形成同我国综合国力和国际地位相匹配的国际话语权"的要求，持续提升芒果 TV 国际 App、国际频道的传播力、影响力，讲好中国故事、弘扬中国精神。

二、坚持人民至上，坚持以人民为中心的创作导向，当好人民的"笔杆子"

毛主席在延安文艺座谈会上指出："为什么人的问题，是一个根本的问题、原则的问题。"习近平总书记激励新时代文艺工作者"与时代同步伐、以人民为中心，以精品奉献人民、用明德引领风尚"。人民的需要是文艺存在的根本价值所在，湖南广电作为党媒，要当好人民的"笔杆子"，就必须让文艺为人民抒写、为人民抒情、为人民抒怀。无论是湖南卫视《稻花香里说丰年》，还是芒果 TV《乘风破浪的姐姐》《披荆斩棘的哥哥》，都体现了湖南广电对时代变化的深刻理解、对人民需求的深刻洞察，让文艺发挥了最大正能量。

我们在取得成绩的同时，发展过程中也出现了一些弊病。2020 年 9 月以来，中央部署开展文娱领域综合治理工作，中宣部、国家广电总局一针见血地指出湖南广电存在过度娱乐化、追星炒星、主持人艺人管理不严等问题，这些问题本质上就是人民的意见、人民的批评。如果我们听之任之、放任不管、随波逐流，就会被人民抛弃、被时代抛弃。

（一）坚持以人民为中心，就是要倾听人民的呼声，回应人民的关切

面对人民的批评，我们端正态度，认真自省，深刻认识到在创新发展过程中的确存在主持人艺人管理不到位、执行有关规定不力、斗争精神不强等问题。这些问题不是偶发性事件，而是湖南广电在高速改革创新发展过程中积累形成的问题，其中既有外部竞争、市场环境等客观因素影响，但更多原因是政治意识亟待提升、管理亟待加强。抓好问题整改，对湖南广电来说是一次政治大考，更是一次回应人民关切的大考。

（二）坚持以人民为中心，就是要抵制人民反对的，争做人民喜爱的

我们以全心全意为人民服务作为出发点和落脚点，从维护意识形态安全高度，落实文娱领域综合治理工作各项要求。

政治意识不断增强。先后召开 11 次集团党委会议和多次办公会、编委会例会、周例会，举办学习习近平新时代文艺工作重要论述培训班、主持人艺人专题学习、艺德素养培训课，深刻领会、深入理解中央部署开展文娱领域综合治理工作的重大意义和决心意志。

长效机制不断巩固。制定落实《关于加强主持人、艺人商业及社会活动管理的五条规定》《关于进一步加强节目内容安全工作的提示》等制度。

品牌形象焕新升级。湖南卫视升级为"青春中国"，连推《时光音乐会》《再次见到你》《今天你也辛苦了》《欢唱大篷车》《向你致敬》等小而美、接地气、正能量、治愈系的原创节目，激扬大流量、弘扬正能量。

主持人艺人队伍持续净化。湖南卫视清理所有主持人的商业活动、代言、网络账号，规范主持人管理。芒果超媒明确"四严格"（严格思想政治教育管住"脑"，严格社交账号管理管住"嘴"，严格产品代言行为管住"手"，严格回司报到制度管住"腿"）、"三禁止"（禁止失德败俗，禁止偷税漏税，禁止误导粉丝）、"两鼓励"（鼓励艺人及经纪人积极入党，并严格把关；鼓励艺人积极参加公益宣传活动）、"一引领"（引领优秀青年文化）。

与行业乱象和不正之风作斗争取得成效。严格执行主要演员片酬限额标准，抵制"阴阳合同"和偷税漏税；抵制诱导未成年人打赏、应援消费、投票打榜、线上集会等行为，抵制利用"圈子文化"牟取不当利益；抵制唯流量论，抵制收视造假，坚决不买收视。

（三）坚持以人民为中心，就是要以高质量文化供给增强人民群众的文化获得感、幸福感

我们将借文娱领域综合治理的东风，紧扣"新闻立台、文化强台"，既不折不扣、雷厉风行、靶向整治过度娱乐化、追星炒星、主持人艺人管理等问题，又破立并举、大刀阔斧改版创新，使平台面貌、品牌形象为之一新，引领新一轮创新风潮。

推动文艺创作出精品攀高峰。在文艺创作上树牢马克思主义文艺观，树牢社会主义核心价值观，树牢以人民为中心的创作导向，从创作源头开始就把社会责任置顶，摒弃过度商业化，抵制被资本裹挟，以最大气魄做颠覆性创新，重点抓好湖南卫视2022年一季度《中国婚礼》《国风唱将》《烈火雄心》《青春开放麦》《文学中国》等项目创制，打造具有中国气派、中国风格、中国审美的原创节目，用真文化、真思想、真情感、真关切拥抱新时代、拥抱人民群众、拥抱年青一代。

锻造崇德尚艺的文艺工作者队伍。优存量，加强主持人艺人思想政治建设和制度管理，主持人去艺人化、网红化、商业化，主动跟与规定相悖的利益和习惯切割了断，言行举止都经得起放大镜、显微镜、解剖刀的审视。拓增量，坚持德才兼备、以德为先，加强新生代主持人的选拔和培养，为节目注入新活力、带来新面貌。目前，湖南广电已从全国各大高校中选拔了一批优秀青年，充实湖南卫视主持人队伍。

三、坚持开拓创新，建设主流新媒体集团，当好新时代的"笔杆子"

越是伟大的事业，越充满艰难险阻，越需要艰苦奋斗，越需要开拓创新。湖南广电的发展从来不是一帆风顺，前行路上遇到过无数艰难险阻，从"扁担精神""牛毛毡精神"创台，到三轮改革步步推进，从5000万元家底建起金鹰城，到2014年芒果TV起步，每一个都是"娄山关""腊子口"，每一次都是命悬一线、九死一生，但每一次，湖南广电人都以"不创新毋宁死""要么第一个做、要么做第一"的坚毅，以"虽千万人吾往矣"的决绝，敢闯敢拼、勇毅前行，在一次又一次的开拓创新中，将湖南广电推至新的高度。

湖南广电已经明确了建设主流新媒体集团的战略目标。这条探索之路注定充满坎坷和荆棘，是一场时代大考。要答好时代考题，我们就必须握好新时代的"笔杆子"，开拓创新，迎难而上，不断壮大主流舆论阵地，书写建设主流新媒体集团的芒果答卷。

（一）开拓创新，推动媒体深度融合发展

建设主流新媒体集团，就是建设具有党媒本质属性和市场影响力属性，组织形态、企业文化、生态价值互联网化重构的集团。经过近几年的探索，湖南广电媒体融合战略的优势和能量进一步凸显，湖南卫视稳居省级卫视前列，芒果超媒是党管党控市值最高的新媒体公司，芒果TV挺进行业第一阵营，开辟小芒电商新赛道，打造短视频资讯平台"风芒"，与芒果TV一起构成了较为完备的新媒体平台矩阵，党媒阵地的影响力更大、竞争力更强。

（二）披荆斩棘，探索建设主流新媒体集团

湖南广电主流新媒体集团的全景建设地图，以壮大主流舆论阵地，提升党媒传播力、引导力、影响力、公信力为核心要义，以芒果超媒、电广传媒为自主可控的国有资本引擎，以芒果 TV、小芒电商、风芒短视频等互联网平台为主阵地，与湖南卫视一起构筑形成了长视频、短视频、音频、电影、内容电商、文旅＋投资等六大类主要业务的内容产业版图。

近几年，湖南广电在建设主流新媒体集团过程中，对未来传播形态进行了初步探索。

内容维度上，坚持主流宣传内容创新力度不降、生产规模不减，坚持将长视频特别是主流价值观长视频作为核心竞争力的内容战略，持续加大主流宣传的人才、技术、资金等方面的投入，加强芒果主流大片和精品文艺作品的创作引导，湖南卫视与芒果 TV 44 个节目工作室与团队、27 个影视剧工作室与团队源源不断打造原创 IP，探索了数字藏品、虚拟偶像养成、VR 体验馆、VR 剧本杀、虚拟演唱会、互动剧等赛道，为主流新媒体集团的探索提供了最重要的资源、最核心的竞争力。

技术维度上，依托 5G 高新视频多场景应用国家广播电视总局重点实验室、上海科技大学与芒果 TV 联合实验室、芒果 TV 创新研究院、芒果幻视、芒果无际、芒果科技等平台，依托 2000 多名技术工程师，依托与中国移动、华为、科大讯飞等巨头强强联合、深度合作，在 5G、光场技术、AR/VR、SaaS、区块链、智能语音语义、深度学习、智能终端等领域精耕细作，延展"小漾""YAOYAO"等数字主持人及《你好 2035》、"芒果幻城"等虚拟项目的功能和业务边界，以技术与内容紧密结合、共情共生的优势，不断延伸主流新媒体的边界，为主流新媒体集团建设提供了多元、充沛、可持续的动力保障。

平台维度上，湖南卫视全国覆盖人口超 12 亿人，连续 8 年位居省级卫视第一，芒果 TV 有效会员超 3600 万，积累了雄厚的用户规模和用户时长，以双平台为核心，湖南广电坚持集团军作战，不断加强湖南卫视、芒果 TV、小芒电商、风芒、芒果超媒、潇影集团、电广传媒等平台、公司之间的业务协同和相互赋能，进一步提升湖南广电全媒体矩阵的市场影响力、竞争力，为主流新媒体集团建设提供生态入口。

2021 年 11 月 28 日，芒果超媒与中国移动旗下咪咕文化签订了不低于 35 亿元的整体合作框架协议，将在大屏业务、5G 创新业务、出品拼播、衍生品电商等方面开展深度联动，共同探索创建 5G 联合实验室，开展 VR 内容制播合作，共同推动 5G＋媒体产品形态、技术应用和业务模式创新，合作探索和开发"元宇宙"平台、参与未来传播形态竞争。

　　未来的湖南广电，守正创新的党媒属性将进一步强化，矩阵传播的融合面貌将进一步凸显，中台赋能的组织形态将进一步完善，全媒体时代的人才结构将进一步优化，链路完善的产品集群将初步形成，前沿领先的应用技术将更加完备，开放合作的运营生态将全面打开。

　　时代在发展，使命在召唤。站在"两个一百年"奋斗目标的历史交汇点上，湖南广电将更加紧密地团结在以习近平同志为核心的党中央周围，永葆"闯"的精神、"创"的劲头、"干"的作风，当好新赶考的答卷人，以建设主流新媒体集团的新担当、新作为、新面貌、新气象，交出壮大主流舆论的芒果答卷。

　　【作者系湖南广播影视集团公司（湖南广播电视台）党委书记、董事长】

坚定理想信念
做好新赶考路上新型主流媒体答卷人

蔡伏青

在"两个一百年"奋斗目标的历史交汇点，党的十九届六中全会隆重召开并审议通过《中共中央关于党的百年奋斗重大成就和历史经验的决议》(以下简称《决议》)，为新时代更好开创党和国家事业新局面，统一全党思想和行动，产生了重大而深远的意义。《决议》深刻总结了进入新时代以来，党的意识形态和宣传思想工作取得的历史性成就、发生的历史性变革，为新时代广电媒体把握正确政治方向，谋划创新发展，服务新局面、建功新征程，提供了根本遵循，赋予了使命任务。广东广播电视台从百年党史中汲取奋进力量，积极践行新时代使命担当，把学习好、宣传好、贯彻好党的十九届六中全会精神作为首要政治任务，在提升新闻舆论宣传"四力"上下功夫，在发挥新型主流媒体作用上求实效，在强化国际传播能力建设上做文章，力争为广东在新征程中走在全国前列、创造新的辉煌凝心聚力，提供强有力的舆论支持。

一、高举旗帜，引领导向，全面营造学习贯彻全会精神的浓厚氛围

习近平总书记指出，中国特色社会主义进入新时代，必须把统一思想、凝聚力量作为宣传思想工作的中心环节。当前，统一思想就是要把全国人民的思想统一到全会精神、统一到《决议》上来，凝聚力量就是要激励引导全国人民为实现第二个百年奋斗目标、实现中华民族伟大复兴的中国梦而奋斗。作为党的喉舌，广电媒体要牢牢抓住这条宣传的主题主线，深入践行党的新闻舆论工作的职责和使命，迅速掀起强大宣传声势，把党的百年奋斗重大成就和历史经验阐释好，把党的百年奋斗辉煌故事讲述好，把奋进新征程、建功新时代的人民力量激发好。近年来，广东广播电视台坚持新闻立台、创新正面宣传，持续深化"头条"工程建设，着力打造了一批重大主题宣传的新闻精品节目，传播力、引导力、影响力、公信力不断提升。为深入宣传党的十九届六中全会精神，

广东广播电视台已精心策划了一批新闻系列报道和评论节目、理论节目，结合建党百年、党史学习教育主题宣传，强力度、有节奏、分阶段，持续推动全会精神挺进"最后一公里"，深入寻常百姓家。

（一）以人民为中心，打好新闻矩阵组合拳，精心开展主题报道和深度解读

以人民为中心，是新闻舆论工作者的指针和"压舱石"。坚持以人民为中心的创作导向，是提升新闻舆论工作，特别是重大主题报道"四力"的不二法门。新时期坚持以人民为中心的传播理念，要积极适应传播环境、传播格局和受众生态的变化。特别是人民群众接收信息的主动性增强，信息内容、形式的需求更加多元化等，都对做好宣传工作提出了更高的要求。为适应新要求，广东广播电视台积极构建由特别专题报道、跨屏大型融媒主题直播和系列专题评论构成的立体式重大主题报道模式，同时积极以广东县级融媒中心和新时代文明实践中心建设为契机，不断加强与全省地市台的共振联系，推动策采编播人员深入一线、深入田间地头，提升节目贴近性，打通宣传"最后一公里"，取得积极成效。如"新闻大片"《飞越广东》连续三年联动地市台、县级融媒中心等，开展重大主题跨屏直播，成为品牌项目。2021年围绕庆祝建党百年，《飞越广东》推出"奋进凯歌"系列直播，以丰富的新媒体形态节目，包括短视频、Vlog、情景演绎等进行全网传播，累计总点击量超过2亿次。

此次围绕党的十九届六中全会精神的宣传报道，广东广播电视台在广东卫视、新闻频道、新闻广播等主频道频率的重点新闻栏目头条版块开设"学习贯彻党的十九届六中全会精神"相关专栏，在及时做好反响和动态报道的同时，重点策划《专家学者系列访谈》《地市书记及省各厅局长系列访谈》，围绕群众关心的热点话题、各地市有关民生的重点工作举措等，深入解读全会精神和《决议》内容；计划推出《广深澳科技创新走廊巡礼》《醉乡韵》等专题报道，《醉乡韵》将派记者深入粤西北乡镇，通过小故事小切口，生动呈现醉人的乡村风韵，展现全面小康的伟大成就和乡村振兴的新希望；《飞越广东》也将结合年终盘点，围绕《决议》有关党的十八大以来经济建设、全面深化改革开放、社会建设、文化建设等各方面取得的伟大成就，联动广东地市和县级融媒中心，推出多期大型系列直播等。

（二）切实加强思想引领，做精做强新闻评论，持续正面引导社会舆论

新闻评论历来是舆论引导的有效利器。互联网时代碎片化信息充斥网络，真假难辨，受众越发渴求权威性强、公信力好的新闻评论节目。广东广播电视台坚持高质量推进新闻评论类节目建设，集中打造了《珠江时评》《晚间快评》等电视新闻评论，《成峰观点》等广播新闻时评以及《小强快评》等新媒体评论节目，围绕庆祝新中国成立70周年、庆祝建党100周年、"双区建设"

等重大主题宣传推出系列评论,社会反响热烈。广播评论节目《成峰观点》继2020年有评论作品获得中国新闻奖二等奖后,在2021年11月7日揭晓的第三十一届中国新闻奖评选中,栏目再次荣获一等奖。目前,《成峰观点》正积极推出《指引中华民族实现伟大复兴》《斗志昂扬向未来——读党的十九届六中全会公报》等系列专题特评,通过评论公报的核心内容,诠释全会的伟大意义,引发听众的思考与共鸣,继而有效引导社会舆论,引导社会主流价值观。

理论节目如何讲好新时代理论故事,也是广东广播电视台积极探索的课题。围绕庆祝建党百年和党史题材,广东卫视推出100集党史理论系列片《百年奋斗为人民》,以百年为维度,牢牢抓住中国共产党人的初心与使命这一鲜明主题,选取了100个中国革命、建设、改革、发展历程中的重大事件。既有故事全貌,也有人物细节,以每集5分钟"小而精""深入浅出"的节目内容,解读中国共产党人的精神谱系,开播以来收视率和关注度一路走高。

二、牢记使命,砥砺奋进,加快建成高质量新型主流媒体

不论是国内还是国外,网络已成为当前舆论传播的必争之地。习近平总书记高瞻远瞩,高度重视媒体融合工作,在党的新闻舆论工作座谈会、全国宣传思想工作会议上多次提出提高用网治网水平的工作要求,特别是在中央政治局第十二次集体学习时,习近平总书记从国家安全的角度强调,"要加快推动媒体融合发展,使主流媒体具有强大传播力、引导力、影响力、公信力,形成网上网下同心圆"。[①]此次《决议》进一步明确了主流媒体加快媒体深度融合的使命责任。广东广播电视台在媒体融合转型上快马加鞭,积极推进新型主流媒体建设,力争全面掌握新时代网络主流舆论宣传的主动性,让重大主题宣传通过网络提升时效性,扩大触达范围,放大传播效果。

(一)着力建设自主新媒体平台,做强做优首屏首页首条建设

主流媒体要充分掌握网络舆论宣传的主动权,建设自主新媒体平台至关重要。特别是新媒体时代的竞争,掌握用户信息是关键之一。引导舆论,本质上就是引导受众,"引导"便是"效果"。[②]只有掌握用户信息、用户需求,才能定向开展信息服务和舆论引导,提高用户黏性和转化率,才能推动新媒体业务健康持续发展,形成新的核心竞争力。为此,广东广播电视台不断加大对自主新媒体平台的建设投入,集中打造了由触电新闻App、粤听App、荔枝网门户网站、"喜粤TV"IPTV和"云视听"OTT组成的涵盖大中小屏的自主平台矩阵,覆盖用户超过4亿人,逐步成为网络重大主题宣传的主阵地、主渠道。

亿万网民聚焦的党的十九届六中全会召开前后,广东广播电视台自主新媒

---

① 习近平:《加快推动媒体融合发展 构建全媒体传播格局》,《求是》2019年第6期。

② 张小平、蔡惠福:《新传播格局下受众理论的重思与重建》,《传媒观察》2020年第2期。

体平台矩阵迅速在首屏首页首条位置开设"聚焦党的十九届六中全会"专题专栏，集纳推送中央媒体和本台重点稿件，迅速营造学习总书记重要讲话精神、贯彻全会精神、宣传阐释《决议》的网络热潮。解读六中全会精神及《决议》，网友高度关注关心，本台珠江智库工作室在全会开幕当天推出的短视频《十九届六中全会为什么重要？"湾区哥哥的思政课"告诉你！》发布当天点击量就迅速超过 35 万次。触电新闻 App、"喜粤 TV"IPTV 进一步细化相关专栏的设计，在《学习贯彻党的十九届六中全会精神》的总专栏下设"百年奋斗历程""权威解读""南粤奋进""时代答卷"等多个子栏目，持续推送全会精神，解读相关稿件，满足网友有关全会的信息需求和政策解读需求，营造浓厚的网络学习舆论氛围。

（二）丰富优质新媒体产品供给，切实提升网络舆论引导力

5G 移动网络的发展，极大改变了新媒体内容生产的生态。传统广电媒体在新媒体内容生产、运营上的供给侧结构性改革，需要从根本上贯彻一体化发展的方针，在理念、内容、形式、方法、手段等方面全面创新，找准新媒体传播的关键点，放大广电的优势，形成优质内容生产的良性循环。媒介形态不断更新，融合深度持续增强，但宣传报道的核心诉求并未更改。广东广播电视台在推动传统广电整体融媒"转身"上下了很大的功夫。一方面是通过成立广电融媒中心统筹引领全台大型融媒项目的策划制作推广，另一方面是通过成立融媒工作室和开展融媒绩效考核，撬动广播电视频道频率在跨媒体节目、融媒体特色产品上发力，从而催生了一批重大主题宣传的融媒传播精品。如围绕庆祝建党百年和党史学习教育推出的融媒体特别策划"最燃红星路"，新媒体产品形式多样，包括 10 集微纪录片《最燃的信仰》、100 集党史档案云展览《最燃档案·百年风华》、"最燃红星路"之 RAP 说唱《重回 1921，见证史上最强青年创业团"成团"首秀！》、"小英雄"主题连环画等，都在网上持续热播。其中 RAP 说唱推出后，全网总点击量迅速超 250 万次，成为珠海金湾区等地开展特色党课的党史教材之一。

这充分说明，重大主题网络宣传只要产品有网气、接地气，就能够聚人气。广东广播电视台积极围绕学习贯彻全会精神，还策划推出 21 集微纪录片《文化能人的小康故事》、微电影《超会吃的中国人，吃出"乡村振兴"最美滋味》、时政微视频《十九届六中全会解读——湾区哥哥的思政课》等特色融媒产品，推动全会精神网络宣传进一步入脑入心。

三、坚定文化自信，心怀国之大者，向世界讲好中国故事、中国共产党故事

当今世界处于百年未有之大变局，国与国之间的竞争，正从经济、军事领域延伸到国际舆论领域。国际传播的竞争，也是国际话语权的比拼。习近平总书记在中共中央政治局第三十次集体学习时强调，讲好中国故事，传播好中国声音，展示真实、立体、全面的中国，是加强我国国际传播能力建设的重要任务。①《决议》指出，要加快国际传播能力建设，向世界讲好中国故事、中国共产党故事，传播好中国声音。广东地处"两个前沿"，适逢粤港澳大湾区、深圳先行示范区"双区"和横琴、珠海两个合作区建设的重大历史机遇，在肩负守好意识形态"南大门"重任的同时，在对外传播和文化交流上有着独特的优势和条件。广东广播电视台正抓住机遇，统筹内宣外宣，主动创新叙事策略，积极打造具有国际影响力的融媒传播矩阵，积极推动中华文化"走出去"，加快构建起立体传播式、受众精准化的对外宣传格局。

（一）既借船也造船，着力打造"1+2+3+N"外宣矩阵，提升对外宣传工作主动性

一直以来，广东广播电视台外宣频道在海外落地有一定的基础。近年来，广东广播电视台抓住历史机遇，建设香港办事处，开设澳门播报站，着力升级南粤之声广播频率、珠江频道（香港版）、南方卫视（海外版）等传统广播电视外宣自有平台，同时积极在境外社交媒体平台建设三个主要海外官方账号，以及N个海外新媒体网红账号，初步打造了具有较强影响力的"1+2+3+N"对外宣传及文化交流平台矩阵。通过这个矩阵，广东广播电视台在建党百年、全面小康、脱贫攻坚、抗击疫情、优秀传统文化传播等重大主题的对外宣传中，掌握了较好的主动性，积极介绍了国内的真实情况，呈现了中国人民的美好生活，展现了中国共产党的真实形象，传播了中国的优秀传统文化。党的十九届六中全会召开以来，通过这个矩阵，广东广播电视台推特账号《广东国际》、脸书账号Canton Today等，及时推送《决议》多语种外文版，推出《一图了解党的十九届六中全会》、动画短视频《在这份"百年答卷"里，最让港澳台青年自豪的是什么》等融媒作品，向海外网友、港澳台同胞传达全会的意义，广泛反映国际社会、中国港澳台地区的积极评价，扩大了对外宣传的覆盖面和影响力。

（二）变被动为主动，借助议题设置创新传播方式，讲好中国故事、中国共产党故事

贴近中国实际、贴近国际关切、贴近国外受众，是国际传播工作的重要原则。做好对外宣传，需要遵循国际传播规律，做到精准传播。②把自己"想

① 《习近平在中共中央政治局第三十次集体学习时强调 加强和改进国际传播工作 展示真实立体全面的中国》，《思想政治工作研究》2021年第6期。

② 杜占元：《加强习近平新时代中国特色社会主义思想对外宣介 更好展示中国故事背后的思想力量和精神力量》，http://theory.people.com.cn/n1/2021/0901/c40531-32214004.html。

讲的"和国外受众"想听的"结合起来,创新构建融通中外的话语体系,不断完善讲好中国故事的对外传播叙事框架,让更多海外受众听得懂、听得进、听得明白。

广东广播电视台在对外传播上不断加强议题设置,在保证时效性的基础上,根据海外不同国家区域的文化特点,创新国际传播表达方式,策划推出一批有针对性、有传播力的原创短视频、海报、动画等新媒体产品。特别是着力邀请境外人士,通过他们的视角,讲述中国的故事给他们的同胞听,提升亲切度和可信度。如脸书账号 Daily Bae 推出四集中英双语原创融媒体短视频《老外热议六中全会》,邀请外国知名商界代表热议党的十九届六中全会公报,以全球视野、世界语言展现中国发展成就背后的思想伟力,彰显中国实践的借鉴价值,其中塞尔维亚社会党副主席在短视频中更是直言"中国共产党是史上最成功的政党",充分展现了外国政界人士对我党的客观正面评价等。

征程万里风正劲,重任千钧再出发。广东广播电视台将以习近平新时代中国特色社会主义思想为指引,深入学习宣传贯彻党的十九届六中全会精神,不断从党的百年奋斗重大成就和历史经验中汲取智慧力量,把深入学习贯彻全会精神与加快推动台改革发展的事业紧密结合起来,奋力交出新时代赶考路上的广电新型主流媒体答卷,以优异成绩迎接党的二十大胜利召开。

（作者系广东广播电视台党委书记、台长）

深刻认识把握省级广电媒体深度融合的三重逻辑

许云鹏

党的十九届六中全会全面总结党的百年奋斗重大成就和历史经验，深刻揭示了"过去我们为什么能够成功、未来我们怎样才能继续成功"重大规律。全会还对党的意识形态工作、宣传思想文化工作、新闻舆论工作等进行了总结部署，对省级广电媒体践行初心使命尤其是正在推进中的媒体深度融合工作具有重大现实指导意义。

党的十八大以来，以习近平同志为核心的党中央高度重视媒体融合工作，作出了加快传统媒体和新兴媒体融合发展的战略部署，将其上升为国家战略。习近平总书记多次亲自部署媒体融合发展。党的十九届六中全会审议通过的《中共中央关于党的百年奋斗重大成就和历史经验的决议》（以下简称《决议》）提出，"高度重视传播手段建设和创新，推动媒体融合发展，提高新闻舆论传播力、引导力、影响力、公信力"①。将推动媒体融合发展工作写入党的决议，足以看出其分量和重要程度。

媒体融合是时代所向、大势所趋。做好新形势下媒体深度融合转型变革是一个认识问题，更是一个发展问题。作为主流媒体的中坚力量，省级广电媒体要深入学习贯彻党的十九届六中全会精神，从全会精神中找观点、找原则、找方法、找路径，融会贯通好"坚持党的领导""坚持开拓创新""坚持自我革命"等党经过长期实践积累的宝贵经验。要深刻认识把握好从怎么看、怎么办到怎么干的认识逻辑、方法逻辑和实践逻辑。三重逻辑之间紧密联系、相辅相成、相互贯通、相互促进，共同构筑媒体融合变革的大逻辑。在这种逻辑思维引领下，省级广电媒体要按下推进媒体深度融合的快进键，着力建设区域骨干新型主流媒体，让党的声音传得更开、传得更广、传得更深入。

---

① 《中共中央关于党的百年奋斗重大成就和历史经验的决议》（2021年11月11日中国共产党第十九届中央委员会第六次全体会议通过），《人民日报》2021年11月17日。

一、怎么看：从认识逻辑深刻把握媒体深度融合的实质

认识的高度往往决定着实践的程度。要想在实践层面取得新进展、实现新跨越，首先要提升思想认识。党的十九届六中全会提出，"全党要牢记中国共产党是什么、要干什么这个根本问题"①。忠诚践行初心使命，对主流媒体而言，首要任务就是要深刻理解把握主流媒体是什么、要干什么这个根本问题。省级广电媒体在党的新闻舆论工作中有着特殊地位，肩负着传递党的声音、服务本省发展、满足受众需求、引领区域媒体融合转型等重大使命。在此认识基础之上，再去认知把握新形势下深度融合变革的重大现实意义，方能登高望远、续写更多荣光。

（一）要站在政治高度强化认识

《决议》提出，"意识形态工作是为国家立心、为民族立魂的工作"②，意识形态工作具有极端重要性，新闻舆论工作又是最前沿、最直接、最有影响力的意识形态工作，直接服务于党的工作全局。互联网技术发展重塑着传媒生态，再造着用户获取信息的习惯，也重构着新闻的生产方式和传播方式。信息无处不在、无所不及、无人不用，导致舆论生态、媒体格局和传播方式深刻变化，新闻舆论工作面临极大挑战。在这一时代背景下，党中央持续加码媒体融合工作，既是遵循新闻传播规律、适应舆论生态环境的必然要求，更是维护意识形态安全、推进国家治理体系和治理能力现代化的现实任务。广电媒体要树立大局意识，从政治高度认识媒体深度融合变革，将其作为关系自身前途命运的战略工程、生命工程，融入国家改革发展全局，勇担职责使命。

（二）要从经济社会发展基本规律视角深刻认识把握

"生产关系一定要适合生产力发展状况"规律是马克思主义的一个基本观点。全媒体时代，媒体生产力的三要素——媒体生产者、生产资料或生产工具、媒体内容生产对象等都发生了显著改变。这是一个"人人都有麦克风"的时代，也是一个媒介即讯息的时代，网络无处不在、无所不有，万物互联、万物皆媒，讯息越来越呈现泛在化趋势。技术的飞跃进步，传媒领域生产力的巨大变化，必然要求传统主流媒体进行生产关系重构，以适应生产力的飞速发展，这就是推进媒体深度融合的哲学认知逻辑。新技术代表着先进生产力，它重塑着媒体的组织形态、生产流程和运作机制。广电媒体必须要厘清媒体融合层面的生产力与生产关系，积极拥抱新技术，实现广播电视迭代升级、整体转型，不断提升融合变革的成效。

---

① 《中共十九届六中全会在京举行》，《人民日报》2021年11月12日。

② 《中共中央关于党的百年奋斗重大成就和历史经验的决议》（2021年11月11日中国共产党第十九届中央委员会第六次全体会议通过），《人民日报》2021年11月17日。

（三）要拿出自我革命的勇气凝聚共识

党的十九届六中全会把"坚持自我革命"概括为党百年奋斗的十条历史经验之一，强调全党必须铭记常怀远虑、居安思危、刀刃向内、刮骨疗毒。对省级广电媒体融合转型而言，这一历史经验更具深刻现实意义。媒体融合是一项全方位的改革实践，更是一场媒体人思维方式和运营理念的革命，是主流媒体紧跟时代、促进肌体健康、锻造发展活力的主动抉择。全媒体时代，技术发展迭变一日千里，媒体生态格局正在发生剧烈变化。媒体深度融合变革是传统主流媒体不容回避的自我革命。加速媒体融合这场自我革命，最根本的就是要坚持党的领导，打破思想认知壁垒，开展流程再造，凝聚全员共识，敢于刀刃向内，持续深化改革，坚持开拓创新，不断激发激活主流媒体自身的活力、动力和潜力，推进融合变革向纵深推进。

二、怎么办：从方法逻辑遵循推进媒体深度融合的思维原则

《决议》提出，"用马克思主义的立场、观点、方法观察时代、把握时代、引领时代，不断深化对共产党执政规律、社会主义建设规律、人类社会发展规律的认识"[①]。遵循规律、把握原则、精准施策、推动发展，是我们做好工作的基本方法逻辑，也是广电媒体推进融合转型的基本原则遵循。要在理念和思路、内容和技术等方面进行协同创新，实现整体转型升级。要切实遵循新闻传播规律和新兴媒体发展规律，准确把握几大思维方式。

（一）坚持正确政治方向

全媒体时代，媒体的传播生态和传播格局发生了深刻变化，国家意识形态安全面临很多新的挑战。习近平总书记强调，"要旗帜鲜明坚持正确的政治方向、舆论导向、价值取向"[②]。广电媒体要坚持党管媒体的大原则，一以贯之把握正确政治方向，不能以经济效益取代社会效益，不能以技术取向淡化价值取向，强化正能量引领，服务党和国家工作大局。只有坚持这一前提，媒体深度融合发展才能行稳致远、赢得更好发展，守住主流媒体阵地。

（二）坚持互联网思维

《决议》提出，"过不了互联网这一关就过不了长期执政这一关"[③]，习近平总书记也强调，要"使互联网这个最大变量变成事业发展的最大增量"[④]。互联

---

① 《中共中央关于党的百年奋斗重大成就和历史经验的决议》（2021年11月11日中国共产党第十九届中央委员会第六次全体会议通过），《人民日报》2021年11月17日。

② 习近平：《论党的宣传思想工作》，中央文献出版社，2020，第301页。

③ 《中共中央关于党的百年奋斗重大成就和历史经验的决议》（2021年11月11日中国共产党第十九届中央委员会第六次全体会议通过），《人民日报》2021年11月17日。

④ 《习近平在全国宣传思想工作会议上强调 举旗帜聚民心育新人兴文化展形象 更好完成新形势下宣传思想工作使命任务》，《人民日报》2021年11月17日。

网尤其是移动互联网的发展，极大改变了人们的信息获取习惯，带来传播格局的深刻变革，给新闻舆论工作带来严峻挑战。媒体深度融合，归根结底是人的融合，也服务于人。对媒体而言，人在哪里，工作的重点就在哪里，传播学千规律万规律，信息能有效抵达受众是第一定律。当前，受众向互联网、移动互联网转移的趋势日益鲜明，广电媒体要把用户思维渗入媒体融合的每一根神经，满足用户多样化、个性化的信息需求，用互联网思维在形式上做增量，在表达上找变量，在联和通上做文章，最终守住正确舆论导向的常量。

（三）坚持一体化发展思维

习近平总书记指出，"传统媒体和新兴媒体不是取代关系，而是迭代关系；不是谁主谁次，而是此长彼长；不是谁强谁弱，而是优势互补""要坚持一体化发展方向，加快从相加阶段迈向相融阶段"。[①] 这一论述包含着深刻的辩证思维和系统思维，为媒体深度融合指明了方向。广电媒体一方面要坚持移动优先策略，通过优化流程、再造平台，实现内容、技术、终端和管理的共融互通，催化融合质变，放大一体效能；另一方面要坚持内容为王，内容永远是根本，也是广电媒体的优势所在，要推进内容生产供给侧结构性改革，把稳新时代广电主流媒体导向为魂、移动为先、内容为王、创新为要的舵盘。

（四）坚持超前思维

从铅与火到光与电，再到数与网，科学技术对人类信息传播体系的发展变迁起着引领、支撑的作用，媒体的融合发展变革也源于技术变革。当今时代，以5G、云计算、大数据、区块链、人工智能等为代表的信息技术集群正在引领媒体生态进入剧烈变革期。有学者曾统计，一个新的传播介质普及5000万人，收音机用的时间是38年，电视用的时间是13年，互联网用的时间是4年，微博用的时间是14个月，微信用的时间是10个月。[②] 数据显示，截至2020年12月，我国短视频用户规模达8.73亿，比2020年3月底增加了5500万人，实现5500万人的增长仅用了9个月。[③] 这是一个技术飞速迭代的时代，它也为媒体转型变革提供了更大机遇，让过去看似不可能的事情变成可能。风物长宜放眼量。广电媒体理应时刻保持居安思危意识，保持长远战略眼光和超前思维，不断跟进和探索新技术应用和创新，以先进技术为引领，提升媒体融合转型新成效。

[①] 习近平：《论党的宣传思想工作》，中央文献出版社，2020，第354~355页。

[②] 卢新宁：《媒体融合如何"合而为一"——2018媒体融合发展论坛上的主旨演讲》，http://media.people.com.cn/n1/2018/0910/c40606-30283544.html。

[③] 《CNNIC发布第47次〈中国互联网络发展状况统计报告〉》，http://www.cac.gov.cn/2021-02/03/c_1613923422728645.htm。

三、怎么干：从实践逻辑锚定媒体深度融合的操作路径

《决议》提出，"只要我们顺应时代潮流，回应人民要求，勇于推进改革，准确识变、科学应变、主动求变，永不僵化、永不停滞，就一定能够创造出更多令人刮目相看的人间奇迹"[①]。媒体融合的本质就是改革，就是一场自我革命。全面深化改革是建设新型主流媒体的"牛鼻子"，不改革无出路，不改革难生存，不改革没发展，不改革没前景。近年来，广电媒体深入贯彻党中央决策部署，建设新型主流媒体取得了一定成效。同时我们更要看到，省级广电媒体正处于整体转型的深度调整关键期、全媒体影响力竞争力重要培育期，改革的体制性障碍和机制性梗阻依然突出，发展很不平衡，许多广电媒体历史包袱沉重，优势没能得到充分释放，总体看离党中央的目标要求还有较大差距。省级广电媒体要顺应时代潮流，遵循实践发展逻辑，勇于推进集成化改革，不断开创高质量发展新局面。

（一）效果为标，不断深化内容生产、流程、技术的优化变革

用效果标准检验内容生产传播成效。能否充分满足用户需求、连接用户、聚拢用户，是检验评价媒体融合成效的重要尺度标准，而媒体融合效果取决于内容生产，取决于媒体传播的有效性。习近平总书记指出，"内容创新、形式创新、手段创新都重要，但内容创新是根本的"[②]。全媒体时代，舆论场上的声音更加多元，用户的需求更加多样，传播渠道场域更加丰富，传统主流媒体内容传播面临着传而不信、传而非需、传而声稀等诸多挑战。内容信息只有被用户接受才是有效传播，进而形成传播力。好内容可以跨平台传播，好内容能自带流量，好内容能构成入口。广电媒体要强化效果意识，以高质量有效传播来引领内容生产，做好内容的供给侧结构性改革。要始终保持战略定力，守好种好自己的责任田，坚持内容为王，让正能量成为大流量，让大流量澎湃正能量，从"量"的积累向"质"的飞跃转变，从聚流量向聚人心跨越，以内容优势赢得传播效果质变，提升传播力和影响力，发挥好舆论场上的"压舱石"作用，占据主流价值的传播制高点。

用效果标准倒推流程重塑。全媒体时代，主流媒体的传播空间场域被彻底打破，传播话语权优势被蚕食，传统的内容生产单向循环闭环系统已经不适应发展需要。广电媒体要以实现高质量有效传播为导向引领，通过深化改革，合理配置优势资源，精准调动各环节传播要素，提升传播效能。要以更大气魄做

---

① 《中共中央关于党的百年奋斗重大成就和历史经验的决议》（2021年11月11日中国共产党第十九届中央委员会第六次全体会议通过），《人民日报》2021年11月17日。

② 《习近平在视察解放军报社时强调 坚持军报姓党坚持强军为本坚持创新为要 为实现中国梦强军梦提供思想舆论支持》，《人民日报》2015年12月26日。

好融媒体中心建设，将原来的"几张皮"转变为"一盘棋"，形成集约高效的内容生产传播体系。经过改革创新，当前，央媒和一些省级广电媒体已构建起"一次采集、多种生成、全媒发布"的融媒体生产模式，突破了"单向生产"思维，建立起融合传播链条，激发了生产要素活力，使媒体传播效能得到充分释放，让主力军全面挺进互联网主战场。2021年10月，东方卫视还提出"全台、全屏、全案、全域"的"四个全"发展理念，强调全台资源高效协同、全屏渠道全面联动、全案策划精准研发、全域覆盖全球传播，把媒体融合转型推向纵深。

用效果导向引领技术变革。打造新型主流媒体的方向就是要建设"全程媒体、全息媒体、全员媒体、全效媒体"，这一过程需要以技术作为"催化剂"，用新技术赋能新内容、新形式、新表达、新传播。而技术变革应用的最终目标是"全效媒体"建设，用代表先进生产力的信息技术引领优化原有的生产关系，提升媒体的传播效能。在新技术加持下的优质内容生产是提升媒体传播力的有效手段。2021年全国两会期间，湖南广电、山东广电等省级广电媒体通过VR等技术应用，打造720度沉浸式"云会场"，为受众带来全新视听体验的同时，也创新扩大了正能量宣传。当前，主流媒体的主流价值传播迫切需要创新引领、提质增效。短视频已成为媒体融合传播的重要赛道，正演化为大众传播的重要方式。2020年下半年起，吉林广电把短视频作为主题主线宣传的创新引擎，推出了脱贫攻坚短视频系列节目，打造了一大批高品质融媒体产品，大屏小屏融合互动，正能量和大流量合而为一，彰显了主流媒体的价值力量。

（二）移动优先，不断深化传播方式融合变革

第48次《中国互联网络发展状况统计报告》显示，截至2021年6月，我国网民规模达10.11亿，较2020年12月增长2175万人。其中，手机网民规模达10.07亿，较2020年12月增长2092万，网民使用手机上网的比例达99.6%。互联网移动端已成为人们获取讯息的主渠道，舆论主战场已经发生根本性转移。深刻洞察这一趋势，习近平总书记指出，"要坚持移动优先策略，建设好自己的移动传播平台，管好用好商业化、社会化的互联网平台，让主流媒体借助移动传播，牢牢占据舆论引导、思想引领、文化传承、服务人民的制高点"[①]。全媒体时代，省级广电媒体推动融合变革的载体是平台，没有连接广大用户的平台，就像农民没有耕地。平台打造是实施移动优先策略的基石，是建成新型主流媒体的关键一步。

技术创新正在引领媒体融合变革跑出加速度。云平台、数据中台、客户端等新型媒体平台建设标志着媒体内容生产组织模式的重大转型，形成了融合传

---

① 习近平：《论党的宣传思想工作》，中央文献出版社，2020，第355页。

播新格局。广电媒体要深化平台思维，集中力量打造自主可控的新型传播平台。北京、上海、天津、江苏、浙江、广东、山东、湖南、四川等地省级广电媒体都集全台之力打造了强大的客户端平台，有的还把触角延伸到全国，做成全国性平台，加速融合转型步伐。二三线省级广电媒体可以发挥好地域资源优势，从实际出发，深耕本土，打造区域骨干型客户端平台，赢得错位竞争，也是不错的路径选择。在做好自有平台的同时，省级广电媒体也要运用好"借船出海"策略，广泛与抖音、快手等互联网商业平台合作，布局构建新媒体平台矩阵，形成不同平台间的有效互动、优势互补。

构筑起强有力的新型媒体平台，让融合传播、移动优先策略成为可能，广电主流媒体大小屏加持互动的优势得以有效发挥。2021年9月25日，围绕孟晚舟回国事件，中央广播电视总台进行了全程、全渠道、覆盖式报道。仅25日当天，央视新闻客户端全网首发17条快讯，19个话题登上热搜，话题阅读量9.8亿次。中国广视索福瑞媒介研究提供的收视数据显示，经过新媒体端预热，央视新闻频道当天收视率明显高于平时，到21:40飞机落地，收视率瞬间冲高，整个直播过程40分钟左右，时段收视率同比提升了将近6倍，新媒体端对大屏端的反哺和引流效果显著。"四川观察""触电新闻""大象新闻"等多家省级广电媒体的新媒体平台也展现出高度的敏锐性，借热点新闻事件提升影响力。在这一过程中，全国广电媒体贡献了一场教科书式的融媒传播案例。

（三）产业为用，以服务变革构筑广电媒体新生态

习近平总书记指出，"要把我们掌握的社会思想文化公共资源、社会治理大数据、政策制定权的制度优势转化为巩固壮大主流思想舆论的综合优势"①。这一重要论述为省级广电媒体的服务变革、产业规制变革指明了方向。随着5G、人工智能、大数据、区块链等新技术的深入应用，智能化媒体时代已经到来，推动媒体深度融合要由媒体内部变革的"小融合"向着与社会千百行业间的"大融合"转场，只有这样，发展前景才会更加广阔。广电媒体要建设具有强大竞争力的新型主流媒体，就必须有效解决自我造血能力弱的问题，要用"新闻＋政务服务商务"新型发展模式逐渐取代"内容＋广告"的传统生产模式，在服务政府、服务社会、服务百姓中找到自己的定位和价值，推进国家治理体系和治理能力现代化。武汉新冠肺炎疫情发生后，湖北广电"长江云"融媒体平台联合相关部门推出在线义诊服务，超过6500名患者通过平台得到救治帮助；上海广电与上海教育部门合作打造"上海市空中课堂"服务品牌，针对不同年级、不同学科精准施教，广受好评。这些社会化服务在扩大自身影响力的同时，也积累、连接起更多用户资源。

---

① 习近平：《论党的宣传思想工作》，中央文献出版社，2020，第356页。

面对新的媒体发展生态，广电媒体要改变传统的内容生产逻辑和运营逻辑，在人的融合、要素的重新配置、业务流程的重构等方面进行协同创新。当前，广电媒体正在积极探索各种商务运营模式，推出广电＋电商直播、广电＋文旅、广电＋教育等变现模式，聚合资源，跨界融合。尤其是以广电MCN表现最为突出、发展最为迅猛，让广电主流媒体的价值输出和影响力向着更加社交化、产业化、纵深化、机构化迈进，成为增强自身造血功能的优势赛道。以山东广电的闪电MCN——Lightning TV为例，短短两年间，其旗下账号短视频内容累计播放量突破1658亿次，点赞量达39亿次，粉丝量超过8712万，在全国处于领跑地位。其成功经验是，通过布局体量庞大、运营扎实、专业权威的新闻垂直类媒体账号，垂直深耕正能量内容，建设协同运营团队，在这一基础之上，再谋商业变现。这也为省级广电媒体发展MCN业务提供了经验借鉴。

（四）以人为本，通过深化体制机制改革激发媒体活力

人是生产力中最活跃的要素。传统媒体与新兴媒体的融合，关键是人的融合，体制机制变革的目标成效要以激活用好人的要素为基本导向。一是坚持以用户为中心。全媒体时代，传播的基础逻辑发生了根本改变，它已突破了原有主体范围，由传统点对面的传播变成点对点的传播，演变成"全员媒体"。媒体融合变革要融入用户思维，强化与用户的联结，提升用户参与度，增强用户黏性，进而形成广电媒体的产品意识、服务观念。二是坚持人格化引领。当今媒体生态变革日新月异，传播语境发生鲜明改变，媒体人格化趋势越发明显。主流媒体更加需要坚持以用户为本，增进与用户的情感化沟通，做有态度、有品位、有格调、有正向价值观的媒体，实现价值引领。以中央广播电视总台新媒体产品《主播说联播》为例，自2019年7月推出以来，迅速在全网走红，成为现象级融媒体品牌。究其原因，就是发挥了人格化引领优势，放大新闻主播的人格化叙事，提升与用户的共情互动能力，这恰恰是各级广电媒体的优势所在。三是坚持技术队伍重塑。忽视技术驱动，媒体融合就缺乏动力支撑，转型变革就是纸上谈兵。技术最终要靠技术人才来掌握和运营，缺乏技术人才一直是媒体深度融合变革的"瓶颈"。广电媒体要创新体制机制，大力引进、培养一批懂媒体的技术人、懂融合的技术人、懂技术的媒体人三类复合型人才。四是壮大生产创作队伍。当下，主流媒体既有的采编流程、生产方式、生产体系等已经不适应全媒体发展要求。一方面需要广电媒体创新体制机制，建设全媒体人才团队，探索实施首席制、项目制、融媒体工作室等制度，构建新型采编流程和组织架构；另一方面，要秉持"开门办台"理念，海纳百川，联合融合，创新内容生产方式，引入用户生产主体，走好全媒体时代的群众路线，加快深度融合转型步伐。

"事者，生于虑，成于务，失于傲。"[1] 作为主流媒体的一项战略工程，媒体融合变革还在磨合、嫁接、孕育之中。磨合就会擦出火花，嫁接总有伤痕，孕育难免阵痛。加快推进媒体深度融合是主流媒体深入学习贯彻党的十九届六中全会精神的应有之义，要把握执行好媒体深度融合的认识逻辑、方法逻辑、实践逻辑，初心如磐，使命在肩，锐意改革，开拓创新，加快建设新型主流媒体，不断扩大主流价值影响力版图。

（作者系吉林广播电视台党组书记、台长）

---

[1] 习近平：《在庆祝改革开放40周年大会上的讲话》，http://cpc.people.com.cn/n1/2018/1218/c64094-30474794.html。

红色影视文化：
中国共产党人精神谱系的大众化表达

邢顾玮　蔡　娟

　　红色影视文化是传播中国共产党人精神谱系、引领社会主流意识形态的重要艺术载体，深受大众的喜闻乐见。习近平总书记指出："要推动党史学习教育深入群众、深入基层、深入人心。要鼓励创作党史题材的文艺作品特别是影视作品，要让红色基因、革命薪火代代传承。"①这就为新时代影视文化创作，尤其是红色影视文化的创作指明了发展方向。一百年前，立志救国家于危亡、救民众于水火的先进青年，在经历五四运动的精神洗礼后创立了中国共产党，其从诞生之初，便开始锻造自己特有的精神气质，形成了伟大的建党精神，这是中国共产党精神谱系之源。红色影视文化工作者坚持以人民为中心的创作导向，通过多维度的时空构造、多元化的叙事视角、创新性的制作方式，艺术性地叙写和生动展示中国共产党领导中国人民在革命斗争和建设实践中所凝聚的伟大革命精神，增强历史主动性，厚植思想政治教育资源。

　　一、大众化是红色影视文化传播中国共产党人精神谱系的应有之义

　　大众化，顾名思义即化繁为简、化高深为浅显，借助通俗化的表述和人民群众喜闻乐见的形式，让深刻的思想、正确的理念、高尚的精神"飞入寻常百姓家"，为大众所了解并掌握。

　　红色影视文化是一种特殊的影视文化，是社会主义先进文化，主要是指在中国共产党的领导和带领下，在新民主主义革命时期、社会主义革命和建设时期、改革开放和社会主义现代化建设时期以及中国特色社会主义进入新时代的实践过程中，不断总结和凝练出来的红色文化的影视化呈现。生动地展现了党的初心使命、性质宗旨和理想信念，具有鲜明的延续性、政治性、革命性与民族性。红色影视文化是中国共产党精神谱系大众化表达的桥梁和载体，有助于

---

　　① 习近平：《在党史教育学习动员大会上的讲话》，《求是》2021年第7期。

培养和提高人民群众的社会责任感，铭记光辉历史，传承红色基因。

我们党历来重视大众化表达。毛泽东用"实事求是"这样一个中国特有的成语来阐释马克思辩证唯物主义的基本思想，让人民大众在潜移默化中自觉地接受了马克思主义的世界观和科学的方法论；习近平用"中国梦"这样一个通俗易懂的词语，阐明了中华民族伟大复兴的基本内涵，诗意地将个人命运与国家、民族的前途紧密联系在一起。在新中国成立后，出现的一批具有鲜明新中国美学特征的红色影视作品，如《战上海》《冰山上的来客》《中华儿女》《狼牙山五壮士》等，就已经在借助影视艺术对新生政权的合理性和合法性加以宣传，对那些为新中国的建立而献出自己宝贵生命的英雄楷模加以塑造，并对他们所表现出来的伟大精神加以颂扬。

当今世界正在经历百年未有之大变局，影视文化也进入了空前深刻的调整变革期。① 习近平指出："随着 5G、大数据、物联网、人工智能等技术的不断发展，移动媒体将进入加速发展的新阶段。"② 人类社会进入了一个前所未有的、智能传播的全媒体时代。信息化带来了难得的机遇，要加快构建融为一体、合而为一的全媒体传播格局，在这一时期应当加快建成新型主流媒体，扩大主流价值影响力版图，让党的声音传得更开、传得更广、传得更深入。

在全媒体时代的背景下，大众化成为红色影视文化传播中国共产党人精神谱系的应有之义，红色影视文化作品承载着彰显民族形象、弘扬中国精神、启迪民众智慧等重任。传播和再现中国共产党人的精神谱系是红色影视文化创作的根本。中国共产党人的精神谱系犹如一根无止境的链条，将不同历史时期提炼出来的中国共产党人的伟大精神，一一串接展现出来，前后相继、丰富多彩。2021 年党中央批准中央宣传部梳理出的 46 个伟大精神被第一批纳入中国共产党人精神谱系。例如，建党精神、井冈山精神……新时代丝路精神、北斗精神。中国共产党人精神谱系，具有鲜明的民族特征和时代特征，是中国共产党人情感、智慧、理想的结晶，是其世界观、人生观、价值观的生动诠释，是当代中国红色基因和红色文化的木之根、水之源，也是实现中华民族伟大复兴的中国梦的精神纽带和前进动力。

二、红色影视文化凸显中国共产党人精神谱系大众化表达的教育功能

马克思主义艺术生产理论，将艺术生产看作一种特殊的精神生产，并指出，艺术生产是为了尽可能满足消费者日益增长的精神需求和审美需求而进行的。

---

① 张潇楠、周晓燕：《全媒体时代文化与青年发展的互动关系研究》，《中国青年研究》2021年第11期。

② 习近平：《加快推动媒体融合发展 构建全媒体传播格局》，《求是》2019年第6期。

可以说，大众的审美需求仿佛一只无形的手，在一定程度上推动了艺术大众化、通俗化的发展。新时代，随着人民群众的精神文化需求日益增长，文艺作品需求也越来越多。人民需要在优秀的文艺作品中怡情畅志，在审美中感悟文化、感受生活，因此红色影视文化作为中国共产党精神谱系大众化的载体和桥梁的地位也更加凸显，其"以情感人""潜移默化""寓教于乐"的教育功能也日益凸显。

1. 以情感人，实现情感共鸣

红色影视作品对中国共产党精神谱系的宣扬，绝不是干巴巴的说教，也不是板着面孔的训诫，而是以情感人、以情动人，在影视作品创设的情境中、在伟大精神的渲染和感召下，通过情感的纽带，人们自愿地接受教育。

从《1921》《激情的岁月》到《焦裕禄》《红旗渠》《北大荒人》再到《夺冠》《中国医生》等，从《历史转折中的邓小平》首次对邓小平政治家和父亲的双重身份进行描绘，再到《觉醒年代》陈延年行刑前宁死不屈站着从容就义……这些优秀的红色影视作品向观众展现了伟大建党精神、"两弹一星"精神、焦裕禄精神、红旗渠精神、北大荒精神、女排精神、抗疫精神、改革开放精神等中国共产党丰富的精神谱系。通过对时代环境的刻画，渲染了一幕幕感人至深的场景，通过细节描摹等手法，对共产党人不怕牺牲、英勇斗争的意志品质进行描绘，勾勒出中国共产党人的荧幕形象，实现了与观众的心灵共振、情感共鸣。

2. 潜移默化，陶冶思想情操

根据国家电影局统计数据显示，截至2021年9月底，全国影院银幕数量已经突破八万块，其中三四线城市的乡镇影院成为新的增长点。中国大陆银幕总数不降反升，电影市场终端受众下沉，影院分布总体完善、结构更加合理，满足了更多基层群众的观影需求。据国家广播电视总局发布的数据显示，截至2021年7月，直播卫星"户户通"开通用户数量总计达131 308 005户，切实推进城乡广播电视公共服务均等化，解决了广大农村地区群众长期无法收听收看广播电视的问题。以上的数据表明，现阶段影视文化已经拥有较为广大的受众群体，并且这个群体的数量仍呈现不断增长的趋势，影视艺术已经融入了日常生活，成为人们重要的娱乐方式之一。

在全媒体时代背景下，红色影视作品也更加注重在各大视频平台的宣传策略，充分运用"两微一端"和各大下沉用户的短视频平台进行内容宣传，使受众可以充分利用"段片化""节点化"的时间获取有效信息，运用精彩叙事和精美场景激发观众的观影主动性，在潜移默化中自觉接受红色影视文化的熏陶。近年来，从《建国大业》《建党伟业》《建军大业》"三建"系列，到《红海行动》

《攀登者》再到《八佰》《金刚川》《长津湖》《水门桥》等，大量优质的红色影视作品都带给受众强烈的感染力和冲击力，使受众在不知不觉中沉浸到作品中，与影片主人公同呼吸、共命运，心灵得到涤荡、思想得到净化，人生境界得以提升，而这种在长期潜移默化作用下塑造的理论素养、精神品格和道德情操，更具有稳定性和长期性，也更能被运用于实践并落到实处。

3. 寓教于乐，塑造精神品格

寓教于乐是指将思想政治教育融入艺术审美娱乐中，"教"是目的，"乐"是手段，此二者结合创作出来的艺术作品才能既劝谕受众，又获得广大受众喜爱，符合他们审美和受教育的需要。红色影视文化坚持把社会教育作用放在优先的位置，通过艺术的审美方式和具体的形象表现来实现寓教于乐。

无论是《觉醒年代》里的陈独秀和李大钊，还是《功勋》里的申纪兰和李延年，红色影视文化将中国共产党的精神谱系形象化，通过塑造典型人物具体化展现伟大精神。近年来，红色影视作品打破原先"高大全"的人物形象，解构了原有的崇高幻象，通过细节化的人物塑造和诙谐幽默的表达方式，使这些英雄人物、先进模范更贴近生活，更加"有血有肉"，仿佛打破了"第三堵墙"来到了现代，来到了每一个受众身边。使观众在愉悦的审美感受中，得到陶冶、受到教育，也使精神谱系中一个个伟大精神具象生动、历久弥新。

三、红色影视文化实现中国共产党人精神谱系大众化表达的路径选择

精神是红色影视文化的灵魂，红色影视文化以记录、再现历史的方式为价值传递搭建桥梁，旨在通过这些通俗化、大众化的影视作品中的价值表达引起观众共鸣，进而引导观众在接受党史故事的过程中自主理解精神谱系，自觉传承中国共产党人的伟大精神。

1. 鲜明性的人民立场，生动诠释中国共产党人的精神谱系

习近平总书记在文艺工作座谈会上的讲话中说："文艺要反映好人民心声，就要坚持为人民服务、为社会主义服务这个根本方向。只有牢固树立马克思主义文艺观，真正做到了以人民为中心，文艺才能发挥最大正能量。"[①]这就为文艺创作指明了方向。在庆祝中国共产党成立100周年大会上，习近平总书记再次强调了坚守人民立场的重要性，"江山就是人民、人民就是江山，打江山、守江山，守的是人民的心"[②]。文艺创作的方法有千百条，但最根本、最牢靠的还是坚持以人民为中心的创作导向。新时代，文艺工作者应当自觉提高自身修养，以社会利益为先，不做市场的"奴隶"，不沾染铜臭气，应从中国共产党

---

① 习近平：《在文艺工作座谈会上的讲话》，《人民日报》2015年10月15日。
② 习近平：《在文艺工作座谈会上的讲话》，《人民日报》2015年10月15日。

人的精神谱系中寻找选题，坚守人民立场、尊重人民情怀、深挖红色资源、传承红色基因。

人民群众是历史的创造者。《大江大河》《山海情》《红旗渠》等现实主义题材的红色影视剧，扎根生活、扎根人民，取材于现实生活、贴近大众。在脱贫攻坚工作中，人民群众兼具受益者和缔造者的双重身份，以往此类重大历史题材影视剧，通常将描述重点放在决策者身上，而电视剧《山海情》选择以平民视角讲述 20 世纪 90 年代以来在国家政策的支持下，闽宁对口扶贫协作中西海固人民将"干沙滩"建设成"塞上江南"的百折不挠、艰苦奋斗的脱贫攻坚故事。费孝通曾说："从基层上看过去，中国社会是乡土性的。"国人对乡土气息有着天然的亲近感。用亲切的场景、生活化的叙事方式和鲜活的人物形象，在给观众带去亲切感和真实感的同时，造就了最质朴动人的表达。援宁教师郭闽航、援宁干部陈金山、蘑菇种植专家凌教授……他们是数百万扶贫干部的缩影，苦干、实干，同贫困群众想在一起、过在一起、干在一起，充分体现了上下同心、尽锐出战、精准务实、开拓创新、攻坚克难、不负人民的脱贫攻坚精神。

红色影视作品展现了在特定历史时期的背景下，一代代共产党人为了国家的前途和命运顽强拼搏、不懈奋斗的故事，叙写了光辉灿烂的历史篇章，使观众在艺术体验中，受到伟大精神的洗礼和感召。

2. 多维度的时空构建，全景呈现中国共产党人的精神谱系

中国共产党人的精神谱系，是我们党带领中华民族实现了站起来、富起来，并在逐步实现强起来的伟大飞跃的历史进程中不断积累并逐步建构起来的。红色影视作品沿着百年党史的历史纵深脉络，将中国共产党人精神谱系的卷轴徐徐展开，创作出一系列反映了特定历史时期的影视文艺作品。

电视剧《觉醒年代》主要讲述了从 1915 年至 1921 年，陈独秀、李大钊等伟大革命先驱进行艰辛的革命探索以及中国共产党的建立过程的这段历史。《觉醒年代》中，青年毛泽东说："我要信仰马克思主义，我的信仰一旦确立，就不会动摇，要为了实现共产主义奋斗到底。"在此后的六十多年，他坚定理想信念不动摇，带领人民群克服困难，走出了一条符合中国国情的道路，充分体现了坚持真理、坚守理想的中国共产党人精神；《觉醒年代》中李大钊送陈独秀出京的片段也是全剧的情绪高潮，面对苦难民众陈独秀表明了建党的决心和目的——就是要让中国人能够过上好日子，为了中华民富国强、为了民族再造复兴。一些作品充分反映了中国共产党人始终践行初心、担当使命，创造了一个又一个奇迹，使中华民族的伟大复兴进入了不可逆转的历史进程。电影《革命者》塑造了不怕牺牲、英勇斗争的中国共产党人群像，他们在困难

面前绝不退缩、在刑具面前毫不畏惧，李大钊等伟大革命先驱用实际行动诠释了坚持真理、坚守理想，践行初心、担当使命，不怕牺牲、英勇斗争，对党忠诚、不负人民的伟大建党精神，这是中国共产党的精神之源，是中国共产党在多个重要关头转危为安、生生不息，团结和带领群众取得了一个又一个胜利的根本保证。以新民主主义革命时期为时代背景，电视剧《老酒馆》的时间跨度从1928年至1949年新中国成立，讲述小人物陈怀海在当时被日本殖民统治下的大连开酒馆谋生，并以酒馆为阵地结交抗日志士、传播抗日思想的故事，将以天下兴亡，匹夫有责的爱国情怀，视死如归、宁死不屈的民族情结为内涵的抗战精神生动形象地呈现在观众面前。

电视剧《大江大河》《奔腾岁月》讲述了在改革开放和社会主义现代化建设时期，小人物在大时代的洪流中不断摸索发展的故事。《大江大河》中的宋运辉，为了东海化工厂的发展，在多方阻挠下依然勇于创新，在实践基础上听取有益经验，大胆地提出设备更新方案，体现了开拓创新、勇于担当、开放包容、兼容并蓄的改革开放精神……

一代代文艺工作者致力于沿着历史纵深探寻或进行横向深耕，多维度、多层次、全景式地讲好中国故事，传播好中国声音，展现丰富多彩的中国共产党人的精神谱系。红色影视作品体量庞大，近年来制作数量仍持续呈明显上升趋势。一方面，不同时期的伟大精神得以全景式呈现；另一方面，文艺工作者从不同视角切入，对中国共产党精神谱系中的特定精神进行深度化解读。如《英雄连》《1950 他们正年轻》《金刚川》《长津湖》等影片，《三八线》《跨过鸭绿江》等影视剧，分别从决策者和志愿军官兵等不同切口入手讲述抗美援朝的历史，对抗美援朝精神的内涵进行了全景式呈现。为了不让后代再陷入战争而毅然奔赴战场的志愿军战士、被冻死还依然保持战斗姿势的中国军人……展现了中华儿女在抗美援朝战争中的爱国主义精神、革命英雄主义精神、革命乐观主义精神、革命忠诚精神和国际主义精神，全方位呈现了伟大抗美援朝精神。

3. 多元化的叙事视角，细致刻画中国共产党人的精神谱系

红色影视文化通过主体人物叙事和大历史观叙事，细腻刻画了中国共产党人的精神谱系。精神谱系孕育于伟大实践中，诞生于重大历史事件中。不少红色影视作品以一个或几个主体人物为叙事核心，成功塑造了许多英雄人物的经典荧幕形象。既有单个人物传记式的红色影视作品，如《张思德》《雷锋》《焦裕禄》等，生动展现了张思德精神、雷锋精神、焦裕禄精神等；也有采用单元剧形式以几个主体人物为核心进行群像塑造的《我和我的祖国》《我和我的家乡》《我和我的父辈》等。电影《我和我的父辈》由《乘风》《诗》《鸭先知》《少

年行》四个短片单元串联而成，描述了在抗日战争时期、中国第一颗人造卫星成功发射背后、改革开放初期艰苦奋斗、砥砺前行的历程，[①] 谱写了抗战精神、载人航天精神、改革开放精神的共产党人精神群像。

还有不少红色影视作品按照历史发展脉络再现历史情境，以大历史观叙事，从历史长河的宏阔视野中明理求真，讲好中国共产党人精神谱系。如电影《建国大业》《建军大业》等，从党内外、国内外等多个角度对历史事件进行整体性描绘。作为思想价值引领的影视化范本，电视剧《觉醒年代》紧紧围绕着"觉醒"这一主题，在叙事过程中，从历史、政治、文化和社会等角度去呈现选择马克思主义、选择走社会主义道路、选择中国共产党的原因，[②] 展现那个时代的思维激荡、百舸争流。

主体人物叙事和大历史观叙事有助于从不同视角切入，让观众全方位地与历史时刻共振，在纵观古今、立足中国、直面现在、展望未来的不同维度上深刻感受时代脉搏与伟大精神。

4. 创新性的制作方式，真实再现中国共产党人的精神谱系

红色影视文化曾被人误读为"刻板""喊口号""讲大道理"的代名词。党的十八大以来，在"建设社会主义文化强国，必须走中国特色社会主义文化发展道路"[③] 的感召下，文艺工作者守正创新，在创作红色影视作品时更加注重受众的审美需求，在严守内容质量的同时，制作和呈现上更趋于年轻化。《激情的岁月》是一部"两弹一星"题材的电视剧，在内容切入上，摒弃了生硬的科研大事记，转而采用"虚实结合"的方式，塑造了一批将青春奉献给大漠、奉献给祖国的年轻科学家和研究员的角色，着重笔墨描绘他们在"两弹一星"研制过程中，解决科研难题的艰辛历程和纯洁美好的情感世界，将人物命运与时代背景紧密交织。通过对这些年轻科学家、研究员等的群像塑造，生动诠释了热爱祖国、无私奉献，自力更生、艰苦奋斗、大力协同、勇攀高峰的"两弹一星"精神，以平视视角、青春史观吸引了一批年轻观众，以情感人，激起一代青年的热血情怀。

随着受众审美水平的提高，文艺工作者大规模运用视觉意象助力制作方式的创新性发展。《觉醒年代》中，毛泽东的首次出场是在雨天疾走而来的一组镜头，这隐喻着一个改变中国命运的人已经从风雨飘摇中走来。作为陈独秀的

① 廖立胜、李尉清：《红色电影：中国共产党人精神谱系的全景擘画》，《中国电影报》2021年10月20日。

② 李敏贤、石瑾：《从〈觉醒年代〉看红色影视作品的思想政治教育功能与价值》，《电影评介》2021年第6期。

③ 胡锦涛：《坚定不移沿着中国特色社会主义道路前进 为全面建成小康社会而奋斗——在中国共产党第十八次全国代表大会上的报告》，《人民日报》2012年11月18日。

住所，同样也是《新青年》编辑部的箭杆胡同 8 号前，有一条泥泞的小路，随着历史进程的不断推进，那条小路经过反复修缮，最终成型，预示着那一批先进知识分子对充满坎坷和曲折的前路的艰辛探索，中国革命路线也逐渐有了清晰的方向……

近年来，随着 VR、5G、AI 等技术的发展，"沉浸式体验"的追求也越来越大众化，身临其境、真实还原也逐渐成为大部分受众对影视文化作品提出的要求，当然，对红色影视文化作品也不例外。为了真实还原研制原子弹时的艰苦环境，《激情的岁月》深入戈壁和沙漠拍摄近三个月。沙尘的肆虐、极端恶劣天气等让剧组感同身受，最终实现人戏合一。在场景选取、布景设计、道具选择上尽可能追求还原年代的真实感，生动具象地展现了伟大的"两弹一星"精神。《觉醒年代》制片人刘国华曾在采访中提到，对剧中小到制服上的纽扣、杂志纸张的规格，大到北大红楼等建筑等都进行了精细复刻，通过还原历史质感为观众构建信任感，从而让观众更加容易沉浸其中，感悟伟大精神的深刻意蕴。

创新性的制作方式，对影视作品的制作提出了更高的要求，"要加快构建中国话语体系和中国叙事体系，向世界阐释推介更多具有中国特色、体现中国精神、蕴藏中国智慧的优秀方案"[1]。文艺工作者应当学习中国共产党人勇于拼搏、敢于挑战自我的精神，对中国共产党人精神谱系的传播途径进行创造性转化和创新性发展，给观众带来更优质的红色影视文化，进而激励人民大众弘扬中国共产党人丰富多彩的精神谱系。

四、结语

红色影视文化凭借着丰富的表现手法和精良的视听效果，已经成为观众喜闻乐见的精神文化的具体形态和中国共产党人精神谱系的重要宣传力量。站在开启党的第二个百年历史新征程的坐标起点上，我们要持续打造兼具思想性和艺术性的优秀影视群，加强和改进国际传播工作，展示真实立体全面的中国，打造高质量的红色影视文化和永不落幕的中国剧场，让红色影视文化这种大众化的表达助推中国共产党人精神谱系深入人心，激发为实现中华民族伟大复兴中国梦而不懈奋斗的磅礴力量。

（作者单位：南通大学马克思主义学院。本文系国家社会科学基金项目"中国共产党理论武装的百年历程及基本经验研究"的阶段性成果，项目编号：21BDJ060）

---

[1] 习近平：《加强和改进国际传播 展示真实全面立体的中国》，《人民日报》2021年6月2日。

广电媒体融合成效斐然

李秋红　高　星　王小溪

党的十八大以来，推进媒体融合作为广播电视改革发展重要而紧迫的任务，贯穿始终，成效显著。传统广电媒体守正创新、改革图强，媒体融合发展从零起步、从无到有，从最初转观念、做产品、建平台，到由表及里、由点到面逐步铺开，现在已进入全面发力、构建体系新阶段。主流媒体传播力影响力不断提升，整体呈现出在深度融合中向大视听事业产业发展的良好态势与格局。

一、融合十年非凡历程

党的十八大以来，以习近平同志为核心的党中央对媒体融合发展高度重视，习近平总书记先后就媒体融合发展多次作出重要指示。概括起来主要是两次专门讲话、一篇重要文章和多场合多频次的突出强调，即2014年8月在中央全面深化改革领导小组第四次会议上的重要讲话，2019年1月在中共中央政治局第十二次集体学习时发表加快推动媒体融合发展的重要讲话，2019年3月在《求是》杂志发表《加快推动媒体融合发展 构建全媒体传播格局》重要文章，在视察中央级媒体和多次给中央级媒体的贺信中，对媒体融合发展的突出强调。习近平总书记关于媒体融合的一系列重要论述，站在党和国家工作全局的高度、立足主流媒体职责使命，突出强调了媒体融合的极端重要性，提出了媒体融合的指导思想、方针原则、目标任务，内涵丰富、系统科学、思想深刻，是推动媒体融合向纵深发展的根本遵循和行动指南。

中办、国办先后四次印发专门文件。2014年通常被称为"融合元年"，中办、国办印发《关于推动传统媒体和新兴媒体融合发展的指导意见》，表明推进媒体融合由行业层面上升到党和国家战略层面。2019年，中宣部印发《关于加强县级融媒体中心建设的意见》。2020年，中办、国办印发《关于加快推进媒体深度融合发展的意见》。2022年，中宣部等多部门联合下发《推进地市级媒体加快深度融合发展实施方案的通知》。这些专门文件，一是突出了实践指导、循序渐进。文件的部署要求具体，实践操作性强。从推进媒体融合到推进媒体深度融合，从建设市级融媒体中心到建设县级融媒体中心，层层深入，既有目标任务又有路线图、施工图。二是突出了点面结合、重点突破。区别不同层级、不同类别媒体的融合发展，制定出总阶段和分阶段的任务，先从县级媒体进行试点，以点带面，重点突破。三是突出了问题导向、目标导向。牢牢把握媒体融合面临的问题和挑战，抓住关键环节、主要矛盾、突出问题，明确总目标和分阶段目标加以推进。四是突出了统筹协调、系统配套。把媒体融合作为系统工程，强调统筹传统媒体和新兴媒体在体制机制、政策措施、流程管理、资金保障、人才技术、对内对外等所涉及的方方面面。中央和国家主管部门通过这些政策导向，指导媒体融合在实践中逐步完善和深化，推动我国媒体融合不断迈上新台阶。

广电媒体融合如火如荼。国家广电总局把推进媒体深度融合作为改革发展的重中之重、作为一项重要政治工程抓实抓好。在不同阶段，分别出台进一步加快广播电视媒体与新兴媒体融合发展、推动新时代广电播出机构做强做优、加快推进广播电视媒体深度融合发展、加强专业电视频道建设管理等指导意见。分别印发《关于进一步加强网络原创视听节目规划建设和管理的通知》《关于进一步加强广播电视和网络视听文艺节目管理的通知》，坚持广播电视和网络视听"同一标准、同一尺度"管理原则。在国家机构改革之后，专门设立媒体融合发展司，协调推进行业融合发展。组织全国地市级以上广电媒体制订实施《广播电视媒体深度融合发展三年行动计划》（2021—2023年）、指导创建广电媒体融合发展创新中心。从2019年开始连续四年组织媒体融合先导单位、典型案例和成长项目评选，树立行业典型标杆。各省级广电行政部门全力推进广电媒体深度融合发展。根据广电总局部署安排，精心组织、分类指导本辖区内广电媒体制订深度融合发展行动计划；一些省局还把推动媒体融合向纵深发展列入"十四五"时期规划发展目标，明确相配套的主要任务；有的省局连续多年召开媒体融合交流大会；上海联合江苏、浙江、安徽省广电局连续多年举办长三角媒体融合优秀案例征集评选，以典型示范引领媒体融合往纵深发展。

从中央到地方，各级广电媒体贯彻落实中央部署，从"简单嫁接的相加"到"合而为一的相融"，再到一体化推进，加快构建融媒体中心建设。中央级广电媒体加强顶层谋划、加强重点突破、加强新技术新应用，持续把更多人财物投向互联网主阵地，打造新型传播平台，拓展内外传播渠道，大幅提升主流媒体内容生产能力、信息聚合能力和技术引领能力。积极培养全媒体采编播管人才，深化内部体制机制改革，构建网上网下一体、内宣外宣联动的主流舆论格局，建立起以内容建设为根本、先进技术为支撑、创新管理为保障的全媒体传播体系；省级广电媒体坚持"消肿减负"，近年来重点建设了一批省级技术平台和区域性传播平台，打造了大量颇具特色、人们耳熟能详的新媒体品牌；市级广电媒体因地制宜、灵活机动，积极探索自身融合发展模式；县级融媒中心建设迄今已基本覆盖全国，形成面向基层的主流舆论阵地、综合服务平台和社区的信息枢纽。

二、亮点纷呈硕果累累

党的十八大以来，各级广电媒体认真贯彻落实中央部署，发愤图强、积极作为，以互联网思维优化资源配置，加快优化整合与深度融合，把更多优质内容、先进技术、专业人才、项目资金向互联网汇集，夯实舆论引导主阵地和意识形态主战场。

主力军全面挺进主战场。一是各级广电主流媒体坚持新闻立台，加速进军占领互联网阵地，加快推进内容生产模式的整体性重构，现代传播体系和新型主流媒体（集团）建设迈出重要步伐。按照全媒体、一体化发展理念，组建融媒体新闻采编中心，台网"两微一端"百花齐放。紧紧围绕党和国家重大方针政策、重大发展战略、重要决策部署、重大会议活动宣传，尤其是在改革开放40周年、新中国成立70周年、建党100周年、疫情防控、北京冬奥会等宣传中，"大屏带小屏、小屏回大屏、多屏联受众"，打造一系列融媒体互动传播产品与项目，建立起一体化内容生产主体。主流媒体宣传较以往更加深化拓展，网上传播力、引导力、影响力显著提升。中央广播电视总台等倾力打造"大端大号"和移动传播矩阵，一批各具特色新媒体平台影响力凸显。央视新闻实行"微博微信客户端三步走"的新媒体推广战略，"两微一端"于2013年完成全部上线。截至2021年底，央视新闻新媒体用户规模达8.26亿。省级广电媒体旗下的"荔枝新闻""问北京""看看新闻Knews""闪电新闻"等影响力不断攀升。截至2021年底，38家省级以上广电机构共有超470个粉丝量过百万的账号，其中千万级以上粉丝量头部账号48个，较上年同期增长92%，头部账号占比达11%，连续两年高速增长。各级广电媒体推进网上网下不同平台优势叠加互补，拥有强大传播力、公信力、影响力的新型主流广电媒体矩阵"破茧而出"。二是国家广电总局近年来依法依规关停并转了一批受众少、影响力弱的频率频道和节目栏目。仅2021年至今，就关停了53家频道频率，如北京台体育频道与纪实频道整合推出冬奥纪实频道。湖南、广州、上海等地也关停并转了一些散弱小频道、节目栏目。旨在优化资源配置与淘汰落后产能，集中力量打造精品内容和知名品牌，加快重构传播渠道平台矩阵。三是广电主流媒体着力打造自主可控、传播力强的新型网络传播平台。央视新闻客户端、芒果TV、"长江云"、"四川观察"等一大批传播平台在新闻资讯、政务信息、民生服务、电商直播、社交互动等方面积极突破，不断增强网络平台聚合能力，用鲜明特色、高质量服务和个性化体验黏住更多用户，把生存发展主动权牢牢掌握在自己手中，推动主流舆论占领新兴传播阵地。

内容创作融合化可圈可点。内容产品融合化不断有新进展，先后涌现出一大批导向正确、群众欢迎的网络视听精品，切实改变以往网台节目互相分割、不通不融之状况。从 2014 年开始，许多节目改变传统电视台单一传播模式，在节目策划、创意创作、运营管理阶段兼顾新媒体需求和特性。一些知名电视节目、经典影视剧同时在新媒体平台播放。随着媒体融合进入深水区，网络同播跟播电视剧与综艺节目已成常态，网络热度成为衡量电视剧市场反响的常规指标。网络剧与网络首播电视剧整体稳定向好，网络综艺更是欣欣向荣（见图 1、图 2）。

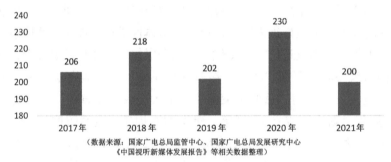

（数据来源：国家广电总局监管中心、国家广电总局发展研究中心
《中国视听新媒体发展报告》等相关数据整理）

图 1　2017—2021 年上线播出网络剧数量（单位：部）

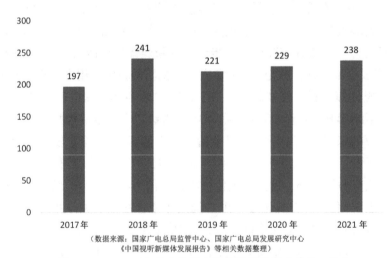

（数据来源：国家广电总局监管中心、国家广电总局发展研究中心
《中国视听新媒体发展报告》等相关数据整理）

图 2　2017—2021 年上线播出网络综艺数量（单位：档）

一大批具有穿透力、感染力和舆论引导力的正能量"现象级"产品应运而生，《山海情》《石头开花》等重点剧目，成功实现网台深层互动，达到最佳传播效果。一批着重于深耕传统文化的优秀节目善用融媒化生产传播，成为全网"爆款"

并屡屡高居热搜榜，如央视《只此青绿》、河南卫视《唐宫夜宴》和"中国节日"系列节目等。《中国梦·我的梦——2022中国网络视听年度盛典》全景式展现了网络视听行业在新时代的繁荣景象。近年来在全球抗疫背景下，各级广电媒体对节目制播的"云化"探索如日方升，使用线上方式制作综艺节目、直播带货、搭建空中课堂等，促进线上线下互动融合，另有"云发布""云首映""云首发""云晚会"等方兴未艾，极大丰富和满足了人们视听多样化的新需求。

融合化新技术、新业务开发态势喜人。传统媒体从以往的单一传播发展到如今多终端无所不在的泛在化传播。5G+4K/8K+VR/AR、大数据云计算、物联网、区块链、元宇宙等多种技术融合，探索"视听内容+"模式，为用户推出全息化、可视化服务，提供更多场景化、交互式、沉浸式超级视听新体验。广电媒体积极探索推出5G智慧电台、5G+AI智能管理平台、AI超仿真虚拟新闻主播等，在提供优质内容的同时，开展"媒体+"多元化一体化业务，拓展政用、民用、商用服务领域，网络购物、在线医疗、线上课堂、远程办公、在线娱乐、5G直播等表现十分抢眼。主流媒体借助智媒技术，牢牢占据舆论引导、思想引领、文化传承、服务人民的传播制高点，全媒体融合经营趋势越发明显。2021年，全国广电机构智慧广电及融合发展业务收入1085.70亿元，同比增长21.47%。其中，广电机构新媒体广告收入276.71亿元，同比增长35.01%。传统广播电视台新媒体广告经营引发关注，央视新媒体经营、湖南台新媒体经营均呈增长态势。特别是芒果TV充分发挥市场机制作用，整合产业运营资源，组建经营公司，对接资本市场，构建独树一帜的"广电+"新生态体系，2021年芒果TV互联网视频业务实现营业收入112.61亿元。一些头部卫视积极探索"内容+"营销，建立起集用户、电商、数据运营等一体化的商业运营体系。广电媒体向短视频进军，省级以上广电机构入驻率达100%，同时主动布局MCN，与新媒体平台联合打通线上线下营销资源，传播矩阵初具规模，引流用户实现双效。

融合化的体制机制创新呈现新亮点。各广电媒体适应融合发展，以新业态为枢纽、以新中心制为基础，逐步构建起新型主流媒体长效发展机制。其一，整合资源成立融媒体中心。截至2021年3月，全国县级融媒体中心挂牌数量已超过2400个，基本实现全覆盖，成为基层主流舆论主阵地。在广电媒体内部融媒体中心建设中，中央级、省级广电媒体率先发力，由"中央厨房"升级为融媒体中心，将广电制播平台升级为广电和新媒体一体化制作、播出和分发平台。大多数省台和部分地市台有效整合台内媒介资源、生产要素，实现"多渠道信息来源、一个平台统一生产、多形态产品呈现、多终端同步分发"。省市县三级融媒中心贯通协同，全面提高广电主流媒体内容制作生产与传播能力，目前，这一做法正在江苏、黑龙江、陕西等地探索完善。其二，积极深化内部体制机制改革。不少广电媒体从以往中心制、频道制组织架构逐渐向成规模的"工作室制"改革，激发创作能力、盘活各方资源。2018年，湖南卫视先后试点成立了12个工作室，强化头部人才激励和创新攻关能力。2019年以来，安徽、河北、陕西等台的融媒体工作室均挂牌启动，并在全国次第铺开。一些台积极建立健全适应全媒体生产传播一体化组织架构，对节目内容和产品IP化系列化进行深度开发，探索产品中心制，深入推进工作室制、项目制等，推行公司化、市场化运行机制。一些台升级超级工作室，建立智能中台，相互打通大运营体系，推行全媒体人才齿轮型配置和双向流动。对传统媒体和新兴媒体实行一个标准、一体管理，实现一体化发展，这些火热的实践成为广电媒体深度融合向纵深发展的有力诠释。其三，完善深化改革，激发活力。主要侧重于内部用工选人、绩效与收入分配、激励约束制度与管理等方面。一些台创新改革用人激励机制，打破身份同工同酬、统一管理双向选择，拓宽员工晋升通道；有的推行人才兴台"首席制（金牌）计划"，构建多元化人才价值实现方式；有的推行全媒体融合传播综合评价，完善移动优先、全媒体考核薪酬分配制度，激发优秀人才创新创造积极性。

融合化的事业产业协同发展呈现新面貌。广电事业产业"一体两翼"，双轮驱动。广电媒体积极理顺事业产业协同发展的管理体制，有的创建新型产业运营主体，构建事业产业协同运营新格局；有的以打造自主可控的自有旗舰客户端为核心，推进整体转型；有的成立多家全资子公司，搭建多渠道、多产业融合全媒体布局；有的把区域性技术服务平台升级为综合运营平台，探索资源整合、创新增值业务；有的提升媒体业务生态建设创新能力，扩大数字化营收增量。媒体融合给广电带来的红利已显，2021年全国广播电视行业总收入首次突破万亿元大关，相比十年前增长了4倍多（见图3）。

（数据来源：根据历年中国广播电影电视发展报告数据整理）

图3 2011—2021年全国广播电视总收入（单位：亿元）

三、融合大视听未来可期

这十年，媒体融合取得的成效意义非凡。媒体融合是一项战略性、全局性和长期性的系统工程，放眼未来，媒体融合是一个动态发展的进化过程。媒体融合永远在路上，应该没有，也不可能有预设的终极目标。媒体融合未来会走向哪里？我们要建设的新型主流媒体、要构建的现代传播体系，以及"未来电视"将是怎样的场景和生态？对这些问题，可谓众说纷纭。但从媒体演进的历史、媒体融合的实践来看，我们至少可以得出以下几点规律性、趋势性、方向性认识。一是最新技术特别是数字信息网络技术的应用，对媒体融合发展的引领支撑更加显著。媒体融合因技术发展而起、因技术发展而兴、因技术发展而变，这一趋势不会改变。以科技赋能媒体深度融合，实现主力军占领互联网主战场，在服务国家重大战略中坚守意识形态主阵地，必将会构建起具有先进技术支撑、满足人民群众需求、融传统广播电视和现代网络视听于一体的大视听发展格局。二是媒体边界包括视听媒体边界将更加开放。什么是"未来电视"？准确定义和划分边界似乎很难，"视听媒体"概念将更加适用，视听事业产业各方也将进一步整合重构为大视听业。三是视听媒体内容因融合而更丰富多彩。突破三维、四维的声光电技术加持下的视听内容，构建出化虚拟为现实的"元宇宙"，营造网上精神家园。四是"视听媒体 + 业务"因融合而更加多类多样。"视听媒体 + 业务"进一步对应人民大众需求，视听业务将因需求无限而创意无限，进而市场无限。五是视听媒体因融合发挥出的社会作用将更加独特而重要。视听服务将被嵌入和广泛应用于应急服务、网络政务、民生和社会服务等领域，成为治国理政和人民生活不可或缺的重要部分。

（作者单位：国家广播电视总局发展研究中心）

新时代理论节目十年发展态势与展望

索东汇

党的十八大以来，在全国广电系统的谋篇布局下，理论节目焕发出强大的生机活力，高质量发展取得新成效。涌现出一批深受人民群众喜爱的理论节目，多维度宣传阐释习近平新时代中国特色社会主义思想的理论魅力与时代价值，把政治话语、理论话语转化为人民群众喜闻乐见、通俗易懂的大众话语，有力推动党的创新理论"飞入寻常百姓家"。

一、提质增效，理论节目发展历程

十年来，全国理论节目在增量的同时，在质上取得长远进步，视听化传播和融合传播实效也在不断增强，其发展大致经历了三个阶段。

（一）固本强基期

党的十八大以来，全国陆续出现多档理论节目，这些节目从类型看，主要分为电视理论栏目、系列专题节目和理论文献片等；从属性来看，分为电视理论节目、广播理论节目，并以电视理论节目为主；从定位看，主要围绕学习宣传习近平总书记系列重要讲话精神、贯彻落实党的十八大精神和中国梦等进行生产创作传播。国家广播电视总局适时将《开卷有理》等优秀理论节目评选为广播电视创新创优节目，推动其在全国广电系统进行经验交流，有效助推理论节目在全国的创作播出。《时代问答》等品牌理论节目推出后一直连播至今，相关理论节目或通过邀请各学科的"马克思主义理论研究和建设工程"专家参与录制，第一时间解读重大理论和实践问题，切实拉近理论与日常的距离；或定位向青年人靠拢，用接地气的语言打通理论直达人心的"最后一公里"，让理论的精髓要义轻松温暖地走进受众心中，引发广大观众热烈反响，拥有较高的知名度与影响力。

（二）增量提质期

党的十九大以来，理论节目深入宣传阐释习近平新时代中国特色社会主义思想，成为广电机构宣传党的创新理论的重要抓手。广电总局充分发挥行业引导作用，进一步通过出题策划、直接调度、专家指导、联合展播、扩大播出、调整编排结构、推优扶持等系统性举措，推动人才、资源等向理论节目聚集，并汇聚系统精锐力量共同创制重点理论节目，鼓舞了全国办好、办精节目的底气与士气，理论节目在全国遍地生花。一方面，由广电总局组织策划、全国33家省级卫视接力联制联播的大型理论节目《思想的田野》，以"理论宣讲大篷车"为载体，生动反映了党的十八大以来各地践行习近平新时代中国特色社会主义思想的丰富实践，节目持续在全国播出，收视持续保持高位，切实满足了人民群众对理论宣传的新需求、新期待；另一方面，中央和省级广播电视台提升创作水平，《平"语"近人》《新时代学习大会》《中国正在说》《中国共产党为什么能》《好好学习》《理响新时代》《是这个理》等理论节目精益求精，同时采取多平台宣传、融合化传播策略，取得不俗反响，使理论宣传更具影响力和感召力。

（三）积厚成势期

2021年以来，为进一步推动理论节目创新发展，广电总局深入实施"理论节目提升工程"，做亮理论宣传；全面启动实施"创新理论传播工程"，并将其纳入《广播电视和网络视听"十四五"发展规划》，开展了第一批电视理论节目扶持评审，加大评优扶持力度，引导鼓励广电媒体加强理论节目栏目制作播出，加强创作指导、资金扶持和政策支撑。2022年，中共中央办公厅、国务院办公厅印发《"十四五"文化发展规划》，其中明确指出："综合运用全媒体方式、大众化语言、艺术化形式，结合党治国理政的生动实践和历史性成就，全方位、多层次开展对象化、分众化、互动化理论宣传普及"，并在"习近平新时代中国特色社会主义思想研究传播"中强调，"创新电视理论节目"，为理论节目的高质量创新发展指明前进航向。

在广电总局全方位支持下，《这就是中国》《思想的田野》等品牌理论节目推陈出新，《中国共产党领导力密码》《选择》《自信中国说》《"黔"进的力量》《闪耀东方》等新开理论节目创新创优，《思想耀江山》等重点理论节目创作有序推进，深入宣传阐释习近平新时代中国特色社会主义思想，强化马克思主义理论武装，全媒体传播效果进一步增强，有力推动党的创新理论深入人心、落地生根，得到广泛好评。根据中国视听大数据统计，优秀的理论节目得到人民群众的广泛欢迎，例如：《这就是中国》（2022年4月）收视率0.447%，位列同时段地方卫视节目收视率第一，收视效果好；《时代问答》（2022年1月）每期平均忠实度70.092%，观众黏性强。

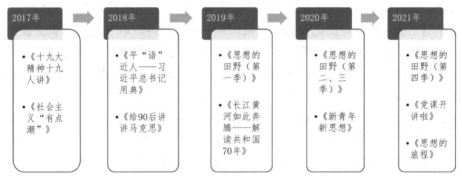

2017—2021 年 广电总局创新创优评选、扶持的理论节目（节选）

二、守正创新，理论节目发展亮点

党的十八大以来的十年，全国广电系统为把理论节目办得更生动活泼、更深入人心、更富影响力，在内容定位、表达方式、宣传手段等多方面进行了一系列有益的尝试、探索与创新，亮点鲜明、成效显著。

（一）定位准确，反映新时代新气象新作为

这十年间生产创作的优秀理论节目，聚焦宣传阐释马克思主义基本原理与党的创新理论，深入宣传阐释习近平新时代中国特色社会主义思想，贯彻落实党的十八大精神、党的十九大精神，弘扬社会主义核心价值观、中国梦，反映决胜全面小康、决战脱贫攻坚，展现新发展理念与奋进新征程等方面，准确把握定位，提升思想内涵。

1.在立意上，宣传阐释习近平新时代中国特色社会主义思想与反映新时代史诗般实践相互辉映

聚焦主题主线，找好主流价值引领立足点，紧紧呼应新时代实践成果，全面系统阐释宣传党的创新理论，让理论节目为新时代新征程凝心聚力，不断彰显时代精神。例如《思想的田野》《乡村振兴战略大家谈》等节目将创新理论与实践成果相结合，用众多真实的群众脱贫致富案例，反映在习近平新时代中国特色社会主义思想指引下各地推进脱贫攻坚与乡村振兴所取得的历史性成就，引发人民群众广泛回响。

2.在选题上，用小切口解剖大题材、用新思想呼应人民关切

将"国之大者"与群众关切结合起来，聚焦人民群众关心的热点话题，不逃避矛盾、不回避问题，重点关注那些普遍存在、上下关心且又有条件解决的问题，让理论节目更接地气、更富实效。北京、上海、湖南、江苏、浙江、安徽等地的理论节目从小故事小切口入题，释疑解惑、回应群众关切，呈现生活气息，例如《从十八洞出发》通过小切口小人物呈现大主题，深入浅出、

引人思考。

3. 在内容上，努力将有意义的理论讲得有意思

理论节目注重引发共鸣，着力让普通百姓特别是其中的青年群体看得懂、记得住，发挥立德树人、铸魂育人功能。《党课开讲啦》《青春心向党·音乐思政课》等节目注重理性和感性的结合，让受众特别是年轻受众在观看节目的过程中用思想武装自己，让人看后有感动、有温暖、有启迪、有信仰，于春风化雨中完成正确价值观的培养。

（二）表达创新，把政治话语转化为大众话语

理论节目要摆脱表面化、口号式与枯燥化、概念式的宣讲已成为普遍共识。回顾十年来的探索实践，可以清晰地勾勒出不断创新表达的发展曲线。

1. 在演播室内的方寸之地寻求突破创新

这其中既有通过"演讲＋互动""访谈＋连线""脱口秀""真人秀""轻辩论阐述"等形式，结合新闻或综艺的表现手法，设置时效性话题、搭建沟通桥梁，将专家学者的真知灼见与普通大众的真情实感零距离地联结在一起，让主持人、嘉宾、观众等在思想交流和碰撞中引发共鸣与思考；也有通过演绎革命历史人物、情景化表演、朗诵、歌唱等方式进行故事化表达，直击人心，给予观众场景沉浸式体验，切实增强吸引力、感染力。

2. 突破空间限制，把理论讲堂搬到城乡生产生活现场

走出演播室做理论节目，把镜头聚焦基层，深入群众、深入生活，在田野乡村、城市街道中演绎理论与生活的故事。一方面通过多元化角色设定呈现"观众视角"，让观众通过嘉宾的实地体验建立"代入感"，让实践真知强化理论认知；另一方面通过"探访＋走读＋微记录"等模式，将理论、电影、新闻、综艺、戏剧等诸多手法熔于一炉，实现与观众同频共振。

3. 融入新技术、新元素，提升受众的视听体验

这其中既包括运用虚拟现实、扩展现实、全息投影、人工智能等科技手段，将台上台下、场内场外、现场实景和虚拟场景巧妙地融合在一起，丰富理论节目的影像语言，增强理论节目的可视性；也包括以流行、年轻语态创新理论表达，通过活泼的节目风格与直播答题、演播室现场比赛等节目形式，吸引观众特别是青年人的关注，产生广泛社会影响。

（三）宣传多元，走分众化产品全媒体传播之路

在媒体深度融合发展的大背景下，理论节目主动适应舆论生态新变化，不断创新宣传方式，覆盖面更广、传播效率更高。回首十年历程，制作精良的理论节目往往也在积极探索创新传播方式上做出诸多努力，有效提升了宣传效果。

1. 加强统筹协作，推动理论节目组织化、规模化播出

一方面，在广电行政主管部门组织策划下，跨行政区域联合各地广电媒体有计划、有步骤播出重点理论节目，做大理论宣传声势；另一方面，由当地广电机构牵头，与其行政区划范围内的各级广电媒体、融媒体中心联合播出、联动传播，取得良好宣传效果。

2. 把优质资源要素向网络聚合，加大全媒体宣传力度

越来越多的广电机构善于运用网络手段宣传理论节目，不断完善自身的宣传格局；同时充分利用全媒体分发的传播优势，综合运用传统的广电媒体、新媒体客户端、网络视听平台等多种传播平台宣传理论节目，力求打造全方位、立体化、多层次传播体系。

3. 根据不同平台的受众群体与传播规律，打造分众化、差异化理论宣传融媒产品

不少广电机构将优秀理论节目按照各媒介平台属性，二次加工制作音频、短视频、图片专题、报道等理论宣传产品，或专门制作相应的短视频等形式的理论节目，在对应平台播出，并通过互动话题、直播答题等方式，增强受众的参与感，在观众特别是年轻观众中引发热烈反响。

4. 打造理论节目品牌，实现理论节目常态化、系列化宣传

经过多年的发展，一批省级广电媒体机构打造出各具特色的品牌理论节目，不断巩固壮大主流舆论阵地。这些典型化、常态化的品牌理论节目对提升节目的传播力、引导力、影响力至关重要，有助于提高理论节目的能见度与讨论度，吸引更多的群体收听观看。

三、面向新征程，理论节目发展展望

当前，理论节目已经迈入高质量发展新阶段，但发展不平衡不充分问题并未断绝。2022 年适逢党的二十大召开，是推进社会主义文化强国建设的重要一年，理论节目要深化习近平新时代中国特色社会主义思想宣传阐释，巩固壮大主流舆论，为人民群众提供更丰富、更有营养的精神食粮。

（一）进一步用心用情用功推动理论节目创作生产

优质丰富的节目内容是理论节目繁荣发展的根基。一方面要加强规划布局引导，加大投入力度、汇聚优质资源，要紧紧围绕宣传阐释习近平新时代中国特色社会主义思想，聚焦新时代的历史性成就和历史性变革，牢牢把握正确政治方向、舆论导向、价值取向、审美趣向，满足人民群众对理论宣传的新期待。另一方面要提高理论节目质量、做亮理论节目品牌，展现党的创新理论在实践中闪耀的真理光芒，把宏大的国家叙事和个人生活的变迁紧密结合，回应时代关切、贴近群众生活，把理论阐释、思政教育转化成生活画面，让理论能够更

好地走到群众身边、走进群众心里。

（二）进一步把创新贯穿理论节目制作全过程

创新是理论节目高质量发展的不竭动力。通过创新理论节目表达，摆脱过去宣教片"呆板""说教""生硬"等陈旧表达技巧的桎梏，从单纯理论灌输式的表达方式中脱离出来，注重把握受众特别是青年人的需求特点，善于运用新技术、新元素，用通俗化、大众化、多元化的形式突破传统模式。要擅长讲故事，促使理论文本向生活实践转化，把理论说清楚、讲明白，用人民群众喜闻乐见的方式，把理论的内核、思想的高度、生活的热度、情感的温度有机融合，凝聚共识、激发共鸣，切实提升理论节目传播力与引导力。遍观优秀理论节目的表现手法，通俗性、故事性与交互性成为新时代理论节目创新表达的重点，值得进一步实践创新。

（三）进一步提升理论节目全媒体传播实效

传播效果是衡量检验理论节目的重要标准。理论节目不仅要在电视上播放，也要在广播电台播放，更要在新媒体客户端、网络视听平台等各种传播渠道中通过长短视频、网络直播、弹幕互动、打卡实践等方式加强宣传。理论节目的宣传要顺应媒体融合趋势，善于总结新媒体传播规律，起到润物无声、成风化人的效果；同时积极发挥全媒体优势，打造适合全媒体传播的理论节目，网上网下协同发力，形成理论宣传合唱，推动全媒体宣传、全业态传播、全平台覆盖，形成理论宣传全媒体矩阵，构建多位一体理论宣传格局，不断放大理论节目的宣传效果，唱响新时代主旋律。

草木蔓发，春山可望。全国广电系统要以"创新理论传播工程"为重要工作抓手，总结推广优秀理论节目经验，抓好重点理论节目制作播出，着力推动理论节目通俗化、大众化、视听化、移动化，打造理论宣传矩阵，把真理力量转化为万众一心推动中华民族伟大复兴的实践力量，用党的创新理论持续武装全党、教育人民，进一步增强思想自觉和理论自信。

（作者单位：国家广播电视总局发展研究中心）

党的十八大以来电视剧的
海外传播实践与路径创新

周根红

习近平总书记指出："要着力推进国际传播能力建设，创新对外宣传方式，加强话语体系建设，着力打造融通中外的新概念新范畴新表述，讲好中国故事。"这为新时代电视剧的海外传播指明了发展的方向。党的十八大以来，电视剧的海外传播不断实现突破，在国际化表达、本土化传播、传播渠道构建、类型生产等方面，探索出了一条创新生产的道路，形成了较为完善的传播格局，为电视剧的海外传播提供了重要的经验和启示。

一、中国故事的国际化表达

党的十八大以来，电视剧的国际化叙事成为国产电视剧创作的重要特征，探索中国故事的国际化表达成为国产电视剧的创新追求，引发了海外受众的共鸣，为国产电视剧在海外传播中获取更广阔的舞台提供了重要的基础。

（一）叙事模式的国际化

由于受到美剧、韩剧、日剧、英剧等国外电视剧的影响，国产电视剧在制作、叙事、题材等方面也正在逐步走向国际化。《长安十二时辰》和《七日生》的叙事结构就类似于美剧《24 小时》。《长安十二时辰》以中国古代一天 12 个时辰的计时方式进行分集，情节上也像美剧一样紧凑惊险。《七日生》以 7 天为时间限定来实施生死营救，悬疑剧的情节设置，跌宕起伏，节奏较快，被称为中国版的"7 × 24 小时"。《七日生》的制作班底还采用了美剧《犯罪现场》的执行导演和拍摄团队，以美国的工业化流程进行制作，全程在美国拍摄，从而提升了该剧的国际影响力。《亲爱的，对不起》打造出韩剧精致的画面感，采用"本土 IP+韩星加盟"的制作模式，通过韩国演员朱镇模与李宥利的表演，充分发挥了韩剧生动传神、内心细腻的特点。《三十而已》受到美剧《致命女人》、韩剧《浪漫的体质》等女性题材电视剧的影响，反思女性的现实困境和价值选择，从而赢得海外受众的热情关注。

（二）价值传播的国际化

国产电视剧要实现海外传播，"国际化表达"是不可或缺的叙事方式，而塑造和传递世界共同的价值观则是一条重要的路径。近年来的古装剧正在淡化或模糊具体的历史朝代，着重营造一些在国际社会中对中国历史文化具有普遍性共识的内容，通过精良的制作呈现中华优秀传统文化。在故事的内容上，有些古装剧虽然也聚焦宫斗、争宠等，但总体的主题趋向则是传递人性的温暖、传播中华优秀传统文化价值观，如《琅琊榜》传递的"义利观"，《长歌行》讲述的"英雄出少年"等主题。[①] 重大革命历史题材电视剧也避开单纯的意识形态叙事，而聚焦于"人物"的故事。根据麦家同名小说改编的红色谍战剧《解密》正是立足于讲述一个"英雄人物"的"英雄事迹"和"内心情感"，从而在国际上刮起了一股"麦旋风"。《海洋之城》讲述的是世界邮轮首位华人船长的故事。该剧不仅展现了中国人对海洋文化的认知和海洋事业 / 邮轮业的发展进步，更是以"邮轮"为空间展示不同阶层、职业人物的故事，形成了职场剧、时尚剧、都市爱情剧和悬疑剧等多种类型元素。

（三）用国际视野讲述中国故事

电视剧的海外传播就是要从国际的角度讲述中国故事，解释发生在中国大地上的故事所具有的世界意义，将中国故事转化为世界故事。由于电视剧《人世间》在开拍之初就被迪士尼预购了海外独家发行权，因此，《人世间》的镜头、台词、情节在拍摄过程中便采取了国际化视角。更为重要的是，电视剧《人世间》呈现了近半个世纪来周家三代人的命运沉浮，书写了时代变迁中个体、家庭、企业和社会的巨大变迁，让国外受众能够从中理解数十年来中国的发展变化。《山海情》《大江大河》《理想之城》《我在他乡挺好的》《超越》《在一起》《三十而已》《以家人之名》等，反映了脱贫攻坚、乡村振兴、改革开放、抗击疫情、年轻人追求梦想的奋斗、不断超越的体育精神等时代主题，注重中国故事的国际表达，反映了中国当代发展背后的价值观，为人们了解中国提供了窗口和文本。[②] 《跨过鸭绿江》充分展现了当时国际局势下中国志愿军抗美援朝出国作战的必要性和这一历史性抉择的过程，在国际政治视野中全景再现了抗美援朝的来龙去脉。《红星照耀中国》则通过美国记者斯诺的视角，讲述延安时期中国共产党的事迹，从而揭示"红星照耀中国"的历史必然性。

---

① 杨越明：《故事策略 价值传递 文化认同——对中国电视剧国际传播创新实践的思考》，《中国电视》2021年第10期。

② 苗春：《重大题材电视剧海外传播实现新突破》，《人民日报》（海外版）2022年3月4日。

二、注重本土化传播

习近平总书记指出，要采用贴近不同区域、不同国家、不同群体受众的精准传播方式，推进中国故事和中国声音的全球化表达、区域化表达、分众化表达，增强国际传播的亲和力和实效性。近年来，国产电视剧不断在故事、情感、人物形象、文化、价值观念等方面探寻国内外受众的共通点，实现本土化传播。

（一）研究国家 / 区域的市场接受

不同国家 / 区域市场有着不同的文化类型和审美倾向，从而影响着电视剧的海外传播效果。长期以来，古装剧、武侠剧在东南亚地区流行，主要原因便是文化上的相通性。党的十八大以来，《媳妇的美好时代》《温州一家人》《鸡毛飞上天》《都挺好》《父母爱情》《金太狼的幸福生活》《欢乐颂》等剧在东南亚、非洲的流行，一方面是东南亚、非洲国家对中国崛起后的日常生活的了解需求满足，另一方面是价值观的共通性，如亲子教育、家庭观念等能够产生共鸣。然而，在欧美市场，国产电视剧的接受便存在文化和审美的阻隔。《甄嬛传》在欧美的播出效果就不尽如人意，Netflix 美国站影评分数为 2.5 星，加拿大只有 1 星（满分为 5 星）。华为视频曾对自身的海外观众进行画像分析后发现：亚太地区观众偏爱动作、古装、武侠和甜宠内容；欧洲观众喜欢动作、惊悚、犯罪和科幻题材；中东地区观众对动作、都市和古装内容感兴趣；泛俄地区观众偏爱喜剧、动作和悬疑片；拉美地区则喜欢悬疑、动作和古装内容。[①] 因此，研究不同国家 / 区域的市场接受，能够进一步提升电视剧海外传播的有效性。

（二）强化共情传播策略

美国作家亚瑟·乔拉米卡利认为，共情（empathy）是一个人能够理解另一个人的独特经历，并对此做出反应的能力。共情能够让一个人对另一个人产生同情心理，并做出利他主义的行为。共情是人类根源于基因的一种天赋：共情并不是一种情绪，也不是一种感受，而是人类与生俱来的一种能力。[②] 简单来说，共情是指能够站在对方的角度理解对方。这是海外传播中引起对方共鸣的重要因素。《三十而已》海外传播的成功，是因为其主题反映了当前各地区共通的情感和价值。剧中所反映的中青年女性的年龄压力、婚姻压力、职业压力、生育压力等，以及其中所折射出的女性生活、价值观、权利等，正是一个能够引发全球关注的话题。《海洋之城》为加强与本地受众的共情互动，招募了来自 11 个不同国家的演员。剧中饰演女邮轮船长海瑟薇的演员伊琳娜·卡普特洛娃（Irina Kaptelova）来自乌克兰；饰演邮轮船员"菲儿"的女演员安

① 彭锦：《中国电视剧提升国际传播力的路径思考》，《现代视听》2021年第8期。

② 亚瑟·乔拉米卡利：《共情力：你压力大是因为没有共情能力》，耿沫译，北京联合出版公司，2017，第3页。

妮塔·斯米尔诺娃来自爱沙尼亚。因此,《海洋之城》先后获得了乌克兰、爱沙尼亚等多国电视台专题报道。[①]

（三）语言的本土化翻译

语言是电视剧海外传播的重要中介。电视剧中的方言、古装剧中的古代诗词和古典常识等,如何较为准确地转换为当地的本土化语言,一直是困扰电视剧语言翻译的难题。一些台词由于中外语言习惯的不同和文化理解的差异,很难恰当地表达出中国语言的内在韵味,甚至出现错误的翻译和让人莫名其妙的翻译。如《甄嬛传》里的"龙凤胎"翻译为"一对好运的龙和凤","惊鸿舞"被翻译为"飞翔的野鹅","叶答应"翻译为"树叶同意","安常在"翻译为"安全总在这里","嬛嬛一袅楚宫腰"翻译为"楚宫妃子纤细的腰",以及大量宫廷妃嫔等级名称知识的翻译等;还有《平凡的世界》里陕北老农民的方言翻译问题。[②]《媳妇的美好时代》在非洲之所以取得成功,重要原因之一就是该剧邀请了三名肯尼亚颇具号召力的演员为毛豆豆、余味和余妈妈三个主要人物配音,出色地完成了语言的本土化传播。因此,电视剧语言的本土化,需要构建一个以政府机构、专业团队为主导的运作机制。

三、传播渠道的全方位构建

传播渠道的全方位构建是进一步完善新时代电视剧海外传播的重要任务。近年来,电视剧的海外传播渠道日益增多,政府部门、影视公司、制片方和国内外播出平台、新媒体平台等都从各方面推动电视剧的海外传播,形成了一个相对较为全面的传播体系,推动了电视剧海外发行主体不断壮大,发行范围不断扩大。

（一）官方渠道的进一步完善

当前,国家强力实施国际传播能力建设重点工程,"广播影视走出去工程""丝绸之路影视桥工程""全球华语电视剧联播体""中国电视剧场项目""中非影视合作创新提升工程""中国当代作品翻译工程"等陆续实行,有力地引导了国产电视剧的海外传播。2019 年,国家广电总局紧密围绕国家元首外交、重大外交活动,精心策划,提出了"深耕'一带一路'、巩固非洲主流、开拓拉美市场、稳固周边友邻、提升对欧美影响"的工作布局,推出"视听中国"品牌活动。2021 年,17 部门联合印发《关于支持国家文化出口基地高质量发展若干措施的通知》,深入实施"走出去内容扶持计划",充分发挥优秀作品的示范引领作用,评选优秀作品予以扶持补助,借助国际电视节平台举办表彰奖

---

① 《方寸之间的爱与梦想〈海洋之城〉成就国产剧新爆款》,https://yule.sohu.com/a/459159759_411282。

② 胡建礼:《中国影视作品的海外传播策略与发展方向》,《中国文艺评论》2021 年第 12 期。

励活动，如设立"国际传播奖""中国联合展台"，策划推出"聚焦中国"系列推介活动。[①] 由此可见，政府主导的传播渠道建设不断走向深化，为电视剧的海外传播起到了重要作用。

（二）加强国外传播渠道建设

近年来，在推动国外传播渠道建设的重要工作中，一方面，与国际传播平台合作，邀请国际传播平台进驻。中国国际电视总公司的中国影视节目专区品牌 China Zone，便入驻了 YouTube、Facebook、Viki、北美 ODC、俄罗斯 SPB 等海外平台，面向全球 200 余个国家和地区播出。爱奇艺与日本第一家民营卫星收费电视台 WOWOW 达成合作，推出悬疑短剧集《隐秘的角落》，成为首部在 WOWOW 平台播出的现代国产剧。[②] 另一方面，推动国内平台的国际化。爱奇艺国际版、腾讯视频 WeTV、芒果 TV 国际版等国际化平台在海外的认可度持续提升。《在一起》便是通过腾讯视频 WeTV、爱奇艺国际版、芒果 TV 国际版等，实现了在 200 余个国家和地区播出，并登陆了 10 多个国家的电视台。

（三）打造重点龙头企业

重点推动龙头影视公司作品的海外传播和龙头影视公司的国际化平台建设，是当前加强国外传播渠道建设的重要路径。爱奇艺相继推出《十日游戏》《隐秘的角落》《沉默的真相》等，形成了以悬疑为核心的"迷雾剧场"，从而引发了国外市场的高度关注。由于《伪装者》《琅琊榜》在韩国播出效果不俗，正午阳光出品的电视剧受到韩国的认可，从而使《开端》在韩国未播先火。柠萌影业在东南亚市场全面覆盖的基础上，着力于对"一带一路"沿线国家、欧美主流视频网站持续推进，其制作的《九州缥缈录》《猎狐》《三十而已》《二十不惑》《小欢喜》《小别离》《好先生》等剧成功在百余个国家播出，打造了国剧走出去的"柠萌路径"。2017 年，华策联合数十家企业成立了中国电视剧（网络剧）出口联盟，为国产电视剧的海外传播搭建了一个联合平台。这些龙头影视公司汇聚优势资源，成为电视剧海外传播的重要品牌，也能够充分带动一批影视公司、影视作品开拓海外传播市场。

四、加强电视剧的类型化生产

类型化生产是当前电视剧发展的重要趋势。需要注意的是，类型化生产不仅包括电视剧的题材类型，还包括由电视剧所引发的文化类型。当前电视剧的

---

① 杨广青：《坚定文化自信 提升广播电视国际传播能力》，《中国广播电视学刊》2021年第7期。

② 龚卫锋：《国剧"出海"新趋势：展示当代风貌，呈现中国巨变》，《羊城晚报》2022年4月1日。

海外传播，应立足现有传播基础，有针对性地对电视剧进行类型化生产，强化中国故事的影响力，培育电视剧的新增长点，注重青年文化类型，从而实现电视剧海外传播的突破。

（一）类型剧集的强化与整合

当前电视剧的海外传播已经形成了较大规模。不过，电视剧的海外传播不应局限于单一作品的"出海"，而是要树立类型意识和整体意识。20世纪90年代的古装剧、武侠剧的流行，就成功地树立了中国类型电视剧的品牌。近年来，古装剧也依然是中国电视剧海外传播的重要类型，如《甄嬛传》《琅琊榜》《长安十二时辰》《有翡》《赘婿》《长歌行》《玉楼春》等。2013年现实题材剧在非洲的流行，也成功带动了中国现实题材剧的海外传播。因此，电视剧的海外传播应着力于类型化的整合。《甄嬛传》在海外成功发行后，《甄嬛传》的姊妹篇《芈月传》在国内尚未播出时便被购买了版权。当前，以《白夜追凶》《隐秘的角落》《沉默的真相》等为代表的悬疑剧和《三十而已》《理智派生活》等为代表的都市剧受到海外受众的欢迎，发行势头高歌猛进。因此，影视制作公司、发行主体应充分抓住这一"出海"现象，集中力量推出与之有关的类型剧集。

（二）培育网络文学改编剧的增长点

21世纪以来，中国网络文学在海外有着重要的影响力，被称为是与好莱坞电影、韩国偶像剧、日本动漫并列的四大文化现象。Wuxiaworld、Gravity Tales、Novel Translations、Spcnet等翻译中国网络小说的热门网站，受到了海外读者的追捧。围绕着不同的网络文学作品，各网站还形成了各种类型小说的"迷"群。近年来，网络文学成为影视改编的主流。网络文学改编剧也覆盖了各种电视剧类型，如《甄嬛传》《琅琊榜》《大江大河》《都挺好》《隐秘的角落》《沉默的真相》《择天记》《庆余年》《亲爱的，热爱的》《欢乐颂》《赘婿》《知否知否应是绿肥红瘦》《长安十二时辰》等。因此，各影视机构应根据网络文学在海外的接受情况，选择重点网络文学作品进行电视剧改编，培育电视剧类型新的增长点。

（三）打造电视剧的青年文化类型

"青年化"是电视剧发展的总体趋势。有研究者提出，要将"青年化"塑造成一种超越电视剧类型体系的"泛型"作为遴选、推荐"出海"作品的重要依据。[①]电视剧海外传播的"青年化""泛型"主要表现在三个方面：一是故事人物、主题或讲述方式的青年化。《北京青年》等，讲述的都是都市青年的奋斗、生活和爱情，成为世界各国青年的共同话题，这也是近年来都市题材电视剧能

---

① 常江：《中国电视剧海外传播的文化使命》，《中国电视》2020年第10期。

够成功"出海"的重要原因。二是与青年文化的融合。当前青年文化的重要特征是"网络化"。一些电视剧充分体现出网络时代青年文化的特质和审美倾向等。这也是吸引海外年青一代受众的重要趋势。[①] 三是参与方式的青年化。电视剧在进行海外传播的过程中，要充分发挥新媒体的特性，充分适应青年群体的参与方式，加强青年受众参与的"代入感"和体验感。

（作者单位：山东大学文学院。本文为国家社科基金重点项目"实施文艺作品质量提升工程的导向引领、制度设计与实践创新研究"的阶段性成果，项目编号：21AZD054）

---

① 陈晨：《"新国风"影视剧与中华文化的海外传播》，《西部广播电视》2019年第21期。

守正创新　推进地方广电高质量发展

——贵州广播电视台的改革探索

王先宁

深夜，贵州广播电视台（以下简称贵州台）5楼会议厅仍然灯火通明，媒体产业经营专题培训还在继续，可容纳200余人的会场座无虚席，不少人站着听课。这是2022年以来贵州台的常态，从台到中心、赛道事业部、工作室，各类培训如火如荼。是什么让大家学习热情如此高涨？这要追溯到2021年底，为全力推进建设新型主流媒体，以守正创新、开拓进取为根本方法论，贵州台进行了史上力度最大的新一轮改革。

一、大刀阔斧推改革，加快新型主流媒体建设

当前，媒体融合进入新的发展阶段，挑战与机遇并存，压力和动力同在。如何将挑战转化为机遇，将压力转化为动力？唯有改革、转型，紧紧围绕中心、服务大局，坚持稳中求进、守正创新，坚持受众意识、效果导向，坚持推进内容生产供给侧结构性改革，不断完善媒体深度融合的顶层设计和体制机制，提升核心竞争力。

（一）推进机制体制重铸

面对新一轮技术革命带来的新形势新挑战，贵州台坚持新闻立台、内容强台、产业兴台战略，深入学习贯彻习近平总书记关于新闻舆论工作、媒体融合发展等系列重要论述，广泛交流思想，凝聚发展共识，明确方向路径，抓好顶层设计。制定了《贵州广播电视台深化改革加快媒体深度融合发展十二条实施意见》及系列配套文件，锚定深化改革、融合转型的主目标，紧扣自身实际，全力推进内容生产向集约化、一体化、平台化转型，加快构建更加适应"四全媒体"工作需要的组织体系和运行机制。

（二）推进队伍能力重铸

做强新型主流媒体对专业人才的需求空前增大，要求进一步提高。针对中

层干部年龄结构老化、年轻人才成长空间小、人才持续流失的状况,贵州台坚持正确用人导向,大刀阔斧推动各宣传业务部门和赛道事业部的机构组建,通过干部竞聘和岗位双选,完善和实行更加积极、开放、有效的人才选拔使用、考核奖惩管理机制,助力人才成长进步。由此,人力资源潜能得到挖掘,人才队伍活力得以释放,建设起一支德才兼备的高素质专业化干部队伍,以高质量人才队伍服务好事业产业快速健康发展。

（三）推进发展动能重铸

面对新媒体业态比重小以及现有频率频道功能重复、内容同质、经营转型难等问题,贵州台深化推动以内容垂直深耕为导向的赛道事业部改革,打破了条块分割、各自为政的旧格局,抓好频道定位,抓实节目策划,建立内容共建共享机制,梳理完善频道管理运营系列制度,确保频道安全运行和可持续发展。

同时,依照《贵州广播电视台内容生产运营改革实施方案》选拔孵化了六个工作室。通过具体扶持措施,促进工作室与市场主体的有效沟通,积极培育专业技术、项目、人才和服务资源的集聚,引领传统媒体改革转型创新实践。

二、围绕中心强主业,展示美好奋进贵州形象

贵州台紧紧围绕宣传阐释习近平新时代中国特色社会主义思想这个首要政治任务,充分聚焦贵州省"十四五"开好局起好步这个主题,全力报道贵州围绕"四新"（在新时代西部大开发上闯新路、在乡村振兴上开新局、在实施数字经济战略上抢新机、在生态文明建设上出新绩）、主攻"四化"（新型工业化、新型城镇化、农业现代化、旅游产业化）的创新实践,深入开展主题宣传、形势宣传、政策宣传、成就宣传和典型宣传,为全省中心工作的开展营造良好的舆论氛围。

（一）深化"头条工程",生动反映习近平新时代中国特色社会主义思想在贵州的伟大实践

贵州台坚持"深挖、提炼、扩面、广传"八字方针,调集全平台资源,加强新闻宣传、精品创作和舆论引导,讲好贵州在党中央关心关怀下高质量发展的好故事。重点推出"沿着总书记的足迹"等主题宣传报道,充分反映贵州全省上下深入贯彻落实习近平总书记视察贵州系列重要指示精神的显著成效和生动实践。《贵州新闻联播》、"动静"App、公共频道、数字频道、音乐事业部等均开设专栏,共计推出"沿着总书记的足迹"主题宣传报道二十三篇。精彩创意接二连三,爆款之作频频亮相,持续推动党的创新理论"飞入寻常百姓家"。

（二）谋划鲜活报道,精准解码贵州新时期高质量发展的丰富内涵

2022年全国两会期间,贵州台调动优质资源、组织优秀团队、实施优化

方案，前后方通力合作，实现"云"对接，开设"云"访谈，开启"云"畅想，跨区域联动报道展现贵州发展"黄金十年"的辉煌成就。《贵州新闻联播》开设多个专栏；《黔瞻时评》推出系列评论；综合广播与广东新闻广播、上海新闻广播、湖北之声等6家省级电台共同推出《2022年全国两会特别节目：奔向梦想的征程——我们这十年》；公共频道与重庆广电《第1眼》、四川广播电视台《四川观察》、云南日报云报客户端等11家省级媒体共同推出《行进中国看两会》大型融媒体特别报道；系列报道《走街串巷读报告》联动省内88个县级融媒体中心，明确主题、细化采访，对全国两会精神进行特色鲜明的宣传，成为宣传贯彻两会精神作品中的亮点。

2022年4月25日至28日，贵州省第十三次党代会召开。贵州台各平台发布相关内容共计600余条，其中新媒体播发原创报道200余条，总阅读量超3000万次；10篇原创作品获中央和省委网信办全网推送，总点击量超2000万次；在中央广播电视总台发稿超60条次；推出《省第十三次党代会精神开讲啦》《高质量 怎么干》等10多个专栏；开展《"黔"进的力量》《黔边新貌》等大型宣讲和采访活动。系列宣传报道在多个方面取得重要突破，体现了贵州台作为主流媒体的价值，彰显了新闻工作者的责任与担当。

2022年贵州省两会期间，"动静"App开设两会频道，推出《两会透明度》等14个新媒体产品，发布稿件134条，其中17条稿件点击量达10万次以上。全媒体报道《民生红包收到啦》采取宽带电视与户外投屏相结合的创新形式，取得较佳的传播效果。

（三）创优精品生产，鼓舞激励贵州人民奏响新时代西部大开发的奋进旋律

贵州台主要领导靠前指挥，抽调精干力量精心开展策划、精细组织实施，多角度、多形式、多层次做好《国务院关于支持贵州在新时代西部大开发上闯新路的意见》精神的解读阐释，奏响贵州在新时代西部大开发征程上的奋进旋律。着力打造一批全链条、全领域、全方位的精品力作，对该文件所明确的政府重点规划和项目加大宣传力度，全力报道贵州新工业体系蓬勃发展、生态文明建设成效显著、乡村振兴欣欣向荣、数字经济成果斐然的辉煌成绩。

贵州台联动对口协作省市，积极与当地主流媒体和新媒体平台开展合作，通过媒体联动、宣推投放，全方位展现贵州今日之新貌。同时，主动与中央广播电视总台各重点节目栏目对接，精心策划、深入采访，深度聚焦贵州"黄金十年"。

（四）融合大屏小屏，巩固壮大主流媒体、提升新闻舆论平台价值

贵州台坚持以高质量发展统揽工作，坚持改革创新，加快推进媒体融合向纵深迈进，全台拥有电视、广播、网站、客户端、微信、微博和平台号"七位一体"融合传播平台。我们以"动静"App 为核心的融合传播矩阵实现各类粉丝数超 1 亿、自有客户端下载量超 1 亿的"双过亿"目标；音视频累计传播量超 100 亿；贵州卫视全国覆盖人口 12.85 亿，覆盖率 91.41%；贵州 IPTV 家庭用户超过 650 万，覆盖全省半数以上人口；"动静""百姓关注"两大融媒体平台品牌影响力不断彰显。为建强用好传播平台矩阵，全台上下集中力量做好专业化频率频道，充分发挥各传播阵地在内容生产上的特色，扩大优质内容产能，创新内容表现形式，扩展信息服务功能，有效提高融媒产品到达量、阅读量和点赞量，形成合力做大做强网络平台的良好态势。进一步擦亮"百姓关注"品牌，推动民生新闻类"现象级"融媒体平台建设，确保贵州台融媒体矩阵下载量、粉丝数、活跃度有更大突破和提升。

（五）勇于探索谋划，创新推动国内外传播提质增量

2022 年，贵州台电视外宣和广播外宣首次合并，打通资源形成合力，助推国内外传播工作更加高效。国内方面，加强与央媒的联动，将"贵州缩影""山地公园省·多彩贵州风"等精彩故事深度嵌入央媒选题。截至 6 月 26 日，贵州台共在央媒平台播出相关新闻 1825 条次，其中电视端 1676 条次，广播端 406 条次。

全国两会重要宣传窗口期，实现早策划、早采制、精处理，提升稿件质量，提炼新闻亮点。与 2021 年相比，在央媒平台推送播发总量增长 25%，实现央视《新闻联播》日均 1 条以上的播出频率。贵州省第十三次党代会期间，展示贵州良好形象的新闻共计在央视大屏播出 11 条次；党代会结束当天，关于贵州大数据建设的新闻在《新闻联播》中呈现，为党代会的全国宣传画上了圆满的句号。

与此同时，按照中央、贵州省委关于加强国际传播能力建设的部署安排，全面推进贵州卫视国际传播中心筹备工作，积极拓展外宣领域。与具有海外传播能力的主流媒体合作，借力国际传播渠道，加强海外投送能力，向世界讲述贵州好故事、传播贵州好声音。以 Guizhou Echo（贵州回声）作为外宣品牌，以"声动贵州，回响世界"作为"标语"，先后开通认证了 YouTube（优兔）、TikTok（海外版抖音）、Facebook（脸书）、Twitter（推特）等账号，全力搭建面向海外受众的立体传播渠道。2022 年上半年，已在国外平台发布视频图文报道 330 条。

三、凝聚人心激发动力，构建全媒智慧广电格局

（一）聚焦重大主题，以宏大视野前瞻眼光谋划贵州奋发赶超的精品力作

贵州台以学习宣传贯彻省第十三次党代会精神为契机，紧紧围绕全省主战略、主定位，坚持从立足守正勇于创新、快速布局精准发力、深入思考浅出表达三个方面同向发力、一体推进。在重大主题主线报道上着力，增强办好《贵州新闻联播》和"动静"App 的政治责任，高度重视"头条工程"，持续提升"首页首屏头条"质量，以优异的成绩迎接党的二十大胜利召开。

积极向上争取、向外借力、向内挖潜，集中全台智慧破解发展难题，形成一门心思、一刻不停、同心同德抓高质量发展的强大合力。打造更多内容鲜活、形式新颖、网感十足的品牌节目和融媒体产品，拓展重大主题报道传播影响力。加快推进《贯彻党代会 喜迎二十大》《奋进向未来》等新闻专栏和采访行动，不断扩大《黔瞻时评》《零度时评》等品牌栏目的影响力，提前谋划迎接党的二十大公益广告创作，充分发挥文艺作品春风化雨的独特功能和作用，切实把习近平新时代中国特色社会主义思想及贵州省第十三次党代会精神贯彻落实到影视精品创作的实践中。以群众可感可见的巨大变化讲好贵州发展新故事、传递贵州好声音，进一步凝聚激发贵州人民抢抓机遇勇闯新路的精神力量和昂首阔步迈向新征程的信心决心。

（二）坚持开门办台，深化拓展"新闻＋政务服务商务"的服务功能

贵州台组建"六大赛道"运营机构，既聚力专业赛道新闻产品策划、制作、宣传，又负责赛道相关产业经营，形成事业发展和产业经营齐头并进的态势，在加大节目生产的同时拓宽产业链。

坚持开门办台、主动出击，坚持确保存量、拓展增量。积极探索实践"新闻＋政务服务商务"运行模式，与全省两个地州市、七个厅局及企业签署战略协议、达成合作意向，打造新的运营体系，培育孵化新的经营增长点。出台《助力经营、降本增效一揽子措施》，以职能部门与经营主体一对一结对子、为经营主体做好十件实事的方式，让职能部门真正融入全台经营工作中。以事业促进产业、产业反哺事业为目标，精心谋划安排好贵州台的深化改革工作，按照市场化原则，进一步完善管理体制、经营机制、用人机制和激励淘汰机制，稳妥有序推进实施，构建可持续发展的新格局。

（三）努力接轨市场，以技术创新实现专业与科技联手赋能

贵州台致力于技术保障和经营创收的全方位突破，深挖技术资源潜力，以"创新、突破、高质量"为主线，多维度推动技术供给侧结构性改革，构建全媒体技术新体系，在内容生产、安全保障、融合传播等方面积极开展新媒体新技术的实践应用，加快技术体系向全高清化、IP 化、移动化、轻量化方向转型升级。

为加快传统广电技术向全媒体技术转型，新媒体技术部围绕专业技术领域深入开发，实施公司化改革。依托广电品牌影响力、公信力和专业人才资源优势，加快构建企业化管理、市场化运作、独立核算、全成本考核的技术经营主体，积极拓展技术经营业务新空间。借助市场力量升级现有技术体系，推动技术输出与转化，为技术更好地赋能宣传与经营工作探索新路径、新模式，全力释放传播效能。

四、结语

贵州台将持续抢抓《国务院关于支持贵州在新时代西部大开发上闯新路的意见》落地实施的重大机遇，加快推进事业产业高质量发展，加快新型主流媒体建设步伐，坚决打好媒体融合攻坚战。举全台之力高效整合资源，重构传播体系，努力提升全媒体传播实力和社会影响，"大力构筑闯新路、开新局、抢新机、出新绩的精神新高地"[①]，确保推进媒体深度融合发展取得实际实效。贵州台将发掘潜力，加快建成传播力更广、引导力更强、影响力更大、效益更好、生态更优、产业更强的新型主流媒体，努力开创高质量发展的新格局。

（作者系贵州广播电视台党委书记、台长、高级编辑）

---

① 乾兴平：《牢记嘱托闯新路 满怀信心向未来》，《贵州日报》2022年2月3日。

多元视角提升涉藏国际传播力引导力
讲好中国梦西藏故事的路径选择

——以西藏广播电视台为例

尉朝阳　程孝平　刘小三

习近平总书记强调："讲好中国故事，传播好中国声音，展示真实、立体、全面的中国，是加强我国国际传播能力建设的重要任务。"西藏和平解放70年来，在中国共产党的坚强领导下，在党的民族政策的光辉照耀下，西藏各族人民沿着社会主义康庄大道阔步前进，谱写了波澜壮阔的历史篇章。作为西藏重要的主流媒体之一，西藏广播电视台长期以来高度重视加强国际传播能力建设，坚持做好正面宣传、典型宣传，积极发挥党媒喉舌作用，全面提升广播、电视和新媒体的国际传播力、引导力和影响力，用真实的案例、生动的画面、受众喜闻乐见的方式，向世界展示了一个团结、富裕、文明、和谐、美丽的社会主义新西藏。

一、立足西藏发展实际，讲好西藏发展故事

（一）打造大型综艺节目，做好对外推介活动

习近平总书记指出："要加快构建中国话语和中国叙事体系，用中国理论阐释中国实践，用中国实践升华中国理论，打造融通中外的新概念、新范畴、新表述，更加充分、更加鲜明地展现中国故事及其背后的思想力量和精神力量。"西藏作为全球关注中国的一个重要切入点，如何向世界展示社会主义新西藏社会进步、经济发展、民族团结、生态改善、文化繁荣、人民幸福的实际情况，讲好中国梦西藏故事，是各媒体义不容辞的责任。多年来，西藏广播电视台在做好对内宣传的同时，不断加大对外宣传力度，加强国际传播能力建设。由西藏广播电视台制作的《2021年藏历新年电视联欢晚会》2021年5月在美国汉天卫视播出，覆盖了北美大部分地区。超过4小时的完整节目，有效地向北美观众展示了一个真实的西藏，让广大北美观众更加直观地了解了西藏

人民群众的幸福生活和对传统藏文化的保护，对部分国外媒体恶意污蔑抹黑西藏的言行进行了有力回击。

（二）挖掘优秀传统文化，开展网络微直播

西藏拥有丰富的自然资源和历史文化底蕴，如拉萨雪顿节、山南雅砻文化节、日喀则珠峰文化节等大型官方活动，也有其他类似于"当吉仁赛马节"等国家非物质文化遗产。2020 年，西藏广播电视台所属新媒体平台对赛马节活动进行了全网推送，直播当天"中国西藏之声网""最心灵""阳光西藏"微信公众号同步推送直播链接，同时与腾讯合作，在腾讯体育直播同步推送。通过对数据的分析，观看网络直播的除了国内用户，也有十多个国家的国外用户通过网络直播收看了当天的赛马节直播活动。

2020 年 8 月西藏广播电视台赛马节网络直播

（三）充分利用现有资源，办好对外藏语广播节目《中国西藏之声》

《中国西藏之声》藏语对外宣传节目，是在周恩来总理的亲切关怀下，经国务院和中央军委批准，于 1964 年 2 月 14 日正式开播的。节目最初名称为《对流落国外的藏族同胞广播》，随着国际国内形势的变化，1980 年节目改名为《对国外藏族同胞广播》，"西新工程"实施以后，节目再一次全面改版，2001 年 1 月 1 日起正式以《中国西藏之声》命名播出。目前，节目下设《故乡云》《甜茶馆》《藏地文化》《圣地旅游》《圣地歌舞》《西藏讲堂》六个栏目，每天播出两次。《故乡云》栏目邀请西藏各族各界人士畅谈生活、事业、学习、人生以及对新生活、新事物的看法和观点，让国外藏胞及时了解故乡的新发展、新变化、新生活。《甜茶馆》栏目收集、整理民间故事、传说、歌谣等西藏民间文学作品，配乐演播。《藏地文化》栏目以杂志式的版块形式介绍西藏文化艺术发展成果，展示西藏丰富多彩的文化艺术活动，在听众中产生了较大的影响。《圣地旅游》栏目介绍西藏旅游景点、风土人情、传统习俗、宗教文化、登山探险和旅游交通、旅游气象、旅游消费信息。《圣地歌舞》栏目以原生态藏族民间歌舞为主,赏析并重。《西藏讲堂》栏目邀请区内外学术科研机构、大专院校等单位的知名藏学专家、学者,讲述西藏的历史、文化、教育、艺术等内容。

以庆祝中国共产党成立 100 周年、西藏和平解放 70 周年为主题,从 2021 年 5 月 24 日开始,对外藏语专题节目《故乡云》和对外英语节目《圣地西藏》中开设周播特别献礼栏目《党旗下的幸福生活》,集中展示 70 年来中国共产党解放西藏、建设西藏,为人民谋幸福、为民族谋复兴的伟大成就。突出展示西藏各项事业取得的历史性成就、发生的历史性变革。

(四)扩大传播效果,办好对外英语广播节目《圣地西藏》

《圣地西藏》英语节目于 2001 年 5 月 1 日试播,2002 年 5 月 1 正式播出。通过不断调整完善,目前节目整体信息量、更新速度较以往得到了明显加强,针对性、时效性更加突出,节目的吸引力、感染力明显提高。听众覆盖世界五大洲近 50 个国家和地区,年均听众来信 200 多封。从整体覆盖来看,节目的绝大部分听众分布在北美、北欧和澳大利亚,亚洲听众以日本听众居多,印度、尼泊尔次之。

经过不断发展完善,节目播出量也从最初的新闻简讯加歌曲的单一形式和每周两组文字节目,发展到现在的《西藏新闻》《西藏故事》《目击西藏》《西藏旅游》《音乐香巴拉》《西藏周报》6 个栏目固定播出。《西藏新闻》栏目以最新时事新闻为主,取材西藏,兼顾国内其他藏区。《西藏故事》以人物报道为主,邀请西藏各界人士畅谈家乡的新发展、新变化、新生活。《目击西藏》主要以成就性的报道为主,从普通群众的生活点滴反映西藏各项事业的巨大发展变化。《西藏旅游》介绍西藏旅游交通等信息。《音乐香巴拉》介绍西藏传统音乐、歌舞、藏戏及文艺界名人。《西藏周报》回顾一周新闻情况。2021 年以来,对外英语节目推出了访谈类节目《我眼中的今日西藏——西藏和平解放 70 周年》,邀请各行各业的相关专家对西藏和平解放 70 周年来取得的各项成就作深入解读,力求准确、权威。同时邀请普通百姓走进播音室讲述他们的故事,突出今昔对比,揭穿达赖集团散布的歪曲言论及国际舆论上的政治谎言。

(五)深入挖掘涉藏题材,以专题等多种形式培育外宣产品

通过对尼泊尔的调研以及通过在欧洲部分藏胞的反馈,长期旅居国外的藏族同胞很多都对母语充满热爱,许多人为了让下一代学习了解藏语,都通过购买《西游记》等西藏广播电视台译制的优秀节目来对孩子进行母语教育。针对这一现实情况,西藏广播电视台采制了多部涉藏题材的专题纪录片。其中,《轮回的草原》围绕藏北一户牧民家庭一年四季的生活展示现代牧民生活的变迁;《唐蕃古道》(上、中、下)以唐蕃古道为主线揭示西藏与祖国内地渊源长久的关系;《唐卡》(上、下)以唐卡为载体讲述藏民族优秀传统文化的传承与保护;《西藏,一个隆起的神话》全景式展示西藏独特的自然环境与人文地理,讲述藏族人文故事;《口述西藏》以口述史的方式讲述西藏民主改革以来的故事。这一批优秀纪录片的制作播出,同时通过网络平台对外发布,在国外藏族同胞中引起了热烈的反响,也为涉藏外宣寻找到了新的突破口。此外,西藏卫视《西藏诱惑》《在西藏》等重点专题栏目也播出了《边境守望—世界之巅》《幸福琼林村》等一批讲述西藏发展变迁的节目。

(六)以藏博会等重大活动为依托,展示新西藏发展变化

2018第四届中国西藏旅游文化国际博览会在古城拉萨举行,吸引了包括尼泊尔、印度等东南亚多国参加,英国、丹麦等欧洲多国也有代表参加,藏博会已经成为西藏对外宣传的一张重要名片。西藏广播电视台制作了《人间圣地 天上西藏》《中国西藏欢迎您》《美丽西藏》《多彩西藏》《畅游新西藏 守护第三极》等多部展示西藏发展成就和优美自然风光的主题宣传片。其中,《畅游新西藏 守护第三极》在西藏卫视播出后,也在十多个援藏省市电视台播出,新媒体节目在央视网、爱奇艺、腾讯等平台推出后点击量超过80万次。此外,借助中国西藏发展论坛、环喜马拉雅国际合作论坛等重大推介活动,做好对外宣传工作,通过藏语、英文等多种方式做好宣传报道,通过广播、电视和新媒体等多种平台以文字＋声音＋图片＋视频等多种方式打造全媒体传播矩阵,有效提升涉藏宣传的国际传播能力。

二、正视困难,在逆境中寻求突破

(一)受新媒体冲击和影响,节目收视收听率下滑

随着移动互联网技术的发展,新媒体发展迅猛,对传统广播电视造成了极大的影响。电视、广播的收视率、收听率严重下滑。许多受众特别是年轻受众接收信息的渠道从传统广播电视转移到了微博、微信、抖音等新媒体特别是移动端上。这一现实情况对传统媒体的发展提出了新的挑战和新的课题,如何抢占网络主阵地,提升主流媒体国际传播能力,是亟待解决的问题。

(二)专业人才结构单一,人才队伍存在断层风险

通过对现状的调查了解,目前西藏广播电视台对外宣传主要是通过对外藏语广播节目和藏语卫视在尼泊尔等地落地覆盖实现。但随着老一辈配音演员、翻译人员退休等原因,在藏语卫视方面,藏语专业人才缺口较大,人才队伍建设也存在断层风险。现有的两个对外广播节目也存在类似问题,《中国西藏之声》《圣地西藏》两个节目编辑制作人员各8人,相对于其开办的节目数量来看,人员紧缺,特别是英语专业人才缺口较大。同时,随着新媒体的发展,现有人员结构与新媒体发展所需有一定的差距,特别是新媒体产品策划、制作和宣推

人员缺口较大，只有在专业人才上补齐短板，才能增强节目的创新能力，从而不断提升节目的国际传播能力。

（三）经费投入不足，宣传经费使用困难

目前，广播电视藏语宣传经费主要依靠国家文化安全专项补助资金维持，整体经费投入不足。在经费使用中，受到各种使用条件的约束，导致经费使用缺乏灵活性，与实际节目创作等工作脱节。对外节目《中国西藏之声》《圣地西藏》等没有专门的项目扶持资金，节目制作和创新发展受到了极大的束缚。

三、提升涉藏国际传播力引导力的路径选择

（一）助力外交部西藏全球推介活动，展示社会主义新西藏发展进步

2021 年 7 月，外交部西藏全球推介活动在北京举行，多国使节等外籍人员出席推介活动，西藏广播电视台承担了推介活动的 8 分钟主题宣传片《幸福新西藏 发展新画卷》和 3 分钟暖场片的拍摄任务。为做好这项工作，西藏广播电视台抽调精干专题纪录片及宣传片拍摄人员组成强有力拍摄团队，历时两个多月，深入西藏 7 市（地）超过 70 个县（区）进行海采，收集整理了大量节目素材。同时还承担了推介活动中所需的关于佛教代表、第一书记和脱贫攻坚代表、藏族教师代表 3 个视频短片的拍摄任务。这些节目生动形象、立体真实地向世界展示了一个繁荣、幸福、发展、稳定、和谐、美丽的西藏形象。

（二）推进媒体融合步伐，打造全媒体传播矩阵

当前，移动互联网已经成为舆论宣传"主阵地"。为全力推进西藏广播电视台的融合发展，不断提升国际传播能力建设，西藏广播电视台积极推进"珠峰云"客户端建设。平台建成后将与区内县级融媒体中心实现互联互通、信息共享、协同互动，覆盖区、市、县三级主流新闻媒体、融合资讯、政务、民生、商务等服务，推动自治区媒体融合向纵深发展。"珠峰云"客户端是西藏广播电视台倾力打造的党媒信息平台和综合服务平台，是西藏自治区的权威信息第一发布平台、政务服务重要入口，也将成为关注西藏、向往西藏的全世界用户了解西藏的第一选择。

同时，积极利用现有"中国西藏之声网""阳光西藏""西藏卫视＋"微信公众号和微博、抖音等平台做好对外宣传，特别是加大藏语新媒体建设。目前，微信公众号"阳光西藏"粉丝遍布尼泊尔、印度、瑞士、比利时等 14 个国家和地区，累计关注人数超过 43 万，每天新增关注人数 350 人至 500 人，多次在西藏政务微信公众号总排行中位列第一，日均点击量超过 1 万次，下一步我们将继续加强阳光西藏宣传策划力度，不断提升其传播力、引导力和影响力。

（三）整合现有资源，办好对外节目《中国西藏之声》《圣地西藏》

对外节目《中国西藏之声》《圣地西藏》是西藏广播电视台重要对外宣传

平台，今后要有效整合内部资源，丰富扩展节目来源，加强重点宣传报道策划力度，不断改进宣传方式，让节目更有"糌粑味"和"酥油味"。围绕中国共产党成立100周年、西藏和平解放70周年等重大主题，精心策划选题，制作一批报道反映西藏经济社会全面发展的优秀外宣节目。持续做好特别节目《党旗下的幸福生活》；围绕生态文明高地建设，编辑记者深入一线现身说法，充分展示西藏生态建设与环境保护现状；办好《西藏讲堂》节目，向世界展示西藏的真实历史和情况，揭穿达赖集团散布的歪曲言论及国际舆论上的某些政治谎言，为西藏的长治久安和跨越式发展营造良好的舆论环境。

（四）加强人才队伍建设，提升国际传播能力

习近平总书记强调"要全面提升国际传播效能，建强适应新时代国际传播需要的专门人才队伍"。当前，西藏广播电视台承担对外宣传的频道和人员结构需要进一步调整优化，节目策划和新媒体产品研发相关专业人才急需补齐，加强人才队伍建设迫在眉睫。要通过引进、公开招录、遴选等方式吸纳补齐相关人员，优化现有人才队伍结构，在专业上补齐短板，进一步增强节目的制作能力和创新能力。2018年11月29日，原西藏人民广播电台、西藏电视台整合组建为西藏广播电视台，进一步加强国际传播能力建设，整合广播电视资源，成立了对外节目中心，统筹全台涉藏国际传播工作，负责编播对外宣传多种语言节目，加大自办节目在国外的推广落地。依靠地缘优势，加快实施"走出去"战略，2002年9月通过与尼泊尔"太空时代网络公司"合作，藏语卫视在尼泊尔成功落地。通过我国驻外机构的反馈，印度达兰萨拉、锡布林等藏胞聚居区的许多藏胞利用卫星接收设备接收观看藏语节目。同时，由西藏广播电视台制作的《西藏诱惑》及各类综艺晚会、新闻节目也及时在尼泊尔各相关频率、频道播出。

（五）加大宣传投入力度，扩展资金使用范围

近年来，由于国内广告业整体下滑，对西藏卫视等国内"三线卫视"冲击较大，许多卫视广告收入出现急剧下滑。在这种背景下，传统媒体要维持生存尚且困难，要加强国际传播能力建设如果没有政府和上级部门的扶持将会困难重重。面对涉藏国际传播"西强我弱"的现实困境，加强主流媒体的国际传播能力建设刻不容缓。要实现提升藏语媒体国际传播力，需要政府和上级部门在资金、政策上加大扶持力度，一方面需要加大投入力度，另一方面需要加大政策扶持力度，明确规范现有节目经费使用范围，提高资金的使用效率。

（作者分别为：西藏广播电视台高级记者；西藏广播电视台编辑；西藏民族大学新闻与传播学院教授）

主流媒体建党百年主题报道的创新与传播

——《党课开讲啦》节目特色

包学敏

2021 年是中国共产党建党 100 周年，在这特殊的历史节点，主流媒体在主题报道方面更要推陈出新。为此，中共中央组织部、中央广播电视总台推出了《党课开讲啦》传统电视节目，又联合省市县级主流媒体在微博、微信公众号、客户端和短视频等新媒体平台开展系列专题报道。无论是传统的报纸、电视节目，还是新媒体创意活动产品，党课的成功"破圈"，体现着主流媒体在建党百年主题报道中的实践探索，融合传播在"党课开讲啦"活动中得到深度应用。

一、意义建构：满足观众的期待视野

"期待视野"是德国接受美学代表人物姚斯提出的概念。不同于传统美学理论的研究重点，姚斯将读者的接受、反应和阅读过程等内容考虑到整个文本的创作当中。"期待视野"是指观众在阅读文本或观看节目之前，依据自身的文化程度、过往经验会对节目的叙事艺术、思想内涵产生一种定向性的期待。[①]"期待视野"可以分为文体期待、意象期待和意蕴期待三个层次。文体期待是观众希望体会到作品类型或节目形式独有的魅力，是最基础的外在形式的期待指向；意象期待也称形象期待，是由作品或节目中的人物或情景所引发的期待指向；意蕴期待则是最高层次的期待指向，指读者或观众对作品中赋予的审美意味、情感境界、人生态度和精神追求的期待。[②]对受众"期待视野"的正确判断和精准把握，有利于党的理论政策和伟大的建党精神通过主流媒体实现有效传播，真正深入人心。

---

① H.R.姚斯、R.C.霍拉勃：《接受美学与接受理论》，金元浦、周宁译，辽宁人民出版社，1987，第340~345页。

② 童庆炳：《文学理论教程》，高等教育出版社，2015，第351页。

《党课开讲啦》是由中共中央组织部、中央广播电视总台联合录制的三期节目。在开播之前，各地区各部门各单位已经利用网络、电视和广播等多种传播手段，开设党课专题系列节目，使观众有了一定的心理预判。在此基础上，观众对央视主流媒体建党百年报道的创新怀有巨大期待。不负所望，2021 年10 月开播的《党课开讲啦》，3 期节目电视端观众规模达 6549 万，视频播放量超过 270 万次，互动量超过 39 万次，累计触达突破 1 亿人次。①《党课开讲啦》成功地预判了观众的期待视野，让节目成功突围，年轻观众的收视率显著提升，社会各界反响热烈，好评连连。

（一）文体期待：节目场景的视听呈现

电视节目的视听符号是节目空间叙事的主要载体，体现了主流媒体建党百年主题报道的创新传播。《党课开讲啦》节目不满足于对历史的表象叙述，在节目形式、舞台设计、镜头语言等多个方面进行创新，并邀请业内的权威专家开讲，观照历史与当下，引领观众一同回望中国共产党百年奋斗光辉历程，完成影像对建党精神意义的建构。一本书、一面党旗、通道上建党百年的年份数字等场景设置，将主题与现代科技巧妙结合，既增强了节目的画面感，带来极佳的视觉冲击，又逐渐拼出中国共产党走过的百年历程，带领亿万观众在百年党史中感悟和升华理想信念，唤起情感共鸣。

（二）意象期待：故事情节的情感召唤

《党课开讲啦》通过"党的光辉历程""伟大建党精神""党的伟大成就"三个专题的讲解，从宏观上落笔、在细节处呈现、用故事化的讲述方式，对节目的文本空间进行了合理化的设置，让观众回顾了党的光辉历程，感受了伟大的建党精神，实现了对观众深层次的情感召唤。节目中中共中央党史和文献研究院副院长黄一兵在解读文本时，用一个一个小故事串联起主题。革命烈士余祖胜将自己的信念刻在了一枚吊坠上，面对种种折磨，革命信仰不曾有丝毫动摇；红军战士刘志海冻死在长征的路上，直到牺牲，他的手里仍紧紧攥着那本党证；江西省永新县北田村农民贺页朵在红布上书写了 24 个字的入党誓言；奥运女子 10 米气步枪冠军杨倩在赛场中顽强拼搏，突破自我，为中国夺得东京奥运会的首枚金牌。这些情节的叙述，完成了观众对故事中人物形象的感知，构成了观众形象层的期待视野。

（三）意蕴期待：伟大建党精神的传递

意蕴期待是观众对节目本身思想价值的期待，是观众希望节目能够传递出和自己理想的人生态度相一致的思想倾向。《党课开讲啦》从历史的视角全面地解读了中国共产党发展的光辉历程，生动地诠释了中国共产党的精神之源，

---

① 央视网，http://1118.cctv.com/2021/11/02/ARTI3SbNo7ULaorDQdUCX2ty211102.shtml。

致力于弘扬伟大的建党精神。一方面节目在人物连线环节上，选择了观众熟知的一直奋战在抗疫一线的人民英雄、湖北省卫健委副主任张定宇，通过他的讲述，让观众进一步明确了面对新冠肺炎疫情中国人民持续提振的抗疫信心来源于党的坚强领导；另一方面，节目的最后设计了提问环节，人物身份极具代表性，主要是来自农业、林业、服务业等不同领域的青年，提出的问题具有现实意义，在一问一答中传递了节目的价值主旨。《党课开讲啦》在表达主题方面精心设计、巧妙构思，不仅让观众感受到这些共产党员身上的理念信念和无私奉献，促进了观众对"践行初心 担当使命"伟大建党精神的深刻理解，更重要的是，在无形中满足了观众的意蕴期待。

二、技术赋能：实现党课的创新传播

数字技术的迭代革新、智能传播技术的运用、媒介技术的跨越式发展，全面提升了主流媒体的生产效率和传播效能。人工智能技术提高了新闻生产的速度，5G+4K/8K 高新技术推动了媒体创新升级，VR、MR 技术强化了用户的交互体验。技术的进步，不仅反映了当下媒介生态环境的变化，同时也给主流媒体的报道带来了机遇。[①] 主流媒体利用自身优势，积极主动拥抱技术，以新理念、新业态、新模式全面融入建党百年的专题报道当中，打造可视化、交互式、沉浸感的报道形式，完善多渠道、全方位、立体化的党课传播体系，实现了全国随时随地共上同一堂党课的图景。

（一）打造交互式、全景式、沉浸式的网络课堂

全国上下开展的"党课开讲啦"活动将技术赋能下的融合传播发挥得淋漓尽致。从中央到地方，各省级主流媒体都在不断探索新闻报道的创新形式，让观众从"定时学"到"随时学"，使党课变得更加生动、更加鲜活。四川省成都市联合澎湃新闻为庆祝建党 100 周年推出"建党百年 初心之路"特别策划。结合党课开讲主题内容，在两辆流动的"科技大篷车"中配置 LED 屏、触摸液晶屏、人脸识别交互装置等设备，融合 5G、交互等前沿技术，回顾中国共产党走过的百年历程，实现"身体在场"，从而给观众提供直观感受、可触摸的党史课程。大巴车上涵盖了建党百年特别视频展示、革命之路展区、建国之路展区、互动展区等多个版块，观众可通过触屏的形式，感受中国共产党百年奋斗历程的艰辛，感受中国共产党的伟大成就，获得生动的党史学习体验。[②]

（二）构建多渠道、全方位、立体化的传播格局

技术发展助力传播内容呈现。从中央媒体到县级融媒、从主流报道到自媒

---

① 张志安、谭晓情：《现代传播体系建设中的重大事件主题报道——2021年中国新闻业年度观察报告》，《新闻界》2022年第1期。

② 四川发布，http://www.scpublic.cn/news/getNewsDatail?id=446257&ivk_sa=1024320u。

体发声、从线下人际传播授课到线上全覆盖网络指尖课堂，建党百年报道的传播格局已经构建起"报＋网＋微＋端＋屏＋号"一体化生产的融媒方阵，传播力、引导力、影响力、公信力大幅度提升。《党课开讲啦》在总台央视综合频道的黄金档播出，并在央视频、央视网等新媒体平台同步直播，还在共产党员网、"共产党员"微信公众号、抖音视频号等移动端不断推送。各地市县积极拓展传播渠道，实现了直播上党课、开设专栏讲党课、录制微党课、微信群看党课、钉钉群看党课等形式。在四川省成都市联合澎湃新闻庆祝建党100周年主题策划中，主流媒体更是别具匠心地建构起多渠道、全方位、立体化全媒体的传播格局，不仅将学习内容进行网络直播，还迅速发起"这是我的初心之路"最美红色景点网络打卡主题活动，形成了抖音、微博、快手、澎湃澎友圈等平台的相关热度话题，让用户通过互动参与的方式表达了对中国共产党的祝福。全媒体的传播样式，互动化、沉浸式的学习体验，让学习党的历史课程插上了科技的翅膀，飞入寻常百姓家。

三、召唤结构：建构党课在当下的实践表达

召唤结构是德国接受美学家沃尔夫冈·伊瑟尔提出来的概念。受罗曼·英伽登的纲要图式中的不确定点概念的启发，伊瑟尔认为，文学文本或作品是一个不确定性的"召唤结构"，其结构中包含着某些"未定点"和"空白点"，而读者能被文本的结构所召唤，并在其可能的范围内充分发挥出再创造的才能。"召唤结构"呈现为一种开放式的结构，随时都在召唤着接受者主动地参与进来，通过再创造将其充实、确定，使其得到具体化。[1] 作为党课的接受者，在当下的融媒体时代，主流媒体要发挥其导向性，让受众不只是被动接受信息，而是发挥自身的能动性参与到报道当中，积极参与党课内容的再创造，这就要在传播中创新报道形式，策划主题内容，想办法让观众从台下走向台上，从受众转变为传播者，建构党课在当下的实践表达，实现行动召唤下全民传播党课的叙事逻辑。

（一）主动破圈，实现传播理念的创新

全国共上一堂党课，主流媒体作为宣传报道的舆论主阵地，要做好主题策划和融合报道，充分发挥议程设置的作用。这就需要从中央到地方的主流媒体更新传播理念，完成党课文本的行动召唤。媒介平台的更新、"主播"式的开讲、互动式的交流、不同场景的选择，这些耳目一新的讲课形式和传播理念，让党课更接地气，更具有代入感。从传播平台来看，主流媒体不再拘泥于报纸、电视台等传统媒体平台，而是积极主动入驻今日头条、抖音等平台，让主流媒

---

① 刘涛：《解读伊瑟尔的"召唤结构"》，《文艺评论》2016年第3期。

体与新流量平台联手，实现最广的覆盖、最有效的传达。① 人民网和中国共产党新闻网精心打造的《云党课》栏目，方便广大党员干部及群众多视角、多形式学习党课内容。上海人民广播电台在今日头条主持设立"初心党课"话题，吸引网友参与话题讨论，并推出系列短视频，利用算法推荐在今日头条、西瓜视频、腾讯视频、阿基米德等新媒体平台进行全网分发，增强媒介的传播效果。从传播形式上看，主流媒体摒弃了以往的说教形式，而是精心策划党课，调动观众的积极性主动参与党课建构的实践表达。澎湃新闻制作的动画《心声：一万党员群众写给党的话》，就是在巡展的过程中澎湃新闻向观众免费发放手绘的百年党史明信片，让观众写下给党的话，制作成有朗读配音的多媒体动画，这种共同完成的动画形式主动拉近与用户的心理距离，扩大了主流媒体的影响力。②

（二）双向互动，做好传播主体的转变

在此次的党课开讲中，中央省市县级媒体联动，将自上而下的"滴灌式"开讲与自下而上的"精准型"互动结合起来，传播主体涉及专家学者、各行各业代表、身边的榜样、基层党员，等等，将党课从"书本语言"变为"群众语言"，让党课从线下走到线上、从讲台走向舞台。首先总台央视录制的《党课开讲啦》，邀请的是党史学习教育中央宣讲团成员谢春涛、黄一兵和杨凤城，三位专家功底扎实深厚，注重大众化形象化阐释，授课生动严谨。专家领学，增强理论深度，打造了党课示范标杆。其次省市县级媒体联动，推出系列党课专题，持续跟进报道，邀请各行各业代表走进直播间开讲，用身边事教育引导身边人。黑龙江哈尔滨广播电视台《"全会"我来说》节目现场连线哈尔滨党史纪念馆负责人马天龙，讲解了东北抗联精神的重要内涵。河南省卫辉市唐庄镇党委书记吴金印、河南科技学院小麦中心教授茹振钢等优秀的共产党员登上河南卫视《党课开讲啦》节目讲解党员奋斗的精彩故事。另外，全国各地开展了"党支部书记讲党课""我来讲党课""我是党课主讲人"等活动，邀请一线的党员干部、基层工作者、医务人员、记者等各领域代表结合自身的经历讲党课。"大家讲"的转变，摒弃了传统传者主体为中心的传播模式。自媒体时代的角色转换，使主流媒体报道也创新了传播方式。将"一人讲"变为"大家讲"，把"小讲台"变成"大课堂"，既发挥了主流媒体的舆论引导力，彰显了主流媒体的价值，又能让党史教育走深走实，深入人心。

讲好党课，上好党课，创新党课的传播形式，增强党课的传播效果，是主

---

① 彭兰：《连接与反连接：互联网法则的摇摆》，《国际新闻界》2019年第2期。

② 徐晓林：《"建党百年·初心之路"大型全媒体报道和综合传播项目 守正创新 践行"四力"》，《中国记者》2021年第8期。

流媒体的使命与担当。首先，主流媒体的策划报道要满足观众的"期待视野"。中央广播电视总台录制的《党课开讲啦》，在节目场景的视听呈现方面满足了观众的文体期待；运用故事情节的叙事方式，构成了观众形象层的期待视野；在意蕴期待中更是传递了伟大的建党精神。其次，主流媒体要积极顺应融媒体传播格局，实现技术赋能，建构多渠道、全方位、立体化的传播体系，唱响主旋律。最后，主流媒体要做好重大主题的新闻报道，精心策划，实现传播理念的创新，形成传者和观众的双向互动，做好舆论引导，从而实现党课的成功破圈之路。

（作者系中央民族大学博士研究生、黑河学院讲师。本文系黑龙江省普通本科高等学校青年创新人才培养计划"全媒体背景下黑龙江地方新型主流媒体建设的实践路径研究"的阶段性成果，项目编号：UNPYSCT-2020082）

时代精神　青春表达

——十九大以来湖南广电"青春中国"创作理念与实践

许　静　雷跃捷

习近平总书记在党的十九大报告中指出,"要繁荣文艺创作,坚持思想精深、艺术精湛、制作精良相统一""推动文艺创新"。[①]湖南广播影视集团围绕报告精神,锁定创作理念、节目定位的核心目标受众——青年群体,用心创作了大量优秀作品。《理想照耀中国》《中国》《乘风破浪的姐姐》《岳麓书院》《我在他乡挺好的》《披荆斩棘的哥哥》等一系列电视精品节目的推出,充分显示其在壮大主流意识形态、弘扬社会主义核心价值观等方面进行的年轻态创新实践探索。通过这种探索,主流价值观在年轻群体中产生了共鸣,凝聚了青春阳光、积极向上的社会共识。

本文以近年来湖南广播电视"优秀节目奖"的节目为研究对象,分析其在互联网语境下的生产和传播,探索其主流价值传递、年轻群体自我认同构建、叙事表达共情和网台融合传播等方面的新突破和新特点。

一、演绎主题宣传的青春版

主流价值观是主流意识形态转化为社会价值的认同,具体是指一个社会所信奉和遵从的基本价值取向。在现代社会,主流媒体一般承担着主流价值观的传播和培育的任务。作为有着广泛影响力的湖南广电,通过生产播出一系列相关主题的电视节目,在表达主流价值观念的同时,凸显湖南广电的"青春中国"创作理念。湖南广电的这一系列节目,坚持用正确的理论和健康的审美引导和滋养青少年,在艺术表现中加入了浓厚的青春色彩,将主流价值观融入青年群体,形成了主流价值观与青春气息的同频共振,由此生成了青春版的湖南广电主题宣传,引发了业内外的强烈关注。

---

① 《习近平:坚定文化自信,推动社会主义文化繁荣兴盛》,https://www.12371.cn/2017/10/18/ARTI150829655 2071697.shtml。

《理想照耀中国》采取纪录片＋电视剧的方式，以"理想"为精神内核，截取不同历史时期40位年轻人的奋斗成长片段，展现了建党百年来不同时代背景下年青一代坚定的理想信念。这40个故事或讲述伟大人物的成长时刻，或讲述"平凡人物"的高光时刻，通过对这群年轻人的事迹和思想境界的描摹，将中国共产党的精神理想植入年轻受众心中，引发了强烈反响。第一集《真理的味道》中，年轻的陈望道临危受命翻译《共产党宣言》，告诉江流"我寻找的希望大道就在其中"，告诉众人"这就是未来中国的答案"；第四集《纽扣》中，中国第一个个体工商户章华妹与市场管理部门之间的曲折互动推动了个体工商的合法化，促进了新中国经济体制改革；第十二集《一家人》讲述了新冠肺炎疫情期间援鄂护士杜富佳的成长故事，体现了平凡人为他人勇于奉献的伟大精神；第二十九集《北斗》则刻画了一群甘于付出的匿名年轻人，歌颂他们敢于创新、敢于挑战和敢于攻坚的精神，对当代青年发出了有力的号召……以个体人物为支点，将微小个体置于时代洪流之中，实现个体与时代的情感共振；将抽象的理想信念表现在鲜活的人物形象上使之具象化，实现宏大主题与个体命运的同构与对接，从而激发观看者的家国情怀和使命责任。

历史人文纪录片《岳麓书院》沿着历史发展的轴线，以关键人物故事为切口，回顾了岳麓书院的千年发展史，展现了传道济民、经世致用、敢于担当、实事求是的精神脉络。第一集《源流》中的智璿二僧和湖湘文化的集大成者张栻，第二集《正脉》的张元忭，第三集《传道》的吴道行和王船山，第四集《经世》的曾国藩与郭嵩焘，第五集《新变》的王先谦，第六集《求是》中的杨昌济和毛泽东，这些书院的开创者和传承者们一次次引领历史前进的方向，浸染着湖湘文化和民族精神，也为我们新时代的文化自觉和文化自信呈现了最好的注脚。璀璨的人物和深沉的文化，经由岁月的变迁，承载了新的时代价值和全新使命，不仅增强了我们文化自信的底气，也揭示出中国发展的历史必然。这些大爱与大美，能激发出青年的共鸣与奋进，从而唤醒当代青年的精神斗志。

这些电视节目蕴含理想精神和时代担当，展现了突破时空特定性的使命和责任，塑造了历史巨变中汇聚的主流价值。这种展现和塑造，摆脱了之前单调的主旋律价值观输出和刻板的正能量说教，更多的是通过对历史语境的再现和对细节的放大呈现，营造一种"在场"感，将青年精神与主流价值观有机融合，激活和强化青年心中对国家和民族的热爱与责任。

二、书写新时代的"青春之歌"

"青年如初春，如朝日，如百卉之萌动，如利刃之新发于硎，人生最可宝贵之时期也。"1915年9月创刊的《新青年》杂志满怀激情地讴歌青年的重要性，呼唤青年"自觉其新鲜活泼之价值与责任"。在中国奋进的道路上，千百年来一直上演着一场一场的接力赛，始终有人在向前奔跑，也总会有人接过棒，追寻榜样的精神继续前进。今天站在历史的新起点，面对多种文化和价值观的冲击，青年尤其需要榜样，将榜样的力量内化为自己的精神内核。

一项针对高校学生关于主旋律电视剧的调查显示，在"观看主旋律电视剧后对自己的影响"的选项中，65.22%的大学生选择了"主人公的个人奋斗激励我前进"，43.34%的大学生认为"引发对自我的反思与规划"[1]。《理想照耀中国》《中国》等电视剧和纪录片中，通过对先辈和同辈青春时代的展示，将主体所处的时代从历史洪流中凸显出来，将遥远时代的人物活化，塑造了一个个有血有肉的青年榜样。这些不同时代、不同领域的青年榜样，将自己对个人精神的追求与国家命运融为一体。他们的成长故事，很容易让"历史后来者"和"未来将来者"的当下青年受众，在故事的视听化演绎中沉浸式地感受榜样力量，并内化为自己的价值内核。当今世界正处于"百年未有之大变局"，在这个复杂的、未来充满不确定性的背景下，追溯历史，梳理文化源流，具有特别重要的意义。青年榜样的塑造正是从当下向过去回溯，定位"此时此刻"去认识历史的"彼时彼刻"，构成"过去—当下—未来"的代代延续。

年轻人总是在内心渴望榜样，希望能够像"他们"一样通过自身的努力实现自己的理想。当下年轻人的榜样并非单一刻板，既有传统意义的英雄和奉献者，还可以是来自综艺节目的偶像。综艺节目《披荆斩棘的哥哥》便是采用年轻人喜欢的文本与叙事，呈现偶像们的"成长""梦想""蝶变"。年轻人是《披荆斩棘的哥哥》的核心观众，他们在观看一次次竞争激烈的表演时，在沉浸于偶像们的奋斗、困难、冲突和突破的时候，会不由自主地将舞台上努力拼搏的选手投射到自己身上。这种对"努力""梦想""蝶变"的认同，促使他们找到自己与偶像的契合点，在满足自己心理需求和审美需求的同时，完成自我认同意识的构建，强化为梦想努力奋斗的理念。

《披荆斩棘的哥哥》对偶像榜样的塑造主要通过构建人物的专业性和个性两方面来实现。首先，节目组非常注重选手的专业性，挑选的艺人在各自领域里颇负盛名，如欧阳靖是中国嘻哈教父级别的存在、黄贯中和他曾经的beyond乐队是华语乐坛摇滚音乐的王者、言承旭主演的《流星花园》则是一代人抹不去的记忆……但节目淡化了这些光环，集中对选手们的精彩实力和刻苦训练以及永不言弃的奋斗精神进行了充分展示，塑造出敬业、拼搏、精益求精的专业形象，为观看节目的青年们提供了努力和奋斗的范本。其次，打破刻板的单一审美形象，凸显选手们的个性。擅长武打的硬汉赵文卓手里永远端着一杯温水，并孜孜不倦地向其他选手传授养生知识；Ricky总是头戴大花，化着浓浓眼妆出场；青年舞者

---

[1] 王宏：《新世纪主旋律电视剧的青年认同研究》，《山东社会科学》2021年第10期。

李响勇于表达自己的观点和梦想,与老牌歌手林志炫发生理念冲突……每一位选手都在展示着自己独特的魅力,既有对专业性极致的追求,也有完全属于自己的鲜明个性。这种对偶像同质化形象的打破,与当下青年崇尚的自由、多元、包容等理念不谋而合,书写了有别于过往的新时代"青春之歌"。

三、描摹多元共情的"年轻态"

考虑到青少年群体市场多样化的需求,湖南广电在电视节目的题材类型上尽量实现多元化,以期覆盖更广,提高在年轻群体当中的影响力和传播力。

青年崇尚自我,追求个性,这就决定了电视节目在形式和内容上都应该是丰富而包容的。《理想照耀中国》作为一部主旋律电视剧,将爱党爱国爱人民贯穿始终,每一集都是一个独立的故事,并采用非线性的播出方式;《中国》是一部文化类纪录片,重点讲述历史上具有代表性的人物,体现出每个时代不同的精神主题,采用"情景再现"的方式呈现;《我在他乡挺好的》是一部颇接地气的连续剧,以当下年轻人的奋斗为背景,打破了职场剧惯用的"大女主"形象,塑造了四位普通北漂女孩的不同形象和人生起伏,让人感同身受;《乘风破浪的姐姐》采取音乐竞演的方式,通过比赛和淘汰来吸引受众;《时光音乐会》则放缓节奏,将歌手的故事与歌曲交替表现,并与当时的时代背景勾连,有种娓娓道来的沉醉感;《再见爱人》则是一档直面婚姻的真人秀,既真实地展现婚姻现实的残酷,又捕捉到两性关系的温暖,让无数人产生共鸣。这些节目涵括了电视剧、纪录片、音乐类综艺和真人秀等多种形式,题材更是涉及主旋律、音乐、文化、婚姻家庭等多个当下青年关注或喜欢的类型。

题材和类型的多元化并不天然意味着年轻态,年轻态需要对当下年轻人群体的兴趣、习惯、心态和偏好等有相当程度的把握,并将这些融合到节目创作中,由此与年轻人产生共鸣。当代青年的生存环境已经发生巨大变化,生活压力增加,虚拟交往代替了大量的现实交往,人际关系疏离,孤独成为常态,这时的青年更需要情感的共鸣与精神的滋养。

在《理想照耀中国》里,青年王会悟和丈夫李达为了坚持共产主义信仰不怕牺牲投身革命,张人亚的父亲替儿子苦守一辈子重要文件,最后也没能等来与儿子的相聚……这些浓郁的爱情、亲情和对革命事业的深情,交织激荡着年轻人的心灵,实现了对年轻人的情感引领。《乘风破浪的姐姐》扎根现实,捕捉到现代社会中"30+"女性的成长困境,以30位女艺人重回舞台努力绽放的样本来表达女性的不断突破与努力精进。节目中女性艺人事业发展的困境、遭遇的社会偏见等同样也是普通女性观众的真实写照,触发了受众与节目的深度共情;在严苛赛制下艺人们展现的乘风破浪的精神和永不言弃的勇气则滋养和提振了女性们努力拼搏的希望和决心。音乐综艺节目《时光音乐会》则一反过去音乐综艺的赛制，借用"每个人都有过去"这一情感共鸣，为受众构建了一个日常之外的音乐和精神的乌托邦。节目录制选在湖南张家界的户外草坪，浪漫的芦苇、辽阔的星空、安静的灯光、温和的交谈，抚平了年轻人白日繁忙工作学习的焦虑紧张，缓解了日常奋斗的压力与辛劳。在后疫情时代，《时光音乐会》的慢节奏注重对自我的深入观照和精神世界的精微探索，满足了人们精神抚慰的需求。

对年轻态的细致描摹，吸引了广大年轻受众的喜爱与关注，在广阔的创作空间中，节目以主流文化和真善美价值观为引领，以多元的类型、丰富的主题和直达心灵的情感满足了年轻受众的观赏需求。不同领域的青年奋斗者，在追求理想的路途中，遇到的种种困难与痛苦，激发的全力以赴与昂扬斗志，都为不同的年轻受众提供了足够的样本和空间去代入、去理解，触发深层次的共情体验。

四、打造"网台互动"的融合平台

湖南广电 2021 年度一系列有影响力的电视节目的推广，呈现了弘扬主流价值与年轻态传播有机结合的特点。平台以年轻受众为中心，不仅在创作中呈现出与其审美趣味、爱好等的相似性，在传播方式和传播渠道上同样贴合其需求，采取台网融合的方式播出，并利用多个视频平台进行宣传和讨论。这符合年轻受众使用移动终端追剧的习惯，同时也拓展了主流价值观更大的传播空间。

《理想照耀中国》作为一部主旋律电视剧，大胆采用了一些具有良好社会形象的"流量明星"，让年轻人自己的娱乐偶像演绎主流价值观。王俊凯饰演的林鸣，以化肥厂工人的身份考入南京航空航天大学；赵丽颖饰演的畲族大学生雷金玉，毅然决定放弃在厦门的大城市生活，重新回到家乡进行扶贫；吴磊扮演的方大曾，以影像的方式记录下了抗日战争时期英雄们的群像……这些青年演员凭借自身号召力，将理想、信仰等价值表达融入自己的表演，吸引和感染了一大批年轻受众。《乘风破浪的姐姐》《披荆斩棘的哥哥》和《时光音乐会》等则兼顾了年轻人的多重偏好，既有小众音乐的代表人物，也有大众认可的流行偶像；既有演艺圈的"常青树"，也有初出茅庐的"后起之秀"，让每一位年轻受众都能在节目中找到自己的共情点，尽可能多地卷入不同类型的受众。

在创作上，《中国》大胆摒弃了纪录片的常规叙事方式，如编年史的记录方式、纯主题化的讲述方式、挖掘和考据历史细节等，而是选择了对后世最具深远影响，在当时最具开创性、转折性的重要节点，最具代表性、最有时代感、最富戏剧性的人和故事，来铺陈出中国波澜壮阔的历史。这种"讲故事"的方式迅速俘获了大批年轻受众的心，尤其在"90 后"群体中获得了广泛关注。据 CSM 全国网数据，本片首播当晚城域"90 后"观众份额突破 5%，排名所有频道第一。[①]

---

① 《纪录片〈中国〉首播获一致好评，收视五网登顶创造傲人成绩》，https://xw.qq.com/cmsid/20201207 A0INQG00?f=newdc。

在传播渠道上，除了传统电视屏幕，各种网络视听平台也成为播出主战场，如《理想照耀中国》在湖南卫视与爱奇艺等主流视频 App 上台网同步播出，《岳麓书院》在芒果 TV 及其国际版、YouTube 等海内外网络视听平台同步播出。截至 2021 年 10 月 29 日，《岳麓书院》在芒果 TV 播放量超 1500 万次，美誉度列纪录片融合传播指数榜第一位。①

在宣传推广方面，年轻人活跃度极高的微信、微博和抖音等平台成为重要阵地。湖南卫视官方抖音推出"纪录片《岳麓书院》"视频合集，将片中精彩内容二次加工成短视频，播放量超过 351 万次，抖音平台话题"这里是岳麓"短视频阅读量破亿次。②此外，年轻人大量使用弹幕作为共情的"信纸"。如在观看《我在他乡挺好的》时，来自五湖四海的观众在屏幕上写下了自己在外漂泊的种种遭遇和感受，"前几天工作累，下班没有地铁了都会崩溃""女孩子长大是没有家的"，等等。异乡人在大都市里奋斗的无奈和心酸、随时随地可能出现的生活难题、压垮情绪的最后一根稻草，等等，都能共情到同样在外打拼的年轻人，让他们内心情感真正融入进来。

五、结语

时代在变，电视节目的创作与表达也在变。时代性并不是抽象的概念，它是普遍性与具体性的统一、历史性与现实性的交融。引导年轻人勇于交出时代答卷，电视节目一方面要俯身向下，"把心、情、思沉到人民之中，同人民一道感受时代的脉搏、生命的光彩"③；另一方面要坚持正确的价值观念和理论方向，"倡导健康文化风尚，摒弃畸形审美倾向，用思想深刻、清新质朴、刚健有力的优秀作品滋养人民的审美观价值观"④。

青春永远在时代中成长，湖南广播电视的这一系列作品聚焦年轻人，展现个体在时代语境下的奋发与努力，以宏观时代背景与微观的个体命运进行互文性诠释，不仅让年轻人接受影视艺术的熏陶，更让年轻人形成自然的情感共振和更为深度的精神共鸣，实现了主流价值和艺术价值的深度融合。

（作者分别为：湖南大学新闻与传播学院副教授、特聘教授。本文系国家社科基金一般项目"县级融媒体应对突发公共卫生事件的舆论引导机制研究"的阶段性成果，项目编号：21BXW013）

---

① 《纪录片〈岳麓书院〉研讨会在京举行，礼敬传统匠心打造传世之作》，https://m.gmw.cn/baijia/2021-10/14/35232995.html。

② 邹雅云：《纪录片〈岳麓书院〉循中华文脉而行，解文化自信密码》，《广电时评》2021年第22期。

③ 习近平：《在中国文联十一大、中国作协十大开幕式上的讲话》，《人民日报》2021年12月15日。

④ 习近平：《在中国文联十一大、中国作协十大开幕式上的讲话》，《人民日报》2021年12月15日。

地方媒体重大主题报道如何突围"出圈"

——以宁波广电集团"八八战略"主题报道为例

诸晓丽

2023年是"八八战略"实施20周年，"八八战略"生动实践的主题宣传报道既是主流媒体围绕中心、服务大局的重要内容，也是增强媒体竞争力和影响力的重要途径。央媒、省级媒体纷纷蹲点采访，从各个层面、各个角度推出了一系列"八八战略"生动实践的主题报道。那么，地方媒体在重大主题报道中优势何在，如何突围"出圈"？

宁波广电集团联合宁波社科院精心策划了"八八战略"主题报道《牢记总书记的嘱托——"甬"在征途》系列融媒体节目，生动展现了宁波20年来发生的巨大变化，以及非凡发展奇迹背后的"思想之钥"。独特的模式设计生动讲好宁波故事；创新性叙事策略让报道更贴近群众；融媒传播手段让理论成果和实践成果"飞入寻常百姓家"。覆盖听众近1000万，网络收听量超50万，节目声音海报在微信、微博持续发酵，实现了较好的传播效果。同时，该组系列报道（一期）获得了浙江省"八八战略"实施20周年主题优秀广播电视新闻作品一等奖。

一、创新模式设计，实现重大主题有效落地

"八八战略"实施20年，宁波广电牢记习近平总书记的殷切嘱托，始终坚定不移地沿着总书记指引的道路奋勇前进，全领域各方面发生精彩蝶变，把总书记擘画的蓝图一步步变为全域共富、城乡和美的现实图景。为了深入挖掘"八八战略"生动实践所蕴含的巨大能量，早在2022年末，《牢记总书记的嘱托——"甬"在征途》项目小组就已经开始谋划，翻阅了大量书籍、影像资料，收集新闻线索，精心设计系列报道的模式样态和内容呈现。

（一）"去记者"化讲述，打破常规模式

重大主题报道具有周期性、同主题、新闻资源媒体共享等特点，容易出现

选题相同、内容相近、角度相似等问题，[①] 同质化现象严重，地方媒体报道极容易淹没在众多的媒体报道之中。而且，一般的重大主题报道都是记者作为"第一视角"去记录和呈现，以"我"为主，受众更多的是被告知与接收，在无形之中就拉开了与受众的距离。《牢记总书记的嘱托——"甬"在征途》系列报道打破常规的模式设计，采用"四段式"模式，运用大量的采访同期声，弱化记者的直观表述，强化故事性和连贯性，从而增强报道的鲜活之气，吸引听众兴趣。

"四段式"模式即：嘱托—回忆—发展—意义，串联起"甬"在征途的每一个故事。以《共赋文化诗篇》为例：2005年5月18日，时任浙江省委书记习近平考察宁波江北区慈城镇，对古县城的保护和开发作出了重要指示，指明了发展方向。第二段是回忆，主要是故事和细节的呈现。在慈城古县衙清明堂门口，习近平看着门口的楹联当场说出了出处，并轻声吟诵：吃百姓之饭，穿百姓之衣，莫道百姓可欺，自己也是百姓；得一官不荣，失一官不辱，勿说一官无用，地方全靠一官。一个细节生动展现了总书记深厚的文化底蕴和浓浓的为民情怀。回忆是现场亲历者印象最深刻、感触最深的记忆，很多都是鲜为人知的故事。第三段是慈城现任领导的讲述，如何做好古城的保护、挖掘和开发。第四段是社科专家的深入解读，进一步剖析宁波非凡发展背后的"思想之钥"，以及宁波广电结合二十大精神和省、市最新工作部署对未来的发展规划。

"四段式"模式中，记者仿佛置身事外，更像是一个倾听者。讲述者也不是"被采访"的对象，就像朋友之间聊天，在一个轻松的语境中，讲述者的状态变得松弛，更容易打开心扉，滔滔不绝地分享他的故事，他为之奋斗的事业。入心、入情的作品也更能打动受众，从而达到更好的传播效果。

（二）"贴地飞行"，生动讲好"本土"故事

现代人快节奏的生活方式，受众一方面会选择简明、精准的内容来满足自己获取信息的需求，另一方面，他们会选取生动有趣、能触达人心的内容。信息需求和情感价值同等重要。

讲好故事，事半功倍。一个完整的故事能让听者更多了解事实信息，能让听众观众认真地听完看完，这本身就是成功传播的开端。[②] 对地方媒体来说，重大主题报道优势不在于宏大叙事，而是要深入挖掘本土故事，把"大事说小"，用小故事来诠释大道理。只有接地气，报道有生气，才能吸引受众兴趣，实现有效传播。

---

① 崔士鑫：《全媒体时代重大节庆报道如何创新——以主流媒体迎国庆70周年宣传为例》，《新闻战线》2019年第10期。

② 冯胜勇：《广播电视重大主题报道创新刍议》，《中国电视》2019年第9期。

2006 年 9 月，时任浙江省委书记习近平到宁海大郑村考察，当时正是玉米、红薯、土豆等农作物丰收的季节，村民闲暇时都会带着自家烧好的土特产到康乐亭聊天。村书记葛主坚清晰记得，在康乐亭，村民给总书记递了一根挺大的玉米，总书记一边啃着玉米，一边跟村民们聊天。"问我们老百姓生活怎么样，党的政策怎么样……都谈老百姓实际的问题。"葛主坚回忆说，"他（总书记）（是从）农村上来的，对农村的工作都知道的。他跟我们干部说了一句话，不管什么时候，什么年代，你为老百姓踏踏实实做一点好事，老百姓都会记得你的。"一个小故事，细节拉满，习近平同志亲民爱民的形象更丰满具体。报道从这个小故事引出了宁海县建强党建联建体系，聚焦发展难点、共富堵点、民生痛点，开辟"强村富民"的新通道的做法。大郑村的蝶变只是一个"点"，从这个"点"辐射到全市、全省的示范引领，就是所谓的"面"，点面结合、以小见大。而在这个报道中，村书记葛主坚一口宁海普通话，带着浓厚的地方"土味"，正是这种味道让报道更加"贴地"，更加亲切。

讲故事是人类的本能，在讲故事的过程当中，定义自我，理解他人，传播信息，沟通情感，形成认同。[1] 在大事件、大主题的报道中，地方媒体的优势就是央媒和省级媒体稀缺的本土资源。真理伟力只有真正被群众所掌握，才能焕发出巨大的生命力。立足本土，把冒着热气、充满烟火气的故事用老百姓能听懂的"土话"说出来，关键是让老百姓听得进、跟得上、弄得懂，进而用得着。

二、创新叙事策略让报道更贴近群众

米克·巴尔在其《叙述学：叙事理论导论》中就明确将新闻报道作为叙事文本的一种。[2] 作为新闻叙事中的一种特殊形式，重大主题宣传是新闻媒体围绕重大主题所进行的力度大、投入多的新闻宣传。[3] 内容为王的时代，如何让"高大上"的主题报道实现"软着陆"，创新叙事策略尤为重要。

（一）多元人物叙事，让报道丰富起来

叙事主体即"讲故事的人"，对重大主题报道而言，在看待、评价、分析同一件事时，叙述主体不同，所表达的感受也完全不同。[4] 在《牢记总书记的嘱托——"甬"在征途》系列报道中，村民、职工、村干部、游客、机关干部、社科专家、大学教授等都成了叙事主体，多元人物叙事让报道的内容变得更加

---

① 韦路：《塑造主流舆论新格局的创新路径——以"浙江宣传"为例》，《新闻记者》2023年第1期。

② 米克·巴尔：《叙述学：叙事理论导论》，谭君强译，北京师范大学出版社，2015，第50页。

③ 丁柏铨：《重大主题宣传：特点、现状与优化》，《新闻与写作》2020年第10期。

④ 张玉荣：《融媒体背景下重大主题报道叙事策略探析》，《新闻传播》2022年第9期。

丰富，可听性更强，也让新闻更加真实。特别是回忆的部分，尽管十几二十年过去了，很多亲历者都记忆犹新，他们的内心有着强烈的喜悦之情，更具温度的新闻报道更能激发受众的情感共鸣，拉近与受众的距离。

2003年初，时任浙江省委书记习近平到余姚市梁弄镇横坎头村调研。"总书记来的情景我一辈子也忘不了，很亲切的。"报道的开头便是77岁的老党员黄志尧的回忆，"那天是2003年1月29号，农历腊月廿七。"黄志尧说，一路上，习近平时不时地询问老区人民生活怎么样，"他还是很关心我们农民、老百姓收入的，时时刻刻把我们人民挂在心中。"村民企业家夏再龙拿出珍藏的一张照片，照片中习近平和老人亲切地坐在一起，习近平侧过身子，微微倾向老人。夏再龙说，老人就是自己的父亲，是一名老交通员。"（他）到我家里来，去我家里看我爸爸。总书记请我爸爸唱《四明山之歌》。"夏再龙说，那一天，家里歌声嘹亮，父亲笑得特别开心。几个细节，充分感受到了习近平平易近人和心系百姓的情怀。

全国劳模、宁波舟山港桥吊司机竺士杰回忆："那一瞬间我是很蒙的，没想到总书记还会特地转过身来嘱咐我。现场就大声地回答总书记，一定不辜负您的嘱托，努力工作。"2020年3月29日，习近平总书记到宁波舟山港考察，准备离开时突然停下脚步，回过头来叮嘱竺士杰，要发挥好劳模作用，带出更多的劳模。在竺士杰的印象里，总书记特别亲切，他又谈到一个细节，15年前习近平在中南海怀仁堂接见自己的情景。"他跟我握手的时候也不是说领导接见下属的那种感觉，他是很热情的。"竺士杰说，"宽厚的大手握着我的手问我，你们宁波港的集装箱吞吐量是不是全国第三了？"习近平先后10次到宁波舟山港考察，推动宁波、舟山两港一体化进程，亲自启动第700万箱起吊按钮……宁波舟山港的成长与发展倾注着习近平的心血，也体现了真理伟力的历久弥新。北仑第三集装箱有限公司现场作业支部书记张艳谈到3年前的那次调研时说："习总书记跟我们聊天的时候说，我对这里，对宁波港是有感情的。"

重大主题报道既要讲中华民族伟大复兴的"大道理"，又要讲解决一家一户实际问题的"小道理"，既要彰显"时代味道"，又要讲出"百姓味道"，引入社科专家作为叙事主体是《牢记总书记的嘱托——"甬"在征途》系列报道的一个亮点。站在当下望过去，我们不仅要"知其然"，更要"知其所以然"，从社科专家的研究领域和视角来深刻解读习近平总书记为宁波发展谋篇布局的高瞻远瞩及深远影响，让理论成果和实践成果更生动易懂地"飞入寻常百姓家"。

（二）灵活运用叙事方法，让报道更具温情

重大主题报道一般都是将新近发生事件或者最新的成果放在最前面，满足受众的信息需求。《牢记总书记的嘱托——"甬"在征途》系列专题反其道而行，选择从回忆入手，一下子把时间拉回到 20 年前。时间的纵深对很多人，特别是"90 后""00 后"的年青一代来说，有一种未知的好奇，正是这样的距离感反而勾起了受众的收听兴趣。

"从农副产品到机械加工，特别是我们的纺织服装，人家是带订单、带图样、带设计也带技术过来，那时候我们就感觉到国际市场真好，对外开放真好！"在《释放引资磁力》这个篇章中，原宁波市副市长邬和民的一句"真好"，把受众一下子带到了 21 世纪初那个热火朝天的年代。2001 年中国加入世贸组织，宁波迎来了发展的重大机遇。一部国际电话，一大批外贸公司蓬勃兴起，政府部门转思路、出政策、建队伍、找渠道，通过宁波帮人士、外贸企业介绍，一方面拓展外贸市场，另一方面加大招商引资的力度。"千方百计""千军万马"是宁波那个火热年代最生动的注脚。"第一大是广交会，第二大是华交会，第三大就是宁波的消博会，很厉害，在全国外经贸系统都有名。"原宁波市副市长王仁洲回忆说，"外经贸占全省 30%，实际利用外资宁波当时占到 40%，对外投资占到全省 50%，所以我们的 30、40、50 在全省占非常重要的地位。"

到浙江工作之后，习近平每年都会参加在宁波举行的浙洽会和宁波消博会，他在调研宁波时指出：要紧紧抓好开放这个最大的优势，进一步扩大开放，在利用内资和引进外资"两条腿走路"中，加快推进经济发展。很多年轻人知道宁波是外向型经济城市，但只知其然而不知其所以然，在两位老领导娓娓道来的叙述中，一种自豪感油然而生。

音乐、音响、音效的运用也是《牢记总书记的嘱托——"甬"在征途》系列专题灵活运用叙事方式的一个亮点。在《架起海上天路》篇章中，主创团队在人物同期声的基础上，铺排了大量现场背景音并叠加了当时大桥建设者们的采访，大量生动翔实的细节，仿佛把受众带回了那段激情澎湃的建设岁月，给受众更加强烈的沉浸体验。而在社科专家讲述杭州湾跨海大桥建成的重大意义时，车流声、工厂机械声、施工建设声等音效配合一段轻快动感打击音乐，让人感受到了宁波奔跑发展、充满希望的城市魅力。《播撒希望种子》讲述的是中国第一所中外合资大学——宁波诺丁汉大学的建设和发展。开篇讲到 2001 年中国加入世贸组织，时代呼唤大学培养国际化的人才，宁波诺丁汉大学应运而生，主创团队插入了极富青春年代气息的音乐，以增强叙事效果。"我们中外合作办学的初心是希望国外优秀的高等教育资源为我所用，培养我们中国式现代化建设所需要的人才。"副校长沈伟其在讲到办学目标和发展成果时，主创团队选择了轻松愉快的音乐，并叠加了大量互动教学的现场声，让叙述的内容更加生动。

一个个历史瞬间，一份份精彩答卷，有娓娓道来的叙述，也有心潮澎湃的热烈表达，丰富的声音元素让主题报道的整体呈现更有时空感和立体感，抓住了受众的耳朵，提高了内容的可听性，在宏观叙事视角下有了微观落脚点。

三、融媒传播手段让发展成果"飞入寻常百姓家"

在党的十九大报告中，习近平总书记指出：要高度重视传播手段建设和创新，提高新闻舆论传播力、引导力、影响力、公信力。传播力是其他三种力的基础。引导力、影响力、公信力的形成和发生影响，有赖于传播和传播力。[①]全媒体时代，《牢记总书记的嘱托——"甬"在征途》系列专题充分运用线上和线下渠道，打造全通道分发格局，实现多形式、多平台创新传播，立体式、全方位地呈现"八八战略"在宁波的生动实践。

（一）精制短音频，整合线上资源优势

在媒体变革中，传统媒体独特的优势是什么？在笔者看来，传统媒体的影响力和公信力，胜过非主流媒体所办的网络媒体。车联网技术的发展，让广播媒体传播和覆盖面更广，为广播带来了重大机遇。

《牢记总书记的嘱托——"甬"在征途》系列专题共16篇，每篇约5分钟，系列节目在广播晚新闻"黄金时段"集中播出。精心制作的短音频节目，一个个生动的小故事，叠加音响、音效的烘托，有温度的新闻更触达人心，让受众想要听、喜欢听、追着听，赢得了较好的传播效果和社会影响力。在此基础上，全域大联动，依托全市10个县市区融媒体中心的农村大喇叭"村村通"工程平台，系列专题分时段进行宣传展播，用通俗易懂的语言，让习近平总书记对宁波系列重要指示精神形成的一批理论成果和实践成果触及不同年龄层的受众群体，尤其是年龄较大、不太会操作智能手机的人群，他们经历过困苦的年代，对非凡的变化和幸福的生活更有感触。播出覆盖主城区及周边3000多个基层村社，受众近1000万人，发展成果"飞入寻常百姓家"，不仅让理论、实践成果的宣传深入人心，更提振了全区域奋进向未来的信心和决心。

（二）融媒矩阵传播，增强重大主题报道的传播力

全媒体时代，获取信息的渠道更加多样，尤其是年青一代，越来越多地把眼球停留在互联网平台。顺应"微时代"受众信息接收的习惯，《牢记总书记的嘱托——"甬"在征途》系列专题更加注重多平台之间的联动，形成融媒体矩阵叙事体系。以"短音频+声音海报"的形式进行传播，利用微信公众号、微博和短视频平台巨大的粉丝群体，形成传播声势，同时对目标社区受众进行推送，进一步扩大宣传覆盖面。还在"喜马拉雅"App、"在宁波"App等网络平台设置专栏，互补线上宣传，打好组合拳，形成节目内容的多层级、多平台分发宣传，像"毛细血管"一样，实现传播的优势最大化。

---

① 丁柏铨：《论新闻舆论传播力、引导力、影响力、公信力》，《新闻爱好者》2018年第1期。

四、结语

重大主题报道"是传达党的主张的重要途径，是推动实际工作的有力手段，是动员组织群众的有效方式，是形成舆论强势的重大举措"[①]。地方媒体要在央媒和省级媒体的报道中突出重围，就必须在"土"和"新"上做文章。用"群众视角""百姓语言"，深入挖掘本土内容，用小视角展现大格局。同时，在模式设计、叙事策略等方面推陈出新、别具匠心。通过全媒体矩阵传播，让报道走进受众的心里，让老百姓听得懂，进而用得上。

（作者单位：宁波广播电视集团）

---

① 胡孝汉：《做好主题宣传壮大主流舆论》，《新闻战线》2008年第5期。

当代地域意象媒介重构探究

——兼评纪录片《宁波大运河——融入海洋的文明史诗》

宓 锐

  早在"中国大运河"申遗成功之前，习近平主席在联合国教科文组织总部演讲时说："中国人民在实现中国梦的进程中，将按照时代的新进步，推动中华文明创造性转化和创新性发展，激活其生命力，把跨越时空、超越国度、富有永恒魅力、具有当代价值的文化精神弘扬起来，让收藏在博物馆里的文物、陈列在广阔大地上的遗产、书写在古籍里的文字都活起来，让中华文明同世界各国人民创造的丰富多彩的文明一道，为人类提供正确的精神指引和强大的精神动力。"

  讲话阐明了时代的要求，近十年，中国纪录片媒介不满足于固有范式的诸多突破，充分融入跨学科思维，结合社会经济、自然生态、历史文化等多元议题，同时集时代话语表达、媒介担当等旨趣于一身，[1]致力于挖掘潜在经验领域，重构附着于大地的集体记忆与归属想象。2022年初，宁波广电集团拍摄"中国大运河浙东运河宁波段"纪录片，对这个地域意象，除了追溯其源，还能做什么维度的新解读？重构与客观真实原则是否相悖？应该如何通过重构实现更高的传播价值？笔者在创作中认为，地域意象媒介重构有其自觉、自发的客观规律，实证、多维、人本、创新的融合特性，对当代媒介影像表达具有重要现实意义。

一、地域意象重构是媒介发展的自觉转向

  地域意象是指地域文化形成后，由亲历或媒介化经验而形成的认知表现。美国学者凯文·林奇认为，意象由"个性、结构和意蕴"三部分组成，[2]地方意象并非自然天成，而是镶嵌于地域内外的复杂社会关系与过程之中，并由社会

---

① 王家东：《纪录片中的地方意象书写》，《中国电视》2022年5月1日。

② 凯文·林奇：《城市意象》，方益萍、何晓军译，华夏出版社，2001，第6页。

形构其普遍意义。

媒介历史上，"新闻纪录片"转向"形象化政论片""人文化纪录片"，意象表达的独特性、人文化也由隐渐显，尤其是进入21世纪以来，人类生存空间形态与观念不断发生变化，人们交往观念和行为方式得以改变、更新，我国纪录片同样也自觉对接空间的转向。较为典型如《舌尖上的中国》《河西走廊》《城市24小时》等纪录片，通过地域意象不同维度研究的融合与深化，系统整合独特的中国情境，全球化、城市化进程促进了媒介地域意象重构的自觉转向。

二、地域意象重构是媒介审视的客观需求

纪录片与世界紧密依存，彼此也产生深刻影响，它能为大众记忆和社会历史增添崭新的维度。随着信息化的不断深入，市民对地域空间要素的认知不局限于物理环境的遍历式接触，对媒介传播的依赖——这一客观感知基础的强化，使地域意象重构成为社会思潮表征、空间转向解读的应有之义。地域意象的重构方式，即来自媒介凝聚民族集体意识的客观需求，"中国故事"不仅面向世界，也在自发关注当代地域精神，为审视城市发展现实问题提供可供观照之文本。

三、地域意象重构是媒介代码的真实整合

重构原意为"通过调整程序代码改善软件的质量、性能，使设计模式和架构更趋合理，提高软件的扩展性和维护性"，重构的含义并非虚构，地域意象的重构是基于真实性与存在性的合理调整改善，并不与客观真实相悖。笔者认为应秉持以下原则和策略，探索纪录片媒介重构化表达。

（一）以实证性把握意象虚实转化

意象，是主观意识中被选择而有秩序地组织起来的客观现象，在虚实转化的重构过程中，关键在于把握本质真实的实证性。

从"中国大运河浙东运河宁波段"到"宁波大运河"的转化，创作组专家给予了认可。这源自一个事实，"浙东运河宁波段"作为地理意义的实际存在，在人们的认知中并不清晰，虚化成"宁波大运河"的意象，将"宁波"作为主体，"大运河"为归附于主题的客体。"宁波大运河"名称的重构有助于将单一、松散片段凝结成为主题意象，为诸多客观意象的归纳、扩展、强化集体记忆创造有序转化的空间。

1. 意象拓宽

在转化过程中，媒介主体认定的重构须基于真实的代码调整，如地域意象的拓宽。从工程角度看，"宁波大运河"只有虞余运河马渚段、慈江、中大河、西塘河等几段分散的人工河道，但史实证明，人工加天然的宁波水系，才真正组成了"宁波大运河"的功能区域，其称为"天工人巧，各居其半"，将余姚

牟山至甬江入海口的河流、包括"三江六塘河"在内的地域意象统合为"宁波大运河",如此一来"河"的意象概念拓宽了,城市的基因代码亦可与"河""水"密切关联。

2. 意象联结

仅仅停留在本体流转,地域意象阐述深度依然受限,区域社会学者列斐伏尔说:"空间的生产,主要是表现在有一定历史性的城市的极速扩张,社会的普遍都市化以及空间性组织的问题等各方面。"[①]东南一隅是宁波历史上长期的区位认知,随着对传统陆权的重视转向海权,宁波发展空间发生转向。"宁波港域和浙东运河为中国大运河提供了接轨内外贸易的黄金水道与优良港埠,是中国大运河连接世界大通道的南端国门。"纪录片题名《宁波大运河——融入海洋的文明史诗》高度关联海洋意象,主题深化"河与海"的连接,补充"腹地"这一让"宁波大运河"更具独一无二价值的地域意象,中原腹地—(经)运河—(融入)海洋,纪录片意象的联结模式摆脱了单一主体讲述,在整体架构上更趋合理。

3. 空间落脚点

地域意象样态并不局限于"一条线",而是"一张网",宁绍平原上文明遗存星罗棋布——河姆渡、越窑、它山堰、斗门、慈城、三江口、月湖、鼓楼、永丰库等,这些看似不相干的遗存、史迹的逻辑编织,不禁让人们设想:它们为什么会出现在运河周边?是否与主体意象大运河相关联?答案是肯定的,对事物的描述,以代表性的部分代本体事物,是意象表达的必要手法,媒介整合重构地域意象的集体记忆,需要特定时空中的群体的支撑,将运河意象关联到文化空间的实际落脚点是必然的。

(二)以多维性建构立体意象空间

在多元化、动态化、认知化的语境下,不拘泥于文献体裁,让跨学科意象在多维空间中重新融汇、续接,力求以新思维让新历史主义视野更为清晰,是媒介重构、触摸真实的重要方法,目的在于凸显集体性与社会性意象价值,提炼地域精神。

1. 多维空间的交互表达

在地域意象得以拓宽、联结、空间化之后,打破"就事论事"的低维概括,以全景扫描式的重构来探究意象含义尤为重要。具有"多重复线、天然加人工"属性的"宁波大运河"不仅是一条河的概念,"原生与衍生""自然与人文""交通""民俗""文学""城市"等区域空间在其历史进程中交互重叠,于是对其

---

① 亨利·列斐伏尔:《空间:社会产物与使用价值》,王志弘译,载包亚明主编《现代性与空间的生产》,上海教育出版社,2003,第47页。

多维性建构一定是媒介表达的必然手段。笔者创作中保持着明、暗线的交互铺设："在宁波的历史长河中，船一直占据着重要地位……河姆渡人在七千年前不仅培育种植了水稻，也学会了制造独木舟和船桨。""船"是明线，"水运"是暗线，"稻"是明线，"水利"又是暗线，两线也是辩证的，明线似实而虚，一贯承托着暗线"运河"似虚又实的意象表达，对农业、"文保"、"非遗"、宗教、水利、地理、文艺、交通、商贸等相关地域意象的多层次、立体化叙述，让"大运河"得以被多角度诠释。

2. 纵向刻度下的基因解码

纪录片在时空组织片段过程中试图形成新的洞见，创作自觉中必然离不开"有意义的思维关联"——基因解码。在多维的表达空间里，纵向刻度显示连续性、嬗变性、共通性的意象基因，"运河物流的繁荣促进了人员的流动，河口码头不可阻挡地向东推移，从句章古港到明州港再到宁波舟山港……"纵向的历史演变在此做了动态立体的表达，时间刻度下凸显"依水而生、河海交融、因水而兴"的地域基因密码。

3. 横向截面下的意象串联

现象发生学主张，阐述在时间中被构造的对象性现象之间的根本差异，亦使用"双重意向性"——"横意向性"和"纵意向性"，在多维表达空间里，也需以融通探究手法，在横向截面提炼个体、平面、统一性的意象串联。如笔者对三江口遗存的静态化解码溯源，试图形成一次文化命题的探问："……大量海陆交通和贸易枢纽的遗迹在这运河与海洋交接之地密集分布，在古代港口城市中极为罕见。不同纬线之上的文化为何在这里交汇？"相对于纵向刻度，横向界面则是对地域意象的放大解码，能够让纪录片叙事更具节奏感，在不断更新的意象重构中回涉隐蔽的存在者，通过自我"现象联想"形成更高阶段的认识。

（三）以人本化审视地域意象图景

地域意象的重构使叙事图景立体且多层，同时也必定不是简单自上而下的俯视视角，从较小客观实体出发，以人本视域审视多维意象空间，有利于强化地域意象的文化认同性。

1. 自下而上的求证策略

宏观历史、文化、贸易、科技、生命、财富、信仰是运河自带命题。笔者希望求证的，则是从身边日常出发，以"运河"联结"海洋"看见"世界"，如凿渠先民、造船渔民、稻作农民、河居市民等意象图景的组合，形成更具活力和人性化的叙事空间，触发大众对主体记忆的重现与延伸，继而产生强烈的认同感、归属感。

2. 全、限知结合的叙述视角

人本化审视意象空间,叙述者借助各类地域意象去求证看法,并无法做到对隐蔽和不隐蔽的一切"全知全觉"。纪录片中不断探问:"先民该如何延续生存?""河流将通往何方?""贸易者们意识到了什么呢?"限知视角的使用,让地域意象的重构图景渐显渐明,获得了全新的认知扩展。

3. 以人为本的形上之思

重构不是虚构,纪录片最大的价值仍然是通过真实的人、事、情引发对社会、人性、自然的深思。作为宁波的血脉之源和人、城、港存续展拓的重要意象,笔者认为"宁波大运河"并不停留于通常的形而下,而是具有人类学意义的河,应该探寻千百年来延续至今的遗传密码。以人为本的意象重构,自然为当下时代的发展提供了现实的精神支撑——运河的基因赋予宁波人开放、包容、勇立潮头、敢为人先的气质,在新时代的海上丝绸之路上,宁波将重新焕发出新的生机与活力。

(四)以创新性探索地域意象重构

1. 故事的时代性创新

时代和环境在变,中国人的生活方式和心态在变,地域意象文化也始终在动态发展,需要传承,更需要有创新。习近平总书记在主政浙江期间曾强调,宁波要以更高标准、更大气魄、更宽视野、更高品位建设现代化大都市。作为国内唯一兼具"运河出海口""海丝始发港"两张金名片的城市,宁波对外开放有着无可比拟的新优势,如今"建设现代化滨海大都市"已作为宁波未来五年乃至更长时间的奋斗目标。以当代眼光挖掘史料,用时代精神解析运河故事,让自觉创设的地域意象形成集体的精神凝结,作为地方媒体工作者责无旁贷。笔者创作的纪录片《宁波大运河——融入海洋的文明史诗》以意象重构为切入点,尝试在"过往"和"现今"间进行对话,着意于历史对当下的深刻启迪,让我们审视东西方文化碰撞与交融时,亦能够将大运河融入海洋的创新传播纳入其中——宁波人以经世致用、知行合一的智慧,获得促进未来发展的路径;宁波人以勇立潮头、港通天下的雄心,为将来开辟更广阔的新航程。

2. 影像的可视化创新

另值得一提的是有意识的影像优化。笔者在意象重构上尝试了大量直观可视化注解和伏笔,旨在尽可能减少逻辑思维的层次,避免让观众陷入模糊艰涩的理解困境,"情景演绎""三维动画再现""特效加工"等手段的综合运用,不仅表现了宁波大运河水系的真实全貌和形成原理,也有效凸显了创作的主题表达意图,可视化重构影像在新媒体端传播效果尤为显著,内容传播获得了良好的社会反响。

四、结语

随着时代嬗变，当下媒介更强调记录社会动向、推进社会发展的功能，纪录片不仅对历史有着全局的认识，还具备"为世所用"的自觉意识，对现代人研究大运河本身来说，其功能或许仅是课题之一，但若对其重构、调整，大运河则成为具有传承和号召力量的更为深远的文明命题，透过相关地域意象，受众将获得更多对自身主体行为的集体认识、明确而又共通的"意义图像"，在融入世界的同时保持自己的独特性。

总之，地域意象的纪录片媒介重构具有重要的现实意义，不仅为地域提供了空间转向的影像解释，更提升了地方的文化可见性，创造性地体现了全球化语境下的中国经验与中国表达。

（作者单位：宁波广播电视集团）

二 等 奖

中国共产党百年新闻事业的
人民性传承与现实建构

刘英杰　魏　巍

人民性是马克思主义的本质属性和鲜明的品格，也是中国共产党整个理论和实践价值的体现。《中共中央关于党的百年奋斗重大成就和历史经验的决议》中深刻阐明了"人民是党执政兴国的最大底气"[①]。人民性从本质上回答了"为了谁，依靠谁"的问题，从中国共产党诞生之日就深深融入血脉之中，党性与人民性始终是一致的、统一的，新闻事业作为党的喉舌、政府的喉舌，同样也是人民的喉舌。在中国共产党新闻事业的百年长卷之中，人民性作为反映人民大众思想、感情、愿望和利益的一种特征，是马克思主义中国化的重要内涵，是党的群众路线在新闻思想工作中的继承、丰富和发展，也是一切新闻理论研究与实践创新的逻辑起点和方法论，有着历史的沉淀、现实的指向和内在的规定。

一、革命时期：集聚人民力量为民族独立、人民解放而奋斗

在长期的革命斗争中，中国共产党肩负着团结和带领全国人民争取民族独立、人民解放的历史使命。中国共产党运用新闻传播手段教育群众、动员群众、组织群众进行伟大斗争的同时，不断深化对新闻事业性质、任务、功能、原则的理论阐释，把党性原则与人民性实践贯穿到了新闻宣传和舆论引导的全过程。

（一）新闻大众化，"脸向着群众"建构人民话语

瞿秋白在革命初期倡导新闻工作一定要"脸向着群众"，并在1931年和1932年撰写的《普罗大众文艺的现实问题》和《谈谈工厂小报和群众报纸》中提出新闻大众化的"普罗新闻学运动"口号，指出党的宣传工作应该面向

[①]　中国政府网：《中共中央关于党的百年奋斗重大成就和历史经验的决议》，http://www.mofcom.gov.cn/article/zt_sjjlzqh/ghjd/202112/20211203222584.shtml。

群众，报纸应该成为广泛的群众之中的宣传武器。新闻大众化，即报纸语言通俗化，瞿秋白批评了当时的文风虽是没了"之乎者也"却在知识文人笔下制造新的字眼和文法，而这种"新文言""新白话"同样晦涩生硬、远离群众，只是知识分子间交流会意的媒介符号。新闻应是面向广大群众的，报纸的文字表达一定要符合普通工人的认知能力；党的宣传单有口号也是不够的，要有具体的事例和问题，能够与群众生活和切身利益相联系，让人听得懂并感同身受才能起到宣传效果。1930年5月毛泽东在《反对本本主义》中提出，"马克思主义的'本本'是要学习的，但是必须同我国的实际情况相结合"①。这标志着党的"实事求是、理论联系实际"思想路线的初步形成，这一思想反映在新闻工作上，便是围绕群众生活写新闻，不做空头文章，需要深入群众中调查研究。新闻宣传作为对象性活动，实现舆论引导与价值认同的前提条件是确定传播对象的接受性，否则一切宣传内容都成为空中楼阁，党的宣传面向的是广大人民群众，就必须放低语态、沉下身态，在新闻生产中建构人民话语。

（二）改造党报，"贯彻党的路线，反映群众情况"

早期的党报多是把注意力集中在对国外资产阶级通讯社的新闻转载，而往往忽略了对党政策和群众活动的关注。毛泽东就曾指出："报纸要以自己国家的事为中心，这正是表现一种党性。"②党报的党性应该体现在中央同地方的组织关系和广泛的群众关系上，远离自身实际而关注重要性与接近性匮乏的域外信息，就会让宣传空洞乏力。此外，早期党报文章死板的八股风和脱离实际、脱离群众的问题也常被读者诟病，读者"罗李王"就曾来信直言报纸论调空泛与建设边区的实际工作相距太远。由此，从业务、制度和思想层面改造党报，加强党性和人民性落实的党报整风改版运动就此展开。《解放日报》于1942年4月1日发表《致读者》的改版社论，开启了我国第一次新闻事业改革，主张报纸宣传一定要全面贯彻党的路线和反映群众状况。党性原则成为党报的指导思想和行动指南，并在党性原则的指导下践行人民性，反映群众的情绪、生活需求的同时也要宣达群众意见和呼声。党报既是传播工具，通过新闻报道充实群众知识，扩大视野，启发觉悟，更重要的是实现党与人民群众间的交流沟通，成为他们的反映者、喉舌。党的新闻工作要聚焦在党的中心工作和群众活动上，把党的宣传与群众关注、关心的话题和问题联系起来，注重与群众的互动交流和意见反馈。新闻宣传不能自说自话，要具有针对性和贴近性的生活视角。这些经验的总结同样是我们今天新闻实践的重要工作方法。

---

① 毛泽东：《毛泽东选集》（第一卷），人民出版社，1991，第111~112页。

② 中共中央文献研究室编《毛泽东年谱（1893~1949）·修订本》，中央文献出版社，2013，第362页。

（三）树立人民主体观，"全心全意为人民服务"

《解放日报》的改版标志着人民群众不只是教育、鼓动、组织的对象，更是党报反映、学习、服务的对象。改版半年时间，《解放日报》就有 600 多篇典型报道来自基层，成功塑造了打粮能手吴满有、工业劳模赵占魁、农业模范杨朝臣等先进人物，人民群众的形象被广泛关注、放大和传播，普通百姓成了报道主体；新闻报道由精英式语言风格向人民的语言风格转变，体现了向群众学习的开端。1942 年 9 月 20 日博古告诫一批被派往各分区《解放日报》通讯处工作的青年记者："我们不是无冕之王，要做一个新闻战士，勤勤恳恳为人民服务。"[1] 毛泽东在党的七大政治报告《论联合政府》中明确阐释：中国共产党人"全心全意地为人民服务"，始终以人民利益为出发点，坚持"向人民负责与向党的领导机关负责的一致性"[2]。党报树立人民主体观和为人民服务的思想也成为党报党性的重要标志，新闻实践将人民性与党性的统一原则贯穿着教育宣传群众，反映群众心声，为群众服务的全过程，在普通群众的生产、生活和学习中挖掘典型、树立榜样是坚持唯物史观思维方法，激发群众创造的人民性实践，最终形成了党的群众工作的重要内容。

二、建设时期：团结全国人民投身社会主义建设

新中国成立后，中国共产党新闻事业得到了蓬勃发展，新闻工作的重点开始转向为社会主义建设提供积极舆论环境，团结全国人民投身到新中国的建设中来。在新闻实践中，围绕监督、形式与风险问题，中国共产党总结出一套与政治、经济、文化相适应的新闻业务指导思想，并对新闻队伍建设提出了立场、观点、作风等方面的重点要求。

（一）接受人民监督，"开展批评与自我批评"

1950 年 4 月 19 日，中共中央颁布了《关于在报纸刊物上展开批评和自我批评的决定》(以下简称《决定》),《决定》中指出，"吸引群众在报纸刊物上公开地批评我们工作中的缺点和错误"[3]，各级党委要欢迎和保护来自人民群众的批评和监督，党员干部应针对这些提出的缺点和错误开展自我批评。敢于正视群众批评和监督是促进工作效率的动力，也是检验工作效果的一面镜子。1954 年 4 月，毛泽东提出了批评要掌握"开、好、管"[4]的"三字方针"：开，即是开展批评不能害怕和压制；好，即是批评要有正确方法，不能乱批；管，

① 王润泽：《中国共产党新闻事业人民性原则的实践路径》，《编辑之友》2021 年第 6 期。

② 毛泽东：《毛泽东选集》（第三卷），人民出版社，1991，第 1094 ~ 1095 页。

③ 中国社会科学院新闻研究所：《中国共产党新闻工作文件汇编（中册）》，新华出版社，1980。

④ 中共中央文献研究室、新华通讯社编《毛泽东新闻工作文选》，新华出版社，1983，第 177 页。

就是要在党的领导和管理下开展。只有敢于面对问题，才能积极处理和解决问题，"三字方针"也确定了在党性原则指导下开展新闻监督工作，要始终坚持党管媒体的基本准则，建立在科学、客观、真实、有建设性的工作思路之上，新闻的批评监督不是目的而是推动工作改进的手段，狭隘性监督只会是满足舆论情感的宣泄，甚至形成对实际工作的破坏力。严格遵循"时、度、效"原则，充分发挥监督职能，有效改进监督方法，直到今天也是我们新闻实践的重要课题。

（二）开放性办报，"百花齐放、百家争鸣"

新中国成立初期，党的新闻工作以苏联《真理报》和塔斯社作为学习对象，收到了一定成果，也显露了诸多问题。1956年4月，毛泽东在中共中央政治局扩大会议上作了《论十大关系》的重要讲话，强调学习"必须有分析有批判地学，不能盲目地学，不能一切照抄，机械搬用"①。毛泽东提出的"百花齐放、百家争鸣"的思想确定为社会主义科学与文艺事业发展的基本方针。在"双百方针"的影响下，1956年7月1日，《人民日报》以拓宽报道视野、倡导自由讨论、改进文风为主要改革方向，成为我国第二次新闻改革的开端，掀起了全国新闻机构的改革浪潮。新华社以多采"民办"的做法改变了以往多以"官办"出现的面孔；扩大消息触角，丰富传播内容，改变国内新闻报喜不报忧的状况；增强国际新闻参与，提升国际传播力和影响力。全国第四次广播会议也提出，内容传播要满足不同年龄、职业、兴趣的受众需求。地方媒体也纷纷确定了在当地党委领导和群众支持下，根据人民的需要办报纸的方向，一系列的新报刊如雨后春笋般相继问世，呈现一片文化繁荣的景象。形式多样、灵活开放的人民性实践思想是党建设和发展新闻事业，完善社会主义新闻理论的重要探索。新闻实践要具有开放性思维，吸收先进经验不等于盲目搬抄模式，要根据具体实际情况和自身优势特点，探索适合自身的发展道路。

（三）走群众路线，"警惕脱离实际、脱离群众的危险"

1957年，在反右扩大化的影响下，党的新闻事业发展也随之陷入迷茫之中。其间，《人民日报》最早提出"大跃进"的宣传口号，在新闻界随即掀起一场脱离实际、脱离群众的浮夸潮，直到1960年冬在党中央纠正农村中存在的"左"倾错误中才得到遏制。在反右倾扩大化和"大跃进"运动中，新闻工作中出现的问题也暴露出自身不注重把握新闻传播规律的问题，队伍素质不高、学习不够也是重要因素，这些沉痛的教训也给新闻事业的发展起到了警示作用。做好党的舆论宣传工作关键在于人，对新闻从业者来说，时刻要保持清醒的头

---

① 中共中央文献研究室、新华通讯社编《毛泽东新闻工作文选》，新华出版社，1983，第99页。

脑，在实践中不断自我提高和自我完善，具有坚定的政治信念、精湛的业务技能和优良的工作作风。

三、改革开放时期：激发人民的创造性，解放生产力、发展生产力

党的十一届三中全会标志着我国进入改革开放的发展新阶段，以经济建设为中心，解放生产力、发展生产力成为时代最强音。在这一时期党的新闻事业也从思想禁锢中走出，坚持解放思想、实事求是，一切从实际出发，加强党性与人民性的高度统一，并形成一系列科学化、系统化的重要新闻思想。

（一）打破思想禁锢，"解放思想、实事求是"

面对思想僵化的问题，邓小平等党内老一辈革命家推动关于真理标准的社会讨论，并最终确定了"实践是检验真理的唯一标准"，使党的各项工作从精神枷锁中解放出来，也让新闻实践从教条的思想中重新回归到人民群众的实际状况和生活中来。邓小平强调，"我们讲解放思想，是指在马克思主义指导下打破习惯势力和主观偏见的束缚，研究新情况，解决新问题"[1]，新闻宣传工作必须坚持党性原则，发挥指导性作用，报道要有针对性，拒绝千篇一律的"全国通告"式报道，地方媒体要注重从实际出发、实事求是，内容更切合群众需要；利用广播、电视同人民群众互动交流，增强党媒与群众的黏性，同时也要重视舆论监督和问题反馈，加强民主与法治宣传。1978年开始的第三次新闻事业改革是持续时间最长、涉及范围最广、影响面最大的一次实践创新，激发了我国社会主义新闻事业的活力，在党性原则的指导下新闻实践的开拓思维和创新意识得到加强，发挥媒体特点、地方优势，重视受众感受和效果评价也成为提升新闻实践能力的重要标准。直至今日西方敌对势力仍然依托自身的国际话语霸权针对党的事业发展制造"污名化""意识形态终结"等言论攻击，利用不断变种、变形的西方所谓普世价值破坏我国意识形态建设，对此，我们要有推进事业发展的创新精神，也要有勇于面对舆论斗争的亮剑精神。

（二）以正确舆论引导人，"为人民服务、为社会主义服务"

1996年，江泽民在视察人民日报社时，强调了新闻事业在党的工作中具有极其重要的地位，"舆论导向正确，是党和人民之福；舆论导向错误，是党和人民之祸"[2]。新闻工作始终要坚持正确的舆论引导作用，坚持"为人民服务，为社会主义服务"的基本方针，肩负着"武装人""引导人""塑造人""鼓舞人"的任务。新闻队伍要打好"五个根底"，培养"六个作风"，始终要把社会效益放在第一位，为党的事业发展提供有力的思想保障和舆论支持；对待传统文化和外来文化要始终坚持科学的态度，加强宣传工作管理，促进社会精神文

① 邓小平：《邓小平文选》（第二卷），人民出版社，1994，第279页。

② 江泽民：《江泽民文选》（第一卷），人民出版社，2006，第564页。

明建设。"祸福论"阐明了中国共产党新闻宣传工作的导向原则，坚持正确的舆论引导是党性与人民性统一的必然要求。作为党与人民群众的纽带桥梁和传感中介，媒体在倡导主流价值观、修复人际关系、化解基层矛盾纠纷等方面都具有重要的社会作用，只有坚持导向原则，把握新闻传播规律才能更好地发挥媒体导向引领、舆情分析、社会评价和民生服务功能。

（三）坚持"以人为本"，以"三贴近原则"规范新闻宣传工作

2003 年 12 月，胡锦涛在全国宣传思想工作会议上对宣传思想工作强调：思想政治工作必须坚持"以人为本"，工作创新必须坚持"贴近实际、贴近生活、贴近群众"[①]，党的新闻宣传工作要紧紧围绕党和国家的中心工作展开实践，始终要立足于基本国情和社会现实，服务大局；新闻宣传要深深根植于生活世界，参与生活并影响生活；新闻队伍在"走基层、转作风、改文风"的实践中想群众之所想，急群众之所急，重视群众的意愿和诉求的表达。坚持"以人为本"，"三贴近"的工作创新原则与把握正确舆论导向的统一，是体现党的政策主张与反映人民群众心声的统一，是坚持党的领导与把握新闻规律的统一。党的宣传以贴近性的方式走进百姓生活，让宣传在现实中落地、让思想在群众中生根，不仅增添了新闻的吸引力和感染力，也让主流价值观念潜移默化地成为百姓"日用而不自知"的行动自觉。

四、新时代：满足人民对"美好生活的需要"

中国共产党百年历程中，新闻事业的人民性实践在内容、方法、立场、监督、形式、风险、标准、导向、原则等方面不断累积沉淀、开拓创新，生动而具体地回答党的新闻事业"为谁做""做什么""怎么做""做成什么样"的基本问题，逐步形成了科学化、系统化的马克思主义新闻观。当前，信息在数字媒介生态下的流向改变，凸显着"舆论"的引导性与交互性意义。舆论的主体是广大人民群众，新时期党的新闻事业把"舆论工作"作为核心的工作指向，"以人民为中心"的实践理念也更加突出民意、民情、民声的交流与反馈。

（一）加快融媒建设，增强新闻舆论工作传播力

由于数字媒介生态下生产者、传播者的边界模糊，依托网络技术兴起的社交化媒介激发了大众更多的交往需求与诉求表达，这给主流意识形态传播带来更加丰富多元的传播方式和渠道，同时也带来复杂尖锐的意识形态安全挑战。2011 年 2 月 15 日，希拉里在华盛顿大学发表了《互联网的是与非：网络世界的选择与挑战》演说，以所谓的"网络人权""联结自由"为幌子，自我设定话语评判标准，公开挑衅、质疑不同意识形态国家的政策，而其本质是换汤

---

① 《为全面建设小康社会提供科学理论指导和强大舆论力量 坚持用"三个代表"重要思想统领宣传思想工作——胡锦涛在全国宣传思想工作会议上发表重要讲话》，《理论学习》2004年第1期。

不换药地为推销"西方普世价值"提供途径和借口。历史虚无主义、民主社会主义、新自由主义、普世价值论等思潮通过网络社交、活动、论坛等形式不断冲击我国意识形态领域，更具有隐蔽性、欺骗性和煽动性。党的新闻舆论工作要更加深刻地理解加强意识形态建设的极端重要性，既要坚持技术赋能，提升新闻传播力，又要坚持"内容为王"，提升新闻生产力，同时要依循新闻传播规律和互联网思维，加速融媒矩阵建设，适应数字媒介生态特点，准确把握社会主要矛盾和人民需要的变化，为社会治理现代化建设提供智力支持与思想保障。

（二）讲好人民故事，增强新闻舆论工作引导力

近些年，信息产品获得了极大丰富，然而真正反映时代主题，讴歌人民创造的精品匮乏，快餐化、工业化、模式化的内容生产无法满足群众对精神文化生活的需求。政策解读千篇一律，典型宣传千孔一面，生搬硬套和空洞说教的内容仍然充斥着主流宣传平台。习近平总书记指出："讲故事就是讲事实、讲形象、讲情感、讲道理。"[1]我们经常能够听到习近平的重要讲话中引经据典，深入浅出地阐释观点，善用"大白话"讲出大道理，用"点赞""朋友圈"这些群众喜闻乐见的流行词增进交流感、拉近距离感。习近平在对美国进行国事访问时曾将自身经历、生活爱好、内心情感融入插队故事的讲述中，让中国故事更加立体鲜活，也让世界真切理解了中国模式带来的变化。故事带给人们的是情节化、图像化、形象化的记忆，而主流价值观念正是寓情于叙事之中，新闻实践要用老百姓爱听、爱看、爱读、爱说的形式把习近平新时代中国特色社会主义思想传播、融入人民群众中。

（三）注重人民情感，增强新闻舆论工作影响力

2022年，我国网民规模达到了10.32亿，单向"只读式"的大众传播向双向"读写式"的分众传播范式转变，人们在满足认知需求的同时，表现出强烈的交往欲望，渴望着情感的慰藉。如何适应数字媒介生态发展，让主流的声音占领制高点，让主流价值观成为时尚，让主流媒体始终具有绝对影响力是新闻舆论工作要肩负起的时代责任。在新闻实践中，情感逻辑是一把打开公众精神世界的钥匙。坚持党性与人民性统一就是要从认识与实践上坚持一体性，始终秉承着人民情感观，深深扎根人民、紧紧依靠人民，重视人民话语、尊重人民情感，把宣传党的主张与反映人民群众的呼声有机结合起来，找准民生视角、联结百姓关系，只有在互动交流中实现情感共鸣，新闻舆论工作才能通过道理影响人，形成价值认同与行动自觉。

（四）坚持实事求是，增强新闻舆论公信力

信息爆炸的背后是生产传播的多元化与复杂性，各类信息、观点、思潮鱼

---

[1] 《习近平新闻思想讲义》，人民出版社、学习出版社，2018，第161页。

目混珠，一些娱乐明星、行业精英、作家学者等公众人物依靠其特殊人设标榜为"意见领袖"，在流量变现的利益诱惑下发布不良言论和不实信息，以个人观点制造话题煽动网民情绪。由于人们获得信息资料的渠道更多地取自网络信息池，传统媒体的影响力和传播力有所衰减，失去了原初的议程设置的引领优势，一些主流媒体甚至在缺乏调查研究和效果评估的情况下成为追赶舆论热点的跟风者，直接或间接造成了假新闻的蔓延，一次次新闻反转背后透支的是媒体的公信力。重塑主流新闻媒体的社会公信力，凝聚群体共识、实现价值引领，新闻媒体在融合发展的时代要求下，应该以"为群众办实事"作为媒体标签，倾力打造"媒体大V""媒体意见领袖"，善于设置话题、引领话题，全面呈现、多角度分析新闻现象背后的成因、过程、结果，把握受众情感需求，对歪曲事实、偏激情绪、危害意识形态安全的言论要有"亮剑"的斗争意识和辩论能力。"媒体意见领袖"要具备过硬的专业性和丰富的知识储备，通过广泛的媒体社交实践提升自身公信力和影响力，成为人际、网络传播中心，严格履行政治责任、阵地建设责任、服务责任、人文关怀责任、文化责任、安全责任、道德责任，旗帜鲜明地筑牢舆论阵地的思想堡垒。

"党性来源于人民性，党性引领人民性。"[①] 要坚持党管媒体原则，坚持政治家办报、办刊、办台、办新闻网站，在党性与人民性统一的基石上建构中国话语体系，深入解读中国道路，科学总结中国经验，引导人民群众以历史的、发展的眼光看待当前存在的问题，用思想的智慧和信仰的力量引导广大人民群众为实现中华民族伟大复兴而奋斗。

【作者分别为：哈尔滨工程大学马克思主义学院教授；哈尔滨工程大学博士研究生、黑龙江广播电视台主任记者。本文系国家社科基金思政专项"当代西方社会思潮在我国高校传播中的意识形态风险及防范研究"（项目编号：20VSZ125）；黑龙江省社科基金一般项目"当代欧美马克思主义意识形态功能理论及其最新发展态势研究"（项目编号：20KSB095）；黑龙江省教改项目思政专项重点项目"思政课教学中社会思潮辨析引导研究"（项目编号：SJGSZ2021001）；中央高校基本科研业务费项目的阶段性成果】

---

① 《习近平新闻思想讲义》，人民出版社、学习出版社，2018，第59页。

人民至上：中国共产党百年领导文艺工作的根本遵循

郭晓冉

上层建筑适应并服务于经济基础，作为意识形态形式与观念上层建筑内容之一的文艺具有阶级性，即为特定阶级服务，私有制经济基础之上必然诞生为统治阶级小众服务的"靡靡之音"，而公有制经济基础之上的文艺必然是为广大人民服务的"大众的文化"。"人民至上"是中国共产党百年领导文艺工作一以贯之的根本遵循，笔者从内容、方法、旨归等三个维度，简要概括中国共产党百年领导文艺工作的基本经验，并且结合当下典型问题以探讨应对之策。

一、内容维度：文艺书写人民，真实反映人民现实生活

（一）文艺书写人民

马克思、恩格斯站在历史唯物主义的社会发展角度高度赞扬无产阶级在现代社会中的重要作用，文艺作为意识形态形式，是对社会存在尤其是经济条件之反映，无产阶级文艺理应描写无产阶级在历史发展中的重要作用。马克思指出"凯撒主义"即"英雄史观"自有其产生的特定历史条件，他在充分肯定无产阶级重要作用时说："在古罗马，阶级斗争只是在享有特权的少数人内部进行……而从事生产的广大民众，即奴隶，则不过为这些斗争充当消极的舞台支柱"，"现代社会则依靠无产阶级过活"。[①] 马克思、恩格斯多次在批判对手错误中强调文艺要歌颂、描写人民。恩格斯认为文艺应当描写无产阶级这一代表人类未来的先进阶级，为此他不吝赋予巴尔扎克"现实主义大师"声誉，因其"经常毫无掩饰地加以赞赏的人物……共和党英雄们……的确是代表人民群众的"，"他在当时唯一能找到未来的真正的人的地方看到了这样的人"[②]。马克思批判拉萨尔的唯心主义历史观及其作品，认为文艺作品应歌颂人民而非帝王将相，"革命中的这些贵族代表……不应当像在你的剧本中那样占去全部注

---

① 马克思：《路易·波拿巴的雾月十八日》，人民出版社，2018，第4～5页。

② 《马克思恩格斯选集》（第4卷），人民出版社，1972，第462～463页。

意力，农民和城市革命分子的代表（特别是农民的代表）倒是应当构成十分重要的积极的背景"。① 恩格斯指出，"那时的运动中的所谓官方分子差不多被您描写得淋漓尽致了。但是，我认为对非官方的平民分子和农民分子，以及他们随之而来的理论上的代表人物没有给予应有的注意"，"介绍那时的五光十色的平民社会，会提供完全不同的材料使剧本生动起来，……只有在这种情况下，才会使这个运动显出本来的面目"②。

毛泽东在谈到文艺对待人民群众的态度问题时指出，文艺要赞扬民众，"对于人民群众……我们应该赞扬"③。周恩来指出，文艺工作者要书写人民，要歌颂工人、农民和军队④。邓小平指出，"文艺创作必须充分表现我国人民的优秀品质，赞美人民在革命和建设中、在同各种敌人和各种困难的斗争中所取得的伟大胜利。"⑤ 江泽民指出，"我们的精神产品应该着力去反映他们从事改革开放和现代化建设的生动实践，反映他们创造美好生活的聪明才智和精神风貌"。⑥ 习近平于 2019 年两会期间看望文艺界社科界委员时指出，文化文艺工作者要"用心用情用功抒写人民、描绘人民、歌唱人民"。党的十九届五中全会通过的《中共中央关于制定国民经济和社会发展第十四个五年规划和二〇三五年远景目标的建议》（以下简称《建议》）指出："不断推出反映时代新气象、讴歌人民新创造的文艺精品。"

（二）文艺真实反映人民现实生活

自中国共产党成立以来，在文艺书写人民的要求指引下，涌现出一大批优秀的、真实反映不同时期人民生活的文艺作品。"以解放区文艺作品为例，小二黑、喜儿、王贵、李香香等底层人物不仅成为文艺作品和舞台的主角，改变了被侮辱与被损害的身份，而且还以主体性人格得以呈现"；"老舍的《茶馆》《龙须沟》等作品是新中国成立后的重要收获，他因此也被称为'人民艺术家'"⑦。从华农兄弟、李子柒等为代表的一批"新农村网红"身上看到的是，他们的短视频将乡村生活给予了最大限度的还原，让大家看到了熟悉的乡村⑧。《在一起》自开播以来便备受关注，现实主义的创作是夺优制胜的关

---

① 《马克思 恩格斯 列宁 斯大林 文艺论著选读》，春风文艺出版社，1981，第199页。

② 《马克思 恩格斯 列宁 斯大林 文艺论著选读》，春风文艺出版社，1981，第210～211页。

③ 《毛泽东选集》（第三卷），人民出版社，1967，第806页。

④ 《周恩来选集》（上卷），人民出版社，1980，第348～349页。

⑤ 《邓小平文选》（第二卷），人民出版社，1994，第209页。

⑥ 《江泽民文选》（第一卷），人民出版社，2006，第507页。

⑦ 张清民：《中国共产党领导文艺百年发展与成功经验》，《中国社会科学》2021年第4期。

⑧ 敖童：《"新农村网红"新在哪儿？》，https://hlj.rednet.cn/content/2019/06/08/5580519.html。

键,《在一起》的十个单元皆取材于抗疫期间的真实故事①。《经山历海》能让年轻人破防,最重要的原因就是真实。《看见》较之《后浪》获赞更多,就在于它的"真",照见绝大多数人的生活。②此外,《我和我的祖国》《我和我的家乡》《我和我的父辈》《我们的新生活》《开端》等电影电视剧热映,皆因其反映了普通百姓的日常生活。在书写人民时要注意人物选取的代表性,"真实地再现典型环境中的典型人物"③。

文艺要真实反映人民现实生活,绝不能用艺术家一厢情愿的方式来书写生活,避免出现歪曲甚至丑化历史的"主观裁剪历史"现象。当前我国文化产业在一定层面存在过度逐利、急功近利现象,一些影视剧制作者单纯考虑经济利益而不顾社会效益,为迅速制作出电视剧以获利,对剧本、拍摄要求不高,粗制滥造一些低质量的"主观裁剪历史"影视作品。这些作品丝毫不尊重历史,而是恣意歪曲、戏说历史,在民众中产生较大负面影响,尤其是不利于人们正确历史观的树立,典型如各种戏说剧、抗日神剧等。葛兰西指出,艺术应当具有现实主义、正确合理反映社会现实:"艺术家对个别的、未形成的事物等等的某种因素,有必要指出'本来是什么'——现实主义地指出来。"④陈云认为,要在评弹中"防止反历史主义的错误""还历史的本来面目"⑤,多次指出评弹必须要尊重历史,不可虚无、扭曲历史。习近平指出,"历史给了文学家、艺术家无穷的滋养和无限的想象空间,但文学家、艺术家不能用无端的想象去描写历史,更不能使历史虚无化。文学家、艺术家不可能完全还原历史的真实,但有责任告诉人们真实的历史,告诉人们历史中最有价值的东西"⑥,"事实不容抹杀,也是抹杀不了的"⑦。当前,文艺应坚持历史唯物主义导向,尊重历史并全面、客观、真实地反映历史。

二、方法维度:文艺依靠人民,发挥人民在文艺创作中的主体性

(一)文艺依靠人民

马克思主义认为,人民群众是历史创造者,不仅是物质财富创造者,也是精神财富创造者,马克思、恩格斯十分重视人民在精神创造中的重要作用。马

①　严雪丽:《〈在一起〉:展示态度,也传递温度》,https://hlj.rednet.cn/content/2020/10/20/8532583.html。

②　陈瑜:《创造属于新时代的经典》,https://hlj.rednet.cn/content/2020/07/14/7618055.html。

③　《马克思恩格斯选集》(第4卷),人民出版社,1972,第462页。

④　安东尼奥·葛兰西:《狱中札记》,葆煦译,人民出版社,1987,第464页。

⑤　《陈云同志关于评弹的谈话和通信》,中国曲艺出版社,1983,第10～14页。

⑥　习近平:《坚定文化自信建设社会主义文化强国》,http://www.qstheory.cn/dukan/qs/2019-06/16/c_1124628547.htm。

⑦　习近平:《在纪念中国人民抗日战争暨世界反法西斯战争胜利75周年座谈会上的讲话》,https://baijiahao.baidu.com/s?id=1676816034410610607&wfr=spider&for=pc。

克思指出："哲学家的成长并不像雨后的春笋，他们是自己的时代、自己的人民的产物，人民最精致、最珍贵和看不见的精髓都集中在哲学思想里。"[①] 马克思、恩格斯共同在《神圣家族》中提出："工人才创造一切，甚至就以他们的精神创造来说，也会使整个批判感到羞愧。"[②] 恩格斯说，他们这些受过"学院式教育"的人，总的说来，应该向工人学习的地方，比工人应该向他们学习的地方要多得多；[③] "英国工人……不会写，可是他们会说，并且会在大庭广众之中说。虽然他们不会算，可是他们对政治经济学概念的理解足以使他们看穿主张取消谷物税的资产者，并且驳倒他们。虽然他们完全不了解教士们费尽心机给他们讲的天国的问题，可是他们很了解人间的，即政治的和社会的问题"[④]。

葛兰西认为，艺术家作为"有机知识分子"存在，文学要扎根人民、联系人民："新文学不能不具有历史的、政治的、人民的前提"，"重要的是要使新文学扎根于人民文化富饶基础"[⑤]，葛兰西指出意大利知识分子特别是文学家脱离人民，由此人民也不喜欢阅读他们的作品，由此葛兰西提出"人民文学"即"民族的——人民的文学"[⑥]，这与葛兰西在《狱中书简》中所讲"人民的创造精神"[⑦]是一致的。毛泽东提出文艺大众化，"就是我们的文艺工作者的思想感情和工农兵大众的思想感情打成一片。而要打成一片，就应当认真学习群众的语言"。[⑧] 周恩来指出文艺工作者"应该首先去熟悉工农兵，因为工农兵是人民的主体"[⑨]。邓小平提出文艺工作者要向人民学习："要教育人民，必须自己先受教育。要给人民以营养，必须自己先吸收营养。由谁来教育文艺工作者，给他们以营养呢？马克思主义的回答只能是：人民。人民是文艺工作者的母亲"，"艺术更需要人民。自觉地从人民的生活中汲取题材、主题、情节、语言、诗情和画意，用人民创造历史的精神来哺育自己"[⑩]。江泽民"希望广大宣传文化工作者走出去、走下去，深入生活、深入群众，从人民群众改革和建设的伟大实践中汲取丰富的思想营养，创作出无愧于时代的优秀作品"[⑪]，"人民是文

① 《马克思恩格斯全集》（第1卷），人民出版社，1956，第120页。

② 《马克思恩格斯全集》（第2卷），人民出版社，1957，第22页。

③ 《马克思恩格斯全集》（第22卷），人民出版社，1965，第82页。

④ 《马克思恩格斯全集》（第2卷），人民出版社，1957，第398～399页。

⑤ 安东尼奥·葛兰西：《狱中札记》，葆煦译，人民出版社，1983，第465页。

⑥ 安东尼奥·葛兰西：《狱中札记》，葆煦译，人民出版社，1983，第473～474页。

⑦ 安东尼奥·葛兰西：《狱中书简》（上册），田时纲译，吉林出版集团有限责任公司，第41页。

⑧ 《毛泽东选集》（第三卷），人民出版社，1967，第808页。

⑨ 《周恩来选集》（上卷），人民出版社，1980，第352页。

⑩ 《邓小平文选》（第二卷）人民出版社，1994，第211～212页。

⑪ 《江泽民文选》（第一卷），人民出版社，2006，第508页。

艺工作者的母亲、生活是文艺创作的源泉","虚心向人民群众学习"①。习近平强调人民在文艺创作中的主体地位:"人民既是文艺的剧中人,也是创作者";并指出人民之于文艺创作的重要意义:"人民是创作的源头活水,只有扎根人民,创作才能获得取之不尽、用之不竭的源泉";习近平指出文艺创作的基本路径:"永远同人民在一起"②,"从人民的伟大实践和丰富多彩的生活中汲取营养,不断进行生活和艺术的积累,不断进行美的发现和美的创造","扎根人民、扎根生活"。③

(二)发挥人民在文艺创作中的主体性

中国共产党自成立以来,始终坚持文艺工作依靠人民,充分发挥人民在文艺创作中的主体作用,创作出了一大批优秀文艺作品。首先,文艺工作者体验生活、深入生活、感受生活,从生活中发现创造灵感来源,创作出人民群众喜闻乐见的文艺作品。柳青为了深入农民生活,定居皇甫村,蹲点十四年,集中精力创作《创业史》。"路遥的成长除了自身的天赋,自然离不开与知青的交往"④。1958年,吕远来到兰州炼油厂采风,工人们告诉他这里炼的就是产自克拉玛依的石油。石油工人意气风发的精神状态、工地上火热的建设场景、想象中克拉玛依苍茫神秘的景色……激发了吕远的创作灵感,《克拉玛依之歌》于是诞生了。⑤ 周梅森创作《人民的名义》期间,"采访了大量的案例,去检察院体验生活,花了大半年的时间,翻阅大量案宗、卷宗,然后提炼采访,再开始编写"。名为《山海情》的扶贫连续剧引来广大网友点赞,诚如该剧制片人侯鸿亮先生在接受《人民日报》采访时所言:"《山海情》是我们对扎根人民、扎根生活的创作方法的一次深入实践",观众表面上所看到的土气,恰恰就是该剧创作队伍"花大量时间进行调研、采访"所凝练出的结晶。⑥ "如何克服生活经验的欠缺,在短时间内获取大量有效的素材呢? 这恐怕要得益于网络文学的创作机制,即作家一边在线创作,一边和读者在线互动。"⑦ 信息时代,文艺工作者可以利用信息技术,比如 QQ 群、微信群、微博等,加强与读者的互动,获取更多写作素材。文艺工作者要善于

---

① 《江泽民文选》(第三卷),人民出版社,2006,第403页。

② 《推动社会主义文化繁荣兴盛》,人民出版社,2019,第110~113页。

③ 《习近平谈治国理政》(第二卷),外文出版社,2017,第317~319页。

④ 赵勇:《〈平凡的世界〉与民选经典》,《中国高校社会科学》2018年第4期。

⑤ 张贺:《让"深入生活、扎根人民"成为新常态》,《人民日报》2015年1月8日。

⑥ 许洪鑫:《读懂热播剧〈山海情〉高开高走背后的方法论》,https://hlj.rednet.cn/content/2021/01/23/8919756.html。

⑦ 张永禄:《坚持网络文艺创作的社会主义价值取向——新时代重视弘扬现实主义文学》,《毛泽东邓小平理论研究》2019年第9期。

倾听民众反馈，更不能盲目反对民众批评，应有着"闻过则喜"态度，将群众批评当作改进提升自己的动力和方法。要整治"饭圈文化"不良现象，一些文艺工作者利用粉丝对自己喜爱，利用粉丝写软文美化自身或非理性打榜应援，而对他人则是极尽诋毁抹黑之能事，这绝非文艺工作者依靠人民的正确"打开"方式。

其次，提高人民群众在艺术活动中的参与度，促进文艺事业蓬勃发展。陈云指出，"评弹主要来自人民群众"[①]。《放下你的鞭子》《我的家在东北松花江上》等文艺演出节目均有强烈的地方化、民间化、人民性、立体性特点，这类文艺节目吸引观众共同参与，营造时空一体化气氛，强化在场性、剧场功能，极具艺术魅力和感染力。[②]苏北抗战中，"从前线到农村，民间艺人们成为党的文艺工作者，满怀热情地用文艺形式宣传党的路线、方针、政策"[③]。2021年1月1日，人民日报客户端和快手联合举办"你好2021"温暖之夜晚会，这场朴素的晚会，由一群努力打拼奋斗、坚持爱好却不为人熟知的"平凡人"[④]演绎。当下自媒体时代，随着"审美距离的消失"，一些平台如抖音、快手、哔哩哔哩等给予了普通民众成长为艺术家的机会，一些优秀的民间音乐人通过选秀节目如星光大道等出名，一些民间作家、诗人、民间朗诵者等脱颖而出。但须防止文化资本化下文艺领域中"劣币驱逐良币"现象，即文艺沦为少数人自娱自乐的工具而阻碍优秀文艺工作者成长，而是积极让那些实力优秀、群众喜欢的民间艺人能够通过自身努力发展崛起。同时，要减少艺术人才培养中的乱象，要"有升有降"，既降低艺术的金钱准入门槛而不是沦为"有钱人的游戏"，又提高艺术圈的知识素养要求和道德品质要求，让更多具有较高道德素养、一定艺术天赋、真心喜爱艺术之人能够接近、学习、精进自身艺术水平，成长为优秀的艺术家；要防止偶像低龄化，一些家长为盈利而"啃小"，在直播、短视频中消费儿童、损害孩子身心健康，这种错误做法应受到批判。

三、旨归维度：文艺服务人民，提升文艺审美品质

（一）文艺服务人民

文艺是满足人类精神需要尤其是审美需要的重要方式，马克思、恩格斯高度关切无产阶级的审美需要及其满足，但资本主义制度下工人审美需要的满足处处受限。马克思、恩格斯在《德意志意识形态》中指出，人们在满足

---

① 《陈云同志关于评弹的谈话和通信》，中国曲艺出版社，1983，第93页。

② 张清民：《中国共产党领导文艺百年发展与成功经验》，《中国社会科学》2021年第4期。

③ 汪倩秋：《苏北抗战文艺运动中的淮海戏》，《档案建设》2021年第3期。

④ 汉卿：《"一场没有明星的晚会"，看见人间烟火气》，https://hlj.rednet.cn/content/2021/01/04/8809113.html。

了物质需要之后，又产生了"新的需要"，这些需要是多层次、多维度的，但审美需要无疑是其中一个重要方面。正如马克思在《1844年经济学哲学手稿》中所说："作为一个完整的人，占有自己的全面的本质。人同世界的任何一种人的关系——视觉、听觉、嗅觉、味觉、触觉、思维、直观、情感、愿望、活动、爱——总之，他的个体的一切器官……这些器官同对象的关系，是人的现实的占有。"但工人不能满足自身审美需要，"忧心忡忡的穷人甚至对最美丽的景色没有什么感觉。"①葛兰西指出应提升工人的审美水平，"为什么工人不能练习作诗呢？难道这不是使他们的听觉更易于接受音乐（诗的）等等么？"②列宁直接指出，"自由的写作……为千千万万劳动人民……服务"③。

　　无论是新民主主义时期的"大众的文化"，还是社会主义时期的文艺"为人民服务"，都充分彰显了文艺服务人民这一宗旨。习近平谈到文艺为人民服务的基本方针时说："鼓励我们的文艺工作者像《山花》那样，植根于人民大众，创作出深受人民大众喜爱的、向上向善的优秀作品。"④2020年10月，习近平总书记给中国戏曲学院师生回信，对他们传承发展好戏曲艺术提出殷切期望，"在服务人民中砥砺从艺初心"。习近平还对文艺满足人民美好生活等方面做了诸多论述。2017年党的十九大报告指出，新时代"我国社会主要矛盾已经转化为人们日益增长的美好生活需要和不平衡不充分的发展之间的矛盾"⑤，"满足人民过上美好生活的新期待，必须提供丰富的精神食粮"⑥。2021年8月，习近平在中央财经委员会第十次会议上指出，"要促进人民精神生活共同富裕，强化社会主义核心价值观引领，不断满足人民群众多样化、多层次、多方面的精神文化需求"。

　　（二）提升文艺审美品质

　　审美是文艺最重要的特征，文艺服务人民，应以具有崇高审美品质、高质量的文艺精品满足人民精神文化需要。中国共产党成立以来始终重视文艺的审美品质。陈云指出："噱头可放，但一定要防止下流、色情。"⑦抗日战争时期"评弹艺术趋向商业化，庸俗、黄色的噱头泛滥"⑧，"黄色的内容……危害

---

① 马克思：《1844年经济学哲学手稿》，人民出版社，1985，第80~83页。

② 安东尼奥·葛兰西：《狱中札记》，葆煦译，人民出版社，1983，第460页。

③ 《列宁选集》（第2卷），人民出版社，2012，第666页。

④ 中央党校采访实录编辑室主编《习近平的七年知青岁月》，中共中央党校出版社，2017，第345页。

⑤ 习近平：《习近平谈治国理政》（第三卷），外文出版社，2020，第9页。

⑥ 习近平：《习近平谈治国理政》（第三卷），外文出版社，2020，第34页。

⑦ 《陈云文集》（第三卷），中央文献出版社，2005，第346页。

⑧ 《陈云同志关于评弹的谈话和通信》，中国曲艺出版社，1983，第62页。

是很大的……调情的、下流的、色情的都要不得"①。毛泽东曾谈到文艺工作中普及与提高之间的辩证法："我们的提高，是在普及基础上的提高；我们的普及，是在提高指导下的普及"②。邓小平指出，文艺工作者"要通过自己的创作提高人民的精神境界"，"成为名副其实的人类灵魂工程师"③。党的十九届五中全会《建议》提出，"把提高质量作为文艺作品的生命线，提高文艺原创能力"，"不断推出反映时代新气象、讴歌人民新创造的文艺精品"。社会主义文艺倡导"讲品位、讲格调、讲责任"，抵制"低俗、庸俗、媚俗"，"要把提高作品的精神高度、文化内涵、艺术价值作为追求"④。

当前，文艺领域审美品质出现了一些问题，尤其是个别生产者秉持流量为王、金钱至上，不择手段违反公序良俗、违反法律法规生产"低俗、庸俗、媚俗"的文艺作品。一些文艺作品过度强调感官、享乐和刺激，向公众传播色情、软色情、暴力等内容；一些文艺作品向民众宣扬畸形审美观，如容貌焦虑、审丑文化，错误道德观如拜金主义、封建道德糟粕；一些网络主播在PK中做出侮辱自身、他人人格做法，还有主播枉顾自身及群众安全拍摄惊险视频；一些网红蹭热点玩梗、消费名人、消费灾情。为克服上述问题，需引导文艺工作者改变消费主义影响下单纯重视个人盈利而不顾及社会效益的错误观点，坚持社会效益优先、社会利益与经济利益相统一，以对人民负责的态度生产出高质量的"文艺精品"。"机械复制品所进入的环境也许并未触及事实上的艺术作品本身，然而艺术作品存在的质地却总在贬值"⑤，简单靠抄袭模仿（一些流行文化文艺作品往往抄袭、剪切拼接视频、翻拍国外视频、翻拍经典等）不足以提升文化文艺的审美水平，这样的作品注定只能是昙花一现。"只有不畏艰难、勤学苦练、勇于探索的文艺工作者，才能攀登上艺术的高峰"⑥，"要树立正确的创作观，自觉砥砺从艺初心、勇攀文艺创作高峰"，"文艺创作是艰苦的创造性劳动，是远离浮躁、不求功利得来的，是呕心沥血铸就的"⑦。文化文艺工作者要苦心孤诣、精益求精地生产出具有更长流行周期的高质量创新性经典文化产品，而非制造生命周期短的"泡沫文化""速食文化""倍速文化"，只有经典才能长久流传，经得住人民群众评价和时间检验。此外，应"建立健全文化产

① 《陈云同志关于评弹的谈话和通信》，中国曲艺出版社，1983，第69页。

② 《毛泽东选集》（第三卷），人民出版社，1967，第819页。

③ 《邓小平文选》（第二卷），人民出版社，1994，第211页。

④ 《习近平新时代中国特色社会主义思想三十讲》，学习出版社，2018，第205页。

⑤ 阿伦特：《启迪：本雅明文选》，张旭东、王斑译，生活·读书·新知三联书店，2014，第235页。

⑥ 《邓小平文选》（第二卷），人民出版社，1994，第212～213页。

⑦ 《推动社会主义文化繁荣兴盛》，人民出版社，2019，第114页。

品创作生产、传播引导、宣传推广的激励机制和评价体系，推动形成健康清朗的文艺生态"①，尤其是在评价机制上，"不唯流量是从，不能用简单的商业标准取代艺术标准"，"抵制阿谀奉承、庸俗吹捧的评论，反对刷分控评等不良现象"②。

（作者系西华师范大学马克思主义学院讲师、法学专业博士研究生）

---

① 中国政府网：《中华人民共和国国民经济和社会发展第十四个五年规划和2035年远景目标纲要》，http://www.gov.cn/xinwen/2021–03/13/content_5592681.htm。

② 中国政府网：中央宣传部等五部门联合印发《关于加强新时代文艺评论工作的指导意见》，http://www.gov.cn/xinwen/2021–08/02/content_5629062.htm。

新时代网络文明建设促进社会主义文化强国建设的理论审思与实践路径

柳　帆　盖颐帆

2021年9月，中共中央办公厅、国务院办公厅发布《关于加强网络文明建设的意见》，指出了当前我国加强网络文明建设的重要背景，分析了加强网络文明建设的重要意义和发展路径。党的十八大以来，在以习近平同志为核心的党中央的坚强领导下，我国的互联网事业取得了突飞猛进的发展。互联网的发展给广大民众带来了信息接收和人际社交的便利性，但由于信息发布缺乏有效监管和互联网前台匿名性的加持，网络上有悖于社会主义核心价值观的虚假、低俗信息层出不穷。这些网络上的乱象与人民群众对美好生活的期待形成了种种矛盾，说明切实加强网络文明建设已迫在眉睫。

一、加强网络文明建设的必要性

（一）互联网使用持续深化，传播主体更加多元

目前，我国互联网的使用正持续深化，对人民群众的日常工作、生活产生了深刻影响。截至2021年6月，我国网民规模达10.11亿，互联网普及率达71.6%；8.88亿人看短视频、6.38亿人看直播、8.12亿人网购、7.60亿人在网上看新闻。[①] 这些全新的生活方式和不断增长的数字证明，互联网的使用正渗透到我国人民群众生活中的每一个角落。

在Web2.0时代，终端与网络的普及使信息传播的阻碍几乎消失，内容生产在用户端迎来了巨大爆发。微博、微信、短视频等用户生产主导的平台如雨后春笋般兴起，打破了传统的线性传播格局，使所有人都成为传播行为的主体。社交媒体等网络平台通过互动实现对海量信息的重新组织，网民的部分言论往往出自个人主观评价，不存在明显位置的"把关人"，是真正的"观点的自由市场"。

---

① 第48次《中国互联网络发展状况统计报告》，http://www.cnnic.net.cn/hlwfzyj/hlwxzbg/hlwtjbg/202109/t20210915_71543.htm。

（二）症结：低质量内容和网络乱象亟待治理

内容质量低下是网络乱象的主要表现之一。随着用户在内容生产过程中主体性的增强，网络上的各种虚假、低俗消息往往是"一波未平，一波又起"。对此，《关于加强网络文明建设的意见》明确指出，要大力治理网络违法犯罪、不文明问题、虚假信息等网络乱象，以期改善现有的网络环境。

受到互联网开放环境的影响，人们更容易相信和转发猎奇、轰动的消息。谣言一旦流传开来而未经即时纠正，则可能会给社会带来难以消除的不良影响。受众受制于信息接收的第一印象，即使谣言得以及时纠正，也很难使所有人都接触到事实真相。

同时，在内容制作和传播方面，个别综艺节目对引导青少年的发展有十分不利的影响，这也反映了治理网络环境、阻断低质量内容传播的重要性。

（三）依据：人民群众日益增长的美好生活需要

习近平总书记指出："网络空间是亿万民众共同的精神家园。网络空间天朗气清、生态良好，符合人民利益；网络空间乌烟瘴气、生态恶化，不符合人民利益。"[1] 人民群众对美好生活的向往不仅局限于经济收入的增长，也有赖于文化环境的改善和精神世界的营造。我们党始终将人民的利益放在最高位置，力求满足人民群众日益增长的美好生活需要，这就从理论上明确了优化网络环境、加强网络文明建设的必要性。

加强网络文明建设是适应社会主要矛盾变化、满足人民对美好生活向往的迫切需要。[2] 在移动互联网时代，网络已经成为广大人民群众获取信息的首要途径，我们所处的网络环境在一定程度上影响着人们在现实中的态度和行为。因此，建设风清气正的网络空间无疑将增强人民群众的获得感、幸福感，让人民群众的生活变得更加美好。当前，各类线上购物、线上支付和配送等行为模式正借助移动互联网的发展不断完善，网络空间要服务人民群众的生活需求。满足人民群众美好生活的需要，并不是说要人为地制造一个完全充斥着"好消息"的网络空间，而是要通过对网络传播者行为的约束和规范使网络上的信息趋于规范、有序，以便人民群众在上网时获取更多文明的、有价值的内容。

二、大众传播视角下的网络文明建设路径

（一）强化把关作用，改善网络信息质量

"把关人"原是大众传播中的概念，其职责是在大众传媒内部过滤、筛选信息，在大众传播活动当中普遍存在。而在信息纷繁复杂的网络空间中，绝大

---

① 习近平：《在网络安全和信息化工作座谈会上的讲话》，《人民日报》2016年4月26日。

② 《中办、国办印发〈关于加强网络文明建设的意见〉》，《人民日报》2021年9月15日。

多数内容都是由广大网民创造出来的，其内容质量良莠不齐，需要媒体或政府有关部门介入对内容进行筛选、监控。此外，我国商业互联网站没有采访权，大量报道靠转发和二次加工。尤其是各类搜索引擎及社交媒体平台，它们"造势"行为的商业性较强，以点击和转发"流量"作为商业评价标准。由此看来，社交媒体等网络平台应设专人对其内容加以审查，对假新闻、低俗言论等低质量内容严加管控。中宣部、网信办、国家广电总局等部门也相继出台相应法律规定，用具体制度和惩罚措施来规范这些互联网企业的社会责任，确保输出的网络文化产品符合社会主义核心价值观。

"把关人"的作用包括疏导和抑制，在对网络信息进行"把关"时，应当针对不同内容分别采用适当的处理方式。一般说来，对突发性强、影响面广、破坏性大的"强"议题，政府部门或主流媒体应当果断做出决策，避免事件继续对人民群众和社会造成伤害。如一些名人的违法犯罪行为一经落实便很快遭到全网封禁，表现了党和政府抵制歪风邪气、弘扬文明风尚，切实改善网络空间生态的决心。而对贴近生活、影响有限、破坏性低的"弱"议题，则应当视情况适当予以疏导，以免因过度监管消磨网民对政府和媒体的好感和信任。[①]所以，对互联网络空间的治理，也要坚持软硬兼施，切实关照到广大民众的现实生活。

（二）坚持正面宣传，重视新闻舆论工作

在信息传播的"把关"之外，政府还应当借助大众传媒的力量在网络上开展舆论引导工作。在移动互联网时代，受众信息获取渠道和平台不断增多，传统媒体的舆论引导工作的有效性有一定折扣。在不断发展和完善中国特色社会主义的过程中，新闻舆论工作的作用应不断提升。传统媒体要通过互联网开展线上线下联动宣传，以正面宣传为主，以建设性新闻报道的思路观照社会发展中出现的问题，营造向上向善的舆论氛围。

在具体实践过程中，习近平总书记曾对宣传思想干部和新闻工作者提出了"不断增强脚力、眼力、脑力、笔力"的"四力"要求。在网络上的宣传思想工作中，要善于观察、发现、分析、辨别，强化网上道德示范引领，发现典型案例与模范事迹。这与我党一向坚持的"团结稳定鼓劲、正面宣传为主"方针是一致的。[②]此外，基于网民"年轻化"的特征，新时代的青少年从出生起就与互联网结缘，网络空间在很大程度上塑造着年轻人的人格。这就要求政府和

---

① 石国良、王国华：《政务微博"弱"议题舆论引导中的网民情感及其原因分析——基于重要媒体评马保国事件的个案分析》，《情报杂志》2021年第6期。

② 郑保卫、王青：《论中国共产党新闻事业百年发展的历史经验》，《现代传播（中国传媒大学学报）》2021年第7期。

主流媒体从青少年的发展需求出发，生产出年轻人乐于接受的、正能量网络文化产品，力图在点滴细节之中提升网民的文化自信。当前，由国家互联网信息办公室牵头，多款手机 App 开设了青少年模式，从推荐内容和平台使用与运营上加强对青少年的网络舆论引导。

（三）发扬教育功能，提高网民的信息鉴别能力

谣言是事物的重要性与证据的模糊性共同作用引起的，和受众的批判意识呈负相关的关系。[①]受众的批判意识越强，谣言等虚假消息的传播则会减弱。如今，"最根本的变化在于，辨别真假的责任更多地落到了我们每个人身上"[②]。由此看来，提高网民的媒介素养和信息鉴别能力，也是加强网络文明建设的路径之一。

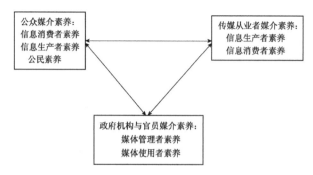

政府、传媒从业者和公众三种媒介素养之间的关系

如图所示，政府、传媒从业者和公众三者之间的媒介素养存在相互作用。政府要充分发挥管理和监督职能，传媒从业者在新闻报道和发布的过程中，要坚持事实第一性，坚持以事实采访决定后续新闻写作与报道，必要时对信息的来源进行强调，使受众在接收信息时可以追本溯源。回溯近年来虚假信息的发布和传播，一方面信息发布者缺少详尽采访和事实核查，另一方面受众的媒介素养较低，以个人喜好和价值判断认知信息并持续转发，促成了虚假信息的多次传播。总之，加强网络文明建设不仅需要政府的督促，还需要媒体和人民群众的共同努力。

三、建设网络文化强国具有深远意义

（一）国内：提升社会文明程度，增强文化自信

目前我国正处于从"网络大国"到"网络强国"的战略转型阶段，为增强网民的文化自信，需要将反映我国现实的文化成果、发展经验和模式通过网络

---

① 吴建、马超：《谣言传播公式：溯源、修正与发展》，《新闻界》2015年第13期。

② 比尔·科瓦奇、汤姆·罗森斯蒂尔：《真相：信息超载时代如何知道该相信什么》，陆佳怡等译，中国人民大学出版社，2014，第8页。

进行有效传播。①网络信息质量的改善对社会文明程度的提升将大有裨益，"清朗""净网"等专项行动有效地优化了我们每天接触的网络环境。这些举措最终都将转化为人民群众实实在在的获得感、幸福感，给青少年的成长发展带来潜移默化的影响。

文化自信是更基础、更广泛、更深厚的自信，利用互联网先进技术产出的文化产品可以让广大人民群众更方便地接触到我国优秀的传统文化。以马未都的《嘟嘟》系列节目为例，在视频作品中，马未都会将文物实物与历史故事、社会热点事件等充分结合起来，以脱口秀这种易于接受的方式讲述历史、传播文化。网民们通过无形之中对国家历史、文化的学习，对弘扬先进文化的网络作品会更加喜闻乐见，进而更加认同中华民族的优秀传统文化。

（二）国际：传递中国声音，对冲不负责任的西方解读

当前，部分西方国家刻意制造"舆论"，借助互联网鼓吹"中国威胁论"，在相关互联网平台制作并传播虚假影像信息企图对抗中国的网络意识形态。对待此类现象，广大网民应当有清晰的认识，通过互联网合理发声，要努力维护、坚决捍卫国家的话语权，不断提升网络素养，用更合理的方式传递中国声音。我国作为独立自主的民主国家，需要借助互联网的先进技术挖掘、发扬并传播自身的优秀文化，避免在世界文化市场上被西方资本主义国家"牵着鼻子走"。

在世界互联网发展场域中，我国已经举办八届世界互联网大会，宣传我国的互联网治理思想，积极参与构建网络空间命运共同体。习近平总书记在中共中央政治局第三十次集体学习时强调，要加强和改进国际传播工作，展示真实立体全面的中国。在国际传播当中，需要特别强调的是要以"到达"为目的，使用跨文化的语言、思维向世界传递我国的价值观念。当然，"讲好中国故事"并不意味着故步自封地"只讲中国故事"，而是要通过讲事实、作比较的方式凸显中国文化的吸引力和感染力，这也正是国家文化软实力的内涵之一。随着传播技术的发展和媒介全球化的演进，一个文明的网络环境将不仅是培植、传承优秀文化的土壤，更将成为对外开展国际传播的有力依托。

四、结语

当前我国的网络文明建设任重而道远。从社会背景、现实症结、理论依据等方面来看，加强网络文明建设都有其必要性。要完成《关于加强网络文明建设的意见》中提出的任务，首先是要发扬"把关人"的作用，改善信息内容质量低下的问题，营造风清气正的网络空间。其次要结合新闻舆论工作的特性来生产符合网络传播思维的文化产品，潜移默化地增强网民的文化自信。政府部

---

① 曾灵华：《2012年国家社科基金重大项目"网络文化建设研究——建设中国特色社会主义网络文化强国对策建议"研讨会综述》，《中国广播》2013年第5期。

门和主流媒体有责任向世界传递中国声音，与资本主义的文化霸权抗衡，努力提升中国在国际网络空间的话语能力。总之，加强网络文明建设要立足于国内外实际的网络环境，以"世界的视野、中国的立场"来建设我们的社会主义文化强国。

（作者分别为：中国传媒大学新闻学院讲师；中国传媒大学新闻学院硕士研究生）

传承红色基因　推进媒体融合
奋力打造革命老区高质量融合发展新型主流媒体

刘照龙

　　赣州广播电视台是 2014 年 6 月由原赣州人民广播电台和原赣州电视台合并而成的赣州市委市政府直属正处级事业单位，现有新闻综合频道、公共频道、教育频道 3 个电视频道和新闻综合、交通音乐、农村科教 3 个广播频率，有时空赣州网、赣州网络台 App 以及"赣州广播电视台"微信公众号和 App 为龙头，视频号、抖音号、微博等新媒体平台为重要阵地的全媒体互融互补宣传矩阵，初步搭建了"上联下延，共同发声"的融媒体生态圈，新媒体矩阵粉丝量达 600 万。2021 年 5 月被评为"江西省广播电视媒体融合先导单位"，2022 年 4 月赣州被中宣部列入全国市级媒体深度融合发展试点城市。

　　赣州是全国著名的革命老区，也是全国较大的集中连片特困地区之一。近年来，受新媒体冲击，传统广播电视媒体收听收视率下滑，影响力下降，发展举步维艰。赣州广播电视台立足实际，坚持移动优先、内容为王，突出体制机制创新、业务流程再造、融合业务拓展、人才队伍建设等改革，推进广电媒体与新媒体深度融合、一体发展，打造革命老区高质量融合发展新型主流媒体，传播力、影响力、竞争力、公信力显著提升。充分运用全媒体矩阵全力主攻对上供稿，在中央广播电视总台重要栏目发稿连续多年位列全省设区市第一，被中央广播电视总台授予全国地市台新闻报道"突出贡献奖"；作品《"习近平总书记来赣视察特别报道"系列回访》《总理妙解"孚能"寄语新经济》《赣南革命老区实现整体脱贫摘帽》《一根木材如何撬动千亿产业集群》《抖音"抖"出农产品新销路》《陈老汉的"致富账本"》《大龙村振兴的美丽实践》等获江西新闻奖一等奖。

一、坚持政治家办台，浓墨重彩做好主题宣传

（一）以高度政治自觉宣传好习近平新时代中国特色社会主义思想在赣南的生动实践

于都是中央红军长征集结出发地，由于地理和历史等多种原因，长期处于贫困状态。习近平总书记2019年5月20日在于都视察时指出："全面建成小康社会，一个也不能少；共同富裕路上，一个也不能掉队。"2020年5月，在总书记视察赣州一周年之际，我们走进于都县潭头村，报道潭头村"龙头企业＋合作社＋农户＋贫困户"特色产业模式带动村民致富的故事。央视《新闻联播》播出《潭头村里的新生活》全面展示了老区人民脱贫攻坚成果和满怀信心奔小康的豪迈情怀，同步制作《总书记我想对您说》《赣南脱贫大事记》等融媒体视音频产品，让习近平新时代中国特色社会主义思想"飞入寻常百姓家"，传播效果明显。

2022年是习近平总书记视察江西和赣州三周年。我们沿着总书记视察赣州的足迹，通过记者出镜现导和同期声串联的形式，重点报道三年来赣州市企业发展、产业振兴、百姓生活发生的巨大变化。推出了《沿着总书记的足迹 | 金力永磁的蜕变》《沿着总书记的足迹 | 潭头村的"明星们"》《沿着总书记的足迹 | "于"见红"都"》等系列短视频，展现了老区人民群众感恩党、听党话、跟党走的共同心声，引发各界热烈反响。2022年4月16日，由中央广播电视总台与江西广播电视台联合制作的大型直播特别节目《走进老区看新貌·江西篇》在央视新闻频道、央广中国之声播出。赣州台全程参与策划、摄制，节目通过直播连线、记者行进式采访，既从宏观角度讲述赣南老区的产业发展和重点项目，又从微观方面关注老区人民的获得感、幸福感，具有较强感染力。推出了《"红色故都"展新颜》《这里是中央红军长征集结出发地》等一组内容丰富、短小精悍的报道，完美地展现了赣州城乡巨变，其中《山里T台通山外 老区秀出时尚风范》展现于都县发展服装产业数字化，纺织服装企业从小作坊到大工厂，服装品牌在粤港澳大湾区创出影响的故事。在当天全国所有频道同时段的直播节目中，该节目关注度排第二位，在网络平台总观看量达1782.3万次，新浪微博话题＃走进老区看新貌＃阅读量达4亿次，其中江西篇达1499万次。

（二）全景式宣传好《国务院关于支持赣南等原中央苏区发展的若干意见》《国务院关于新时代支持革命老区振兴发展的意见》实施以来的变化

全方位、多角度报道赣南等原中央苏区振兴发展十年来的深刻变化和巨大成就，宣传赣南儿女饮水思源、感恩奋进的生动场景和赣州高质量发展成就，展现新时代"老区旧貌换新颜"的巨变和苏区人民触手可及的获得感、幸福感。推出了《十年振兴》《十年振兴时光印记》《老百姓的笑脸》等系列短视频20个，展现了老区人民永远铭记、感恩总书记关心关怀的美好意愿，引发广大网友共鸣，全网播放量超过300万次；《十年振兴时光印记》系列短视频推出《全景体验赣南苏区十年沧桑巨变》《斗拱独具匠心 感恩倾心帮扶》《科创"牛劲"十足 集聚现代产业》《大美苏区 诗意画卷》等短视频，通过主播沉浸式体验"赣南等原中央苏区振兴发展十周年成就展"的方式，集中展现了赣州市广大干部群众聚焦"作示范、勇争先"，在对接融入、项目建设、产业发展、乡村振兴等方面取得的喜人成就，全网播放量超200万次。

（三）精心精细做好脱贫攻坚、全面小康融合宣传

充分发挥融合传播优势，立体化展示赣州市高质量脱贫攻坚、乡村振兴成果。赣县区韩坊镇梅街村是江西省脱贫攻坚任务最重的地方之一，全村1000多户分散居住在大山里，五分之一都是建档立卡贫困户。当地政府通过改善基础设施建设，开展免费技能培训，提供小额贴息贷款，发展蔬菜、脐橙产业带动全村脱了贫。"新春走基层"中，我们走进梅街村48岁建档立卡贫困户聂道有家里，拍摄制作长消息《老聂家脱贫后的第一顿年夜饭》，小切口大主题，反映精准扶贫给群众生活带来的巨大变化，体现了全面小康进程中老百姓的幸福感、获得感。作品在央视《新闻联播》播出后，同步在央视新闻客户端、央视频和时空赣州网、赣州网络台 App 等平台推送。

（四）做好全媒体专栏《融湾桥头堡》宣传

为营造打造对接融入粤港澳大湾区桥头堡的浓厚氛围，我们推出大型全媒体专栏《融湾桥头堡》。专栏分《逐梦湾区》《多彩湾区》等多个版块，推出了《【融湾桥头堡——多彩湾区】"最佳科技集群"排名，这一地区位列全球第二》《融湾桥头堡——这里是珠海！》《融湾桥头堡｜深圳、赣州：特区老区互融互通 产业发展未来可期》《逐梦湾区｜王再兴：凝聚赣商力量助推家乡经济发展》《赣州⇄深圳"融湾号"发车》《粤港澳大湾区：国家战略发展新机遇》等，全网阅读量超100万次。

二、媒体融合加速推进，影响力传播力有新突破

赣州广播电视台按照"六个统一"要求（统一指挥管理、统一策划选题、统一调配人员、统一共享资源、统一调度生产、统一安排播发）打造"移动优先，多屏互动"新媒体矩阵，重点从完善机制、优化内容、推广增粉方面下功夫，影响力、传播力显著提升。

（一）推进融媒发展体制创新

2021年，赣州广播电视台深化传媒业态创新，整合电视、广播和新媒体新闻力量，组建全媒体新闻中心，推行一次采集、多种生成、多次分发、多元传播，打造"拿起笔杆能写，举起话筒能说，端起手机能拍"的全媒体宣传队伍；

坚持以人民为中心的理念，组建民生节目中心，发挥媒体监督职能，通过不同平台的联动融合，形成监督合力，做好民生类节目栏目的采编播工作；组建全媒体技术中心，提高技术保障能力；组建精品创作中心，满足移动端客户对优质视频产品的需求。

（二）建立以流量、时效为核心的绩效考核制度

每周一统计、每月一考核，考核内容包含头条阅读量、重要时政新闻的时效、与市直媒体产品的比较排名等，每周一抽查、每月一统计，奖优罚懒，进一步激发加快新媒体融合发展的浓厚氛围。

（三）强化内容生产，坚持内容与流量共提升

1. 打造视音频特色产品

注重新闻时效，锁定热点热榜，紧跟流量，推出极具看点的短视频。面对新冠肺炎疫情防控的严峻形势，第一时间通过短视频、图片、抖音、H5、漫画等推送相关通告，深入报道各地统筹推进疫情防控的好经验、好做法，做好疫情防控网上舆论引导，其中《戴口罩！测温！查码……江西发布最新紧急通知＋紧急风险提示》等内容微信阅读量超过 20 万次；原创疫情防控短视频《主播说防疫之再帅也要戴口罩》得到江西省疫情防控指挥部的认可，并在省级新媒体平台推送。赣深高铁开通推出的系列策划《加入融湾 一路向南》通过主播沉浸式探访的方式对沿线高铁站及旅游产业进行推介，引起全网强烈反响，播放量突破百万次。

2. 坚持内容与流量共提升

注重内容生产与流量提升，发挥"网红"主播优势，精心策划了《60 秒爱上这座城》《大美赣州》《赣南味道》等系列主题原创短视频，在学习强国、视频号、抖音等平台播出后，浏览量均破百万。其中《三月赣州的"春天色卡"，你集齐了吗？》《春天，在赣州来一场赏花之旅，你心动了吗？》《五一！乘着公交游赣州》《听，琴弦上的赣州》《赣州正青春》等系列短视频在全网引发热烈反响，播放量达 1000 万次。原创短视频《老区建新桥 带你看看进度条》得到新华网领导点赞，新华网总网首页、客户端和手机新华网采用发布。原创短视频《情牵上海 同心守"沪"》《赣州至安远高速公路有新进展》等短视频产品都登上抖音同城热榜前 3 名。短视频《英勇女司机，拼尽最后一丝力气，也要保证全车乘客安全》在官方视频号播放量达到 1863.6 万次，点赞量 40.4万次，收藏 2.3 万次。

3. 融合传播精彩纷呈

由于整合电视、广播、新媒体资源，产生了 1+1+1 大于 N 的效果，叫好又叫座的大活动不断涌现，影响力不断扩大。2021 年 12 月 10 日，备受瞩目的赣深高铁正式通车运营，赣州广播电视台牵头组织深圳、东莞、惠州、河源等广电媒体进行长达 4 小时的"赣深高铁一线牵 老区湾区心连心"全媒体直播，中央广播电视总台央视频、中国之声、广东台等媒体也同步直播。据不完全统计，本次直播观看人数达 1.3 亿人次，引发全社会广泛关注和点赞；2021 年 12 月 6 日第三届世界赣商大会开幕式在赣州举行，赣州广播电视台采取"多屏互动＋矩阵传播""大屏小屏"互动方式进行图文＋视频直播，中国江西网、江西新闻客户端、凤凰网首次同步引流我台信号直播，其中《董明珠：我是赣州人》短视频播放量达 34.1 万次；为大力培育和弘扬社会主义核心价值观，与市文明办联合举办赣州道德模范和身边好人故事分享会系列活动，走进章贡区、经开区、宁都、上犹等 6 个县（市、区），线上收看达 139 万多人次，进一步营造崇尚好人、学习好人、争当好人的浓厚氛围。

三、强化管理创新，把牢守稳舆论主阵地

赣州广播电视台按照"一把尺子、一个标准、一条底线、一体推进"的要求，全面落实意识形态工作责任制，对传统媒体和新媒体实行"一四四"宣传监管机制。

（一）坚持一个阅评机制

每天实时监听监看《赣州新闻联播》《630 播报》等自办栏目和微信公众号，杜绝播出差错或事故；每月阅评自办栏目和新媒体内容，汇编成《宣传阅评简报》全台下发，对在阅评中发现的节目"三审"不到位、策划缺乏创新、编排手法单一、声画不对位、字幕身份条不规范、资料画面衔接生硬等问题，及时整改纠正，有效减少宣传事故的发生。

（二）实行"四个常态化"

做到及时准确落实上级宣传指令常态化、三级审稿审片常态化、传统媒体和新媒体一体化管理常态化、节目重播重审常态化；在建党百年、全国（省、市）两会、国庆、春节等重要安全播出期实行"三审"提级，对落实情况不定期开展专项督查，发现问题责令整改。

（三）做到"四个净化"

对全台自产节目、存量节目、转载引进节目和广告内容（含公益广告和商业广告）定期进行清理，对不合时宜的宣传内容及时清除。

四、改革攻坚，融合发展成效显著

（一）技术平台不断完善，提高了融合传播力

搭建起全媒体宣传管理平台、视音频资料平台、基础资源平台、应用工具平台、调度指挥平台，持续产生广播、电视、新媒体 1+1+1 ＞ 3 的"化学反应"，形成融合传播新格局，建立以"赣州广播电视台"官方微信公众号和 App 为龙

头，视频号、抖音、头条、快手等新媒体平台为重要阵地的全媒体宣传矩阵，矩阵粉丝量达600万。

（二）融媒精品不断涌现，增强了媒体竞争力

全力打造视音频内容产品，实现了广播视听化、电视小屏化、直播互动化。融媒精品的影响力呈几何级数增长，涌现众多阅读量超20万次的"爆款"产品。特别节目《不忘初心》融合传播量280万＋；短视频《司机昏迷，高速交警紧急救助》在抖音平台的播放量达1230多万次，点赞量52万次；策划的《平凡的坚守 坚毅的力量》《你好，赣州烟火气》等系列视音频产品播放量均超过100万次，得到市委主要领导肯定。特别是在赣州市第六次党代会期间，做好"小屏与大屏共振"宣传，精心策划《党代会热词》《开箱记》等新媒体产品150多条，点击率超过800万次。

（三）融媒运营不断深化，拓宽了媒体发展力

强化"项目为王"的经营理念，大力开发融媒体营销产品，实现社会效益和经济效益"双丰收"。2021年是中国共产党建党一百周年，我们创新活动品牌，深入挖掘赣州丰富的红色资源，结合党史教育，策划推出了"学史力行 我为群众办实事"全市短视频大赛、赣州市"喜迎建党百年"学习强国知识大赛、红色故事讲解大赛以及"闪亮的坐标""我和我的党支部"等，组织开展了"赣州工匠""赣州市十大科技创新人物""新时代经济人物"等评选；与赣州市档案馆联合推出的大型文化系列节目《档案里的赣州》社会反响热烈，总点击量超过200万次，获得赣州市委宣传部精品文化节目扶持奖励。

（作者单位：赣州广播电视台）

用党的创新理论指导讲好新时代自贸港故事

马　凯

习近平总书记在全国宣传思想工作会议上指出："要把握正确舆论导向，提高新闻舆论传播力、引导力、影响力、公信力，巩固壮大主流思想舆论。要加强传播手段和话语方式创新，让党的创新理论'飞入寻常百姓家'。"①作为传统媒体的广播电视，如何在新时代背景下发扬光大，集成融合创新迫在眉睫。开新局、谱新篇，既是时代的呼唤，更是职责使命所在。深入学习宣传贯彻党的十九届六中全会精神，海南广播电视总台着力打造以内容为王，全面推进海洋强国看三沙卫视、视听海南看广播电视、媒体融合看网络电视、美丽中国看海南卫视的"海视合美"发展策略，为党的二十大胜利召开营造浓厚氛围，提供精神力量。

一、不忘初心，站稳人民立场，讲好自贸港故事

习近平总书记在"不忘初心、牢记使命"主题教育工作会议上强调："守初心，就是要牢记全心全意为人民服务的根本宗旨，以坚定的理想信念坚守初心，牢记人民对美好生活的向往就是我们的奋斗目标，时刻不忘我们党来自人民、根植人民，永远不能脱离群众、轻视群众、漠视群众疾苦。"②

新闻媒体是党的整个群众工作的重要组成部分，其实质就是群众工作。在新的时代，国内国际形势日趋复杂，我们更要全面加强党的领导，坚持群众路线，践行全心全意为人民服务的宗旨。2018年4月11日，习近平总书记在出席庆祝海南建省办经济特区30周年大会上宣布，"党中央决定支持海南全岛建设自由贸易试验区，支持海南逐步探索、稳步推进中国特色自由贸易港建

---

①　《习近平在全国宣传思想工作会议上强调 举旗帜聚民心育新人兴文化展形象 更好完成新形势下宣传思想工作使命任务》，《人民日报》2018年8月23日。

②　《习近平总书记在"不忘初心，牢记使命"主题教育工作会议上的讲话》，《求是》2019年第13期。

设，分步骤、分阶段建立自由贸易港政策和制度体系"。站在改革开放的新起点，党中央吹响了自贸港建设新的号角。海南广播电视总台牢牢抓住自贸港建设这一重大时代机遇，守正创新，内外发力，在广播电视节目制作上讲政治、讲导向，始终坚持内容为王，突出区域特色，体现资源优势，打造强势品牌节目集群和特色活动集群，推出一批深耕细作、精益求精、独具匠心的电视作品，开设一批融思想性、艺术性、趣味性为一体的精品栏目，打造一大批喜闻乐见、脍炙人口、寓教于乐的品牌节目，实现节目品牌化、品牌节目集群化。如 2019 年 5 月 1 日，更名后的海南卫视提出了"立潮头、向世界"的响亮口号，新呼号、新台标，新节目编排，全新出发，扛起自贸港宣传建设的使命担当。2020 年 7 月 27 日，海南卫视推出四档全新节目《这是自贸港》《全球国货之光》《老乡话小康》《一起去海南》。海南卫视节目此次升级改版有四个主要特点：一是更多地强调节目的主流价值和引领，围绕海南自由贸易港建设的中心和主线打造节目；二是更多地强调节目的国际化元素，强调独特性、原创性、可视化；三是更多地强调节目的开放性，加强与业内外的合作，借助明星名人的影响，带动更多有影响力的人群；四是更多地强调节目的融合传播，增强节目的娱乐性、观赏性、实用性，让节目更生动，让产品更多样。《这是自贸港》以谈话演说为主要形式，辅助以互动问答，以"主题论坛"节目模式实现节目创新，讲中国故事，见海南实践。《全球国货之光》由知名主播张沫凡担任好物推荐官，给大家带来自贸港跨境消费指南。《老乡话小康》是以老乡为主角的大型纪实寻访活动，用人物故事阐述海南决战决胜脱贫攻坚的生动实践。《一起去海南》以人文纪录片式的真人秀为表现形式，整季节目通过跟海南相关的八个话题的实践与探讨，在向观众展现普通海南人生活状态的同时，展现人生的精彩、社会的美好和人间的温暖。古人云：看似寻常最奇崛，成如容易却艰辛。海南广播电视总台通过一系列守正创新的节目设计，努力按照习近平总书记提出的"读者在哪里，受众在哪里，宣传报道的触角就要伸向哪里"[①]的殷切期望，真抓实干，久久为功，把党的要求切实落实到每个环节、每个细节。守正创新，是主流媒体的责任担当和必然选择。2022 年 2 月 26 日，在全国两会即将召开之际，海南广播电视总台重点时政新闻节目《海南新闻联播》重磅上新——增设"自贸朋友圈"特别版块。在新增特别版块"自贸朋友圈"中，通过主播间的互动，实现节目串联，把站播长期固定融入时政新闻播报中，推动记者型主播的语态表达创新，播报形式更具亲和力，给省级联播类节目带来全新的收视观感。在播报内容和播报形式上双突破，打破语态限制和框架束缚，将宏观政治内容软化，贴近民生、关注个体，形成从宏大叙

---

① 《推动新闻舆论工作迈上新台阶（有的放矢）》，《人民日报》2020年2月5日。

事到细节叙事的转变。这是《海南新闻联播》从 2021 年 5 月 1 日成功改版之后，再次创新出发。打破联播类新闻栏目只关注本地新闻的惯性，开始聚焦国内各自贸试验区发展动态，同时关注国际财经类资讯，总结可以借鉴的经验与做法。《海南新闻联播》的视野因此变得更加开阔，更加国际化。海南广播电视总台的实践证明，只有坚持以习近平新时代中国特色社会主义思想为指引，使党的十九届六中全会精神内化于心、外化于行，才能使《中共中央关于党的百年奋斗重大成就和历史经验的决议》（以下简称《决议》）中提出的"党坚持以社会主义核心价值观引领文化建设，注重用社会主义先进文化、革命文化、中华优秀传统文化培根铸魂"[①] 的要求，落地生根、开花结果、深入人心。

二、深耕基层，加强正面宣传，增强舆论引导力、公信力

新闻的本质是真实，真实就是实事求是。海南广播电视总台弘扬主旋律，传递正能量，要求记者深入基层，贴近一线，服务群众，切实把"脚力、眼力、脑力、笔力"教育实践落实到新闻采编的方方面面。采编人员下基层要走进群众、贴近百姓，身上要沾满泥土味；到群众中去要与老百姓心连心、心贴心，真实了解群众的生产生活和所思所想，最终通过摄像机记录下人间烟火味。以实际行动践行党对新闻舆论工作的要求，努力做到俯下身、沉下心，察实情、说实话、动真情，在海南卫视、三沙卫视以及南海网等广播电视和网络视听平台推出了一批有思想、有温度、有品质的作品。如海南卫视的《潮起海之南》栏目，周一至周五每天一个维度，讲述最独特的海南故事：周一《开放》，周二《品味》，周三《遇见》，周四《奋斗》，周五《纪事》。栏目组精心策划了五个维度的内容，通过不同维度以全方位的视角深层次讲述自贸港背景下的海南发展故事，记录海南从平凡到非凡的蝶变，展示海南在中国改革开放浪潮中写就的"南国芳华"。再如记者"新春走基层"已成为《海南新闻联播》开年首要的策划项目，如今"新春走基层"已经走了十二年，打造成了海南一个响亮的品牌，记者放弃春节期间与亲人团聚的机会，走大江南北，访百姓民生，记录时代的"变与不变"，在深入基层中强脚力，在洞察生活中练眼力，在勤学深思中增脑力，在书写时代中硬笔力。脚下沾有多少泥土，心中就沉淀多少真情，使新春走基层常走常新。记者们鞋下踏泥土，笔中有温度，深入基层真实记录，用脚力丈量民生社情，用眼力捕捉社会发展律动，用脑力洞察美好生活背后的奋斗力量，用笔力讲好鼓舞人心的美好海南故事。

---

① 《中共中央关于党的百年奋斗重大成就和历史经验的决议》（2021年11月11日中国共产党第十九届中央委员会第六次全体会议通过），《人民日报》2021年11月17日。

习近平总书记深刻指出："文化是一个国家、一个民族的灵魂。"①坚定文化自信，要求我们树立大历史观、大时代观，坚持人民至上，用心用情用功，倾情打造思想精深、艺术精湛、制作精良的时代精品。如海南卫视《光荣的追寻（第四季）》获国家广电总局 2021 年第二季度广播电视创新创优节目，这是该栏目第三次获得广电总局创新创优电视节目。2022 年 1 月 7 日，第十届中国大学生电视节在四川成都都江堰市落下帷幕，由海南卫视制作的《全球国货之光》（综艺节目类）和《带上你的眼睛》（公益广告类）双双荣获"第十届中国大学生电视节大学生赏析推荐作品"，这也是海南卫视首次两部作品同时获奖。2021 年 12 月，三沙卫视《巡航祖宗海》栏目获评中国电视艺术家协会举办的"第十四届中国旅游电视周""好栏目"奖。海南广播电视总台作为省级主流媒体，积极主动作为，记者天天走基层，主持人月月进社区。带着问题、开动脑筋、满含情感走下去，利用"走出去""请进来"的办法，承办了"中华文化巡礼——百家电台走进海南"大型采访活动，来自全国各省市电台的百余名记者走进企业，探访村镇，贴近百姓，用多种传播形式宣传海南的发展变化。来自北京、黑龙江、浙江、青海等省市电台的百余名记者分为东线和中线两路，先后走进澄迈县、琼中黎族苗族自治县、文昌市、万宁市等地，深入了解当地的社会经济、人文风俗等，以直播连线、微博、微信等全媒体形式宣传报道海南。

三、激活全盘，加快融合打造品牌，增强媒体传播力影响力

党的十八大以来，以习近平同志为核心的党中央高度重视媒体深度融合发展，就推动媒体融合作出了一系列决策部署。2019 年 1 月，习近平总书记在中共中央政治局第十二次集体学习时发表重要讲话，对建立全媒体传播体系作出重要论述、提出明确要求。2020 年 9 月，中共中央办公厅、国务院办公厅印发《关于加快推进媒体深度融合发展的意见》，为推动媒体融合向纵深发展指明了方向。2021 年，国家广电总局继续开展了全国广播电视媒体融合先导单位、典型案例、成长项目征集评选活动，其中海南广播电视总台 5G+4K/VR 智慧广电产业平台入选 2021 年全国广播电视媒体融合成长项目名单，为推动海南广播电视媒体融合向纵深发展、促进广播电视高质量创新性发展注入了新的活力。党的十九届五中全会就推进媒体深度融合、实施全媒体传播工程、做强新型主流媒体等作出重要战略部署，为媒体融合发展进一步指明了前进方向。习近平总书记强调，要坚持先进技术为支撑、内容建设为根本，推动传统媒体和新兴媒体在内容、渠道、平台、经营、管理等方面的深度融合，着力打造一批形态多样、手段先进、具有竞争力的新型主流媒体，建成几家拥有强大实力

---

① 《习近平：决胜全面建成小康社会 夺取新时代中国特色社会主义伟大胜利——在中国共产党第十九次全国代表大会上的报告》，新华社 2017 年 10 月 27 日。

和传播力、公信力、影响力的新型媒体集团，形成立体多样、融合发展的现代传播体系。①2022年5月19日，海南国际传播中心全新启航暨《自贸佳》节目改版上线仪式举行，海南日报报业集团和海南广播电视总台再度携手，聚合两大传媒集团的国际传播资源，重组全新的海南国际传播中心，报台联手，强强联合。国传旗下高端人物深度访谈节目《自贸佳》呈现不一样的思想碰撞，致力于记录正在发展、变化中的海南，向世界传递海南自贸港建设新机遇，以精品国际传播IP，打造海南自贸港招商引资的媒体窗口。目前，改版升级后的《自贸佳》节目由全新的双语主持团队呈现，实现多语种海外传播，致力于打造具有国家站位、国际视野和海外影响力的高端节目。旗下海南国际传播网、Facebook、Twitter、YouTube等社交媒体账号总粉丝量超130万，是海南最大的对外传播账号矩阵，也是世界了解海南自由贸易港的重要窗口。节目以互联网为传播主阵地，以全新阵容、全新使命、全新作为为海南自贸港打造具有"国际风范、中国气派、海南特色"的国际传播新名片，担负着"中国故事的海南书写者、中国故事的海南讲述者、中国传播渠道的海南运用者、中国传播平台的海南构建者、外国人讲好中国故事的海南引导者"等使命，以更高站位、更宽视野、更大格局，通过讲好世界最大自贸港故事来讲好海南故事、中国故事，为加快建设具有世界影响力的中国特色自由贸易港贡献国际传播力量。未来，海南国际传播中心将携旗下精品品牌节目《自贸佳》，依托海南日报报业集团、海南广播电视总台旗下Facebook、Twitter、YouTube等"30+"海内外新媒体账号，进一步参与、策划、落地一系列中外合作项目，加强与釜山国际影视节目展等国际专业节展的联动交流，向世界发出海南声音，推动海南自贸港国际传播提质升级。节目深刻地告诉世界：中国共产党为什么能，中国特色社会主义为什么好，归根结底是因为马克思主义行。

四、放眼世界，发挥好自贸港优势，讲好新时代中国故事

习近平总书记要求，加强国际传播能力建设，增强国际话语权，集中讲好中国故事，同时优化战略布局，着力打造具有较强国际影响的外宣旗舰媒体。②随着改革不断深化、对外交流不断拓展，提高国家文化软实力，守住舆论阵地的要求越来越迫切。海南广播电视总台进一步加强国际文化交流合作，打造美丽中国的重要展示平台和中外文化的重要交流平台。着力推动三沙卫视区域化、国际化，逐步增加外语节目播出比重，提升多语言讲好中国故事能力，将三沙卫视打造成为以海洋文化为特色、服务21世纪海上丝绸之路建设的特

---

① 《习近平主持召开中央全面深化改革领导小组第四次会议》，新华社2014年8月18日。

② 《习近平：坚持正确方向创新方法手段 提高新闻舆论传播力引导力》，新华社2016年2月19日。

色品牌媒体，构筑中国声音的南海重要表达平台。如海南卫视打造以《潮起海之南》《一起去海南》为主的"新海南"节目群，以《对世界说》《对话香港》《朋友满天下》为主的"世界眼"节目群，以《光荣的追寻》《中国喜事》《跟着经典看中华》为主的"家国情"节目群，以及以时尚旅游、体育赛事为主的"潮流范"节目群。三沙卫视利用黄金时段重点打造《南海直播室》《海南岛纪事》《巡航祖宗海》《解密时间》等，推出一大批有价值、有温度、高品位的电视专栏节目。据国家广电总局公布2021的年度优秀海外传播作品评审结果，海南卫视《全球国货之光》被评定为2021年度网络视听节目类优秀海外传播作品。广电总局《监管日报》曾多次点名表扬和专题点评海南卫视《全球国货之光》。《全球国货之光》是一次商品营销模式的创新，一次多媒体传播方式的尝试，更是一次"一带一路"文化的展示。该项目通过融媒体实现一个以商贸互通为核心的媒体矩阵，以内容促流通，以联动助开放；在全产业链的融媒体联合上实现全屏联动，以电视这个大屏为主，同时打通大屏背后链接的各种小屏媒体。通过《全球国货之光》这个直播带货的创新形态，把传统媒体精于内容输出的高屋建瓴转化为更具烟火气息的购物需求，让内容产品直接转化为可以量化的带货数字、交易成果，从真正意义上拉近全球各国的顶流商品和中国消费者之间的距离。

　　"党的新闻舆论工作是党的一项重要工作，是治国理政、定国安邦的大事。"[①]海南省委省政府建立与中央驻琼媒体定期交换意见机制，建立主动接受采访机制，优化中央驻琼媒体参加省委省政府重大活动机制，扩大对外宣传，构建传播体系，向世界讲好海南故事、中国故事。海南广播电视总台牢记党的新闻宣传方针政策，把习近平总书记的殷切期望落实到每个采编环节。创新永远在路上。目前，海南广播电视总台新闻中心正探索建立中国自贸媒体联盟，整合中国自贸媒体资源，更新视角，拓宽视野，持续试水省级新闻联播的改革创新，通过"自贸朋友圈"等平台，总结介绍国内国际先进地区自贸建设的好经验、好做法，为海南各级党委政府提供决策参考，为中国特色自由贸易港的建设贡献媒体力量。"引导广大新闻舆论工作者做党的政策主张的传播者、时代风云的记录者、社会进步的推动者、公平正义的守望者。"[②]随着海南开启自贸港建设提速，世界的目光越来越多地投向海南。2018年"一带一路"媒体合作论坛在琼海博鳌开幕，为期一周的"一带一路"媒体海南环岛采访行也拉

---

① 《习近平：坚持正确方向创新方法手段 提高新闻舆论传播力引导力》，新华社2016年2月19日。

② 《习近平：坚持正确方向创新方法手段 提高新闻舆论传播力引导力》，新华社2016年2月19日。

开序幕。来自奥地利、俄罗斯、埃及、斯洛伐克、哈萨克斯坦、乌兹别克斯坦、苏丹等 22 个国家的 60 多名中外新闻工作者，表示要把海南开放发展的经验带回去，让自己国家的人民更好地认识海南、认识中国。来自乌兹别克斯坦的国家通讯社总编辑伊里斯马特·阿布杜哈里科夫说，他要把在海南了解到的各项事业发展经验写进报道，不断充实有关中国发展的文章，以自家媒体平台促进彼此间的交流合作，共商共享"一带一路"建设发展。2021 年海南自由贸易港招才引智活动发布、启动以来，三沙卫视积极同境内外媒体联动，与中国国际电视台 CGTN、上海广播电视台、江苏广播电视总台、广西北部湾之声、云南澜湄卫视、《荷花》杂志、华人头条（泰国）、华人头条（老挝）、《江原日报》等形成传播矩阵，通过中、英、越、韩、柬、老、泰等多语种在境内外宣传。

国际话语权是一个国家文化软实力的重要体现。在国际舆论场，"西强我弱"的现象依然存在。我们要改变中外信息流转中存在的"逆差"，改变国际传播语境里存在的"偏差"，改变中国形象"他塑"，实现国际形象"自塑"。美苏冷战时期，美国前国务卿杜勒斯说："如果我们能够让苏联的年轻人唱我们的歌并随之舞蹈，那么我们迟早教会他们按照我们要求他们采用的方法来思考问题。"随着苏联解体，美国在奥巴马时代就提出了"亚洲战略"。时刻警惕西方文化渗透，推动中华文化"走出去"，提升中华文化软实力，我们不仅要追求新闻传播的"时、度、效"，还要提高对外新闻宣传的"到达率""落地率"，帮助国外民众了解中国共产党为什么能、马克思主义为什么行、中国特色社会主义为什么好。

（作者系海南广播电视总台海口记者站副站长）

鉴往知来 知行合一 立足实际 开创新局

——新闻媒体推进党史学习教育常态化长效化

王学敏 杨俊平

习近平总书记在《以史为鉴、开创未来，埋头苦干、勇毅前行》一文中指出："要以学习全会精神为重点巩固党史学习教育成果，引导广大党员、干部群众准确把握党的历史发展的主题主线、主流本质，进一步做到学史明理、学史增信、学史崇德、学史力行，达到学党史、悟思想、办实事、开新局的目的。"[①] 习近平总书记在参加十三届全国人大五次会议内蒙古代表团审议时指出："要巩固拓展党史学习教育成果，建立常态化长效化制度机制，教育引导广大党员、干部把学党史、用党史作为终身必修课，不断坚定历史自信、增强政治自觉，弘扬伟大建党精神，更加信心满怀地奋进新征程、建功新时代。"[②] 建立党史学习教育常态化长效化制度机制，是坚定历史自信、增强初心使命的必然要求。新闻媒体要立足自身的工作实际，以鉴往知来、知行合一的态度，把握历史规律，学习运用党积累的宣传工作经验，以埋头苦干的劲头勇毅前行，开创新闻宣传工作的新局面。

一、继续巩固马克思主义立党立国的指导地位

马克思主义是我们立党立国的根本指导思想，是我们党的灵魂和旗帜。新闻媒体要通过开办节目，继续全面推进马克思主义中国化，巩固马克思主义立党立国的指导地位。

中国共产党是伴随着马克思主义在中国的传播而诞生的。20世纪初期，马克思主义传入中国，随之建立了多个共产主义小组，1921年中国共产党正式诞生，开启了领导中国人民奋进的伟大历程。艰难的新民主主义革命的胜利，

---

① 习近平：《以史为鉴、开创未来，埋头苦干、勇毅前行》，http://www.qstheory.cn/dukan/qs/2022–01/01/c_1128219233.htm。

② 《习近平参加内蒙古代表团审议》，http://www.gov.cn/xinwen/2022–03/05/content_5677371.htm。

历史地证明了只有以马克思主义为指导并与中国具体实际相结合，革命才能取得成功、夺得胜利。以毛泽东为主要代表的中国共产党人所创立的毛泽东思想是中国化的马克思主义。马克思主义不是教条，必须实现中国化、时代化，必须同中国实际和时代相结合。毛泽东指出："使马克思主义在中国具体化，使之在其每一表现中带着必须有的中国的特性，即是说，按照中国的特点去应用它，成为全党亟待了解并亟须解决的问题。"① 毛泽东同志把马克思主义与中国革命相结合，写出了《中国红色政权为什么能够存在》《星星之火可以燎原》《实践论》《矛盾论》等一系列著作，将理论与中国的具体实践相结合，为中国共产党运用媒介传播马克思主义奠定了基础。党的十九大报告提出："必须推进马克思主义中国化时代化大众化，建立具有强大凝聚力和引领力的社会主义意识形态，使全体人民在理想信念、价值理念、道德观念上紧紧团结在一起。"② 党的十九大报告把习近平新时代中国特色社会主义思想写入党章，十三届全国人大一次会议把这一重要思想载入宪法，是党和国家指导思想的与时俱进。习近平新时代中国特色社会主义思想是中国共产党的思想旗帜，是马克思主义的中国化、时代化、具体化，是当代中国马克思主义、21世纪马克思主义。马克思主义中国化的途径之一是大众化，即在坚持马克思主义精髓的基础上，把马克思主义的根本原理以通俗化语言、简明化的形式、大众化的风格，在大众中形成传播，并转化为大众的思想意识，形成强大的实践力量，实现时代精神向集体意识的转化。马克思主义大众化是马克思主义中国化的必然路径。为此，我们要加强马克思主义理论宣传体系建设，新闻媒体要办好马克思主义理论专栏和节目，通过传统媒体与新媒体的互动引流，以全媒体的方式呈现伟大思想的光辉，借助通俗易懂的解读、循序渐进的引导，把马克思主义进一步在社会上传播开来，在全社会营造出学习马克思主义、信仰马克思主义的氛围，在润物细无声中让马克思主义"飞入寻常百姓家"，使人民大众亲近马克思主义、信仰马克思主义。

二、全党要继续增强看齐意识

我们党是马克思主义政党，只有在党的集中统一领导下，我们党的事业才能不断发展壮大，不断开创工作新局面，取得新胜利。新闻媒体要继续宣传好这一历史经验，并以实际行动践行好这一政治规矩。

1945年，在党的七大预备会议上，毛泽东就"看齐"形象地说："要知道，一个队伍经常是不大整齐的，所以就要常常喊看齐，向左看齐，向右看齐，向中间看齐，我们要向中央基准看齐，向大会基准看齐。看齐是原则，有偏差是

---

① 毛泽东：《毛泽东选集》（第二卷），人民出版社，1991，第534页。

② 习近平：《习近平谈治国理政》（第三卷），外文出版社，2020，第32～33页。

实际生活，有了偏差，就喊看齐。"① 看齐意识是我们党的光荣历史传统，是保证统一思想、凝聚力量的政治规矩，是我们党带领全国各族人民夺取革命胜利和社会主义建设的有力武器。我国是一个幅员辽阔、人口众多的发展中大国，拥有9500多万党员，只有靠党的严明纪律，才能强化党的先进性、纯洁性，从而凝聚起强大的力量，增强党的领导能力和执政能力。毛泽东同志说："加强纪律性，革命无不胜。"邓小平同志指出："我们这么大一个国家，怎么才能团结起来、组织起来呢？一靠理想，二靠纪律。组织起来就有力量。没有理想，没有纪律，就会像旧中国那样一盘散沙，那我们的革命怎么能够成功？我们的建设怎么能够成功？"革命理想和铁的纪律，是我们党不同于其他政党的明显特征，我们党没有自己的特殊利益，只是把为中国人民谋幸福、为中华民族谋复兴当作自己的伟大奋斗目标。新时期我们党不仅面临着执政考验、改革开放考验、市场经济考验、外部环境考验这"四大考验"，而且要消除精神懈怠、能力不足、脱离群众、消极腐败"四个危险"，形势复杂，任务艰巨，更需要我们增强看齐意识。习近平总书记指出："只有经常喊看齐，只有各级党组织都经常喊看齐，才能时刻警醒、及时纠偏，使全党始终保持整齐昂扬的奋进状态。"② 中央政治局为全党树立了标杆、作出了示范。看齐意识是我们党一条铁的政治纪律。党的领导干部和广大普通党员都要有看齐意识，向党中央看齐，向党的理论和路线、方针、政策看齐，坚决响应党中央的提倡，坚决照办党中央决定，任何时候任何情况下都要做到政治立场不移、政治方向不偏。

新闻媒体不仅要宣传看齐意识，而且要自己做到。为此，新闻媒体要坚守党媒姓党的原则。中国共产党的新闻媒体在历史上一直坚持党性原则，维护党的团结和统一。无论是在战争年代，还是在和平建设时期，各级、各类新闻机构都始终把用党的纲领路线和政策主张统一全党、全军和全国人民的思想作为自己的根本任务，把坚持党性原则作为新闻宣传最重要的工作原则。因此，新闻媒体要以政治家办媒体的意识统领媒体日常工作，紧紧围绕党和国家的总方针和经济建设任务，发挥媒体思想引领和政治保障的作用开展宣传工作，反映和通达民情民意，调控和引导社会舆论，充分体现党的意志、反映党的主张，维护习近平总书记党中央的核心、全党的核心地位，维护党中央权威和集中统一领导。

三、要继续守好新闻舆论阵地

党的新闻舆论工作是党的一项极其重要工作，是强大的"思想武器"，是重要的政治阵地，起着治国理政、定国安邦的作用。所以，新闻媒体要继续守

① 毛泽东：《毛泽东文集》（第三卷），人民出版社，1996，第297~298页。

② 习近平：《习近平谈治国理政》（第二卷），外文出版社，2017，第157页。

好这个阵地。

毛泽东特别重视党的新闻工作，他说："笔杆子，枪杆子，干革命就靠这两杆子。"早在1922年我们党就创立了党的机关报《向导》，在人民大众中发挥了宣传、动员和组织作用。毛泽东在1931年《普遍地举办〈时事简报〉》一文中提出《时事简报》是"发动群众的一个有力的武器"。在党的历史上，报纸是组织一切工作的一个武器，是反映政治、军事、经济又指导政治、军事、经济的一个武器，是组织群众和教育群众的一个武器。我们党自建立以来，就非常重视新闻工作，我们的报纸、广播、电视等是党、政府和人民的喉舌。新闻媒体作为一种"宣传资源"，在党的历史上起到了传播文化、启蒙思想，组织斗争、抗击敌人、夺取政权、改造社会，实行改革、富民强国，为人民服务、为社会主义服务，改善执政环境、提升执政能力的作用。习近平总书记指出："做好党的新闻舆论工作，事关旗帜和道路，事关贯彻落实党的理论和路线方针政策，事关顺利推进党和国家各项事业，事关全党全国各族人民凝聚力和向心力，事关党和国家前途命运。"① 因此，新闻媒体要从立足于党的工作全局出发这一高度把握方向和定位，坚持党的全面领导，沿着正确的政治方向，以人民为中心，开展新闻宣传思想工作。为此，我们要尊重新闻传播规律，创新工作方法手段，从而提高党的新闻舆论传播力、引导力、影响力、公信力。党的历史告诉我们，新闻舆论无论是在指导武装斗争、根据地政权建设、社会主义革命和建设，还是在推进改革开放事业和实现中华民族伟大复兴中都有着不可替代的作用。新闻舆论宣传是"经国之大业，不朽之盛事"。因此，我们要继续守好新闻舆论阵地，传承好党重视运用媒介推进革命、建设、改革事业这个传统，把党的"笔杆子"这个功能高度发挥出来，为治国理政、定国安邦踔厉奋发、笃行不怠。

四、要继续为人民发声服务

人民就是江山，江山就是人民。人民是历史的创造者。新闻媒体必须为人民发声，全心全意为人民服务。

历史证明只有赢得了人民，才能赢得胜利。毛泽东1934年在第二次全国工农兵代表大会上指出："真正的铜墙铁壁，什么力量也打不破的，完全打不破的，反革命打不破我们，我们却要打破反革命。在革命政府周围团结起千百万群众来，发展我们的革命战争，我们就能消灭一切反革命，我们就能夺取全中国。"② 1940年他指出："在中国，事情非常明白，谁能领导人民推翻帝国主义和封建主义，谁就能取得人民的信任。"③ 习近平总书记指出："中国共产党根基在

---

① 习近平：《习近平谈治国理政》（第二卷），外文出版社，2017，第331～332页。

② 毛泽东：《毛泽东选集》（第一卷），人民出版社，1991，第139页。

③ 毛泽东：《毛泽东选集》（第二卷），人民出版社，1991，第674页。

人民、血脉在人民、力量在人民。"①习近平总书记在党史学习教育动员大会上强调："赢得人民信任，得到人民支持，党就能够克服任何困难，就能够无往而不胜。"②在百年波澜壮阔的历史进程中，中国共产党紧紧依靠人民，实现了一个又一个"不可能"，创造了一个又一个难以置信的奇迹。"人民是历史的创造者，群众是真正的英雄。"③因此，新闻媒体所报道的主要对象是人民群众，受众也应该是人民群众。人民群众在哪里？在基层。新闻从业者要转变思维方式，从过去的思维中走出来，认清"为了谁、依靠谁、我是谁"这一问题，把深入基层、了解基层生活，用群众语言表达群众的思想感情作为责任承担起来，把党的主张与人民心声和谐统一起来，把坚持正确导向与通达社情民意统一起来，同时要适应分众化、差异化传播趋势，加快构建舆论引导新格局，从时、度、效上着力，以强有力的新闻舆论引导力，推进改革开放和现代化建设。

新闻媒体应聚焦"我为群众办实事"实践活动，发挥媒体社会宣传和舆论监督功能，开办《我为群众办实事》之类的专栏，打造"我帮你"民生服务节目带，统一标识、统一包装、统一宣推，构建垂类传播矩阵，打造"我帮你"品牌，形成传播声势，提升媒体办实事能力。整合内容、平台及队伍，继续联合政务服务局、机关工委等职能部门，开展"新闻＋政务服务商务"方面的深度合作，开展线上线下服务帮忙互动性志愿活动，帮助党和政府解决与人民群众切身利益相关的问题。同时，建立健全密切联系和服务群众的常态化、长效化机制，长期开展"三问活动"和"开门纳谏"活动，组织广大党员和干部共同努力帮扶困难群众，多为群众办实事、办好事，使大家共享改革发展成果，不断增强人民群众的获得感、幸福感、安全感，体现主流媒体的责任和担当。

历史证明，没有中国共产党就没有新中国，就没有中国特色社会主义。新闻媒体从业人员要把党史学习作为终生的必修课，学深悟透，把初心和使命体现在为人民服务上，增强"四个意识"、坚定"四个自信"、做到"两个维护"。

（作者分别为：内蒙古自治区广播电视监测与发展中心主任编辑；内蒙古广播电视台高级编辑）

---

① 习近平：《在庆祝中国共产党成立100周年大会上的讲话》，http://www.xinhuanet.com/politics/leaders/2021–07/15/c_1127658385.htm。

② 《党建》杂志社主办，《学习活页文选》2021年第13期。

③ 习近平：《习近平谈治国理政》（第三卷），外文出版社，2020，第139页。

以人民为中心　贴地皮接地气
创设融媒矩阵　助力乡村振兴

——学习六中全会精神　探索涉农节目创新路径

赵　军

我国自古以来就是一个农业大国，当前农业人口在全国总人口中的占比约为五成。[①] 如今，电视仍是国内很多农民群众获取信息的重要渠道，也是他们最信任、最依赖的信息渠道。电视这一传统媒体在培养有技能的现代农民、助力乡村产业发展方面发挥了极其关键的作用。然而新媒体的出现对电视造成了前所未有的冲击，新形势下新要求，县级融媒体中心应与时代接轨，积极跟上融媒体的频率，创新涉农节目形式与内容，让涉农节目获得更持久的生命力。

一、县级融媒体中心做好涉农节目的意义

山东寿光市是一个县级市，当地融媒体中心作为最基层的新闻单位，其受众主要是农民，理应担负起为当地农业、农村、农民服务的重担。然而长期以来当地融媒体中心面临比较尴尬的处境，主要是在资金、技术、资源、人才、受众等方面与国家、省台、市台存在不小的差距。融媒体中心作为党与政府的喉舌，其重要职责就是向广大老百姓传情达意。其实这也并不意味着县级融媒体中心毫无竞争优势，相较于上级台，县级融媒体中心的典型特点就是小众化、区域性，这也属于最鲜明的优势。其原因何在呢？我国人口中有一半的人在农村，他们生活在县域之内，属于县级融媒体中心的重点服务对象。因此，制作各种贴近"三农"，服务"三农"的农业节目，是县级融媒体中心的重要职责，也是突破自身发展局限的新思路。另外，伴随三网融合、广电改革的深化，县级融媒体中心的业务收入大幅缩水，但是对大部分农业县市而言，农资市场肯定是一块"大蛋糕"，这也在客观层面要求县级融媒体中心做好涉农节目，以

---

① 吕慧勇：《融媒体视域下：县级电视台涉农节目持续创新思路》，《传播力研究》2019年第11期。

创造更多的经济收益。

二、融媒体背景下县级融媒体中心涉农节目的创新策略

（一）精准定位受众群体，统筹城乡受众群

县级融媒体中心要明白广大农民是涉农节目的主要受众群体，但不能仅限于此，还需兼顾城市居民这一受众群体。[①] 由于城市群众所需的生活资料主要来自农村、农业生产，县级融媒体中心可结合地方特色，开办一些关于绿色食品鉴别、蔬果健康营养等节目。另外，伴随新农村发展，农村的经济水平、农民的生活情况也受到了很多城市人的关注。农业节目中可以此为主题制作一些农村新面貌、扶贫等节目，鼓励城市居民为农村建设贡献力量。寿光市于2011年推出了蔬菜频道，成为全国县级首家对农频道，在十余年的发展进程中，寿光蔬菜频道始终将"一切为了菜农"作为工作的出发点与落脚点，将菜农、蔬菜产业发展作为自身节目的中心内容与服务对象，获得了斐然的成绩，成为国内县级电视媒体争相学习的标杆。

（二）创设融媒体矩阵，助力乡村振兴

乡村振兴，首先要宣传先行，要坚持政治家办报、办台、办网思想，确保正确政治方向、舆论导向、价值取向。伴随时代的发展我们已进入大数据时代，媒体也不例外。不管是传统媒体还是新媒体，其发展趋势都是全部媒体都走向融媒体。[②] 当前，电视节目的传播形态与制作流程都实现了新媒体化。在此背景下传统单一的媒体形式很难跟上时代的节奏，特别是农业信息报道，若只存在于报纸的一个版面或电视的某个节目，很难满足乡村振兴的需要。对此，县级融媒体中心可借助新媒体平台开展涉农信息的传播，探寻出农民与市场、政府、销售商、农技工作者之间的最理想衔接方式。通过智能终端将最新、最实用的农产品信息、农业政策进行精准传递，充分发挥出这些新媒体平台快速传播信息的优点。而公信力较好的传统媒体可充分借助大屏、小屏的优点，打造融媒体传播矩阵，充分发挥媒体融合的传播特色，制作直播、短视频等涉农节目，以更鲜活、接地气的方式反映农村产业振兴、村容村貌、乡村民俗等内容，让观众看到美丽乡村。

比如，寿光蔬菜频道十余年来始终坚持节目立台，铸精品、塑品牌，突出服务性、实用性、专业性和贴近性，相继开设了《乡村》《田园采风》《乡村大讲堂》《田保姆直播间》，实现了自采节目每天150分，四档栏目18小时滚动播出，节目贴地皮、接地气、惠民生，屡获省市广播电视节目奖，成为菜乡一张亮丽的名片。大屏小屏联动，长短视频呼应。蔬菜频道在深耕电视大屏的同时，把

---

① 李志：《融媒体时代涉农电视节目的发展研究》，《西部广播电视》2021年第12期。

② 李雪：《新媒体环境下农业节目理念创新与发展研究》，《新闻研究导刊》2021年第2期。

潜力着眼于小屏移动端，为菜农策划、制作长短不一的种植技术视频，在蔬菜频道微信公众号、抖音、快手等新媒体小屏平台轮番播放，力争做到大屏播出，收视优异，小屏传播，热搜霸屏。通过大屏小屏联动，长短视频呼应这种方式，让蔬菜频道的宣传无处不在，无时不有，有效提高了频道的收视率。伴随着一系列创新举措的落地实施，蔬菜频道迅速由单一的电视宣传大踏步向融媒体发展，开设运营微信公众号、视频号、抖音号、快手号，拥有微信、抖音粉丝30余万人，微信年阅读量过千万，跻身全国县级百强公众号。十年来，蔬菜频道宣传渠道一再拓展，服务内涵一再延伸，传播力、引导力、影响力、公信力与日俱增，成为全国各地媒体争相学习、模仿的榜样和标杆。

（三）送技术，解决菜农种植难题

融媒体时代信息传播方式有了显著的变化，但从新闻的层面来看，仍是以内容为王。要想取得理想的传播效果，涉农节目传播的内容必须更贴近乡土民情，更符合老百姓的需要。[①] 为此，蔬菜频道开播以来，始终将实现好、维护好、发展好菜农根本利益作为出发点和落脚点，正面宣传为主，社会效益至上，一切为了菜农，做他们生活的贴心人和致富的好帮手。为了更好地推广农业技术，解决菜农种植难题，蔬菜频道组建了强大的技术服务团队，20名来自农业局、农业院校的农业技术顾问，30名品质蔬菜推广研究员，120名乡村农技专家，200名"三农"联络站站长，他们分布于全市各个镇、街道和乡村，24小时全天候服务，为菜农解难题办实事，为全市蔬菜生产保驾护航。十多年来蔬菜频道共组织农业专家下乡进棚3000多次，为菜农解决各类技术难题近万个，推广新技术、新成果千余项。同时频道开通了蔬菜110热线和中国（寿光）蔬菜视频云校，通过热线直播、专家进棚指导、技术交流等形式，全方位、立体式解决菜农种植难题，堪称菜农的田间保姆。同时蔬菜频道以现代化农业发展为引领，将寿光蔬菜种植标准和集成解决方案源源不断地输往全国和世界各地，为寿光模式的推广输出贡献力量。

（四）守正创新，丰富节目内容

近年来蔬菜频道与时俱进，敢于突破创新。2017年，频道重磅推出乡村大讲堂，邀请农业专家走出演播室，走进乡村田野，现场为菜农答疑解惑、传经送宝，菜农足不出村即可解决各类种植难题。2018年，蔬菜频道启动农资品牌计划，与20家农资行业品牌领跑者签订战略合作协议，让正品、质优、价廉的农资真正惠及民生。2019年，蔬菜频道开创性运营菜都鲜生社区网团电商平台，打造从源头产地直达社区居民的精品网团模式，有效解决菜农农产

---

① 郑晓溪：《县级电视台如何提高"三农"节目的贴近性和鲜活性》，《科技传播》2019年第4期。

品销售难题。2020 年，蔬菜频道以全市 975 个村微信群为基础，搭建起千村千群服务平台，通过直播、短视频等新媒体手段，为菜农提供更加精准的服务，实现蔬菜频道宣传农村全覆盖。

与此同时，蔬菜频道紧扣政治导向与市场导向，坚持扶优和打假相结合，对在菜农中拥有良好口碑的农资予以推荐，对不规范甚至假冒伪劣的产品予以曝光，真正体现栏目的客观性和权威性，同时切实提高蔬菜频道栏目的可看性、互动性、服务性和专业性，让菜农放心，让政府满意。第一，推出《田园农事》版块，聚焦近一段时间菜农所关心的各类农事问题，比如番茄的死棵、茄子的紫花病毒等问题，邀请农资商家和技术顾问为菜农制订专门的套餐方案，及时有效地为菜农解决农事难题。第二，设置《田园剧场》，增加节目的故事性、可看性。将田间故事编成一个个小剧本，以情景剧的形式演绎出来，以喜剧的效果、老百姓更加接受的形式潜移默化地进行蔬菜新品种和新技术的推广。[1] 第三，打造《田园争霸》版块。该版块与农资商家联手打造，设置高额奖品，吸引蔬菜种植高手积极参与，比用肥、比用药、比产量、比品质、比效益，做节目的同时，实际上也是普及种植、管理技术，推广用肥、用药经验的过程，老百姓爱看，农资商家也是求之不得。第四，在增加版块设置，增强节目可看性、互动性的同时，蔬菜频道还在主持风格方面求新求变，稿件写作方面精雕细琢，编辑制作方面精益求精，使频道节目质量始终走在全国县级台的前列。此外，蔬菜频道每年都举办丰富多彩的线下活动，专家下乡、菜农春晚、农资 315、乡村大集、爱心送温暖，等等，以线上线下活动为支撑，蔬菜频道的宣传更加高效多元，社会影响无缝覆盖，实现经济和社会效益双丰收。

三、结语

习近平总书记在党的十九届六中全会第二次全体会议上指出，我们要以史为鉴、开创未来，埋头苦干、勇毅前行。面对新媒体一片祥和的发展态势，县级融媒体应以全会精神统一思想、凝聚共识、坚定信心、增强斗志，积极抓住区域优势，确定与区域特色相符的发展之路，将涉农节目作为自身发展的突破口，强化创新意识与服务意识，转变发展理念，努力探索新旧媒体融合的发展之路，更好地为农业农村发展服务。

（作者单位：寿光市融媒体中心）

---

① 谭红梅：《新媒体背景下县级电视台打造全新涉农节目的要点分析——以"金色农业"系列节目为例》，《新媒体研究》2019 年第 7 期。

中国共产党领导新闻发布的历史进程和基本经验

——基于政治传播的视角

赵　璇　张登建

新闻发布是中国共产党百年来理解并实践政治传播的重要方式。本文所探讨的新闻发布是党委或政府等组织向媒体和公众公布特定信息，以表达立场和态度的政治传播形式，主要包括"新闻发布会、记者招待会、通气会、发言人谈话（现场、书面、线上）、电视讲话等多种形态"①。从政治传播的视角出发，梳理和分析中国共产党不同时期新闻发布的特点，能更好把握中国共产党对新闻发布的理念认知和制度安排，从而形成科学和规律的经验认识。这对在百年变局中做好新闻发布工作，进一步健全和完善新闻发布制度，树立中国共产党光辉形象都具有重要意义。

一、政治传播视角下的新闻发布

中国学术界着眼于构建中国特色的政治传播话语体系，结合我国政治发展的环境与特征，对政治传播的内涵已经达成了某种共识，"政治传播是指政治共同体的政治信息的扩散、接受、认同、内化等有机系统的运行过程，是政治共同体内与政治共同体间的政治信息的流动过程"②。新闻发布作为一种政治传播样态，是集政治传播理论、规律、技术和策略等于一体的信息综合传播平台。在中国共产党百年历程之中，新闻发布是进行信息传播和政治动员的重要方式，亦是中国政治发展和学术研究的重要理论和现实问题。

新闻发布的根源和动力在于中国共产党进行政治传播的现实需求。从党的纲领来看，中国共产党在各个时期都会为实现奋斗目标而确立相应的计划和方略。为了实现自己的奋斗目标，就必然要采取特定的、权威的、有效的政治传播方式，以达到舆论宣传、动员和组织民众的目的。因此，新闻发布就成为中

---

① 周庆安、刘勇亮：《百年语境下的中国共产党新闻发布史研究》，《新闻与写作》2021年第7期。

② 荆学民、苏颖：《中国政治传播研究的学术路径与现实维度》，《中国社会科学》2014年第2期。

国共产党宣传政治主张的一种战略选择，在历史发展中不断推进和完善，并将其融入自身的政治传播理念之中。

新闻发布的历程就是中国共产党政治传播的缩影。从新闻发布本身来看，其具有权威、高效、正式的特点，中国共产党将能够传播和需要传播的信息，通过这一载体扩散到相应的受众，为实现政治目标而宣传造势、动员引领。从政治传播的视角来看，由政治传播主体、内容、媒介、受众和效应等要素构建起的分析框架，为梳理新闻发布历程中的多样化特征提供了切入口。总之，新闻发布蕴含着政治传播的理念和运作流程。新闻发布的价值理念体现了政治传播的价值追求，而新闻发布的实际运行过程体现了政治传播的完整环节。

二、中国共产党领导新闻发布的历史进程

中国共产党领导新闻发布探索、发展、创新的过程，也是不断深化政治传播理念认识的过程。在四个时期中，传播环境和历史任务不断变化，新闻发布主体、内容、媒介和受众等要素也兼具阶段使命和时代特点，由此产生的新闻发布生动实践为党宣传政治主张和履行职责使命作出了重要贡献。

（一）新民主主义革命时期党领导新闻发布初步探索

新民主主义革命时期，是中国共产党领导革命斗争、实现人民解放的时期，也是新闻发布的初步探索阶段。新闻发布由意识观念逐渐进入实际操作层面，在革命斗争需要的驱动下，新闻发布方式灵活、目标精准。通过努力争取对外话语表达、构建革命话语体系，积累了掌握新闻发布主动权的有益经验。

1.新闻发布意识形成

中国共产党在成立之初，虽然自身力量还比较弱小，没有明确提出新闻发布的概念，但已经形成了宣传政治主张的意识，这时的新闻发布融合在政治宣传工作之中。中国共产党通过创办报刊、张贴标语、发动工农运动开展宣传和鼓动工作，积累了政治传播经验。然而，面对敌人的打压和封锁，政治宣传工作处于被动的局面。到了抗战时期，抗日民族统一战线的建立，全民族进入抗日斗争的高潮，为中国共产党开展新闻发布提供了相对和谐稳定的政治环境。宣传党的抗战主张、揭露反动派和侵略者的暴行、动员社会各界支持抗战等现实需求促使新闻发布意识格外强烈。中国共产党在敌后农村地区开辟抗日根据地，领导大众进行抗日斗争，在当时远离中心城市且受到国民党新闻管制政策挤压的诸多限制下，通过各种途径在中共南京、重庆等办事处举行新闻发布会。

2.新闻发布方式灵活

受到新闻发布强烈意识的推动，中国共产党克服政治传播条件的限制，采取灵活的新闻发布方式，宣传自己的政治主张。其一，国内外记者与中国共产

党领导人交流、访谈的纪实，是特殊时期的新闻发布方式。比如，斯诺的报道《与共产党领袖毛泽东的会见》及《西行漫记》一经发表，便引起了广泛关注，吸引了史沫特莱、贝特兰等记者到访边区，真实宣传中国共产党的形象，"这些外国人与中国共产党的领导人的访谈成了当时世界了解中国红色根据地的主要渠道之一"[①]。其二，自主举办新闻发布会、记者招待会，表明中国共产党在政治传播话语争夺中由被动转变为主动。抗战时期，在周恩来的直接领导下，中国共产党通过重庆办事处向外国记者发布新闻消息，其间诞生了中国共产党第一位新闻发言人龚澎。其三，特别署名的新闻发布带有独特的传播魅力。以毛泽东为代表的许多同志常以特别署名的方式发表谈话。毛泽东先后以"新华社记者""中共发言人"的名义就时局发表谈话，有力揭穿了国民党当局的虚伪。

3.新闻发布目标精准

宣传党的革命主张，动员民众参与革命斗争是新民主主义革命时期新闻发布的首要目标。具体而言，新闻发布的任务随着时局的变化而不断调整，发布目标更加精准。1936年12月，西安事变爆发，真实报道事件真相，宣传中国共产党建立抗日民族统一战线的政策是新闻发布的急切任务。皖南事变后，新闻发布旨在揭露国民党"反共"阴谋。在中国共产党领导抗日战争走向胜利的过程中，新闻发布一边宣传抗日军事进展，一边揭穿国民党反动派打压共产党抗日力量，蓄意破坏抗战大局的真实面目。解放战争时期，新闻发布日渐活跃起来，中共代表团与国民党在先后的谈判中，通过不定期召开新闻发布会、举行记者招待会，揭露美蒋勾结、假谈真打的阴谋，阐明民主和平、人民解放的主张。中国共产党正确把握政治局势的变化，逐步构建起新闻发布的革命话语体系，用精准的发布目标有力推动了革命事业取得成功。

（二）社会主义革命和建设时期党领导新闻发布曲折前进

中国共产党领导新生人民政权建设，对新闻发布保有谨慎探索的态度，新闻发布更多的是在领导人活动、主流媒体和专业部门之间开展。这时，新闻发布的目标是出于政治任务和外交斗争的需要，在特定时期起到了稳定大局的作用，然而，政治路线的失误也导致新闻发布在曲折中摸索前进。

1.新闻发布规范建设

新中国成立之初，为了新闻发布的正确性和负责性，中国共产党对新闻发布的机构设置及运行过程作了规范。1949年10月，政务院印发了《关于统一发布中央人民政府及其所属各机关重要新闻的暂行办法》，规定中央人民政府及所属各院、委、部、会、署、行作为发布主体，要设立专职"新闻秘书"，所需发布的新闻均通过新华通讯社统一发布。同时，还规定了涉及国家机密的

---

① 孟建、林溪声：《中国共产党新闻发布活动的源与流》，《对外传播》2011年第7期。

内容不得发布，向外国记者发布新闻由专门机构进行统一管理。[①] 在该办法的带动下，部分地方政府制定了地区性的新闻发布办法，形成了"政务院—大区—省"三个层级的新闻发布模式。对新闻发布进行的规范建设，体现了中国共产党对新闻发布的重视和关注，为其实际运作和深化发展提供了准绳，并且使之纳入国家政治传播体系之中。

2. 新闻发布分工明确

在全国执政的背景下，新闻发布空间由国内扩展到国际，由此产生了内宣和外宣两大分野，两个领域分工相对独立而明确。从国内来看，相较于革命斗争时期只在办事机构、解放区开展新闻发布而言，统一政权的建立，为新闻发布提供了合法支撑。对内新闻发布是面向全国性的，它以指令宣传的形式作为发布机制，以党报和新华社作为发布媒介，发布的内容主要是宣告性的政策和信息，以此来动员全国人民参与建设国家。从国际来看，出于外交大局和国家形象建构的需要，新闻发布较多应用于对外宣传中。周恩来、陈毅等领导人在外交活动中时常召开记者招待会，接受外国记者采访，介绍中国内政和外交的相关情况，旨在打破意识形态隔阂，向国际社会介绍新中国形象。可见，新闻发布成为中国共产党向国际社会表明外交政策、声明外交立场的重要渠道。

3. 新闻发布固化失真

基于政治宣传形式的新闻发布，是因巩固新生政权的需要而展开的，在特定时期为意识形态宣传、构建国家认同提供了舆论支持。但是，1957年后，新闻发布受到"左"倾思想的影响，新闻发布逐渐固化失真。特别是"文化大革命"时期，新闻发布处于封闭状态，发布内容多是批斗、谴责等内容，以致出现了许多浮夸和虚假的新闻，造成了千报一面的乱象。基于种种原因，中国共产党对新闻发布制度建设的探索被迫暂时止步，一定程度上延缓了现代政治传播规律在新闻发布中的理解与应用。

（三）改革开放新时期党领导新闻发布全面发展

伴随改革开放的不断深化，思想的束缚被摆脱，向世界宣介中国新政策的契机为新闻发布带来了"暖春"，新闻发布逐步完成了恢复和调适。新时期的新闻发布不再只涉及意识形态宣传的需要，而是在制度化建设的进程中完善了政治传播的逻辑理路。

1. 新闻发布制度化发展

新闻发布制度的建立肇始于对外宣传工作的需要，并且与新闻发言人制度

---

① 《中央人民政府政务院关于统一发布中央人民政府及其所属各机关重要新闻的暂行办法》，《山东政报》1950年第1期。

密不可分。1983 年 2 月，中宣部、中央外宣领导小组印发《关于实施〈设立新闻发言人制度〉和加强对外国记者工作的意见》，要求和外交事务接触频繁的部委建立新闻发布制度。"1983 年 4 月 23 日，中国记协首次向中外记者介绍国务院各部委和人民团体的新闻发言人，正式宣布我国建立新闻发言人制度。"① 此后，新闻发布制度不断健全和完善，中共中央办公厅、中宣部、全国人大、最高人民法院等相关机构都对新闻发布的主体、受众和内容等方面作了要求和规范，使新闻发布制度更加定型。2008 年 5 月，《中华人民共和国政府信息公开条例》开始施行，为新闻发布提供了法规性的支撑。中国共产党第十七届四中全会提出要建立党委新闻发言人制度，在推进党务公开中进一步完善了新闻发布制度体系。从新闻发布制度建设的历程中可以看出，中国共产党在总结新闻发布经验的基础上，能够在实际工作中不断满足受众需求，进而推行信息公开，意味着现代政治传播理念已被接收和使用。

2. 新闻发布机制完善

新闻发布机制完善是伴随其制度建立而带来的必然结果。此时期，新闻发布主体扩大，从以前的只在中央层面及部分领域进行新闻发布，扩大为全国上下普遍推行的政治传播方式，党政军群等组织都成为新闻发布的主体。新闻发布主体的扩大对发布机制的完善起到了组织上的推动作用。新闻发布机制得到了全面的构建，实现了内宣与外宣并重的调适目标，还建立了常态发布和非常态发布的机制，在现实中表现为主动设置议程能力增强，突发热点问题舆论引导能力提高。可以看出，中国共产党越来越重视新闻发布的实际效果和价值效能，更加重视通过新闻发布机制建立党内党外、国内国际的沟通渠道，进而助推中国更快走向世界舞台。

3. 新闻发布媒介革新

经济的快速发展催生了传播技术的革新，使新闻发布媒介从广播电视等传统媒体转向网络全媒体场域，人民对信息的需求增加，接收能力也因之提高。报刊、电子、网络等媒介接续成为新闻发布的载体，新闻发布由线下转到线上，由现实空间渗入网络虚拟空间。传播媒介的革新，必然带来新闻发布理念的更新，这一时期的新闻发布理念与改革开放新时期的时代要求高度匹配。新闻发布在坚持党的新闻舆论观的框架下，注重对政治信息的收集和传播，主动适应传播环境的变化，从顶层设计和具体实施层面遵循政治传播规律，从而强化了"以人为本"的发布理念。

（四）新时代党领导新闻发布创新完善

为了满足新时代的需求，提升新闻发布的效果，中国共产党领导新闻发布

---

① 程曼丽、谢立言：《我国政府新闻发言人制度的建立与完善》，《求索》2012年第5期。

不断创新和完善，"新闻发布由早期的单向宣传输出转变为了信息枢纽和服务平台综合发布的全媒体建设"①，成为日常且规范的政治传播形式。

1. 新闻发布体系健全

新闻发布体系是一个不断优化的过程，制度动因起到了关键性作用。2013年7月，国务院办公厅发布了《当前政府信息公开重点工作安排》，文件提出要加大社会民生重点领域的信息公开，把提升信息公开实际效果作为重要旨归。②同年，国务院要求各部委建立健全常态化的例行新闻发布制度。通过制度的完善，为新闻发布提供了政策性的保障，对信息公开主体和内容的明确，为新闻发布实际效果的提升指明了方向。《中国共产党宣传工作条例》要求各级党委宣传部"协调开展新闻发布工作"③，进一步完善了新闻发布体系。2021年，中共中央首场新闻发布会提出"要建立中共中央新闻发布制度"④，至此，中国共产党领导新闻发布形成了主体层次分明、体系健全完善的新格局。

2. 新闻发布数字立体

处于信息"大爆炸"的时代，人民对信息的需求日益多样化，新闻发布只有满足人民的需要才能得到长足发展。网络技术的进步为新闻发布内容的存储、传播手段的精准和发布范围的扩大带来了诸多便利条件。其一，互联网具有海量的存储空间，新闻发布的内容可以得到记忆和保存，突破了政治传播时空的局限，便于人民选取获得信息。其二，新闻发布更加注重传播的针对性和分众化，主要表现在对社会热点问题的及时回应，根据发布内容灵活确定发布主体和范围。其三，大数据算法推荐技术更是助推了新闻发布的精准传播，若能正确把握，必将会减少传播成本，提升新闻发布的效果。加强网络媒介的应用，改变了传统新闻发布单一、固定的模式，技术赋能促进了新闻发布数字化和立体化传播。

3. 新闻发布策略优化

新时代，国际舆论斗争环境云谲波诡，国内舆论把控难度加大。为此，新闻发布在增强发布主体能动性，提高发布过程互动性和建立评估机制等方面，主动调整优化发布策略。首先，在发布主体及过程层面，中国共产党特别重视对新闻发言人的培养，使新闻发言人掌握与媒体沟通的技巧，具有了人格化的

---

① 赵雅娟等：《数字化时代新闻发布制度的创新研究——以"北京亦庄创新发布"为例》，《新闻春秋》2021年第1期。

② 《国务院办公厅关于印发当前政府信息公开重点工作安排的通知》，http://www.gov.cn/zwgk/2013-07/10/content_2444117.htm。

③ 《全面提升新时代宣传工作的科学化规范化制度化水平——中央宣传部负责人就〈中国共产党宣传工作条例〉答记者问》，https://article.xuexi.cn/articles/index.html。

④ 徐麟：《建立中共中央新闻发布制度是提高党的治国理政能力的重要制度安排和制度创新》，http://m.cnr.cn/news/20201030/t20201030_525314238.html。

特征。以新闻发言人为传送带，通过灵活把控新闻发布过程，有侧重和针对性地开展对话，可以构建双向互动的沟通形式。比如，外交部新闻发言人华春莹、赵立坚等，他们在主持记者会的过程中，已然树立了良好的个人形象，通过使用全媒体语言和接地气话语，提升了传播的效果。其次，评估机制是对新闻发布过程的监测和结果的考核，对优化新闻发布策略具有不可比拟的作用。2017年，中央宣传部公布了各地区各部门新闻发布的评估结果，这意味着新闻发布评估机制的基本建立。利用评估的方式倒推新闻发布变革不合时宜的要素，能够推动新闻发布制度、队伍和效果保持与时俱进的状态。

三、中国共产党领导新闻发布的基本经验

中国共产党在对新闻发布理念认知不断深化和政治传播规律持续应用的历史进程中，围绕主体—内容—媒介—受众—效应这一传播闭环，积累了宝贵的历史经验。在政治传播环境日益复杂的情境下，更加需要总结好新闻发布的基本经验，从而为做好新时代新闻发布工作、丰富中国共产党政治传播体系提供有益借鉴。

（一）中国共产党是新闻发布的传播主轴

坚持中国共产党的全面领导是百余年新闻发布历程中形成的光荣传统和政治原则。其一，新闻发布与政党任务变迁实现了协同互构，其目标是紧紧围绕着中国共产党的中心工作来谋划的。新闻发布在革命时期服务民族独立和人民解放事业；在建设时期为巩固国家政权、推进社会主义现代化营造舆论环境；在改革和发展时期聚焦脱贫攻坚、乡村振兴、社会治理等重大政治任务，展示发展成果、凝聚政治共识。新闻发布正是主动衔接党的历史任务，有效完成政治传播目标，成为中国共产党的重要执政资源。其二，百年新闻发布的理念、制度建设和机制运行都是依靠中国共产党进行顶层设计和具体部署的。在新闻发布的历程当中，始终将中国共产党作为传播主轴，依靠党的领导力量和组织优势总结新闻发布经验，不断探索和创新新闻发布体制机制，使新闻发布能够有如今的成熟定型和高效运行。其三，新闻发布的发展方向和未来前景要依靠中国共产党来把控。在中国共产党宣传事业之中，党管媒体、党管新闻发布是一以贯之的，这既是重要的政治原则，又是在充分尊重政治传播规律基础上形成的历史必然结果。历史和实践表明，中国共产党是新闻发布的传播主轴，只有长期坚持下去，才能保证新闻发布健康发展，造福国家和人民。

（二）因时而变的传播策略是新闻发布的内在要求

政治传播环境是一个动态变化的过程，只有坚持因时而变的传播策略，才能保证新闻发布取得最好效果。革命时期，新闻发布所要揭露的是反动派和日本侵略者的残酷暴行，要用科学真理与革命成果唤起和动员广大民众。在建设

和改革时期，新闻发布面向国内和国际两个环境，一方面动员民众参与国家经济建设，另一方面积极应对国际舆论斗争，传播中国主张。新时代以来，新闻发布成为常态化的政治传播形式，借助新兴的媒介技术，全方位、宽领域展现中国共产党的初心和使命，多维度、深层次宣扬中国共产党取得的历史性成就，面向关系人民利益的最前沿，努力实现人民对美好生活的需要，旨在增强人民实现伟大民族复兴的信心和决心。中国共产党正是根据政治传播环境的变化，灵活选择了新闻发布的传播策略，才能运用新闻发布完成历史任务，塑造自身形象。

（三）内宣和外宣相结合是新闻发布的战略布局

回望新闻发布的历程，其经历了从"重外轻内"到"内外并重"的转向，其中，通过对政治传播规律的把握和认识，逐渐调适理顺了内宣和外宣的关系，使二者相互促进、相辅相成。习近平总书记强调，"讲好中国故事，传播好中国声音，展示真实、立体、全面的中国，是加强我国国际传播能力建设的重要任务"[①]。这一重要论述表明政治传播要注重传播的效果，传播好中国声音是新闻发布的价值追寻。中国共产党一路走来，越是繁荣发展就越受到西方敌对势力的造谣和抹黑，一定程度上造成了国际社会很难看到真实的中国，在国内也出现了质疑中国的错误思潮。因此，新闻发布要坚持内宣和外宣相结合的战略布局，在"请进来"中引导人民用马克思主义的观点辩证看待世界发展，厘清错误思潮本质，在"走出去"中积极主动向世界讲述中国故事，为世界和平发展和人类命运共同体建设贡献中国智慧。更为重要的是，通过新闻发布这一窗口，中国共产党正在构建国际话语的中国式表达，与西方话语霸权进行博弈，竭力转变中国话语"传不开""失语"的被动境况，进而为国家发展壮大主流舆论。

（四）制度建设是新闻发布的根本保障

制度建设是对新闻发布传播主轴、内在要求和战略布局的生动反映和有效印证。中国共产党历来重视新闻发布的制度建设，依靠制度来保证新闻发布的基本形态和运作模式，早在中共一大就把党的宣传工作写入了会议决议，为后世追溯新闻发布源流提供了文本线索。从全国政权新建之初规范新闻发布活动，到改革开放后开启新闻发布制度化发展之路，进而促使新闻发布与政务公开、党务公开制度融合发展，特别是党的十八届三中全会明确要求推动新闻发布制度化，再到建立中共中央新闻发布制度。总结新闻发布工作经验，形成稳定的、规范的制度体系是中国共产党领导新闻发布的鲜明要求。当然，制度化发展是

---

① 《习近平在中共中央政治局第三十次集体学习时强调 加强和改进国际传播工作 展示真实立体全面的中国》，http://jhsjk.people.cn/article/32120102。

一个迭代递进的过程，意味着更高标准和更高要求，在此基础之上，要从制度结构中内生出更为健全的运行机制。当前，新闻发布制度建设还有值得深入拓展的领域。比如，如何提升新闻发布的针对性？新闻发布话语表达如何避免说空？如何兼顾新闻发布的全局性和整体联动性？这些都需要在中国共产党的领导下继续完善和落实，以期更好服务国家战略传播体系。

（作者分别为：新疆大学政治与公共管理学院副教授、硕士研究生。本文系新疆维吾尔自治区社会科学基金一般项目"美国因素对新疆意识形态安全的影响及对策研究"的阶段性成果，项目编号：21BZZ072）

"加减乘除"做好重大主题融媒体系列报道

——以央广网迎庆党的二十大系列报道为例

杨海全

做好重大主题报道，尤其是重大主题融媒体报道，是党媒的职责所在，也是检验党媒舆论引导能力的重要标准。围绕党和国家工作的主题主线，众多媒体推出了一大批立意高、创意足、形式新、传播广的优秀主题报道。作为时代发展的亲历者、见证者、记录者，中央广播电视总台央广网将宣传报道党的二十大作为检验主流媒体成效的重大考题，以"持续深化习近平新时代中国特色社会主义思想网上宣传，引导广大网民深刻感悟其真理光芒和实践伟力"为根本遵循，整合采编力量，深入践行"四力"，打出一套图文＋音视频的"组合拳"，真正做到了让重点成为热点、让质量带来流量、让深度焕发热度。

一、策划、采访过程做"加法"，案例中见发展，故事中感温度

创新主题宣传报道关键在于做出特色，尤其是同主题的重大主题宣传报道，是否有鲜明特色是一家媒体区别于其他媒体的显著标志。

（一）扎根基层，践行"四力"

央广网于 2022 年 7 月至 10 月推出《大时代》系列主题报道，派出 33 个地方频道 100 多名记者深入全国多地城市蹲点采访，通过图文并茂、音视频并举的融媒体报道方式，用心用情呈现各地十年巨变。在策划组织《大时代》黑龙江篇时，采编团队主动与黑龙江省委宣传部、省委网信办等部门对接，梳理十年间黑龙江发展亮点成就，初步确定现代化农业和乡村振兴两大主题后，又多次就细节问题与黑龙江省农业农村厅、黑龙江省农科院、牡丹江市、佳木斯市深入沟通、反复交流，力争精准、全面、立体呈现一座城市的十年气象。

成功的报道背后，必然与记者扎根基层的脚力、发现新闻"蓝海"的眼力、对时代命题主动思考的脑力，以及善用镜头说话的笔力密不可分。《大时代》系列报道的精准选题源于采编人员长期躬耕于全国各地肥沃的新闻沃土，熟知

各省的省情和各地市亮点工作，更源于记者深入田间地头、工厂车间，生动捕捉沾泥土、带露珠的动人故事。

（二）典型案例让报道有细节、有温度

采访过程中，记者注重挖掘"共性"和"个性"，深入一线，以扎实的采访捕捉十年大时代的"巨变"和"微变"，在梳理成绩的同时，兼具对城市发展脉络的理性分析和媒体记者的理性思考。例如，牡丹江市全市农民人均可支配收入连续十九年领跑全省，这背后的密码是什么？采编团队结合国家实施乡村振兴战略，探寻牡丹江的生动实践。采访中，为了尽可能还原事件原貌，记者一方面找人物、寻细节，尽最大努力把报道做精彩，一方面以记者敏锐的视角认真梳理采访素材，再挖新意，切实把"过去时"和"进行时"有机融合。最终以乡村旅游、特色产业、人才回归三个维度展示乡村振兴大主题下的牡丹江乡村振兴路径。

二、写作过程做"减法"，"量身定制"融媒体产品

习近平总书记指出："读者在哪里，受众在哪里，宣传报道的触角就要伸向哪里，宣传思想工作的着力点和落脚点就要放在哪里。"如何让重大主题报道入脑入心，提升受众的关注度，创新报道方式是关键。

（一）守正创新，后方也是前方

央广网基于全程、全息、全效宣传目标，把重大主题宣传报道作为"练兵场"，记者、编辑施展浑身解数，策划、采写、拍摄、编排、制作，在第一时间为不同类别、不同阅读习惯的受众"量身定制"形态多样的融媒体新闻产品。写作过程中，记者把"群众喜不喜欢，爱不爱看"作为出发点。《牡丹江："大粮食"做出餐桌大文章"新农旅"书写乡村新诗篇》在展示现代化农业发展成绩的同时，果断舍弃同质化内容，聚焦采访市长的一句话：我们牢固树立"大食物观"，一方面保障粮食安全，一方面选准特色产业、延伸产业链、做响农业品牌、走差异化发展路子，提高农业发展质量和效益。记者放下架子，伏下身子，卷起袖子，甩开膀子，没有被固有的思维和知识储备束缚，通过倾听采访一线的声音，展示十年最真实的实践和变化。

（二）果断取舍，谋篇布局精心匠心

面对海量素材，记者没有"捡到篮里都是菜"，而是加入理性分析。如《福州：千园之城擦亮"青绿"底色 "有福之州"激扬海滨山水》稿件，将采访对象镜头化，使读者读后能身临其境，能够具体、形象地感受所报道的事实。同时，突出图片的重要性，凸显"一图胜千言"的效果，系列稿件大量采用具有画面冲击感的照片，展示十年的对比变化。

《习声回响》系列报道以短视频和文字为主，千字的文章短小精悍，这些

报道既有点又有面，既有深度又有温度。视频以习近平总书记重要讲话金句原声为核心，以金句原声 + 理论解读 + 实践故事为内容主体，系统、多元、深刻解读习近平总书记重要讲话内涵。《生态是我们的宝藏，是资源，也是财富》《小木耳 大产业 新乡村》等报道以实践典型宣传阐释习近平总书记治国理政思想。

三、传播过程做"乘法"，全媒"裂变"扩大传播影响力

习近平总书记指出，高度重视传播手段建设和创新，提高新闻舆论传播力、引导力、影响力、公信力。在媒体融合发展的背景下，重大主题报道要想迅速"出圈"，需要牢固树立受众思维、创新思维，整合资源优势、创新报道形式，实现多角度、多层次、立体式的传播效果。

（一）全平台传播，放大权威声音

重大主题报道利用微博、微信公众号、短视频、直播平台、移动客户端等各类新闻媒体平台，主动设置议题、话题，创新话语表达方式，灵活运用微视频、H5、长图片等载体形式，推出一批既有内涵，又接地气的新媒体产品。央广网系列主题报道中，采编团队力争把"有意义"的报道做得"有意思"，由"写报道"向"做产品"推进，以图片、视频、音频等可视化的方式表现。如《大时代》系列报道既有图文、120秒视频和百家读城音频产品，又有视频专访。央广网微信、微博等第三方平台火力全开，视频账号给力传播，在全网形成"潮汐式"传播效应。通过多平台、多账号、多手段，放大权威声音。

（二）移动优先，线上创新"出花样"

重大主题宣传报道要从海量信息中脱颖而出，就必须依托党媒信息资源权威、传播渠道多样、受众群体广泛的优势，打造适合移动互联网传播的精品报道，以思想性、时效性、互动性吸引受众，占领舆论传播高地，引领网络舆论走向。

央广网注重新闻的鲜活性、生动性、互动性，注重产品"接地气、沾泥土、带露水"，以形式多样的新闻产品吸引受众眼球，让受众喜闻乐见。《开局十四五》每篇报道专门制作了100秒左右的短视频。视频以习近平总书记关于"立足新发展阶段，完整、准确、全面贯彻新发展理念，构建新发展格局，推动高质量发展"重要论述金句原声音频为统领开篇，以快闪形式，以数据为线，展现了各地开局之年成果。这种由视频、文、图组成的特稿，角度新颖，内容厚重。

四、复盘过程做"除法"，推动形成良好网络生态

党的二十大报告指出，我们要建设具有强大凝聚力和引领力的社会主义意识形态，牢牢掌握党对意识形态工作领导权，全面落实意识形态工作责任制，巩固壮大奋进新时代的主流思想舆论，加强全媒体传播体系建设，推动形成良

好网络生态。

央广网喜迎党的二十大系列报道深入宣传党的十八大以来，全国各地坚决贯彻习近平总书记重要讲话重要指示批示精神，着力推动高质量发展，各项事业取得的显著成效。做到了主题突出，基调鲜明，声势浩大，氛围浓厚。

（一）突出思想引领，让主旋律更响亮

"打铁还需自身硬"。央广网系列报道力争实现内容、形式、人员、传播渠道等跨部门、跨媒体、跨平台的内容融合，打造出有影响力的精品力作。在全媒体传播格局下，为做好系列重大主题报道，采编团队突出思想引领，深入践行"四力"，坚守职责使命，提高政治站位，坚持态度、高度和深度的有机统一，做实报道内容、做新报道形态、做强报道效能，以更强的传播力、引导力、影响力、公信力，让主旋律更响亮、正能量更强劲。

（二）守正创新，有"融"乃强

如何打造力透纸背，站得住、叫得响、传得开，让人民群众爱不释手、历久弥新的精品力作？央广网采编团队将始终坚持以习近平新时代中国特色社会主义思想为统领，不断深化对新闻传播规律的认识，多做平实、务实、扎实、朴实的报道，继续埋头苦干、奋勇前进，不断提高新闻舆论传播力、引导力、影响力、公信力，不断增强吸引力、感染力、亲和力、说服力，不断实现融合传播、破圈传播，奏响时代的强音、吹响时代的号角，让习近平新时代中国特色社会主义思想"飞入寻常百姓家"。

（作者系央广网记者）

奋力谱写西藏广播电视事业新篇章

——学习贯彻落实党的十九届六中全会精神

王清江

党的十九届六中全会通过的《中共中央关于党的百年奋斗重大成就和历史经验的决议》，全面总结党的百年奋斗重大成就和历史经验，是新时代中国共产党人牢记初心使命、坚持和发展中国特色社会主义的政治宣言，是以史为鉴、开创未来、实现中华民族伟大复兴的行动指南。西藏广电人深入学习贯彻党的十九届六中全会精神，领会和把握核心要义、科学内涵、实践要求，以全会精神武装头脑、指导实践，推动西藏广播电视事业高质量发展。

一、西藏广播电视事业以优异成就迎接党的二十大胜利召开

西藏和平解放以来，特别是党的十九大以来，西藏广播电视事业有了突飞猛进的发展。2021年是中国共产党成立100周年，是西藏和平解放70周年，是"十四五"规划开局之年，是党和国家事业载入史册、具有里程碑意义的重要一年。在这一年，西藏广播电视事业取得了重要进展和显著成就，以这些优异成就喜迎党的二十大胜利召开。

（一）西藏广播电视传播力、引导力、影响力、公信力不断增强

2021年，西藏广播电视和网络视听媒体围绕习近平总书记出席建党100周年大会、考察西藏等重要会议、重要活动，在广播电视"头条"、网络视听媒体"首页首屏首条"推出了《奋斗百年路 启航新征程·感恩前行》等广播电视和网络视听栏目和《习近平总书记：扎西德勒！》等广播电视和网络视听节目，充分展现了习近平总书记对西藏工作的高度重视和对西藏各族人民的似海深情，全面展示了习近平总书记关于西藏工作的重要论述和新时代党的治藏方略在西藏的成功实践，生动展现了全区各族干部群众爱戴总书记、感恩党中央，奋发有为建设社会主义新西藏的信心决心；围绕中国共产党成立100周年、西藏和平解放70周年，开辟了《跨越70年 奋进新时代》《珍贵！定格70年新西藏》等专题专栏，全面展示了全区"两个维护"更加坚定、社会大局持续稳定向好、经济健康快速发展、人民生活水平不断提高、生态安全屏障日益坚实、边境地区建设加快推进、民主法治和党的建设不断加强的大好局面。

（二）西藏广播电视公共服务均等化、普惠化、便捷化不断实现

公共服务是广播电视行政管理部门的重要职责。近年来，特别是党的十九大以来，西藏广播电视公共服务取得了显著成就，基本解决了全区各族人民群众听到广播、看到电视的问题。为进一步加强广播电视公共服务体系建设，不断满足人民日益增长的美好精神文化生活需要，2021年，西藏广播电视巩固脱贫攻坚成果与乡村振兴有效衔接，大力实施重点惠民工程，向有线电视未通达的农牧区群众免费发放4万多套新一代直播卫星"户户通"接收设备，使西藏全区广播电视综合人口覆盖率分别达到99.24%、99.39%；加快县级应急广播体系建设，建设完成68个县级平台、630多个乡镇平台、4800多个行政村终端，应急广播服务均等化基本实现；继续做好少数民族语电视剧译制片源受赠工作，《山海情》译制完成并播出，为基层广播电视台提供200小时共享译制成片，进一步丰富了全区各族群众收视内容，有效满足了各族群众精神文化需求。

（三）西藏广播电视媒体深度融合不断加快推进

党的十八大以来，以习近平同志为核心的党中央作出推动媒体融合发展的重大决策部署，西藏广播电视积极落实，加快推进，西藏广播电视媒体融合取得重要进展，主流舆论引导力、精品内容生产和传播能力、信息和服务聚合能力、先进技术引领能力、创新创造活力大幅提升。西藏广播电视台乘西藏人民广播电台、西藏电视台合并组建西藏广播电视台的契机，顺应网络化、移动化趋势，充分发挥原来西藏人民广播电台和西藏电视台的资源和特色品牌优势，成立了融媒体运营中心、融媒体新闻编辑中心、融媒体新闻采访中心、融媒体节目中心等部门，先后推出了"西藏卫视+"等新型媒体，探索适合西藏广播电视台的融合发展模式，逐渐成为全媒体服务、智慧化传播的新型主流媒体。拉萨市等地市融媒体中心和工布江达县等县融体中心先后建成投入使用。2021年，融媒体中心打造推出了《世界屋脊的光明记忆》《美丽新西藏》等一大批融媒产品，很受广播电视受众和网民喜爱。

（四）西藏广播电视监测监管效能不断提高

近年来，特别是党的十九大以来，西藏广播电视部门严格落实意识形态工作责任制和属地管理责任，强化阵地意识，坚持既管好"肚子"更管好"脑子"，层层压实监管责任、主体责任，强化管理、主办职能，督促各级广播电视播出机构要严格执行播前三级审查、重播重审等基本制度，广播电视和网络视听监测监管效能不断提高，坚决维护广播电视和网络视听领域意识形态安全。西藏自治区广播电视收听收看中心和自治区广播电视局监测台在没有建成现代化广播电视、IPTV 和网络视听监管系统的情况下，创新手段、创新方式，广泛邀请广播电视专家、受众，适时开展地市广播电视节目评议周等对全区广播电视节目全天候、不间断监测评估，辨析突出问题，对违规有害内容及时研判处理。据不完全统计，每年向上级有关部门报送《视听评议》20 多期，《监听监看快报》数十期，约 50 万字。

二、西藏广播电视事业以贯彻落实全会精神实际行动迎接党的二十大胜利召开

党的十九届六中全会后，西藏广电人原原本本学、全面系统学、反复深入学、联系实际学，纷纷表示：要将全会精神转化为对党和人民群众的感情，在实际行动中贯彻落实全会精神。对照党的十九届六中全会提出的新理念、新思路、新任务，紧密联系西藏实际，奋力谱写西藏广播电视事业新的篇章。

（一）争当"两个确立"的忠诚捍卫者、"两个维护"的示范引领者，坚持正确的舆论导向

党的十九届六中全会公报指出，党确立习近平同志党中央的核心、全党的核心地位，确立习近平新时代中国特色社会主义思想的指导地位。确立习近平同志党中央的核心、全党的核心地位，是时代呼唤、历史选择、民心所向。建立强有力的领导核心是党长期奋斗的宝贵经验。因此，西藏广播电视要从百年历史中更好地梳理和汲取确立核心、维护核心的历史经验和优良传统，更加深刻地理解"两个确立"对新时代党和国家事业发展、对推进中华民族伟大复兴历史进程的决定性意义，把讲政治要求贯彻到广播电视工作的各方面，坚持正确的舆论导向，坚决维护党中央权威和集中统一领导，坚定不移把"两个确立"转化为坚决做到"两个维护"的思想自觉、政治自觉、行动自觉，同党中央保持高度一致。西藏广播电视媒体和网络视听平台要全方位宣传习近平新时代中国特色社会主义思想，推动习近平新时代中国特色社会主义思想落地生根、深入人心，使习近平新时代中国特色社会主义思想真正成为我们"四个创建""四个走在前列"的理论之思、现实之需、实践之解；多角度报道、立体化呈现在习近平总书记的凝聚和团结带领下持续实现党和人民事业的蓬勃发展，深度报道习近平总书记对西藏工作的高度重视和对西藏各族人民的关心关怀，生动展现全党拥护、人民爱戴总书记、感恩党中央，凝聚起"建设美丽幸福西藏、共圆伟大复兴梦想"的信心决心。

（二）站稳人民立场，坚守为民初心，打造各族人民群众喜爱的广播电视和网络视听节目

党的十九届六中全会决议再次强调了以人民为中心的发展思想，要求我们

始终牢记江山就是人民、人民就是江山，始终坚持全心全意为人民服务的根本宗旨。人民立场是我们党的根本政治立场。为人民谋幸福、为民族谋复兴，是我们党百年奋斗的初心使命。各族人民群众对广播电视和网络视听节目有较高的期待，要求我们广播电视以最高标准、最严要求高质量满足人民群众精神文化生活需求。谁把人民放在心上，人民就把谁放在心上。广播电视只有把人民放在心上，各族人民群众才不会远离广播电视。因此，我们"始终要把人民放在心中最高的位置，始终全心全意为人民服务，始终为人民利益和幸福而努力工作"，将广播电视为民理念贯彻到广播电视工作全过程、各方面，聚焦宣传贯彻党的二十大精神，贯彻落实习近平总书记"找准选题、讲好故事、拍出精品"重要要求，突出"理念上牢固树立精品意识，题材上突出展现新时代气象，创作上充分彰显艺术神韵"，深入生活、扎根人民，打造各族人民群众喜爱的广播电视和网络视听节目，生产和传播各族人民群众喜闻乐见的精品内容。

（三）坚持"十个坚持"，发扬开拓创新精神，全力推进智慧广电建设

党的十九届六中全会决议以"十个坚持"总结了党百年奋斗的宝贵历史经验，即坚持党的领导，坚持人民至上，坚持理论创新，坚持独立自主，坚持中国道路，坚持胸怀天下，坚持开拓创新，坚持敢于斗争，坚持统一战线，坚持自我革命。"十个坚持"是对党的百年奋斗伟大成就和历史经验的深刻总结，同时揭示并丰富了新时代党的执政规律、人类社会发展规律和社会主义建设规律。因此，我们要继续坚持"十个坚持"，遵循新时代党的执政规律、人类社会发展规律和社会主义建设规律，充分认识广播电视和网络视听在"四个确保""四个创建""四个走在前列"中的重要意义和重要作用，弘扬伟大建党精神，发扬开拓创新精神、"两路"精神、"老西藏精神"，立足当前开拓创新，解放思想、转变观念，改进作风、狠抓落实，全力推进智慧广电建设。

进一步推进媒体深度融合，打造新型广播电视主流媒体。推动全媒体时代媒体深度融合，事关广播电视高质量创新性发展，事关壮大主流舆论，事关国家长治久安。西藏广播电视要围绕媒体深度融合，落实好《西藏自治区广播电视和网络视听"十四五"发展规划》《西藏自治区"智慧广电"规划》，实施广电媒体融合发展三年工作行动计划，推进自治区广播电视台新闻频率频道整体转型，支持地市广电媒体加快自身融合发展，积极参与县级融媒体中心建设，加快形成资源集约、结构合理、差异发展、协同高效的全媒体传播体系。

进一步完善应急广播体系，全面推进"智慧广电＋公共服务"。党的十七届六中全会提出建立统一联动、安全可靠的国家应急广播体系，这一体系也被纳入国家"十二五"规划中。截至目前，西藏地市县乡应急广播基本建设完成。西藏广播电视要深入实施自治区、地市两级应急广播平台建设，基本建成覆盖区、地市、县、乡、村五级应急广播体系，完善应急广播体系，全面推进"智慧广电＋公共服务"，持续提高广播电视服务能力和水平。

加快发展高清超高清电视，全面提升人民群众用户体验和接受度、满意度。坚持以人民为中心，为民、惠民、便民，建立和完善高清电视节目的采集、制作、播出体系，加快推进西藏广播电视台实现高清化，支持有条件的地市和县级广播电视机构开展高清化改造。积极参与推进全国有线电视网络整合和广电5G建设一体化发展，稳妥推进全区一网整合工作，支持中国广电西藏网络有限公司推进4K/8K超高清机顶盒的推广运用。推进自治区广播电视节目传输中心改造升级，推动西藏广播电视台超高清电视节目在有线电视、卫星电视等的畅通传输。

加强广播电视智慧监管体系建设，全面实现智慧化监管。力争在"十四五"期间，西藏广播电视和网络视听智慧监管建设项目建设结束，建设起全区广播电视、IPTV和网络视听监管系统，构建跨行业、跨网络、跨平台、跨终端的现代化监管体系，逐步实现对广播电视、视听网站、IPTV、OTT以及"两微一端"等全媒体、新业态、新服务的"全方位、全过程、全覆盖、全天候"智慧化有效监管。

（作者单位：西藏自治区广播电视收听收看中心）

献礼二十大的广西之声

——电视专题片《紧跟伟大复兴领航人踔厉笃行》评析

兰新之

一、成片背景

2021年4月25日至27日，习近平总书记到广西进行考察并发表了重要讲话，作出系列重要指示：坚决贯彻党中央决策部署，完整、准确、全面地贯彻落实新发展理念，坚持稳中求进的工作总基调，在推动边疆民族地区高质量发展上闯出新路子，在服务和融入新发展格局上展现新作为，在推动绿色发展上迈出新步伐，在巩固发展民族团结、社会稳定、边疆安宁上彰显新担当，建设新时代中国特色社会主义壮美广西。习近平总书记的重要讲话，充分体现了党中央对边疆民族地区人民的殷切关怀，对革命老区的高度重视，为广西指明了正确的发展道路。

2022年4月27日，在习近平总书记视察广西一周年之际，广西壮族自治区党委召开习近平总书记视察广西"4·27"重要讲话发表一周年座谈会，对深入学习贯彻习近平总书记视察广西重要讲话精神和对广西工作系列重要指示要求进行再部署、再推进、再落实，深刻领悟"两个确立"的决定性意义，坚决做到"两个维护"，紧跟伟大复兴领航人踔厉笃行，凝心聚力建设新时代中国特色社会主义壮美广西。习近平总书记视察广西"4·27"重要讲话精神和对广西工作系列重要指示要求高瞻远瞩、系统全面，蕴含着强大的真理力量和实践力量，是为广西量身定做的精准指导，是切合广西经济社会发展实际的战略指引。

2022年是不同凡响的一年，我国进入了新的发展阶段，为了献礼党的二十大、展现广西新风尚，六集电视专题片《紧跟伟大复兴领航人踔厉笃行》（下称《踔厉笃行》）应运而生，表现了广西人民对二十大召开的殷殷期盼。

二、内容介绍

（一）专题片主要内容

《踔厉笃行》专题片聚焦党的十八大以来广西取得的显著成就，生动叙述了一件件在广西大地上发生的故事，充分体现了习近平新时代中国特色社会主义思想在广西落地生根、开花结果的实践，体现习近平总书记对广西发展的期望和重视、对壮乡儿女的关心和深情，展现了新一届广西壮族自治区党委牢记领袖嘱托、担当历史使命，带领5700多万各族人民团结一心、和衷共济，紧跟伟大复兴领航人踔厉笃行，凝心聚力建设新时代中国特色社会主义壮美广西的崭新气象。

《踔厉笃行》共分为六集，分别是《牢记嘱托担使命》《撸起袖子加油干》《打赢脱贫攻坚战》《绘好美丽壮乡图》《走好新的长征路》《欢歌唱响新时代》，从六个不同的方面全面深刻地反映了广西坚持党中央的坚强领导，广西壮族自治区党委落实习近平总书记视察广西"4·27"重要讲话精神，践行初心使命，全面贯彻新发展理念，坚持推动经济社会发展全面绿色转型，团结带领广大党员干部和全区各族群众走好新的长征路，凸显了习近平总书记对人民群众的真挚情怀，表达了广西各族儿女对党和国家的热爱、对美好生活的向往、对伟大新时代的礼赞。

（二）专题片创新之处

在广西壮族自治区党委的组织下，广西日报传媒集团、广西广播电视台首次"报台"合作，怀揣着高度的政治责任感和强烈的历史使命感，紧锣密鼓地投入《踔厉笃行》专题片的制作中，以工匠精神打造出构思精巧、制作精良的精品。经过多次精细的修改，制作团队从拍摄内容、叙述方式和传播方式三个方面进行了创新，更好地体现了广西的精神风貌，为迎接二十大营造良好的社会风气。在党的二十大召开之年，如何出新出彩做好专题报道，是各主流媒体当下正在思考的问题，《踔厉笃行》专题片先行先试，是全国主流媒体的一次很好的探索和示范。

1. 拍摄内容创新

在新时代的新传播环境下，电视专题片的目标观众群体也在发生着重要的结构性变化，这也要求在制作方面做出相应的调整创新。如何使每一个受众群体在观看时都能引起强烈的内心共鸣，是摆在电视专题片制作面前的重要问题。[①]《紧跟伟大复兴领航人踔厉笃行》专题片从内容出发，以呈现真实可感的典型故事、典型人物和典型画面，反映广西的发展成就。对主体概念创造性地进行了更加生动且鲜活的诠释，"领航人"这一词语是习近平总书记的历史使命和智慧担当的生动写照，"伟大复兴领航人"的全新提法，把党的历史使命和人民对美好生活的追求有机地统一在一起，把中华民族伟大复兴的中国梦与人民对党的最高领导人的政治认同紧密结合在一起，体现出领航人的大情怀、

---

① 王薇：《移动时代的政论片创新策略研究》，《传媒》2021年第2期。

大格局、大视野。

《踔厉笃行》专题片在内容选择上更是突出时效性，加入了最新发生的事例，例如2022年4月15日，按照国家要求，广西壮族自治区党委、政府迅速从全区15家卫生医疗机构选派295名中医医护人员，组建了广西援沪医疗队奔赴上海抗疫情；2022年4月16日上午，"神舟十三号"飞船返回舱安全着陆，3名航天员翟志刚、王亚平、叶光富历时180天返回地球等大事件，都在专题片中第一时间呈现，叙述内容的新鲜度更加有力地引起观众的共鸣，产生了良好的效果。

"片子说出了我们的心声！""每一句嘱托饱含深情，每一帧画面凝心奋进，每一种牵挂声声入耳，每一分努力切切在心。""专题片很精彩，振奋人心！"……《踔厉笃行》在全平台播出后，引发广西全区广大党员干部群众的强烈共鸣，引起热烈反响，赢得广大网友的一致点赞好评。

2. 叙述方式创新

《踔厉笃行》在叙事方式的选择上考虑精深，不仅要向观众展现出广西人民新时代的向好风貌、展现党中央对广西的关切，更担负着广西在新时代的形象塑造与推广的重任。因此，需要选择恰当的叙事方式，有针对性地选择叙事视角，兼顾客观纪实性与思想艺术性，讲好广西故事。

以第五集《走好新的长征路》为例，本集主要的叙述内容是广西壮族自治区党委践行初心使命、团结带领广大党员干部和全区各族群众走好新时代长征路，因此这一集的政治性较浓郁。为了打破政论片的枯燥，影片注重运用画面和音乐打破文稿叙事节奏，形成"以剪辑带动叙事"的叙述方式。制作组还创造性地在段落衔接处运用音乐和画面的组合性剪辑的方式渲染情绪，让声画为主的叙述节奏带动内容延伸，使本集最终达到最佳的呈现效果，为政论片的制作提供了良好示范作用。

《踔厉笃行》采用感性的音乐元素、平易近人的和缓诉说风格和渐近高潮的情感抒发，将山水风光的广角镜头拍摄和人民动态的特写镜头拍摄相结合，视听效果达到最佳。在拍摄习近平总书记与少数民族同胞在一起、总书记实地考察等镜头时，近远景结合体现大背景和小细节，注入了真挚的情感，注入了传播扩散的动能。影片从大处着眼小处着手，运用以小见大的操作手法和叙事策略，把要表达的中心思想融入广西人民生活的方方面面和每个细节当中。[①]处处传达正能量，用独到的叙述方式引起人民群众的强烈共情。

3. 传播方式创新

在宣传推广中，《踔厉笃行》传播方式不是单一地采用传统电视媒体进行

---

① 郑强：《纪实性电视专题片的拍摄与制作探析》，《科技传播》2015年第8期。

播放，而是兼顾运用了广西日报传媒集团、广西广播电视台所属各新媒体平台的传播能力和111家县级融媒体中心的下沉传播影响力，以及微博、微信、抖音、视频号等平台分时段、分形式对不同受众群体接力发出推送。《广西日报》头版、广西卫视《广西新闻》在该专题片播出的次日立即推出同题综述报道和反响稿、反响篇，实现了主流媒体在各个平台上的同频共振、融合发声，形成了"报+台+新媒体+市融+县融+N"媒体深度融合模式，专题片让党的声音传得更广。同时，该片还"出圈"海外，众多海外媒体、华侨华人及港澳台同胞更是点赞、热评不断。

《踔厉笃行》一经播出就引起了强烈的反响。据不完全统计，从2022年4月12日至17日在广西卫视、广西云客户端、广西新闻网等平台同步首播以来，每天约有1000万人通过电视端观看，网络总点击量超过2亿次。根据国家广播电视总局发布的中国视听大数据（CVB）显示，广西卫视4月12日至17日播出的《紧跟伟大复兴领航人踔厉笃行》专题片全国平均收视率0.221%，收视份额0.812%，同时段收视率在34个地方卫视综合频道中排名第六；广西平均收视率4.195%，收视份额12.543%，在34个地方卫视综合频道中排名第一，在全国卫视（含央视、中国教育电视台、地方卫视）+广西广播电视台共71个频道中排名第二，创下收视新高。

三、意义

（一）社会影响力

《踔厉笃行》一经上映，就在社会上引起了广泛的影响，体现了其深远的意义。广西声音不再只是口口相传，广西的故事被搬上了电视荧幕，广西的发展得到了全国人民的关注，欢乐的壮歌飘荡在南疆上空的每一个角落。

1. 思想引领

观看《踔厉笃行》专题片不仅是一次学习，更是一次心灵的升华，人民群众的思想觉悟水平有了提高。人们不会忘记习近平总书记从广西田间地头到企业车间，从百姓家中到绿色田园，一路的殷切关注，一路的悉心叮嘱，一路的指导部署，让百姓们备受鼓舞。思想旗帜迎风飘扬，时代强音昂扬奏响。

人民群众知道了，中国共产党念兹在兹，一切为了人民，党是人民的党，全心全意为人民服务的党。以习近平同志为核心的党中央，始终把人民放在心上，中国共产党与人民群众血脉相通。人民群众知道了，美好生活是撸起袖子加油干的结果，而党中央的正确领导默默地为人民提供了创造美好生活的工具武装，广西人民勤劳的手紧握改变命运的发动机，让人民能够有机会尽情地把汗水挥洒在祖国的南疆大地上，让播种下的种子长出丰硕的果实。

党的十八大以来，在以习近平同志为核心的党中央的正确领导下，2020

年 11 月 20 日,广西宣布大化、都安、罗城、三江、融水、隆林、那坡、乐业 8 个贫困县正式退出贫困县序列,广西所有贫困县全部脱贫摘帽,脱贫攻坚战又成功啃下了一块硬骨头。每一步的胜利,都离不开党员扶贫干部的默默奉献。广西壮族女孩黄文秀,放弃北京高薪工作返乡扶贫奉献青春,在她身上我们看到了中国共产党党员对人民的热爱与担当,正是有这些舍己为民无私奉献的优秀党员,才让幸福的歌儿奏响在广西的沃野上。

"没有共产党就没有新中国。"没有共产党,也就没有今天的美好生活。广西人民不会忽视党和人民的联系,广西人民不会忘记党对人民的深情,广西人民不会辜负党对人民的希望。不忘初心跟党走,在党的领导下继续谱写新生活的赞歌。

2. 群众组织

《踔厉笃行》作为很好的思想教材,给当地政府和相关组织上了生动的一课。2022 年 4 月 13 日,广西富川瑶族自治县总工会组织全体干部职工集中观看此电视专题片;4 月 21 日,南宁市人大常委会组织机关干部职工集中观看;4 月 24 日,民革北海市委员会机关组织观看……观看浪潮在广西各大小组织徐徐展开,大大提高了团员党员、大小干部的思想觉悟和行动水平。

围绕"紧跟伟大复兴领航人踔厉笃行"这一主题,结合观看专题片和工作情况,与会干部踊跃畅谈感悟,乐话收获,明晰理想,坚定信念,纷纷表示要不忘初心、牢记使命,不负党,不负国家,不负人民。

南宁市优秀共青团员黄媛动情地说道:"专题片鼓舞人心,催人奋进。作为一名到村任职的选调生,我要时刻牢记领袖嘱托,厚植为民情怀,积极担当作为,持续巩固脱贫攻坚成果同乡村振兴有效衔接,千方百计提高百姓收入,在乡村振兴火热实践中创造更加幸福美好的生活,为实现党的第二个百年奋斗目标贡献自己的力量。"上思县思阳镇社会保障服务中心干部陆亦向观看结束后也很振奋:"作为一名'三支一扶'工作人员,我要勇于担负时代责任,练就过硬本领,谨记总书记对青年的六点要求,发挥自己专业所学,在基层中书写青春的奋斗篇章。"

3. 社会号召

上下齐心,其利断金。《踔厉笃行》专题片拉近了党中央与人民群众的心灵距离,人民群众更加具体地体悟到了以习近平同志为核心的党中央对人民生活的关注和对人民的爱护,更加深刻地理解了党中央的战略部署和伟大决策的科学性、可行性和人民性,更加积极地响应党和国家的号召,推动政策的落实,为实现中华民族伟大复兴的中国梦贡献自己的力量。

我们处于新的时代,我们有着新的任务与使命,而团结奋斗,是中国人民创造历史伟业的必由之路。通往建设中国特色社会主义壮美广西的伟大征途，需要每个人都努力奔跑，各个领域各个岗位都有艰苦奋斗的平民英雄涌现。他们是危急关头挺身而出守护人民生命安全的人民警察和白衣天使；他们是在科技领域苦心钻研，在教育领域辛勤付出的科研工作者和人民教师；他们是以身作则，带领人民过上安康生活的基层党组织负责人和驻村干部；他们是开拓创新，创造财富的大小企业……全广西人民坚守岗位艰苦奋斗，唱响一支传到美好未来的歌。

《踔厉笃行》专题片的播出，在社会掀起了知党恩，听党话，跟党走的社会浪潮，在广西营造了良好的社会风气。公民责任意识不断增强，更加积极地以主人翁的姿态奋斗在祖国大地上，更加斗志昂扬地建设壮美广西、美丽中国。该片点亮了人民心中的火焰，让人们在自己的岗位上发光发热，发挥自己最大的价值，照亮祖国更加光明的明天。

（二）政治意义

《踔厉笃行》不仅产生了广泛的社会影响，还具有深远的政治意义。

1. 坚定信念

该专题片展示了广西在党的领导下取得的巨大发展成就，让人们看到了广西的变迁。2021年地区生产总值突破 2.4 万亿元，决战脱贫攻坚取得全面胜利，十多个千亿级产业集群兴起壮大，市市通高铁、县县通高速指日可待，全方位开放发展风生水起，山清水秀生态美的金字招牌更加闪亮，民族团结进步走在全国前列。进入新时代，广西发展取得前所未有的辉煌成就。

这一切，离不开以习近平同志为核心的党中央的正确领导。振奋人心的主旋律贯彻全片，令观者深刻领悟"两个确立"的决定性意义，坚决做到"两个维护"，这是时代的呼唤，历史的选择，人民的心之所向。坚决拥护以习近平同志为核心的党中央的正确领导，用实际行动忠诚核心、拥戴核心、维护核心、捍卫核心，凝心聚力建设新时代中国特色社会主义壮美广西。坚持习近平新时代中国特色社会主义理论体系的指导地位，我党就能坚持正确方向，带领全国各族人民乘风破浪开辟祖国光明前景。

2. 总结经验

站在新的历史起点，回望十八大以来的辉煌成就，广西人民无比自豪。广西是大自然赋予中华民族的宝地，这里山水秀甲天下，这里陆海边疆辽阔，一湾相挽十一国，良性互动东中西，千年灵渠沟通南北，海丝古港连接世界，5700多万各族人民心手相牵，守望相助。

《踔厉笃行》专题片提到了广西的红色历史，百色起义的光辉事迹深入人心，广西人民要像习近平总书记说的那样，"把红色资源利用好，把红色传统发展好，把红色基因传承好"。殷殷嘱托，属实难忘，赓续红色血脉，奋力谱写壮美新篇章。该片还让广西人民看到了发展的正确方向，把创新作为引领发展的动力，用改革创新的思路解决发展中的问题，科技兴农，用科技为农业赋能，用创新推动高质量发展，利用当地优势，发展特色产业，开发旅游业，打造全球性旅游胜地，实现绿色发展，人与自然和谐发展。

该片展现了壮乡之美，壮乡不仅美在山山水水，还美在团结和谐。各族人民像石榴籽一样紧紧抱在一起，共同唱响民族团结的乐章。同时，该片还让大家知道，广西发展的潜力在开放，后劲也在开放，要积极服务建设更为紧密的中国——东盟命运共同体，向海而兴、向海图强，用全方位高水平开放促进高质量发展，加快把独特的区位优势转换成开放发展的优势，做好对外交流的"窗口"。

该片让广西人民增强了发展信心，也让全国人民对广西这片南疆之地充满希望，回顾广西的变迁，向历史学习，总结出宝贵经验。不忘来时路，才能更好走好未来路。

3. 开创未来

党的十八大以来，中国特色社会主义进入新时代，这是我国发展新的历史方位。党的二十大即将召开，《踔厉笃行》专题片在全国率先喊响"紧跟伟大复兴领航人"，为党的二十大的胜利召开营造了良好的舆论氛围，唱响了动人的赞歌，这是一支民族团结之歌、一支感恩奋进之歌、一支新时代的欢歌、一支一起向未来之歌。

一起向未来之歌，始终昂扬着激荡人心的主旋律，始终贯穿着铿锵有力的节奏，这节奏就是我们紧跟伟大复兴领航人踔厉前行的坚定步点。[1] 展望未来，八桂儿女将建设更加繁荣富裕的广西、更加团结和谐的广西、更加开放包容的广西、更加文明法治的广西、更加宜居康寿的广西。

四、结语

2022 年 4 月 21 日至 22 日，中国共产党广西壮族自治区代表会议在南宁召开，会议选举产生了广西壮族自治区出席党的二十大代表。在广西参选的党中央提名的代表候选人习近平同志，以全票当选党的二十大代表。代表们认为，习近平总书记全票当选二十大代表，是广西 250 多万名党员、15 万多个基层党组织的共同意愿，充分体现了 5700 多万广西各族干部群众对习近平总书记的衷心爱戴，反映了亿万人民紧跟伟大复兴领航人踔厉笃行，开创更加美好未

---

① 董文锋、覃文武、龚文颖：《紧跟伟大复兴领航人踔厉笃行 欢歌唱响新时代》，《广西日报》2022年4月18日。

来的共同心声和强烈愿望。^①万山磅礴，必有主峰。党的十八大以来，党和国家事业取得历史性成就、发生历史性变革，最根本的是有习近平总书记作为党中央的核心、全党的核心掌舵领航，有习近平新时代中国特色社会主义思想科学指引。《踔厉笃行》专题片用广西的声音，表达广西各族儿女对领袖的拥戴、对党和国家的热爱、对美好生活的向往、对伟大新时代的礼赞，意气风发地向着第二个百年奋斗目标阔步迈进。

正如新闻大数据专家王平所说："《紧跟伟大复兴领航人踔厉笃行》专题片不但响彻八桂大地，让党的声音传得更响，而且穿越广西，飞向祖国四面八方，真正让党的声音传得更广。"

《踔厉笃行》专题片，让党的声音回荡过去，萦绕现在，响彻未来。

（作者单位：广西广播电视台）

---

① 黄庆刚：《广西选举产生出席党的二十大代表 习近平全票当选》，《人民日报》2022年4月23日。

心相通　民相亲　展非凡

——宁波广播喜迎二十大融媒报道国际传播探究

赵文博

　　2022年，是进军第二个百年奋斗目标新征程的重要节点，也是党的二十大的召开之年，是新时代中具有特殊重要性的一年。党的二十大胜利召开，事关党和国家事业继往开来，事关中国特色社会主义前途命运，事关中华民族伟大复兴，意义非凡。

　　宁波广播因时而动，推出众多喜迎二十大系列报道。其中，作为宁波广播唯一国际传播平台——交通广播《听见宁波》（*Hearing Ningbo*）英语节目因势而动，策划推出了融媒系列报道《非凡十年》（*Dynamic Decade*），从"非凡十年 | 老外在宁波""非凡十年 | 宁波一家人""非凡十年 | Dynamic Decade"三大维度入手，以中英文短视频、图文报道、广播专栏等形式呈现，并通过海外社交媒体平台传播，充分发挥国际传播的实际作用，让全世界的用户感受宁波作为改革开放前沿滨海城市的开放与包容以及十年来日新月异的变化，激发全体人民积极性、主动性、创造性。这也是《听见宁波》（*Hearing Ningbo*）广播英语节目首次尝试原创英语短视频创作，结合海外传播平台，为主流媒体的融媒传播开辟新赛道。

一、全媒体国际传播，实现内容价值和传播渠道"双向奔赴"

（一）《非凡十年》（*Dynamic Decade*）的全媒体传播

　　习近平总书记在十九届中央政治局第三十次集体学习时强调："要深刻认识新形势下加强和改进国际传播工作的重要性和必要性，下大气力加强国际传播能力建设，形成同我国综合国力和国际地位相匹配的国际话语权。"国际话语权是国家文化软实力的重要组成部分。提高国家文化软实力，需要我们增强国际传播主动性，主动向世界发出中国声音、提出中国方案、阐明中国立场。[①]

---

①　《习近平在中共中央政治局第三十次集体学习时强调 加强和改进国际传播工作 展示真实立体全面的中国》，《中国广播电视学刊》2021年第7期。

融媒系列报道《非凡十年》（*Dynamic Decade*）在策划之初就突出了国际话语权的主动性。在广播专栏"非凡十年 | Dynamic Decade"中，通过英语播报展现党的二十大召开前的系列内容，聚焦宁波本土二十大代表关心关注的本地话题，除了每周六广播节目播出，相关内容还通过"宁波之声"微信公众号实现图文和音频同步呈现，改变广播"稍纵即逝"的传播特点，适应小屏传播和视觉传播，拓宽报道的媒体形式。

除此之外，"非凡十年 | 老外在宁波"英文短视频系列报道中，开创了宁波广播英语节目原创英语视频作品先河。该主题策划将报道人群对准在宁波生活、工作的外国人群体，短视频主角有来自法国在宁波做海外贸易的经理，有热爱中国文化在宁波从事外语教学的外籍教师，有从最不发达国家通过国际设计教育项目来到宁波学习的留学生。通过他们在这个城市生活的点点滴滴、细节感受，全面呈现城市文化与城市发展，呈现不同行业、不同身份的外籍人士在宁波的真实生活。让世界通过不同文化、不同地域的人群，来讲述宁波、观察宁波、推广宁波。

该系列短视频透过微信公众号和"在宁波"App实现了全媒体（音频、视频、图文报道）传播，并通过"Insight Ningbo"海外社交媒体在X（Twitter）传播，系列视频和图文报道全平台浏览量超过了3万次。

（二）内容价值和传播价值的"双赢"

在国际传播中，面对国际受众群体，中国需要在更加广泛的问题上，尤其是党的二十大召开这样重要的议程设置上，更加积极主动地发出自己的声音。如何通过提高我国的议程设置能力，讲好中国故事，进而提升中国国际传播效能呢？对此，杜建勇、苏铭认为，中国要建构对自己更有利的国际传播话语体系，既要能适时解构虚假故事，又要能反复讲好中国故事，不断用生动的语言和故事讲好我国正在蓬勃进行的改革与创新实践。[①]

2022年，在既有的关于二十大的中文报道基础上，宁波广播主动发声，结合自身在国际传播方面的天生地理优势——"海上丝绸之路的东方始发港"、世界最大港口宁波舟山港所在地，利用自身平台进行英语内容创作。既然是国际传播，传播渠道和潜在用户就应该面向国际，而不是仅仅对内传播。因此，主创人员在做好面向宁波本地外籍人士的基本音频内容和图文推送之外，同时在海外账号平台同步发布，打通传播渠道，实现国际传播的内容价值和传播价值"双赢"，提高了国际传播的实际效果。

---

① 杜建勇、苏铭：《外媒报道视角下中国国际传播的实践路径探索——以外媒北京冬奥会相关报道为例》，《新闻爱好者》2022年第9期。

二、心相通、民相亲，巧妙选题展现非凡十年鲜活图景

（一）以人为本实现"心相通、民相亲"

习近平总书记指出："要采用贴近不同区域、不同国家、不同群体受众的精准传播方式，推进中国故事和中国声音的全球化表达、区域化表达、分众化表达，增强国际传播的亲和力和实效性。"①

党的二十大，是在迈上全面建设社会主义现代化国家新征程、向第二个百年奋斗目标进军的关键时刻召开的一次十分重要的大会。在国际传播的内容策划上，必须在构建对外传播话语体系上下功夫，用全球受众乐于接受和易于理解的话语、故事塑造可信可爱可敬的中国形象。

"非凡十年｜老外在宁波"系列英文短视频中，从在宁波的外籍人士角度入手，在国际传播的亲和力上下功夫。中国共产党团结带领中国人民自强不息、顽强奋斗，依靠勤劳的双手，付出艰辛的努力，在中华大地上全面建成了小康社会，历史性地解决了绝对贫困问题，让中华民族孜孜以求的美好梦想成为现实，每一位在中国生活工作的外籍人士的所见所感就是最好的例证。

视频中，浙江工商职业技术学院外籍英语老师 Stacey Kaye 表示，宁波这座城市带给她很多温暖瞬间，公交车司机担心她不懂中文坐过站、学校学生的爱戴、同事之间的帮助，还有一群同样来自国外的伙伴们在宁波相聚，让她爱上宁波的理由也越来越多。

来自浙江大学宁波科创中心（宁波校区）国际合作设计分院的国际学生Farhad 通过联合国最不发达国家技术银行、世界生态设计大会与浙江大学宁波科创中心（宁波校区）国际合作设计分院共同发起的国际设计教育项目，获得了工业设计工程教育机会，来到宁波学习。他说："在宁波，自然风光和都市生活交织在一起。你不仅可以在市中心享受城市生活，还可以去宁波周边的农村地区和城镇体验自然生活。无论是中国朋友还是外国同学，我们都在享受这段时光。"

真实的故事、真切的体验、真挚的表达，让"非凡十年｜老外在宁波"系列英文短视频在亲和力和说服力上价值凸显，突出情感交流、激发心灵共振、实现情感共鸣，用国外受众喜闻乐见的形式展示中国文化、阐释中国价值，实现了"心相通、民相亲"的传播主题。

（二）第一人称视角建立信任基础

"非凡十年｜宁波一家人"中英文短视频＋图文报道中，聚焦宁波本地国际家庭。以第一人称自述的方式，走进宁波国际家庭的真实生活。林清是宁波

---

① 《习近平在中共中央政治局第三十次集体学习时强调 加强和改进国际传播工作 展示真实立体全面的中国》，《中国广播电视学刊》2021年第7期。

本地国际教育先驱工作者，已经从事国际教育 22 年了。她和先生——来自澳大利亚的 Timothy——以及女儿夏雨组成了一个国际家庭。20 多年来，他们一家人感知到宁波的诸多变化，而他们的家庭成员，也在经历蝶变。在视频中，Timothy 在宁波感受到了巨大的变化。他说："当时来宁波的时候有很多新建的住房，你可以看到在你周围有六层高的大楼，现在很多大楼被拆掉建成了更高的楼。另外，我发现，宁波比原来有了更多的外国人在这里工作生活，同样的更多外国餐厅相继出现，外国食品也比以前丰富多了。"

作为浙江宁波乔治亚外籍人员子女学校的一名高中生，夏雨感受到了这 10 年间自己生活的变化，"回溯到 2011 年，我和我妈妈还住在租来的房子，仅仅两年之后，我们家就买了第一套房子，我觉得这是很重要的一个改变。和我们家的三个'妹妹们'——露露、娜娜、福福一起在新家生活，他们是在 2018 年被捡回家的流浪狗，我真的太感谢现在拥有的一切了。"

融媒报道通过对宁波国际家庭 10 年间的变化进行微纪录片拍摄，聚焦找工作、搬新家、结婚生子、孩子考大学等生活中的小切口，以小人物的人间烟火生动展现党和人民凝心聚力奋进新征程、奋楫笃行建功新时代的非凡十年鲜活图景。

三、赋能加码，实现声音内容的迭代传播

（一）广播节目周刊化触达移动人群

宁波广播英语节目《听见宁波》（*Hearing Ningbo*）于 2022 年 2 月 26 日，将节目音频、原创视频和图文内容上线"宁波之声"微信公众平台以及"在宁波"App，实现英语广播节目的移动端口传播。截至目前，共刊发 80 余期内容，累计点击量超过 40 万次。

广播英语节目的"周刊化"是融媒体改革的必经之路。除了《非凡十年》（*Dynamic Decade*）系列报道，2022 年元宵节前夕，原创音视频图文报道"迎虎年 庆冬奥 国际友人贺元宵"，在"宁波文旅之窗"视频号同步转发传播；"人在宁波 乐响世界"记者原创 Vlog 呈现英文现场报道；中秋节前夕发布"点亮宁波灯 全球共祝福 在甬外籍人士快乐过中秋"原创短视频等内容，都在创新传统广播声音媒介传播方式，呈现了形式多样的融媒产品，拓宽传播范围，触达移动端人群，为在中国和宁波的外籍人士提供了解所在地生活的新闻资讯窗口，大大提升了他们生活工作的便利性。

（二）不同渠道拓展实现内容效果迭代

宁波广播英语节目《听见宁波》（*Hearing Ningbo*）还积极建立自己的"朋友圈"，在众多国际人文交流活动和大型对外传播行动中发挥主力作用，拓宽全球传播渠道，实现内容传播效果的升级迭代。

"滨海宁波 扬帆世界"2022年大型融媒传播行动中，《听见宁波》（*Hearing Ningbo*）记者作为主力成员，采访联合国秘书长海洋事务特使彼得汤姆森等80多位全球政要和行业巨擘，刊发原创稿件200多篇，联动海外18个城市超过百位华人华侨出镜。新华社、中央广播电视总台等中央及地方主要媒体，美联社、日本共同社等海外重要媒体对活动均有报道，国内外触达人群超2.5亿人次。全面呈现了宁波现代化滨海大都市的良好形象，精准助力宁波城市形象的国际传播。

四、结语

习近平总书记指出："善于运用各种生动感人的事例，主动宣传中国参与全球治理的积极作为，用生动鲜活的故事推动构建人类命运共同体的理念深入人心。"[①]宁波广播喜迎二十大融媒报道《非凡十年》（*Dynamic Decade*）以及其他国际传播内容都在主动制定对中国有利的国际新闻议程，主动发出中国声音，用生动感人的事例树立中国形象。

未来，宁波广播国际传播需要擅长对象国语言、了解对象国国情的人才并因地制宜地进行信息和观点的准确传达，更需要懂传播、懂技术的专家依据对象国传播环境特点和分层受众媒体接触习惯来制定有针对性的具体传播策略。[②]作为传统媒体（Legacy Media）不再局限于以往的大众传播路径，更多聚焦于用户的信息接触量、用户的媒介黏度，用户习惯决定着用户留存，用户留存推动用户传播，进而通过分享、转发等行为扩大议题曝光值及落地率。[③]

传播技术和故事讲述之间的强强配合，专业人才团队的组建、国际社交网络平台账号集群的建立，将扩大宁波广播电视媒体国际传播的影响，深化中国与世界的联系，建构中国国际传播的实际世界意义。

（作者单位：宁波广播传媒有限公司）

---

① 《习近平在中共中央政治局第三十次集体学习时强调 加强和改进国际传播工作 展示真实立体全面的中国》，《中国广播电视学刊》2021年第7期。

② 刘滢：《5G时代国际传播的战略目标实现基础与现实路径》，《新华文摘》2021年第3期。

③ 何国平、王珮：《融媒时代中国议题国际传播研究——以CGTN第二届BRF报道为例》，《中国广播电视学刊》2019年第9期。

用温暖浸润现实：微纪录片的新时代表征

——以二十大献礼微纪录片《这十年》为例

刁姗姗　崔　茵　王多焱

一、研究缘起

2022 年 3 月 30 日，北京电影学院副院长胡智锋在《光明日报》上发表了一篇题为《现实主义力作温暖现实》的文章。胡先生开宗明义地谈道："我们这个时代需要什么样的现实题材创作，是影视工作者一直在思考的问题。"文章对现实题材创作提出了三种不同的表达方式，前两种表达方式更适用于虚构影像创作，这里不做阐述。第三种表达方式在关注平民叙事、直面现实困境，以温暖为主基调，表现人对真善美、光明和未来的追求，即温暖现实主义。温暖现实主义创作关注新时代的新话题，在新的语境中讲故事，温暖现实主义才是我们最需要的现实题材创作方法。① 现实本就是纪录片存在的意义和使命，这与温暖现实主义一脉相承。由此可见用温暖观照现实、用温暖浸润现实，感动你我、与受众共情则是新时代主流纪录片创作的意义之所在。

为迎接党的二十大胜利召开，中共中央宣传部于 2022 年 4 月 22 日举行首场"中国这十年"系列主题新闻发布会，介绍党的十八大以来政法改革举措与成效。随即全国各大媒体的新闻机构及网络平台纷纷推出了"中国这十年"的专题报道并打造了一大批阐释新思想、礼赞新征程、讴歌新时代的精品力作。《这十年》便是其中颇具代表性、极具时代特色的为二十大献礼的微纪录片佳作。

二、"用温暖浸润现实"的时代意义

习近平总书记说："文艺是时代前进的号角，最能代表一个时代的风貌，最能引领一个时代的风气。"2016 年，他在文联十大、作协九大会议上进一步明确：

---

① 胡智锋：《现实主义力作温暖现实》，《光明日报》，https://weibo.com/ttarticle/p/show?id=2309404752781163495777。

文艺属于人民、文艺服务于人民，就要求文艺作品要关注人民的生活，积极反映人民的生活，服务于人民的审美需求。2021年，党的十九届六中全会通过的《中共中央关于党的百年奋斗重大成就和历史经验的决议》指出，坚持以满足人民日益增长的美好生活需要为出发点和落脚点，与全面建成小康社会进程相适应，满足人民日益增长的美好生活需要。鼓励广大文艺工作者，创作生产更多高扬中国精神、反映时代气象、体现中华审美风范的优秀作品。

这些论述阐明了中国文艺如何反映现实的根本问题，中国文艺要关注现实、写现实，写现实就是要反映人民的生活。面对人类创造的奇迹，面对复杂的国际环境，面对近三年波动的新冠肺炎疫情，文艺作品要以一种向上的、温情的方法，对理想进行抒发，对光明进行追求，要用有筋骨、有道德、有温度的作品，鼓舞人们在黑暗面前不气馁、在困难面前不低头，用理性之光、正义之光、善良之光照亮生活。①

温暖现实主义是一个中间地点，既不回避改革的阵痛，又描摹现实生活，这是纪录片本质的力量，也是现实主义的力度。因温暖更容易被理解，用一种柔性细腻的方式，温情地讲述故事，感动你我也感动中国。

三、微纪录片的新时代表征

（一）文化表征

文化表征所指涉的内容一方面是文本本身呈现给我们对世界、对现实生活直观的反映，同时诠释出文化表征在文本背后所彰显出来的权力意识问题、意识形态问题、认同主体性问题，等等，这些问题都是文化表征所赋予的现实意义。表征理论之所以重要，更多源于它内涵意义中的权力、意识形态、话语权力、身份认同、主体性等主题内涵。②

当今时代，话语权争夺明显，文化折扣力度低，意识形态传播应更具亲近的接受力，因而用温暖的笔触记录中国的现实既是国情的需求，也是时代的必然。习近平总书记曾说："人民对美好生活的向往是我们的奋斗目标。只有自力更生，自立自强，办好自己的事，人民的幸福生活才有可靠保证，党和人民事业才能拥有战略主动，党和国家才能立于不败之地。"③党和国家把促进全体人民共同富裕作为为人民谋幸福的着力点，作为全球第二大经济共同体的中国正在蓬勃向前，展现一派勃勃生机、温暖祥和的繁荣风貌。

---

① 《〈学习贯彻党的十九届六中全会精神〉推动中华优秀传统文化创造性转化创新性发展》，https://baijiahao.baidu.com/s?id=1717384268682266556&wfr=spider&for=pc。

② 邹威华、伏珊：《斯图亚特·霍尔与"文化表征"理论》，《当代文坛》2013年。

③ 《中共中央关于党的百年奋斗重大成就和历史经验的决议》，《人民日报》2021年11月17日。

二十大献礼微纪录片《这十年》由国家广电总局网络视听司特别指导，湖南省委宣传部、湖南省委网络安全和信息化委员会办公室、湖南省精神文明建设指导委员会办公室、湖南省广播电视局指导，芒果 TV 制作并于 2022 年 8 月 1 日起在芒果 TV 全端播出。在内容上本片聚焦国防、民生、教育、医疗、大国工程、乡村振兴等众多领域，讲述 50 位各行各业人物的奋斗故事。通过微观的视角宏观展现这 10 年中国的发展成就及带给个体的命运巨变，用温暖的语态凸显"人民美好生活"，表达无处不在的"感动瞬间"。

艺术作品是对中国文化的一种"唤回"，微纪录片同样具备此文化功能。在作品中渗透国家主流意识形态的同时，创作者和被拍摄者形成一种亲人似的对话，文化应与温暖的现实联手共同面对人的生存，家国的巨变。

（二）叙事表征

习近平总书记说："要立足中国大地，讲好中国故事，塑造更多为世界所认知的中华文化形象，努力展示一个生动立体的中国，为推动构建人类命运共同体谱写新篇章。"这段讲话阐释了讲述中国故事的内容、方向和主旨。而主旋律纪录片作为国家意识形态宣传的主要"阵地"应成为百姓的"精神刚需"，并为时代画像、为时代立传、为时代明德。

当下，献礼微纪录片已成为主旋律纪录片的重要一支。清华大学的尹鸿教授曾说："献礼片在创作主题上有明确的规定性和指向性，如何在观众相对熟悉的题材、故事、人物、主题上发现新的审美空间，提供新的审美体验，产生新的时代意义，并为市场所接受、为观众所接受，无疑是道复杂的必答题。"二十大献礼微纪录片《这十年》的创作者则交出了完美的答卷，用一种新颖的感动人心的叙事方式讲述了中国从 2012 年到 2022 年这 10 年间的发展巨变。

1. 讲述"温暖"的中国人的故事

首先，"微"切口谱写大时代。用"温暖"的笔触书写中国现实故事是一种时代的表达，为适应市场和观众的需求在选题上为时代写传记，必须与当下的主流意识形态相结合。讲述的故事具有共同价值观，打造新时期的"平民英雄"以体现对生命个体的尊重和观照。

湖北宜昌市的谢顺友是一名江豚巡护员，被称为"长江微笑"的守护者。2018 年，为解决渔政执法工作中人手不足、时间和空间盲区等问题，谢顺友和其他 5 名自愿退出渔业捕捞的渔民成为江豚协助巡护员。秉承"绿水青山就是金山银山"、保护长江江豚，使长江生态环境越来越好的理念，10 年间至少巡护 3 万公里以上。劝阻垂钓、夜间巡逻，24 小时待命，睡渔船、吃泡面已成为日常。观测江豚并用 App 记录是他们最欣慰的工作，这代表了长江生态资源正在慢慢恢复，也代表作为一个最普通的巡护员工作的成绩。

这是一个普通人对时代的见证，见证了长江江豚重回长江、见证了长江生态资源逐渐恢复、人与自然和谐共处、欣欣向荣，这十年，在感动中前行！

其次，叙事手法故事化。时下，为二十大献礼影视作品层出不穷，微纪录片不得不面对市场的考验。在微纪录片的"故事化"上，核心的竞争力仍旧是展现能够"打动人心"的情感的力量——温暖的语态、感动的瞬间以及对人心的描摹和抚慰。

任何优秀的影视作品，不管长短，必须要具有温度，能鼓舞、感动人心，能够提供"正能量"的情感的力量，这是微纪录片生存的核心竞争力。

从首都北京向北 400 多公里有着世界面积最大的人工林海——塞罕坝，50 年间这里从荒漠沙地变成了绿水青山，为了守护这片绿水青山，林场天桥梁望海楼防火瞭望员赵福洲放弃了喧嚣的都市生活，独自一人在瞭望台 30 年如一日，24 小时监守。

悬念和矛盾构成故事的冲突点。当赵福洲说"怎么突然起了一个那种东西"时，观者内心也随之紧张，一旦是烟，便有火灾的可能，后果无法想象。这紧张是"黏合剂"，让观者对主人公的故事"不离不弃"，这样的叙事方式对微纪录片来说是必要的，微纪录片的时长有限，要想观众不倍速观看就要在开篇和高潮部分对情节有所"设计"，悬念和矛盾便是最好的解决方案。

讲好故事还要传情。最令观者动容的是赵福洲的妻子陈秀玲，无怨无悔与君相伴。陈秀玲说："他把我给'骗'过来的。"一个"骗"字带有些许情趣，也把两人相濡以沫的亲情淋漓展现。当谈到赵福洲工作的环境，尤其是冬天时，陈秀玲不禁潸然泪下，"没事儿，都过去了……"面部细节的刻画表现了妻子对丈夫的理解和心疼，有时"无声"的传情更具感染力。

用画面呈现"变迁"给人以希望。十年间，工作和生活环境都发生了翻天覆地的变化，有更多人加入瞭望员的行列。尤其是 2021 年 8 月 23 日，习近平总书记来到塞罕坝并殷切嘱托"塞罕坝的防火重于泰山"。党和国家的关心更是精神上的鼓励，一代代瞭望员和护林员舍小家为国家，"你好，报平安"看似工作的日常，却是对国家安全的承诺。"为祖国守护绿水青山，建设美丽中国，这十年，在感动中前行！"

2. 互文性的叙事更容易共情

"互文性"意味着任何一个在场的文本都隐匿地交织着其他历时或共时的文本。互文性甚至突破了两个文本之间的历时性界限，通过空间的映射，构建了文本间性隐喻，拓展了文本的话语空间，文本间相互映射相互交织。

文本间互文。任何文本都是一种互文，罗兰·巴特在 1973 年为《大百科全书》撰写理论词条时明确指出文本之间的相互联系，即所谓的新文本都产生于现存的文本基础之上，凡文本都有"互文"。

这十年，数字化技术已经开始用于文物本体保护。2020年，浙江大学与云冈研究院合作用3D打印技术原比例复制了云冈石窟第12窟，实现了全球首例3D打印复制洞窟。云冈石窟本体是雕刻艺术的文本形式，用3D技术再现是数字影像及模型文本的呈现，文本与文本之间形成互文关系，从而实现即便身居城市的高楼大厦之间也能看见散落于山川田野间的历史遗存。这种互文性寓意着科技无限，文化无限，共情无限。这正如习近平总书记所期待的那样，让中华文化以更加鲜活的形式传播到世界各国，走入寻常百姓家。

空间性互文。受巴赫金对话思想和复调理论的影响，克里斯蒂娃在《词、对话与小说》中首次提出"互文性"概念，在其后《封闭的文本》一文中进一步指出，每一个"文本的空间"构成都源于"其他文本的若干陈述相互交汇，相互中和"，它们彼此投射又相互映照。

多画格叙事在影像文本的后期创作上回应了空间性互文，指在后期剪辑时将画面分成数个独立视像区域，让画面产生均衡感，以呈现并列、对比等叙事方式并阐明意义；同一画面中，多格内部空间各自转移以呈现在不同叙述层面的相互指涉。

《平行世界的另一个你》讲述了湖北黄冈的邢锦辉和贵州黔西南布依族苗族自治州的钟晶两位女乡村医生的故事。要把两位主人公并置在8分钟左右一集的微纪录片中，本集的开篇采用了多画格叙事的方式，时间空间相互对比映射。平行蒙太奇的交叉剪辑形成了又一次互文，展现了虽然生活的环境不同，但从事的工作相同——农村常见病的预防和治疗。所以定期下乡，为老人及小孩检查身体，更新数据，使老百姓的病在当地就能得到及时医治。"她是个好医生，她比我们家的亲人还要亲"是村民最中肯的评价。中国乡村医疗的发展给老百姓带来了最切实的安全感，这十年，习近平总书记始终坚守人民情怀、坚持人民至上。关注乡村医疗，让百姓病有所医，是他心中深深的牵挂。

这样的"温暖"易于共情，现实主义作为一种观察的方式架构起创作者与真实之间的桥梁，虽题材直戳人心，但可以从中凝视真实的生活，有似曾相识的情感经历，为受众观察现实提供了理性化的认知；要使受众成为故事中的一员，在生存空间中形成叙事情感，观看后对人生有希望，以积极乐观的态度面对复杂的生活。

多画格叙事的剪辑方式在《这十年》中被多次使用，符合微纪录片的传播特点即如何在有限的时间范围内，最大限度地传递多层信息、彼此交织共鸣，传播更深层的时代意义。

（三）审美表征

1.何为审美表征

"表征"（Representation）概念以"显现"及"表象"意义为核心被广泛频繁地使用在各个领域，以人类表征活动作为基础，指明表征的存在及运行方式，其意义为"一种经反映而被构造出来的、作为认知对象的替代物而存在的在思维中被加工的形式。得经由符号作用，使不同主体在共同的文化基础上达成意义共享"。表征内容依认知取向可分为两个范畴：认识论表征与审美表征，两者混同作用。审美表征在艺术上因为展现了主体"自由而主动"的能力而得到最大的凸显。

审美表征以情感为基础，在直观的基础上开启主体自由而主动对对象展现的能力，从而实证了主体自身存在的意义。[①]

2.诗意化乡村的审美表征

《这十年》在全网各大平台同步上线播出，搜索其简介中的关键词，第一个就是乡村振兴。该微纪录片目前已经播出37集，关于乡村振兴的题材就有11集，足见这10年间党和国家对乡村振兴、脱贫攻坚工作的重视程度以及取得的傲人成就。民族要复兴，乡村必振兴。党的十九大报告指出，农业、农村、农民问题是关系国计民生的根本性问题，必须始终把解决好"三农"问题作为全党工作的重中之重，实施乡村振兴战略。

（1）诗意乡村的在地化"书写"。"他者凝视"下的写实叙事将乡村空间诗意化、符号化，以寻求意义的解读。对乡村影像的在地化"书写"也是民族志的体现，小人物的故事要浓缩家国与民生，用诗意化的风格表达带有哲学性、生命性以及四季轮回的思考。

"90后"，毕业于中国美术学院，毕业后选择回乡村做公共文化和公共艺术，全国乡村振兴青年先锋，这就是诗画乡村的"造梦人"周燕。致力于用艺术教育服务乡村孩子，用艺术活动等形式促进乡村文化复兴。艺术承载"诗意"。本集展现了在周燕的"陪伴"下，孩子们把真实具象的乡村当作画板，把对乡村未来的美好想象画在乡村各处；当夜幕降临，篝火燃起，他们用歌曲唱出自己为乡村谱写的诗篇，此时画面伴以文字和动画，用多种媒介形式对乡村这个意象化的符号进行解读，以更好地传情达意。影像是用光影作画的艺术，乡村是凝固的音乐、流动的诗歌。正如周燕所说："乡村振兴的发展也需要文化的陪伴，诗意是振兴乡村文化的重要前提。"用艺术建设美丽乡村，让真实的乡村充满"诗情画意"。

（2）社交"圈层化"，展新农人时代风采。高语境文化下的微纪录片还要

[①]　陈大刚：《表征：认识论及审美》，《兰州学刊》2007年第11期。

立体化呈现真实的人。

高语境文化倾向鼓励开展宏大的叙事，表现宏大的主题，塑造的人物形象一般需要摆脱狭隘的个人主义，更多呈现正向的家国情怀。

挖掘人物故事必须回归以人为本，回归真实本身，只有真实的生活才有现代"启示录"的作用。坚持人民性，表现底层人在面对复杂环境时积极乐观的生活态度。对底层人的关注、关怀和同情恰恰就是大国温情的体现。

时代造就英雄，伟大来自平凡。乡村振兴战略指明了新时代乡村发展的方向，也为广大乡村本土人才发展提供了广阔的舞台。新农人如雨后春笋般涌现，正是这个时代的产物，尤其在互联网、大数据、云计算等信息技术催化下，社交"圈层化"的新农人往往具备了经营能力强、思想活跃、阅历丰富、文化水平高等特点，他们更懂得如何利用新媒体推介乡村优势资源和特色产品，在乡村产业发展、带动农民增收、开辟产品市场等方面更具特长优势。

四川阿坝藏族羌族自治州网络自媒体主播何瑜娟，坐拥全网三百万粉丝，拍摄视频、卖农产品，开主播培训班并孵化三百多名农村主播，让小金县成为人人称道的农村电商县城，引无数游客慕名而来。

即使"平凡"，也是"限量版"。这十年互联网改变了乡村的命运，自媒体给乡村带来了希望，"新农人"逐渐成为乡村文化建设中一支不可或缺的重要力量，通过"新农人"的努力让世人看到新时代的乡村大有可为，让更多的人进入乡村，回归乡村，助力乡村振兴。

四、主旋律微纪录片的市场化生存

习近平总书记在党的十九大报告中强调，要推进国际传播能力建设，讲好中国故事，展现真实、立体、全面的中国，提高国家文化软实力。主旋律纪录片作为讲述中国故事，提升文化软实力，增强文化自信的有效手段，需要适应时代的发展，与时俱进。微纪录是新时代纪录片的一种产业样态，其发展趋势必将共推纪录片创作的新格局。

作为创作者，面对新的主流市场受众和新的收视习惯，该如何适应市场化的生存？

（一）按需生产，满足主流市场的审美需求

潜移默化地"渗透"。主旋律微纪录片的存在要找到一种既保有政治宣传又兼顾年轻市场现实表达的可能；既坚持正确的政治方向、舆论导向、价值取向，又讲述新时代下青年人的奋斗及美好生活的创造。这种二项对立的原则是对主旋律微纪录片内容选择最好的诠释。依靠大数据分析获取和锁定比较精准的特定人群，为他们的喜好去生产。扣紧时代潮流，将主流意识形态轻喜化、生活化、田园化，与当下年轻人有效互动。不是枯燥无味的"说教"，而是涓涓细流一

样将主流意识形态渗透在个性化人物的故事化讲述中,符合青年一代的接受美学心理。

巧妙地"吸睛"。《这十年》每集6分钟到7分钟的时长,系列化的逻辑叙事结构并置,每集一个故事,适于当下主流市场受众"碎片化"时间接收信息的需求;暖心的文案如"这十年,在感动中前行",时尚且流行的语言如"我的眼睛就是尺""亲""打赏"等使主旋律微纪录片更加"亲民";胶片拍摄质感的画面语言,大远景镜头表现环境,细节镜头凸显人物特质。这些"吸睛"之处既强化了主流受众的文化主体性,又提升了主旋律微纪录片的市场价值。

(二)跨平台传播,满足受众多样化选择

当下仍然喜欢纪录片的观众的观影方式主要是通过智能手机、平板、电脑,相对而言,需要比较完整的时间和比较安静的环境。新时代下媒介融合的局面为主旋律微纪录片的传播提供了更为有利的平台资源。要有效整合新媒体资源,借助传统媒体与新媒体的联动,扩大传播路径,构建全面立体的传播网络,增强与观众的互动,实现有效传播,扩大自身影响。

《这十年》在芒果TV及中国广电、中国IPTV、未来电视、银河互联网电视、国广东方、百视通、华数、南方新媒体、爱奇艺、优酷、腾讯视频、微信、微博、抖音、快手、咪咕视频、豆瓣、搜狐、网易等全网各大平台同步上线。可见,主旋律微纪录片已经与网络平台搭建了"强关系"的深度合作模式,充分借用了头部平台的用户和商业资源,打造年轻态的内容,这有助于主旋律微纪录片更好地适应融合传播环境。[①]

结语

以《这十年》等为代表的二十大献礼微纪录片,立足中国现实,以小人物为切口,直面十年间国家发展的阵痛和成就,以温暖现实的立场态度和理念方式,准确把握时代主题,反映新时代、新生活、新气象,传递正能量,为新时代下微纪录片的创作提供了宝贵的新经验。

【作者分别为:东北农业大学艺术学院讲师;上海大学上海电影学院戏剧影视学(电影学方向)硕士研究生。本文系2022年度黑龙江艺术科学规划项目"影视文化赋能乡村振兴的价值内涵与创作实践研究"(项目编号:2022B061)和东北农业大学SIPT计划创新训练项目(国家级一般项目)"揭秘从古蜀到敦煌——文创产品的应用与研发"(项目编号:202210224061)的阶段性成果】

---

① 石莉:《微纪录片的融合式格局建构:产业、内容与前景》,《传媒》2021年第13期。

用党性秉持正义　以人性温暖众生

——从电视剧《人世间》共产党人形象论起

赖莉飞　常勤毅

电视剧《人世间》在无数观众的热泪和好评中降下了帷幕，在央视一套的黄金时间里，我们每天都从心底接受了原著、编剧、导演和全体演职员在新时代的这份重量级大礼。尤其是该剧通过多位共产党员形象，不但艺术地再现了半个世纪以来用党性秉持正义的共产党人的宽广胸襟，也从凡人的平视角度描绘出这些先锋人物以人性温暖众生的感人情怀。

一、在新时代对百年红色文艺优秀美学传统的传承与创新

在文艺作品中塑造共产党人形象，是建党以来百年红色文艺中一道具有中国特色、中国风格的亮丽的风景线。中国共产党红色文艺书写是中共党史和中国现当代文艺史研究中一个不可或缺的重要的艺术形态，它真实记载了几代中国共产党人英勇奋斗、不断进取、砥砺前行的步伐和让中国人民站起来、富起来、强起来的不朽功勋。该文艺形态体现出"既红又美"的价值取向、"以人民为中心"的价值理念以及弘扬共产主义、讴歌爱国主义、赞美奉献精神、服从人民利益、尊重大众诉求和颂扬英雄主义的优秀传统与全新美学内涵。而在对习近平新时代中国特色社会主义的理论自信中树立大家风范、在革命血脉的审美传承中构建大我意识、在用人性温暖众生的为人民服务的坚守中抒发大爱情怀、在高歌革命英雄主义的崇高理想里弘扬大美精神、在对红色经典的崇仰和敬畏里发扬大勇品格、在寻求真正的艺术创新中坚持以人民为中心的大众方向、在理想主义为主导的审美价值取向里心怀大道追求，则是该文艺形态在新时代所面临的创新发展。

（1）大家风范。新时代对作家艺术家提出了新的要求，胸怀大志的艺术创作者在中国开始领跑世界的大国格局下，敢于树立成为新时代伟大作家的气度和风范，心中永远装着"质量的标杆"和创作出"史诗的雄心"[①]。（2）大

---

① 习近平：《在文艺工作座谈会上的讲话》，http://www.xinhuanet.com/politics/2015-10/14/c_1116825558.htm。

我意识。新时代鼓励作家有自己的风格与个性，更要以小我服从大我，"要遵循言为士则、行为世范，牢记文化责任和社会担当，正确把握艺术个性和社会道德的关系""用博大的胸怀去拥抱时代"[①]。（3）大爱情怀。新时代作家要容纳"深刻流动的心灵世界和鲜活丰满的本真生命"[②]，要有高尚的人格修为和"铁肩担道义"的社会责任感，把无私的大爱献给祖国和人民。（4）大全视野。要站在人类历史的"高峰"上，用史诗般的视角来讲好中国共产党的故事、中国的故事、中国人民的故事，眼睛要"向着人类最先进的方面注目"[③]。（5）大美精神。要努力做到"胸怀和创意的对接"，时时刻刻铭记艺术和审美的规律，要用"隽永的美、永恒的情、浩荡的气"[④]创造出既红又美的艺术高峰之作。（6）大勇品格。要顶天立地，有不随世俗、甘于奉献的勇气，有咬定青山不放松的豪气，用"雄伟的人格""写出雄伟的风格"[⑤]，表现雄伟的品格。（7）大众方向。"要真诚直面当下中国人的生存现实"，敢于为人民讲真话、写真事、抒真情，坚持"为人民抒写、为人民抒情、为人民抒怀"[⑥]。（8）大道追求。笃定恒心、倾注心血，要志存高远，有"望尽天涯路"的追求，有对中国梦必将会实现的坚定信念，更要有将红色文艺的血脉放在中国历史，乃至世界历史的进程中，发现和挖掘中国红色文艺与中华优秀文化双重元素的国际意义的远大追求。

电视剧《人世间》就是将这种大家风范、大我意识、大爱情怀、大全视野、大美精神、大勇品格、大众方向和大道追求融于一体，将赓续红色精神、传承和谐文化与用"最美的旋律""刻画最美人物""反映中国人审美追求"[⑦]的艺术表现高度结合的典范之作。

二、赓续红色文艺精神、继承传统和谐文化的典范之作

《人世间》从表层上看，是反映20世纪70年代末开始的北方某市"光字片"区周姓一家的悲欢离合故事，其中有对周秉昆及其工友们、周父周志刚、

---

① 《习近平致中国文联中国作协成立70周年的贺信》，《人民日报》2019年7月17日。

② 习近平：《在中国文联十大、中国作协九大开幕式上的讲话》，http://culture.people.com.cn/n1/2016/1201/c22219-28916541.html。

③ 习近平：《在文艺工作座谈会上的讲话》，http://www.xinhuanet.com/politics/2015-10/14/c_1116825558.htm。

④ 《习近平致中国文联中国作协成立70周年的贺信》，《人民日报》2019年7月17日。

⑤ 艾克曼：《歌德谈话录》，华东师范大学出版社，2015，第36页。

⑥ 习近平：《在文艺工作座谈会上的讲话》，http://www.xinhuanet.com/politics/2015-10/14/c_1116825558.htm。

⑦ 习近平：《在文艺工作座谈会上的讲话》，http://www.xinhuanet.com/politics/2015-10/14/c_1116825558.htm。

周母李素华、郑娟等这些普通人的催人泪下的细腻描写；但是从更深层面上剖析，其实该剧也是从中国共产党人的"生活就是人民，人民就是生活"①的同位焦点上，在与普通人家、平民百姓的交往共事中，真实地刻画了像周秉义、其岳父郝省长、岳母金月姬、马守常、曲秀贞等不同性格的共产党人形象（尽管这些人物从某些方面上看是不尽完美的，甚至包括后来成为贪官的龚维则、姚立松），从而生动地诠释了习近平总书记在中国文联十一大、中国作协十大开幕式上的讲话中强调的"把人民放在心中最高位置""对一切为人民牺牲奉献的英雄们给予最深情的褒扬"②的美学的原则。

1958 年作家出版社出版了奥捷罗夫的《苏联文学中的共产党人形象》，在"作者的话"谈到"苏联文学的主人公"时，他说"这不是超理想的人物，不是出类拔萃的个别人物"，而是高尔基说的"普通的'群众人物'"，"他是在人民中产生的、为人民所养育的人民的忠实儿子，他表现了劳动群众的创造力量和可能性，而这也就使他成了真正的英雄人物"。③《人世间》在描写这些共产党人时，打破了以往的要么写得高不可攀、不近人情，要么为增加所谓人物性格的多面性和复杂性人为添加缺点和毛病的简单化做法；而是从"他是在人民中产生的""普通的'群众人物'"的视角切入的：比如开国功臣马守常的出场竟然是因摔倒在浴室的负伤的痛苦而略带狼狈相，比如从来都是坚持原则的金月姬在病床上向组织提出了唯一一次私人要求——提前释放女婿的弟弟周秉昆，比如郝省长为周秉义托他为周蓉的好友"走后门"上学之事耿耿于怀，甚至影响到亲家双双去世前都没见过面，比如周秉义为了工作没有好好尽孝来报答父母养育之恩……正因为他们身上仍然保留这种来自底层百姓的凡人特性，所以该剧不但拉近了观众和这些共产党人甚至高级干部的审美距离；而且哪怕是在直接描写共产党人形象时，也在潜意识和间接描写时"让人民成为作品的主角""把自己的思想倾向和情感同人民融为一体，把心、情、思沉到人民之中"④。

无论是中国成语和典故中的"正大光明""正义凛然""刚正不阿""公正廉洁""邪不压正""正义之师"，还是毛泽东的"人间正道是沧桑"、习近平特

---

① 习近平：《在中国文联十一大、中国作协十大开幕式上的讲话》，http://www.cac.gov.cn/2021–12/14/c_1641080847154594.htm。

② 习近平：《在中国文联十一大、中国作协十大开幕式上的讲话》，http://www.cac.gov.cn/2021–12/14/c_1641080847154594.htm。

③ 奥捷罗夫：《苏联文学中的共产党人形象》，作家出版社，1958，第3页。

④ 习近平：《在中国文联十一大、中国作协十大开幕式上的讲话》，http://www.cac.gov.cn/2021–12/14/c_1641080847154594.htm。

别强调的要"为历史存正气，为世人弘美德"①，从几千年来中华优秀文化到百年来中国共产党红色文艺书写，正义、正气、正道、正派……一直是包括中国共产党人在内的中国人追求的最高境界。如果从中华传统家教家训的层面上解读，其实就具体落实在两个字——"正直"上。《人世间》从家风的角度给这两个字以浓墨重彩。出场不长时间就病故了的郑娟的养母，家里很穷，靠卖冰糖葫芦和冰棍为生，却收留了两个孤儿，郑娟后来之所以成为那么正直善良的女性，首先来自养母的言传身教。周志刚，作为新中国第一代产业工人的代表，将这种正直的品格又传承给了三个孩子和隔辈的后代们，可以说郑娟之所以一直保持着她的美德和她嫁到周家有着推波助澜的紧密关系。同样，周秉义成为"一身正气两袖清风"的中国共产党好干部，作品除了告诉观众是来自周家的家教和周围善良人们的感动和影响，更传递了同是共产党高级干部的岳父母的家风影响的结果。一个城市平民家的孩子一方面遗传了由中国共产党领导的先锋队伍中国工人阶级家庭的优秀基因——周到、温暖的人性之美；一方面又在为人民服务的岗位上得到了岳父母真传——用党性秉持正义，从此角度解读，"周秉义"这个名字不正是电视剧《人世间》的画龙点睛之笔吗？

三、对以马克思主义为"红色灵魂"的共产党人形象永葆艺术青春的新时代创作实践

用党性秉持正义，以人性温暖众生，不但是对电视剧《人世间》里中国共产党人的艺术概括和美学总结，也是中国共产党成立后的百年来中国文艺作品中中国共产党人、先进人物和人民的书写主题与艺术传统，是在文艺作品中"讲好中国共产党的故事，讲好中国的故事，讲好中国人民的故事"②最为形象的注解。

早在中国共产党成立之前，作为中国共产党的最高指导思想，也是后来一直作为中国共产党文艺书写中"红色灵魂"的马克思主义，在当时神州大地上，就已经开始点燃了星星之火。在与中国共产党和马克思主义息息相关的中国红色文艺的发展传播史上，马克思作为无产阶级革命理论的创立者，工人阶级的精神领袖，其头像在现代中国视觉艺术传播中被转化演变为充满革命属性与象征意义的政治符号和红色文艺核心形象，在中国二十世纪的革命与建设中被赋予了特殊的含义。1907年出版的《近世界六十名人》中的马克思半身坐像其重要价值不仅在于它是中国近现代最早刊登的马克思画像，更为重要的是它作

---

① 习近平：《在文艺工作座谈会上的讲话》，http://www.xinhuanet.com/politics/2015-10/14/c_1116825558.htm。

② 《十九大后习近平首次大范围接见驻外使节 新时代外交工作这么干！》，http://news.cctv.com/2017/12/29/ARTI5J7zEPGN6j4mViNk6OzV171229.shtml。

为一位思想家的这一形象在以后的中国红色文艺和中国共产党百年历史里几乎没有变化，我们今天所看到的无论是中国艺术家绘制的马克思画像还是创作出的有马克思人物肖像的美术作品（如绘画、雕塑等），甚至是影视作品中出现的马克思形象等，都与这张最早的画像是十分接近的；这表明在作为以《共产党宣言》为代表的马克思主义学说的发明者而传播的马克思画像，它在艺术学、图像学意义上与中国红色文艺水乳交融般地神奇结合，呈现出马克思主义中国化在中国共产党与中国红色文艺百年风雨历程中的政治定位和审美生命力，是"一百年不变"的，也是一百年不曾动摇的。

马克思这一超稳定的视觉形象就和后来被马克思主义的传播者、中国共产党早期的领导人之一、中国红色文艺的卓越的代表人物瞿秋白曾经翻译过的那首著名的《国际歌》一样，不管是在中国共产党的百年历史还是在中国红色文艺的百年历程中，已经深深铭刻在无数中国共产党人和热爱共产党的亿万中国人民的心中；国际共产主义运动史中的首要人物马克思本人及其思想与作为中国红色文艺发展史中的重要符号——马克思头像，和作为一种政治意识形态的马克思主义思想与理论在中国百年来社会革命与建设中呈现出了无与伦比的高度统一。

马克思主义思想体现在中国共产党人的文学形象上，尤其是小说中，比较早、比较成功的是郭沫若（笔名麦克昂）写于1927年的《一只手》，这篇小说可以说是在当时黑暗社会里中国共产党人"用党性秉持正义，以人性温暖众生"的集中写照。当时的郭沫若，已于1925年在上海结识了中国共产党早期领导人瞿秋白，并目睹了五卅惨案的实况；关键的是，在写此文的时期，郭沫若已经是位新加入的中国共产党党员了。正因为郭沫若一段时间以来和共产党领导人的交往，如毛泽东、周恩来、李一氓、瞿秋白、田汉等，再加上他1924年赴日本以来对马克思主义理论的系统了解和在北伐时期积累的革命斗争的经验，他在这篇小说里，特别是在克培的形象塑造上，已经初步展示了一位共产党人在马克思《共产党宣言》《资本论》的激励下敢于领导工人推翻资本家及其走狗的正义之举和为百姓和工友的疾苦而勇于挺身而出的为民请命的无私胸怀。①

电视剧《人世间》的时代背景尽管与郭沫若写作《一只手》的年代有诸多不同，但作品主人公们疾恶如仇、拔刀相助的侠肝义胆，体恤民情、无私奉献的人性关怀，尤其是在对周秉义这样由工人阶级家庭走出来的中国共产党人高级干部身上用生命坚持党性原则又不失人性光辉的艺术书写上，可以说是传承了中国现代文艺创作中一切为了人民的红色血脉。从《一只手》的写作年代

---

① 麦克昂：《一只手》，《党的礼赞·短篇小说卷》，北方文艺出版社，1991，第1～21页。

前后开始，中国现代文艺走过的百年历程，就是由成千上万的用马克思主义思想武装起来的中国共产党人及其革命人民现实与艺术相结合的感人形象串联起来的一部红色史诗：陈独秀引吭高歌的"英雄第一伤心事，不赴沙场为国亡"[①]，周恩来为纪念领导工人阶级罢工的黄爱、庞人铨烈士而悲愤写下的《生别死离》，为中国工人阶级的天然盟友和可靠同盟军而写、"中国的革命者个个都应当读一读"[②]的毛泽东的《湖南农民运动考察报告》，及时反映了党领导下的工人运动并较早在中篇小说中塑造中国共产党高级干部形象的瞿秋白的《短裤党》，作为党员和革命烈士的金剑啸谱写的英勇抗击日寇的百行叙事诗《兴安岭的风雪》，中共戏剧家田汉吹响抗日号角的优秀电影《风云儿女》和最早唱响全中国的《义勇军进行曲》，茅盾塑造出的"坚强不屈与挺拔""树中的伟丈夫"[③]象征意象——白杨……一直到新中国成立后在小说、戏剧、美术特别是银幕上涌现的无数红色经典，所有这些文艺作品里的英雄人物都是中国共产党人和她领导下的中国人民高度浓缩的典型形象。

以马克思主义为"红色灵魂"的共产党人艺术形象，在习近平中国特色社会主义新时代，永葆青春和勇毅前行的未来发展保障主要体现在：

（1）理论自信。确立坚持文艺社会主义方向的高度文化自信，在坚持双百方针的前提下，要倡扬革命历史题材创作理直气壮、坚定不移，同时又需有革命历史题材创作理论创新的探究。（2）中国特色。贯通政治意识形态性的新时代中国特色社会主义精神，不避讳文学的政治文化意义，但又需努力克服政治的浅显表露和泛政治化倾向。（3）现实主义。凸显现实主义文学的主旋律，坚信弘扬革命现实主义是发展革命历史题材文艺所必须，又必须"直面当下中国人民的生存现实"，用对现实主义的真切把握来塑造"有血有肉，有情感，有爱恨，有梦想，也有内心的冲突和挣扎"[④]的典型形象，努力探求本真意义上的现实主义精神。（4）艺术创新。力求政治内容与艺术形式的完美统一，改变"政治即阶级斗争""红色即武装革命"的惯性思维，力避教化功能掩盖艺术的"苍白化"，在艺术样式、表现方法、语言模式等方面寻求真正的艺术创新。（5）审美观念。追求以理想主义和崇高美为主导的审美价值取向，发挥革命历史题材创作的固有优势，在和平年代努力传承革命岁月的"红色基因"，尽力表现英雄主义情结、奉献主义胸襟、理想主义色彩，促进新时代下的中国

---

① 陈独秀：《陈独秀著作选》（第1卷），上海人民出版社，1993，第20～21页。

② 常勤毅：《现当代文学中的党史研究》，浙江大学出版社，2012，第37页。

③ 茅盾：《白杨礼赞》，《党的礼赞·散文卷》，北方文艺出版社，1991，第148页。

④ 习近平：《在文艺工作座谈会上的讲话》，http://www.xinhuanet.com/politics/2015-10/14/c_1116825558.htm。

人民强大内心世界、高尚的情操、崇高的精神追求和英雄主义壮美气质的形成，使新时代文艺创作成为鼓舞人们斗志、催动人们奋发向上的艺术精品。（6）史诗追求。中国共产党领导中国人民从1921年起已经有百年历史，和外国描写战争的史诗性巨作相比，我们还缺乏像《战争与和平》《战争风云》那样的全景式的鸿篇巨制，新时代呼唤这样的宏大的革命历史史诗巨作的出现。"要讲好中国共产党的故事，讲好中国的故事，讲好中国人民的故事。"[1] 这就要求有抱负的作家艺术家要有大气的格局、宽广的眼界、精品的意识和史诗的追求。

电视剧《人世间》又在中央电视台电视剧频道和江苏卫视重播了，我们认为"《人世间》电视剧现象"不仅是个艺术创作和欣赏的问题，它的高收视率和来自方方面面的广泛好评是从新时代的高度告诉人们：党性与人性"既红又美"的高度统一才是新时代文艺永葆艺术青春的不二法宝。

【作者分别为：宁波工程学院副教授、博士研究生；宁波财经学院教授、硕士研究生。本文系浙江省社科联社科普及重点课题（科普读物类）"红色百年的叙事与讴歌——中国共产党百年文艺书写史话"并列为浙江省哲学社会科学规划一般课题的阶段性成果，项目编号：21KPDW04YB】

---

[1]　《十九大后习近平首次大范围接见驻外使节 新时代外交工作这么干！》，http://news.cctv.com/2017/12/29/ARTI5J7zEPGN6j4mViNk6OzV171229.shtml。

广播电视法治建设历史性成就评述

陈 林

一、新时代广播电视法治建设实现历史性变革

新时代十年，广播电视业贯彻落实中央全面依法治国和推进治理体系治理能力现代化等决策部署，聚焦行业实践和立法需求，加快构建系统完备、科学规范、运行有效的法律制度体系，加快健全系统完备、相互衔接、管用可行的治理体系，广播电视治理体系和治理能力现代化得到质的提升。新时代广播电视法治建设历程大体可分为三个时期。

夯基垒台期（2015年以前）。2014年，党的十八届四中全会通过《中共中央关于全面推进依法治国若干重大问题的决定》，广电主管部门正式启动《中华人民共和国广播电视法》立法工作，并积极推进《中华人民共和国公共文化服务保障法》等行业重要法律和行政法规、部门规章的制修订，有力提升了阵地管理法治化水平。这一时期，《卫星电视广播地面接收设施管理规定》《广播电视管理条例》两部行政法规得到修订并实施，多个部门规章和规范性文件得到修改，管理实践中的一些经验不断由政策层面上升至法规层面，为广电行业管理提供了法律依据。与此同时，主管部门以上星频道结构化管理与电视剧、综艺娱乐类等重点类型节目管理调控为重点，制定实施《关于进一步加强电视上星综合频道节目管理的意见》《关于进一步加强网络剧、微电影等网络视听节目管理的通知》等文件，加强对不良节目现象的治理和节目播出管理，推动上星频道节目整体布局不断优化，电视剧治理能力和制作水平大幅提升，引进节目、广告节目管理有序规范，网络视听节目管理政策推陈出新，节目布局和质量品位明显提升。

立柱架梁期（2016—2020年）。2016年，《中华人民共和国电影产业促进法》《中华人民共和国公共文化服务保障法》《中华人民共和国网络安全法》相继颁布，广电行业法律体系从无到有取得历史性突破。《公共文化服务保障

法》为推进广电公共服务长效机制建设提供了有力法律保障；《中华人民共和国网络安全法》为网络视听监管体系建设指明了方向、路径。2020年，新修订的《中华人民共和国著作权法》把更多视听形式纳入"视听作品"范畴，在广播权与广播组织权等方面为广电行业权益保障提供了更有力支持。这一时期，《专网及定向传播视听节目服务管理规定》《未成年人节目管理规定》等部门规章相继制定实施，不断健全完善广播电视和网络视听有关制度规定。持续开展"放管服"相关制度的立改废释工作，修订或废止了一批部门规章和规范性文件，有力配合了广电行政审批制度改革。多省也相继制定广播电视管理条例、公共文化服务保障条例等数十部地方法规，加强和改善各地方广播电视管理和服务，提高和保障广播电视公共服务能力和水平，形成中央和地方紧密衔接、立法与实践相互促进的法治工作格局。主管部门持续实施"管理优化"工程，出台《关于进一步加强广播电视和网络视听文艺节目管理的通知》等文件，健全节目事前事中事后全周期管理机制，完善网络视听内容管理体系，引导优秀文艺作品创作传播，推动了视听内容产业多元化发展，运用法治手段规范管理的能力不断增强。

初步定型期（2021年至今）。2021年，行业基本法《中华人民共和国广播电视法》立法工作取得重大进展，正式向社会公开征求意见；2022年《中华人民共和国广播电视法（草案）》已被国务院预备提请全国人大常委会审议，标志着我国广播电视法律体系建设进入新阶段。《中华人民共和国广播电视法》对广播电视机构管理、内容管理、传输覆盖、安全播出等全方位各领域都作出适应新时代需求的新规定，将从根本上解决广播电视领域长期存在基础立法缺位、法规规章制定依据不足等问题，为行业高质量发展提供坚实法治支撑。广电主管部门还积极参与配合《中华人民共和国民法典》《中华人民共和国未成年人保护法》《中华人民共和国行政诉讼法》等多部法律制修订，推动《应急广播管理暂行办法》《市场准入负面清单》等相关部门规章和规范性文件制修订，为涉广播电视业务高质量立法修法建言献策，广播电视法规政策体系和法治环境进一步优化。广播电视治理体系和治理能力现代化也加快推进，主管部门强化对突出问题、综合业务、融合业态的精准化、生态化治理，努力把广播电视台办成讲导向、有文化的传播平台，管住用好网络视听平台，有效提升了广播电视台和视听平台的媒体格调和文化品位，行业管理加快从管一隅向管一域、管脚下向管行业转变。

二、新时代广播电视法治建设取得历史性成就

（一）广播电视法律体系基本成型

这十年，广播电视业坚持以习近平法治思想为指引，把党的领导贯彻落实

到立法执法普法工作全过程各方面，坚持依法治国、依法执政、依法行政共同推进，法治国家、法治政府、法治社会一体建设，推动广播电视在法治轨道上高质量发展。聚焦行业实践和立法需求，加强重点领域、新兴领域立法，不断提高立法质量和效率，构建了以数部基础性法律、6部行政规章、44部部门规章和300多件规范性文件组成的广播电视"四梁八柱"法律体系，从播出机构和平台管理、内容管理、人员管理、传播秩序管理、新业态新技术新应用管理等全方位各环节进行规范，不断将管理经验举措上升为法规政策，转化为治理效能。特别是将广播电视既有法律法规延伸适用到网络空间，网络视听监管规制体系加快建立健全。以两次机构改革为契机，深入推进广电行政部门职能转变和"放管服"改革、"证照分离"改革，积极推进政务公开，健全管理、服务、保障三位一体工作体系，推动"互联网 + 政务服务"，提升行政执法规范化制度化水平，创新普法宣传载体与形式，宣传社会主义法治文化，高质量完成"六五""七五"普法任务，广播电视工作法治化能力和水平显著增强。

（二）广播电视治理体系加快成熟

这十年，广播电视业坚持把党管媒体要求落实到机构、内容、人员、产品、市场管理各方面，把正确政治方向、舆论导向、价值取向、审美趣向覆盖渗透到制作传播经营各领域，统筹发展与安全，丰富创新治理手段，从"小切口"入手，出台一系列被社会称为"限娱令""限歌令""禁奢令""限童令""限广令""禁丑令"等治理举措，做到建设与管理结合、树导向和明惩戒结合、短期治理与建立长效机制结合，广播电视治理体系和治理能力现代化建设取得历史性进步，人民群众满意度明显提升。

第一，内容全周期管理机制逐步健全，良好制播秩序不断巩固。

前端加强节目规划引导和播出宏观调控，赋能精品创作生产。一是健全重大选题节目创作的组织化管理和评优推优机制。通过设立"电视剧引导扶持专项资金剧本扶持项目""国家广播电视总局网络影视剧IP征集平台"等多种手段，突出创作前置引导作用，主动进行选题策划，集聚行业优质资源，提升重点主题创作内容管理引导能力。二是完善广播电视节目和重点网络影视节目备案管理制度，把备案标准从"无害"提高到"有益"，有效制止内容低俗、抄袭模仿等不良现象，遏制行业在选题策划和申报备案过程中的浮躁之风。三是加强节目编播宏观调控，建立广播电视宣传例会机制和重点视听网站播出安排协调会议机制，对广播电视与网络视听节目按相同的标准尺度进行调控管理，并在主题主线宣传和重大时间节点上进行配合，使主流价值充盈视听空间。

中端加强审核管控，确保好作品进入好时段好平台。从传播这一重要环节入手强化播前审核和评议把关，持续加强卫视黄金时段和重点类型节目管理，强化网络视听编播计划执行，使上星频道节目编排方式及组合结构更加合理，实现公益属性节目比例不低于30%，主旋律题材电视剧在黄金时间播出占比达50%，网站新上线节目现实题材作品占比达60%，确保主流题材播出占主导地位。

末端加强监听监看查处，健全科学节目评价体系。视听节目日常监测监管机制进一步完善，及时叫停下架一些信息有害、导向错误、格调低下的视听节目。积极推进科学合理的节目综合评价体系建设，2018年建成的"中国视听大数据"系统（CVB）已汇聚全国超2亿用户的收视数据，从根本上破解多年困扰行业的收视管理难题。积极开展《山海情》《十一书》等优秀视听节目研评和专业权威文艺评论，引导优秀文艺作品创作传播。

第二，卫视上星频道播出结构日益科学规范，"倡优抑劣"的政策环境不断优化。

一是加强综艺娱乐类节目治理。对婚恋交友、真人秀等七类综艺节目实行总量调控，规范歌唱类选拔节目，严控偶像养成类节目、影视明星子女参与综艺娱乐和真人秀节目，限制未成年人参加真人秀节目，上星频道节目整体布局不断优化。

二是强化电视剧制作播出调控。对电视剧播出总量、范围、比例、题材、时机、时段等作出规定，实施"一剧两星""一晚两集"的播出政策，加强电视剧规划备案和审核管理，电视剧治理能力和制作水平大幅提升。

三是规范引进节目、广告节目和从业人员等重点领域管理。严格限制引进节目及节目模式，明确电视台播出境外影视剧时限和引进境外版权模式节目播出数量，对网上境外影视剧建立"总量调控、内容审核、发放许可、统一登记"的管理制度，实现引进节目网上网下一体管理，把主要播出时段和更多播出时间留给国产节目。坚持"广告宣传也要讲导向"，严格规范电视剧广告、医药广告等广告播出行为，电视屏不能播出的违规广告，网络也不能传播，维护广告播出秩序。对劣迹艺人的影视作品进行播出限制，对违法失德人员实施三个"坚决不用"标准，进一步规范播音员主持人职业行为和社会活动管理，划出网络主播从业的底线和红线，引领从业人员树立遵法崇德尚艺的良好风气。

第三，网络视听一个标准一体管理不断深化，从"管得住"向"用得好"迈进。

主管部门"坚持正能量是总要求、管得住是硬道理、用得好是真本事"，把网上网下"同一导向、同一标准、同一尺度"原则要求转化为政策法规和工作流程，网络视听节目宏观管理体制和协同管理机制渐趋成熟。完善网络视听节目服务持证准入和备案制度，努力把所有视听平台和所有视听业务都纳入管理范围。2021 年,除县级融媒体中心外,持有《信息网络传播视听节目许可证》机构 588 家,备案机构 87 家。按照"谁办网谁负责"原则,对网络视听节目实行先审后播、自审自播制度,建立完善以总编辑负责制为核心的平台内容管理制度,创建了网络自制视听节目审播管理新机制。出台网络视听节目系列管理规定,加强重点网络影视节目规划建设和备案管理,构建起包括网上原创节目、引进节目、网络直播节目、社交平台节目、微短剧短视频在内的网络视听全内容管理体系。引导和促进 IPTV 及互联网电视规范化和标准化建设,推动 IPTV、互联网电视成为中国电视主流观看方式。创新推进"首页首屏首条""短视频首推"工程,强化党的创新理论宣传和主题网络影视节目创作引导,使网络视听成为主流舆论宣传主平台、生力军。

第四,行业治理体制机制加快完善,规范化精准化治理能力不断提升。

治理机制更加成熟。分工明确、系统配合的广播电视协同监管体制机制不断成熟完善,政策制定与实施的联合联动更加紧密,政策措施的可操作性和实效性明显增强。管理部门联合开展文娱领域综合治理和"净网""清朗"等一系列专项行动,对行业突出问题和违法违规行为形成有效震慑,廓清了行业风气。以网络直播为例,相关部门联合出台十几个专项管理文件,从平台、主播、内容、账号、经营、税收等各方面进行规范,引导直播行业规范有序发展。广播电视指挥调度、内容审查、准入退出、监测监管和预警应急安全播出保障联动机制不断完善,有效保障了安全播出和信息安全管理。

综合治理体系更加完善。坚持主管主办和属地管理原则,落实意识形态工作责任制,加强日常监管和专项治理,持续进行违规设台用频、非法卫星地面接收设施、境外电视网络接收设备等专项整治,开展养生类节目、医疗药品广告、网络综艺节目、短视频非法剪辑拼接等内容专项治理,对泛娱乐化、追星炒星、天价片酬、唯收视率点击率、违法失德人员等文娱领域突出问题进行综合治理,有力维护了广播电视市场秩序和内容传播覆盖秩序。行业协会通过发布自律公约、建立从业信用制度和违法失德人员联合惩戒机制、制定内容审核标准、推进版权保护和节目创作规范化、培养节目审核员、举办行业大会等方式开展自教自律,有力配合了主管部门管理。如 2017 年,四行业协会联合发布《关于电视剧网络剧制作成本配置比例的意见》,把演员片酬比例限定在合理的制作成本范围内。

三、新征程推进广播电视法治建设的思考

面向新时代新征程,广播电视面临的形势更复杂、挑战更严峻,更需要以习近平法治思想为指导,推进广播电视制度体系和治理体系更加科学、完备、管用和成熟定型,为广播电视高质量发展提供更好法治和治理支撑。

以高质量法制保障广播电视高质量发展。坚持把以人民为中心的工作导向和社会主义核心价值观融入法律法规立改废释全过程，加强重点领域、新兴领域立法，坚持科学立法、民主立法、依法立法，加快完善广播电视法以及相关配套行政法规、部门规章和规范性文件的制定修订工作，及时将行业行之有效的实践成果转化为推动发展的制度机制，提高立法与改革衔接的精准度，推进中央政策、法律法规与行业治理融通结合，增强立法的针对性、系统性、适时性、操作性，进一步完善网台同标的一体化管理规制体系，立破并举维护意识形态安全和文化安全，在守正创新中推动广播电视制度体系更加成熟、稳定。

以高效能治理服务广播电视高质量发展。贯彻落实文娱领域综合治理和深化影视行业综合改革部署，顺应未来电视发展趋势，进一步创新监管理念、方法、手段，深化广播电视全周期监管制度，完善多主体参与、多手段结合的网络视听综合治理体系，健全跨部门协同监管机制，优化广播电视节目收视综合评价大数据系统，加快建设"全方位、全过程、全覆盖、全天候"的现代化监测监管体系，提升全行业智慧化治理能力和水平，巩固视听内容生产传播秩序向上向好的态势，各项工作都做到有法可依、有矩可循，推动广播电视在法治轨道上高质量发展。

新时代十年成就来之不易，新征程更需努力。广播电视业将深入贯彻习近平新时代中国特色社会主义思想，牢记职责使命，心怀"国之大者"，统筹发展和安全，以更加成熟、更加定型的制度体系和治理体系及更加昂扬的姿态奋进新征程、建功新时代，为实现第二个百年奋斗目标、实现中华民族伟大复兴提供更强大的价值引导力、文化凝聚力、精神推动力。

（作者单位：国家广播电视总局发展研究中心）

地方台如何做好重大主题融媒报道

柳执一

在媒介环境发生重大变革的环境下，主流媒体发出权威声音，占领舆论高地就显得尤为重要。[①]地方台进行重大主题报道是其践行宣教传播和舆论引导使命的重要方式之一。但目前，我国地方电视台在践行重大主题报道时还存在不足之处。对此，地方台要以优秀的国家级为标杆，明确自身差距，在重大主题报道中转变思维模式，将"命题作文"变为"话题作文"拓展主题报道选材范围；在报道中要转变视角将焦点对准普通群众，让主题报道更加真实生动；利用多元化技术创新报道呈现形式，符合新时期受众的审美需求；要转变语言模式，让主题报道变得更加鲜活生动；要创新传播渠道，利用多渠道联动模式进行主题报道，拓展主题报道的社会影响力；地方台还要创新体制机制，使用符合时代需求的运营机制提升人员工作积极性，提升地方台进行重大主题宣传工作的能力。

重大主题宣传是地方台宣传工作的重要组成部分，更是评定地方台舆论引导力的主要标准。近年来，虽然许多地方台在重大主题宣传报道工作中做出了一些有益的探索，但同时要看到，目前地方台重大主题宣传工作与"浸入人心"的标准还有较大差距。受客观因素限制有些问题可能一时难以有效改变，但在思想层面应当与国家级媒体看齐，努力提高自身报道水平，使报道内容更贴近民众日常生活，报道形式更喜闻乐见。要想做到这一点，地方台应从以下几个方面进行努力。

一、创新思维模式，化"命题作文"为"话题作文"

地方台的重大主题宣传工作往往都是围绕当地政府阶段性的工作重点展开，具备明确的报道要求和报道重点。实际上地方台的许多重大主题宣传报道受诸多条件限制成为"命题作文"而不是"话题作文"。虽说受诸多条件限制，

[①] 栾轶玫：《重大主题报道：媒介化治理的传播实践》，《编辑之友》2022年第3期。

但重大主题融媒报道绝不是"海市蜃楼"，而是为了解决我国社会进步过程中遇到的难题和矛盾而存在的。

所以，地方台重大主题宣传报道应当转变思维模式，从以往"高大全"的报道模式中解放出来，要将报道重点放在民众最关心的焦点问题上，要善于为民众解答政府政策和剖析社会中具有代表性的问题，让重大主题宣传报道贴近生活、贴近实际。例如：2018年4月宁波市鄞州区广播电视台推出的《潮涌鄞州40年》节目，就将焦点放在改革开放40年来鄞州区出现的先进样本、先进事例、先进经验上，将这些主题案例逐一向观众展现。另外，鄞州区广播电视台推出的《我的40年》，还邀请到鄞州区具有代表性的40位人物，通过他们的讲述反映鄞州区改革开放40年来，民生、经济、思想等各方面的变化。这种报道模式使主题报道跳出了"命题作文"的范畴，从多角度展现鄞州区改革开放40年来的具体变化，各种事例的出现使报道"言之有物"，提升了报道的可信度。

二、转变新闻视角，焦点对准民众生活

要想报道主题能引发民众情感共鸣，首先就要转变新闻视角，在进行重大主题宣传报道时更应如此。记者在采访时如果只将视角放置于政府部门，不深入群众之中，这样的新闻空洞无物，缺乏生活气息，民众自然不喜爱。如果转变一下新闻视角，将焦点对准民众日常生活，就会发现原来生活是如此的生动、鲜活，报道才会让民众觉得真切，引起民众的情感共鸣。

例如：江苏盐城广播电视台在红色主题报道中就非常注意转变报道视角，将焦点对准普通群众。在庆祝新中国成立70周年之际，该台特别推出了"烈士命名镇村行"主题报道。台里将采编人员分为采访小组深入基层，深入发掘新闻线索，用摄像机和笔记录下群众日常生活的真实场景。推出了一系列真实动人的报道，例如《合作社带领农户抱团发展甜头儿多》《烧旺乡村振兴"灶火"》等，这些报道不仅真实可信，而且散发着泥土的芬芳，真正让主题报道走入生活、走入基层。

三、创新报道方式，紧跟受众审美需求

随着科学技术的不断革新，电视媒体的采编播技术也在不断进步，为创新重大主题宣传报道方式提供了技术支撑。[①] 随着无人机、AI、虚拟现实等新技术的运用，改变了以往电视媒体的采编方式，使目前电视节目制作更加精良、形式更加丰富、画面更加优美。所以，重大主题宣传报道工作要顺应时代的潮流，利用新技术来创新报道方式，同时还可以利用新媒体平台深入研究观众的喜好，

---

① 洪峰、王少浩：《以融合之力推动重大主题报道提质增效——广东广播电视台2022全国两会报道新探索》，《传媒》2022年第7期。

以满足他们日新月异的审美需求，只有如此才能让观众常看、爱看。

江门市广播电视台融媒中心自2021年4月成立以来，在内容建设中坚持本土化特色，坚持打造优质内容，为当地群众奉上了许多高品质的新闻内容。特别是在党史学习的报道中，江门市广播电视台融媒中心勇于创新报道方式，用H5、漫画、短视频、Vlog等新形式进行报道。例如：融媒工作室策划推出了《侨批中的党史》系列融媒报道（侨批是指海外华侨通过海内外民间机构汇寄至国内的汇款暨家书），深挖侨批中的党史故事。江门市广播电视台融媒中心还在报道中充分践行"四力"，派遣党员干部、媒体记者深入田间地头深入了解群众生活，宣传党史故事，以此为素材推出了《党史学霸快问快答》《榕树下的党课》等融媒报道，有效推动了党史教育向基层延伸。另外，江门广播电视台推出的《党史邑事会》就以漫画、短视频、海报等多种形式讲述党史故事，该报道不仅将党史故事可视化，而且更具趣味性，受到当地群众的喜爱。此外，融媒中心还以短视频、Vlog等形式创新报道模式，推出了《回到周郡重走总理视察之路》《读侨批党史，见尺素丹心》以及Vlog《记者带你云打卡》等作品，收到了良好的传播效果。

四、转换用语习惯，多用鲜活生动的群众语言

要想使重大主题宣传报道达到"浸入人心"的效果就必须转变用语习惯，戒除官话、套话较多的弊端，利用鲜活化、生动化的语言进行传播。记者在进行重大主题宣传报道时不仅要用鲜活、通俗的语言记录下社会的发展变化，还要将枯燥乏味的政府文件转变成民众易于理解的语言。记者要做好语言转换工作就必须深入基层、深入田间地头，多与人民群众沟通交流，让群众对记者采编的报道产生认同感，在不知不觉间发挥报道的"指引"作用。

广东台于2021年7月推出的大型主题报道活动"飞越广东·奋进凯歌"，就利用融媒报道模式全景呈现了广东省为解决"三农"问题所做的努力，同时也通过年轻化语言、生动表达方式展现了广东近年来农村产业的发展实景。其中《孩子眼中的丰收组诗》就以少儿的视角生动展现了"秋天是丰收的季节"这一主题，同时诗歌中也再现了"无人机喷药""机器人除草"等高科技务农景象，该组诗充满童趣，生动易懂，在读诗的同时还配以沙画的形式呈现，让农忙景象更加具体生动。《Vlog：新时代花农老邓的幸福感》则让农民大叔出镜以Vlog的形式讲述了先进科技在农业生产中的运用，以及科技带给农业生产的变化。在讲述中农民大叔频频甩出"金句"令人捧腹不已，展现了新时代下农村群众幽默、朴实的新形象。广东台此次开展的融合主题报道为地方电视台树立了良好标杆和学习典范，在未来的报道中地方台要根据时代转换报道语言模式，用人们易于接受和喜闻乐见的形式进行主题报道，从而提升主题报道

传播效果。

五、丰富传播渠道，做好全方位融媒体报道

在当前互联网时代，地方台的重大主题宣传报道要想实现高效的传播，必须高度重视对传播渠道的拓展，利用新媒体提升传统媒体的传播力。当前，许多地方台都已完成了媒体的初步融合工作，有效地整合了策划、采集、编辑、制作等多部门的力量，这为地方台在新媒体时代进行重大主题宣传报道创造了良好的基础和空间。例如：在广东台开展的"飞跃广东"主题报道中，广东电视台创新思维模式尝试利用"主题报道＋直播带货"的模式将助农报道落到实地，让主题报道在宣传农业发展的同时也能切实帮助到农民群众。在《丰收"凡尔赛"》节目中运用"大屏＋小屏"的传播模式，除了在传统电视渠道播出，还将网络直播与带货相结合，实现了大小屏之间的联通传播。在直播活动中节目组运用大屏与主播连线，淘宝直播间与电视演播室实时互动的播出模式，有效实现了大小屏联动式直播，电视渠道不仅能为淘宝直播间引流，直播间同时也能为电视节目进行推广，不仅提升了直播活动的网络热度与社会知名度，同时也开创了融媒报道的新模式。又如，在2022年两会期间新疆广播电视台与新疆日报社深入合作，以移动端为主要渠道、以石榴云为主要传播平台，在两会报道中践行共同生产、融合传播原则，通过多视角、多方位的采访积极回应群众关切问题，将两会报道落到实处，努力为群众献上优质的融媒报道内容。

六、转变运营机制，激活从业人员积极性

目前我国许多地方台运营机制还是"大锅饭"式，工作人员缺乏创造力和积极性，导致有些从业者在工作中敷衍了事、不思进取，制作的新闻报道也难出精品，得不到民众的喜爱。所以，地方台要想做好重大主题宣传报道首先要从"根部"着手，改变原有运营机制，以激起从业人员工作积极性。例如：浙江卫视于2017年花大力气改革机制，对《浙江新闻联播》栏目实行了"头条工程"专项奖励，特别是对重大宣传项目实行了奖励倾斜政策，此外还取消了"唯收视率论"的评判标准，对新闻类节目实施综合评价考核方式，使新闻团队更加注重新闻的本质，避免夸张、虚假报道的出现。浙江卫视虽属于上星频道，其改变运营机制的做法值得各地方台学习借鉴。

（作者系浙江传媒学院副教授）

新技术助力广电主持人"主体性"提升

毛 欣

数字编码媒介的发展拓展了大众传播的时间与空间，广电媒体面对人工智能、大数据、5G等为代表的新技术、新产品、新应用，在媒体融合方面做出了积极的探索实践。新技术赋能新闻、文艺、服务类节目，沉浸性、联结性、交互性得以充分体现，为受众开启了广阔的图景。

广电主持人作为人与媒介相接相嵌的重要一环，承担着在传播链条中对话语内容进行结构性重塑的任务。主持人"主体性"的发挥，依托于节目中表现出的话语组织能力、角色所发挥的作用、观点的指向性等。

新技术与媒介的碰撞带来了前所未有的张力，释放出惊人的能量，也产生了某种"遮蔽"，主持人能否为"去蔽"做出努力？能否将人工智能等带来的"增强人与世界的联系"转化为"增强人的世界"，更具体言之"增强主持人的世界"？主持人与受众的互动密切，能否更大限度地发挥主持人的"主体性"？

本文尝试从主持人的视角出发，梳理媒介与主持人的关联，在媒介技术的演替中思考技术与媒介、主持人语言的内在体验性与外在经验性的关系，按不同类型节目阐述新技术如何赋能广电主持人"主体性"提升。

新闻节目主持人：隐蔽的人为建构与自我认知

虚拟现实技术在新闻报道中的应用，完美诠释了"虚拟的真实"在现实中是如何落地的：2015年《人民日报》全媒体首次引入VR设备报道"9·3"大阅兵，2020年央视新闻新媒体推出《VR全景看温岭槽罐车爆炸现场》、新冠肺炎疫情期间直播火神山医院建设情况等，上游新闻VR新闻系统、江西网、澎湃VR《全景现场》等陆续跟进试水，VR新闻沉浸性的表达形式提供了个体经验的"放大"。

虚拟世界从其本质上来看乃是通过媒介手段创造出来的想象空间以及其

中所包含的各种相关事物及其内部秩序。[①] 媒介提供了一种"中介了的现实"，VR 技术以一种真切的方式"增强"了这一现实。

以央视网"VR 浸新闻"频道的《化屋村：蝶变悬崖村 逐梦振兴路》为例，点击"开始体验"后，主观视角从空中迅速向下俯冲，主页面为贵州省毕节市三维地图，页面下方选项条可以左右拉动，分别是鸟瞰化屋村、化屋码头、村民赵玉学家、村文化广场等。随着画面徐徐展开，耳边传来清脆鸟鸣及热情洋溢的民歌声，地图中间出现一个机器人图标，即主持人。点击"鸟瞰化屋村"，镜头仿拟人类视角"鸟瞰"，AI 主持人开始解说；点击"化屋码头"，画面聚焦码头实景，屏幕左侧出现相关文字介绍，镜头可随着鼠标或手指调整距离；点击"无人机带你瞰化屋"，则弹出一段短视频，以轻快节奏进行场景切换。

有了新技术的加持，这一体验过程使受众获得了身临其境之感，通过电脑端及手机端均可模拟出人的观察视角转换、焦距远近调整等状态。

2021 年下半年晚稻丰收时节，宁波交通广播推出"金秋垄上行"融媒行动，"90 后"主持人通过手机视频直播，与受众共同见证乡村美好生活新变化。与以往现场直播需要大型直播车、多位技术保障人员、多种直播设备不同，本次视频直播"轻装上阵"，三组主持人分赴田间地头不同位置，随行小编手中一只自拍杆一部手机，即完成直播流程。

受众可通过微信朋友圈转发的链接直击现场，稻田、村落、山间，三个场景自主点击切换，全程 5G 信号传输顺畅。收割机在金色稻田中轰鸣着穿行，一派五谷丰登瓜果飘香的景象尽收眼底。这种伴随着信号传输技术迅猛发展而出现的"轻视频直播"样态，与以往广播电视的直播形式一脉相承，又以其独特性拉开了距离。

新技术在直播中的运用，带来了主持人的解放，也引发了一种广泛不安。如何实现技术与内容的完美融合，既不被技术盲目牵着走，也不固守过时内容？主持人要警惕工具理性对自身的"主体性"造成侵蚀。在新的视频直播场景中，与镜头前正襟危坐、话筒前谈笑风生的形象有所不同，主持人想要在新场景中继续发挥能力、作用、看法及地位等各方面的"主体性"，就需要认清个人身份定位，据此提出新的话语策略。

拜传输技术的发展所赐，主持人的视频直播少了"兴师动众"的仪式感，轻松抵达的外壳下，依然是封闭时空与开放时空的并存：以广阔天地为背景，主持人和农民在稻田里聊当年的收成，而受众获取信息则通过小小的封闭的矩形框，或者换个角度来讲，受众立足于一个有限的"点"，望见的是无限的"面"。在此语境中，主持人除了对自身角色重新认知，更需要关注语言内在体验性与

---

① 刘宏宇、袁子涵：《未来已来：VR 的商业开发与媒介传播》，人民日报出版社，2019，第59页。

外在经验性的统一。

播音主持行业对主持人开口前的准备工作提出了细致要求，注重日常积累的"广义备稿"与针对稿件本身的"狭义备稿"，都是以内在感受为基础，强化在场感和情感化叙事。

5G 传输增强了受众观看直播时的沉浸感，延时被缩短，信号不再断断续续，受众体验流畅完整舒适。此时，我们来关注媒介中介化的发端：语言。对主持人来说，技巧的锤炼是必要的，以"奇观"为策略的内容呈现也是题中应有之义。这里所说的"奇观"，并非一味猎奇低俗，而是指尝试为受众呈现未曾发掘的观察角度、空间场景。

在"金秋垄上行"融媒行动中，主持人提前进行了 CNN 的"目击者测试"（witness test），最初的直播点位有六个，分别模拟拍摄了一段短视频，一一发布给不同年龄层的受众观看，由受众提出建议，最终选定了三个拍摄地点。地点的选择，很大程度上影响着主持人话语叙事的立场、角度以及内容的走向，这样的人为建构具有隐蔽性，能够帮助主持人在新场域更好地发挥作用。随着小编倒计时的手势指示为"开始"，主持人面对着手机摄像头，展现笑容亲切问好。一切如常，这又是主持人自己的地盘了。

文艺节目主持人：获取体验的转变和自我审视

新技术如何为文艺节目打开更宏大的叙事空间？央视 2021 年春晚六大创新科技上阵，首次利用"VR+三维声"网络直播，"六大科技"指 5G、4K/8K、AI、AR/VR 等新技术，从受众的角度来讲，在移动端打开链接，会获得怎样的体验？

主视觉画面是四位主持人簇拥着圆形标志，标志上写"VR family 云团圆——全景直播看春晚"。点击进入后，手机化身为 VR 眼镜，上下左右挪动都能够清晰地看到视野围绕主舞台产生的变化。整体环境不再只局限于演播厅，大幅度移动手机可以发现，直播是在多间房间中进行的，类似样板房的设置中，有客厅有厨房有卧室，充分还原了"家"的环境。主持人并排坐在客厅沙发上，聊天时语气、动作、眼神都较为生活化。这边主持人继续聊，那边受众可以对手机推拉摇移，直播台右侧是一个立式大屏幕，左侧是厨房，"步入"其他房间时仍可听到主持人的声音，准确复刻了家家户户喜迎新年时一个个"小家"的温馨场景。

此时的主持人依然承担着主持角色，而在 VR 技术的运用下，他们既是家庭中招呼客人的"顶梁柱"，又像是热热闹闹串门来的亲戚。对受众来说，获取体验产生了转变。

VR技术擅长营造鲜活的故事体验，通过逼真的现实感使主持人与受众产生密不可分的联结，这与播音主持行业要求主持人对稿件进行"情景再现"有着异曲同工之妙。技术手段也好，语言技巧也罢，都是希望通过挖掘新型叙事主题，实现对受众的情感唤起，以邀请这个在现场隐形的群体共同完成意义阐释与价值塑造。

"现场感"把如下观念自然化了：通过媒介，我们实现了对我们所组成的社会有重要意义这一现实的共同关注。[①]意义建构在结构之上，主持人并不是简单完成信息的传递，而是需要跳脱对自我的过分关注，培养多维度思考的习惯，对受众产生一种作用力。以这一视角去观察，文艺节目中的语言不再是孤立的、分散的、静止的，而是相互关联起来，并在彼此的联结中成就自身。

怎样跳脱"自我"？这里借用北京邮电大学讲师王楠提出的"异我"概念来为主持人发挥"主体性"提供路径，"异我"指为受众提供一个基于数字空间的、不同寻常的身份/状态，让其体验与物理现实自我不同的另一个体的生活，"变身"本身就构成"故事"……同时将由此产生的认知称为"异我认知"[②]。

由此看来，主持人运用播音主持技巧、调动过往的生活经历、敏锐的感知体验等建构话语体系，实际上就是处理不断变化、互文、重组、消逝和断裂的话语网络，并以此作为桥梁，与受众一起发掘故事仪式背后的内在驱动力，实现"主体性"的提升。

当主持人到达这一认知层面，便会欣喜地意识到，我们对每一个听觉或视觉形象的反应都会带着某种象征意味。语言技巧中的内在语、情景再现、对象感，以及重音、节奏、语气、停连，所有这些形式上的加工原来并非仅仅来源于自我感知的调动，而必须与未曾谋面的受众共同完成——层出不穷的新技术已经让受众经受了复杂的训练——如同侦探小说的读者以百般挑剔的口味刺激小说作者绞尽脑汁设想"不可能完成的"犯罪手法，受众也以见多识广的笑容促使主持人进行更完备的自我审视。

服务类节目主持人：话语延展与纵深交汇下的多重主体间性

技术发展为人类社会带来的改变并不仅是我们看到的，还有更深层次的影响。最初，主持人热衷于将个体理解"嵌入"各种关系之中：与受众的关系，

---

① 尼克·库尔德里：《媒介仪式：一种批判的视角》，崔玺译，中国人民大学出版社，2016，第112页。

② 王楠：《深度沉浸阈VR电影叙事：事件·场境·异我》，北京邮电大学出版社，2021，第34页。

与自我的关系，与社群的关系等。而互联网技术的发展让这一秩序产生了松动，技术带来的"排他性"使受众获得了"脱嵌"的机会，选择从秩序中脱离出来，成为"独立个体"。

反过来，媒介对此的应对方式，是研究怎样精准地吸引更垂直、更小众的受众群。然而，诸多变化之中仍有"不变"之处，服务类节目中主持人向受众提供信息的任务不变，受众对知识的渴求不变，改变的只是传播形式。此时，主持人"主体性"的发挥更多地依赖对多重主体间性的深入理解。

新技术的出现，使时空距离发生坍塌，主持人与受众的关系是更近了还是更远了？央视财经频道在 2021 年 11 月进行了一次尝试，《中国美好生活大调查（2021—2022）》正式启动，推出了"VR 实景还原演播室现场"，让受访者以主观视角"上央视当嘉宾"。打开网页链接，页面中间位置写着"央视喊您录节目啦"。点击"出发演播室"，简短片头过后，主持人龙洋出现在直播台前，移动手机可以看到演播室内的摄像师等工作人员已准备就绪，倒计时后，龙洋面对摄像机说开场白，此时的受众主观视角一直在龙洋左边，看到的是主持人侧脸，问答环节开始后，主持人转身对受众提问，这一场景设置与日常生活中的闲聊类似，距离较近，语言无生疏感，陆续问完所有调查题目。

VR/AR 最重要的意义在于，其是数字空间和物理空间的转接器。借由这一"转接器"完成的"中国美好生活大调查"，不再是一道道试卷题目，而是主持人发声，以灵动的 VR 主观视角进行作答，给人耳目一新之感。主持人话语运动的空间轨迹以横纵轴来区分，横轴是话语的延展推进，纵轴代表话语的纵深，交汇点为与受众交互点。

在服务类节目中，主持人话语实践与非话语实践的互动、与受众话语要素间的"合谋"、追问话语的生产策略等，都是在充分解读多重主体间性的基础上，希望使参与者拥有更高的叙事权限。也就是说，虚拟并非简单意义上的"肉眼不可及"，而是"非物质、意义性"的复杂存在，只不过这种存在依赖于物质基础"容器"[①]。当主持人意识到这一点，以多学科互通互鉴的跨界思维将演说模式调整为参与模式，话语链条的形成就在外部陈述间的运动进程中展开。

结　语

作为视角、工具、研究对象的数字技术，其蓬勃发展为研究者开启了新的提问方式，也引发了思考：新技术为信息传播带来种种便利的同时，是否也助长了传播模式的千篇一律与狭隘平庸，我们要警惕……我们人类环境中的共鸣

① 聂有兵：《虚拟现实：最后的传播》，中国发展出版社，2017，第29页。

性、深刻性或丰富性的丧失。[①]

主持人作为传播过程的重要参与者，也需要时刻清醒：一档节目，为了呈现"真相"而把各种所谓现实的、客观的细节融入节目内容的做法，是否反而会遮蔽真相？在冷静清晰观察的前提下，主持人"主体性"的发挥应该具有更广泛、更可被泛化的意涵。

技术与主持人的知识、主体、话语间有着内在的有机关联，割裂地看明显是单薄的。主持人在节目中以话语构筑的世界，并非同一意义的连续体现，其中包含了技术赋能后的取代、替换、转移、拼贴、征服与回归。"主体性"的话语内核有着不可避免的内在张力，这需要主持人把对技术的运用视为一个复杂的、历史的、经验的、运动的结果，保持批判性的思考，否定与肯定向度之间的内在勾连远比张力更为关键。

（作者系宁波广电集团广播传媒有限公司战略发展中心副总监、主任播音员）

---

① 戴维·J.贡克尔、保罗·A.泰勒：《海德格尔论媒介》，吴江译，中国传媒大学出版社，2019，第5页，第27页。

场景化：电视新闻访谈节目的应用与创新

——《李健：只为留得青山在》创作实践与思考

张馨予

3年新冠肺炎疫情让文旅行业遭受巨大冲击。宁波"阿拉的海"水上乐园董事长李健三年三跨界，艰难留住了300多位员工的饭碗，留住了企业团队。笔者作为主持人，长期蹲点采访，跟踪拍摄海量素材，生动记录了李健办口罩厂、做远洋捕捞直播带货、经营度假酒店三次跨界的种种艰辛。2022年12月7日防疫"新十条"颁布之后，笔者对李健进行了专访。访谈中，李健回忆起2020年7月习近平总书记与企业家"谈心"时说过的话："留得青山在，不怕没柴烧。要千方百计把市场主体保护好，为经济发展积蓄基本力量。"这是节目的主题，也是访谈的核心。

随着融媒改革的不断深入，传统电视访谈节目的样态需要有所突破。电视访谈节目《李健：只为留得青山在》走出演播室，采取了互联网"场景化"的思维进行设计创新。"所谓场景思维，就是在某个实际的、具体的情境下，去思考产品如何满足用户需求的思维。场景思维是产品经理必须具备的思维。"[①] 笔者认为，如果想创作出让受众接纳并喜欢的作品，新闻媒体工作者需要具备"场景化"的思维。电视节目中的"场景"，不仅是主持人和嘉宾进行对话的地点。它要服务主题展现、突出人物特点、满足受众心理需求，使"场景化"能够真正成为电视访谈节目的表现手段，从而根本改变电视新闻访谈样态。

一、电视新闻访谈节目的场景化创作

电视访谈节目《李健：只为留得青山在》时长14分33秒，转场九次，

---

① 罗彦军：《南方+内容之路：用户为王，内容为核，从报纸到爆款——解码党媒融合路径》，南方日报出版社，2020，第14页。

240

涉及六个场景。通过前期调研，主创梳理出：防疫"新十条"后开设的萌宠乐园、空旷的人工造浪池边（主访谈区）、乐园员工采访区、老年公寓、领导调研采访区、海边等6个场景。从场景的变化来看，该节目更像是纪录片。但无论场景如何转化，节目始终如一都以访谈对话的形式进行。电视访谈节目一般通过对话内容的内在逻辑推动节目发展，但《李健：只为留得青山在》是通过场景转换推动故事情节发展。节目的访谈场景主要分为：固定态场景、移动态场景、随机态场景。固定态场景是主采访区；移动态场景推动故事线发展；随机态场景不是主要组成部分，但往往因为不设限的拍摄，更能捕捉到真情流露的动人瞬间。

（一）固定态场景：再现访谈对象真实的工作环境

电视访谈节目需要一个固定空间，主持人与嘉宾坐下，进行一场不受外界打扰的对话。电视访谈节目往往会将固定空间设置在演播室或临时布景的场地。《李健：只为留得青山在》中将固定空间情景化即回到访谈嘉宾真实工作的地方，这也是整期节目的主访谈区。在"阿拉的海"水上乐园内最核心、占地面积最大的人工造浪池边，主持人与李健进行了一场近1个小时的对话。从卖房子办口罩厂、出海捕鱼搞直播再到经营度假酒店，李健向主持人真情讲述了新冠肺炎疫情三年来如何在沼泽中艰难前行，并在家人、员工的支持和政府的帮扶下熬过艰难时刻的心路历程。

节目中虽然有9次转场，但贯穿主线的核心内容都是在主访谈区完成的，共有7分24秒，占到了整期节目的一半时长。

（二）移动态场景：生动补充访谈内容主线

这是一种行进式的采访，根据嘉宾讲述内容的情节发展，与嘉宾一同回到当时的场景，边走边聊。根据故事脉络，主创设计了四处移动态的场景，第一个场景是萌宠乐园，防疫"新十条"出来后，李健第一件时间就在冬季闲置的乐园场地搞了萌宠乐园吸引游客。在小朋友欢乐的笑声和穿梭的游人中，主持人与李健开启了对话，李健说防疫"新十条"出台后他更加有信心了。游乐场只要有人，就能赚钱，真实的场景内，不仅李健本人，观众看了也会相信希望就在眼前。

第二个场景是老年公寓，2020年初李健为了办口罩厂，把他为妻子女儿准备的别墅卖了，一家三口搬到了不足90平方米的老年公寓。由俭入奢易，由奢入俭难，这是人之常情。从别墅搬到老年公寓，原本的生活用品根本没地方放，只能堆放在客厅。主持人就在这个空间内采访了李健的妻子李志媚。李志媚表示这两年丈夫不是没有往家拿回过钱，只是钱还没焐热乎就又被丈夫拿去发工资,家里根本没有什么存款。当主持人问她觉不觉得委屈,她噙着眼泪说,每到想抱怨的时候都不忍心,因为知道太难了。笔者在这一段是强忍着眼泪完成采访的。即便调研踩点时笔者已经对李健的故事了如指掌。可在这个狭小的客厅里,采访主人公一家人,仍会被他们真挚朴素的表达所感动。这也是本期节目的一个情感爆发点。

除了家人的理解和支持,更离不开政府的帮助。在李健深陷泥潭,再也借不到钱的时候,是象山县政府出面担保,帮助李健向银行借出了300万元贷款。这笔钱对当时的李健来说是救命钱。如何展现,笔者选择在时任象山县副县长张微燕到"阿拉的海"调研时,果断抓准时机现场进行采访。

第四个移动态场景是在李健经营的度假酒店前的沙滩,这也是全篇最后一个场景。主持人与李健吹着海风,边走边聊,李健向主持人讲述了他准备建一个海边露营地,再开个海边酒吧,把来到象山的游客都留在象山。最后一个画面,随着航拍的镜头拉起,是一望无垠的大海。大海能包容一切艰辛也能承载无限的希望。

移动态场景在这期节目里是非常重要的一条逻辑线。它与访谈主线相辅相成,随着故事情节发展,每到一处场景都是对内容主线的生动补充。电视访谈节目时间长,观众很容易疲惫,根据故事发展,进行场景化的叙事,能够让观众跟着主人公笑,跟着主人公哭,起到吸引观众持续关注的作用。

(三)随机态场景:捕捉真实细节展现人物内心

在《李健:只为留得青山在》中,很多没有剧本安排的拍摄场景,往往会捕捉到最真实的细节。在李健带主持人来到他们一家人居住的老年公寓时,主创团队采取的是纪录片跟拍的方式,不做干扰只记录,当李健与主持人进入屋内时,李健的妻子上前迎接,女儿很淡漠,只自顾自地玩,李健则是非常讨好地直奔女儿而去。主持人很敏锐地捕捉到这一点,对李健的妻子说:"看,孩子都和她不亲了。"妻子无奈地表示,李健是家里的"大客人"。

这样的场景,很多人第一反应肯定会是女儿激动地扑向爸爸。但细想,长期没有父亲陪伴的小女孩,看到爸爸回来一定是有生疏感的。这一分生疏,更激发了李健内心对家人的愧疚。这些没有设计,没有台本,采访嘉宾毫无防备的随机态场景,可以捕捉到嘉宾最真实的反应。这也使这些"边角料"成为展现主题和人物性格的一道"大菜"。

二、场景化创作让节目更具真实感和说服力

《李健:只为留得青山在》从立意到选题都具有强烈的新闻性。节目将访谈场景放回到真实的生活工作中去,增强了节目的真实性和说服力。

（一）熟悉的工作生活场景下，访谈嘉宾更真实可感

节目主创愿意花时间下功夫，在真实的场景里挖掘人物的内心世界，展现人物的真实性格。主访谈区就设在水上乐园内最大的人工造浪池边，旺季这里可同时容纳近 2 万人冲浪。采访时正值闭园期，李健对主持人说，2021 年是离"死亡"最近的一年。因为 2021 年 8 月疫情影响太严重，本来是旺季，收入却几乎为零。望向空无一人的造浪池，可能是触景生情，李健说感觉自己已经在沼泽地里，马上就要沉下去了。

游乐园没生意，就带着员工出海卖鱼搞直播的李健，也有挺不住的时候，这才是真实的人。将采访行为放回到采访嘉宾熟悉的环境中，他才能毫无保留地将内心最真实的感受说出来。笔者认为，嘉宾也需要一个宣泄口，主创团队要做的就是帮他营造好场景。

（二）还原真实可信的人物本身

新闻访谈节目的很多内容往往是嘉宾"自说自话"，一些真实的客观情况会被刻意规避掉。比如李健，他更愿意让大家看到的是一个"打不倒"的李健。节目主创通过场景的突破，在周边人那里找到了更加真实的李健。时任象山县副县长张微燕找出了一年前她调研"阿拉的海"时，李健发给她的信息。李健向她坦言真的挺不住了，生病不敢去医院，怕真的倒下，一天只有吃 6 片安眠药才能睡得着。张副县长说担心李健会跳海，收到短信后，第一时间就派人到"阿拉的海"找李健。作为当时分管经济的副县长，张微燕对李健的情况非常清楚，知道他确实处在生死边缘，孤立无助。最后在象山县政府担保下，李健向银行贷出了 300 万元。这段采访原本是为了体现政府对李健的帮助，没想到却看到如此绝望无助的李健。

（三）真实场景下主持人提问更有贴近性

访谈节目主持人绝不是一个简单的提问者，笔者作为该节目的主持人，最切身的感触是，真实的场景能激发真实的情绪，碰撞出真实的对答。在"阿拉的海"水上乐园，笔者问李健办口罩厂赚钱吗？李健说不赚，笔者带着不理解的情绪追问，"这是你拿卖房子的钱办的口罩厂总要保证自己的营收啊。"李健表示不发国难财，员工的工资能发出就行。在李健家中狭小的客厅里，笔者问其妻子，这样的日子觉得委屈吗？李健妻子的泪水夺眶而出。笔者这个问题不是作为一个主持人，而是同为女性下意识问出的。在真实的场景内，不光是采访嘉宾，主持人也会迅速进入角色，所以问出的问题是紧贴着嘉宾的情绪的。

三、结语

综上所述，电视访谈节目的场景化创作，绝不是不停换地方采访。每次

场景的跨越，都赋予了它讲故事的功能。场景带动着故事的发展，改变角色（主持人、嘉宾）的情绪变化。场景化的呈现使电视访谈节目的形态更加丰富、饱满，也更符合融媒时代受众的观看心理。

（作者系宁波广电集团新闻综合频道一级播音员）

理论节目出新出彩的四个维度

——以甘肃平凉市融媒体中心为例

高晓华

习近平总书记在党的二十大报告中强调："健全用党的创新理论武装全党、教育人民、指导实践工作体系。"①他还多次提出，不断提高理论宣传水平，更好服务党和国家工作大局，为巩固马克思主义在意识形态领域的指导地位、巩固全党全国各族人民团结奋斗的共同思想基础作出新的更大的贡献。理论宣传是推动习近平新时代中国特色社会主义思想和党的路线方针政策落地、落实、落细的重要途径和有效方法。作为党的舆论宣传主阵地的广播电视，对党和国家的决策部署、党的创新理论成果进行解读、阐释和传播，在思想意识形态领域发挥着宣传推介、引领导向、解疑释惑、醒脑增智的作用。鉴于此，及时跟进、扎实有效、活化形式、丰富载体，深化宣传党的创新理论特别是习近平新时代中国特色社会主义思想和党的二十大精神，是广电主流媒体的重要职责和当前及今后一个时期的首要政治任务。

一、以小见大，聚焦直面时代的重大课题

广播电视传统媒体在理论宣传方面存在一些不足及短板。因此，广播电视理论节目应注意上接"天线"，下接"地线"；既要走出演播室、录音棚，更要深入广阔田野、街道社区；既讲国家大政策，也讲身边小道理；既要讲哲学逻辑，也要讲百姓故事。要做到小切口大主题，小故事大道理，小视频大推送，以取得理论宣传的磁场效应。

事实上，做好广播电视理论节目是一件非常不容易的事情，这是同行业间普遍公认的事实。究其原因，主要是理论节目选题难立，枯燥乏味，画面单一，受众难测；容易形成程式化、说教化、空泛化和概念化。在融媒体时代下，舆

---

① 习近平：《高举中国特色社会主义伟大旗帜 为全面建设社会主义现代化国家而团结奋斗——在中国共产党第二十次全国代表大会上的报告》，《求是》2022年第21期。

论生态、媒体格局、传播手段、受众对象都发生了巨大变革。作为"老广电"，要积极拥抱新媒体，不断探索创新视听理论节目呈现的新样态。对党的创新理论进行由浅入深的解读，通俗化的阐释，大众化的转化，乡土化的表达，精细化的制作，视频化的推送，这样才能使党的创新理论，特别是习近平新时代中国特色社会主义思想入耳入脑入心，走心走深走实。

甘肃平凉市融媒体中心积极打造党的创新理论融媒体宣传产品，探索创新广播电视理论节目呈现新样态。该中心理论节目（栏目）组与市委讲师团、市委党校、市社科联联合开展"理论宣讲大篷车""理论宣讲小板凳""理论宣讲小分队""理论宣讲小喇叭""听秋阳诵读"等进基层宣讲活动，市民们也受邀登上大篷车、围坐小板凳、走进直播间与理论专家教授、节目主持人一起互动交流，倾心倾情畅聊甘肃平凉城乡的最新变化。当"大篷车"走进全国造林绿化先进县泾川，"泾川行"节目组以"绿水青山就是金山银山"为主题，身临其境感受历届县委、县政府带领群众数十年"咬定青山不放松"，践行习近平生态文明思想而取得可喜变化的生态美丽乡村新图景；"大篷车"到达全国脱贫攻坚先进县庄浪县，广大受众真真切切从一户户家庭发展变化中，看到精准扶贫所取得的可喜变化，也感悟到习近平关于"消除贫困，改善民生，实现共同富裕，是社会主义的本质要求"的内涵和意蕴。在崆峒、静宁、华亭、灵台、崇信等地的理论宣讲"大篷车"城乡行中，节目组深深植根芬芳田野，真正拉近了理论与实践的距离，使理论变得更有"烟火味"，也不再空洞乏味。

二、创新载体，把理论阐释得有趣有味

党的二十大报告强调："创新才能把握时代、引领时代。"每一家媒体都有自己独特的定位，必须找准坐标精准定位；每一档节目（栏目）都应有属于自己的品牌，必须倾力精心打造这种品牌。这是一个全媒体时代，也是一个变革创新的年代，广大受众视听习惯、方式，对理论的渴求程度、理解水平均发生根本变化，这都迫切要求理论节目变革创新。广播电视传统媒体要坚持开门办台，广泛征求意见，让视听受众、干部群众及专家教授、理论教员、节目主持人共同参与，共策划、理思路、定主题、编案例、讲故事、解疑难。

广播电视理论节目在对理论的阐释和传播中不断启迪受众心灵。以甘肃平凉市融媒体中心综合广播《思想论坛》《听秋阳诵读》理论节目为例。"理论宣讲小分队"时而化身观光巴士，穿梭在平凉城乡及县（区）的大街小巷；时而变成农家院落的"小板凳""小背包"，面对面，手拉手，心贴心，拉家常，算账对比，以案论理，现身说法；时而走进直播间，与受众互动交流，释疑解惑，与现场受众互动答疑，从中梳理案例、阐述观点、析辩明理。平凉市领军人才、市委党校教授于贵平在参与节目后认为，以往传统广播电视理论节目，多是主

持人或专家教授在直播间夸夸其谈，长篇大论，唱"独角戏"。"理论宣讲大篷车""理论宣讲小板凳""理论宣讲小喇叭"等进基层宣讲活动，利用"互动＋解读""融媒＋直播""案例＋故事"等手法，通过叙聊拉家常、讲亲历者故事、走进直播间互动、金句原著诵读等多种融媒体样态传播，采集鲜活经典案例，既见人见事，又以理服人。

在"静宁行"中，理论学者、乡土专家、节目主持人和互动嘉宾在静宁县的果园里参与摘果、评果、赛果等，让广大受众从惬意生活中感受绿色发展、生态文明、兴果富民的美好；在"崇信行"中，大家一边观摩该县土窑洞原生态养牛育肥、欣赏着"土专家"农民宣讲员信国辉的"春官诗"，一边谈论崇信的城乡发展变化；"灵台行"则在什字镇、西屯镇扶贫车间分别进行"赛手艺、亮产品、谈变化、比收入"活动，精彩呈现近年精准扶贫成效。还有几期节目分别走进公安交警、街道社区、学校军营、厂矿企业等，寻访地域城市各个角落的"心语屋""圆梦亭"，采撷普通老百姓的圆梦故事，听他们讲述对推进共同富裕、保护合法收入、创业带动就业、基本医疗保险等的理解和感悟。"这些内容和道理通俗易懂，实际管用，改变了过去我对理论节目的种种陈见，也解开了我的一些'思想疙瘩'。"听众"蓝亮亮"评论说。

三、深耕内容，让理论成果"飞入寻常百姓家"

伴随着云计算、大数据、客户端、短视频、区块链、5G 等新兴智能媒体的异军突起，广播电视媒体要与时俱进，顺势而为，因势而变，变单向传播为双向互动，变"一锅烩"为"分户点餐"，变广播、电视、网络"老三件"为全媒体传播。要坚持导向为魂，内容为王，思想为基，创新为要，不断提升理论节目的影响力、吸引力、感染力和传播力。

一档广播电视理论节目要想让受众走心入脑，除了变换多样的外在形式和鲜活清新的艺术风格，更要有丰富的内容呈现和扎实的思想内涵。[①] 甘肃平凉市融媒体中心综合广播《思想论坛》《听秋阳诵读》每期节目以习近平新时代中国特色社会主义思想中的"金句"为主题主线，通过呈现普通人、典型事、身边理、百姓情为切入点，结合市文明委每期评选出的"平凉好人""感动平凉人物"事迹，着力反映党的十八大以来，平凉城乡践行习近平新时代中国特色社会主义思想的丰富实践和身边发生日新月异的巨大变化。该中心微信客户端《党史上的今天》采取图表、动漫、H5、短视频等表现手法，通过宣介党史知识、党史事件、党史人物、党史论坛，让受众一听就懂，一看就会。节目把握守正创新，学史崇德，学史明理，学史增信的总基调，激荡起广大受众群体爱党爱国的情怀，也为今后党史宣传教育探索出一条新路。在形式上，理论节

---

① 李蕾、王卉：《电视理论节目入心化行，出新出彩》，《光明日报》2019年8月12日。

目积极创新呈现形态，通过采取全媒体表现手法和多元化呈现的艺术形式，让理论的呈现形态更具表现力、感染力。在内容上，一方面合理设置议题，用"故事化"的叙事方式引发观众的视听期待；另一方面，通过理论专家入情入理的阐释解读，化解广大群众思想观念上的疑点和一些模糊认识。如甘肃灵台县融媒体中心与县乡分别打造"溪河乡音"宣讲团（队），积极探索"理论＋文艺""宣讲＋问答""诵读＋互动"等群众喜闻乐见的方式。在每场宣讲开始之前，宣讲团成员都会与听讲的群众一起唱一首耳熟能详的红色经典歌曲，激励群众感党恩、听党话、跟党走；会唱秦腔的宣讲员"吼"几句秦腔开场，调起群众的"口味"；在宣讲过程中，将电影片段、诗词书法、趣味问答、才艺展示等元素融入其中，让群众愉悦地接受理论宣讲；或者开展有奖知识问答，给答对的群众现场奖励理论读物。

四、问题导向，回应群众的重大关切

要结合广播电视媒体自身特点，精准定位受众，坚持问题导向、实践导向和结果导向，合理设置议题话题。确定一个好主题，策划一个好栏目，锁定一群受众，组建一支团队，把握宣传时机、善于及时应变，直面问题矛盾，精准回应群众关切。充分运用系列案例式、组合访谈式、解疑问答式；通过大政策小切口、小案例大道理、老话题新角度，小视频大发布，行之有效地搞好全媒体时代下的理论宣传。要抓住涉及广大群众身边关注的民生热点问题，找准思想认识的共同点、情感交流的共鸣点、利益关系的契合点、化解矛盾的切入点，增强理论宣传的实效性。

平凉市融媒体中心结合贯彻落实党的二十大精神和平凉市第五次党代会精神，选择围绕如何"以高质量党建助推高质量发展""以创建全国文明城市为抓手助推绿色开放兴业安宁幸福新平凉建设""以'红牛链''苹果链''煤电链'助推提升 9 大产业链转型升级""抓防控，稳经济，保安全"等 20 个重大理论实践问题展开理论宣讲。这些问题与群众的生产生活关联度强，人们在这些方面的思想困惑也比较多，是理论回应现实的重要结合点，也是释疑解惑的重要突破口。党的二十大报告将"扎实推进共同富裕""全体人民共同富裕取得更为明显的实质性进展"作为新时代新征程中国共产党的使命任务，这也是广大人民群众最重要的关切。《思想论坛》节目围绕"共同富裕如何扎实推动"这个话题，从广大人民群众的关切入手，解答群众的思想困惑、实践困惑，节目先后邀请市委讲师团、党校教授、产业带头人、民营企业主或理论阐释，或原著解读，或数字对比，或案例剖析，或现身说法。平凉市委讲师团负责人在阐释时指出，一方面要体现效率，不断解放和发展生产力，着力创造和积累社会财富，不断做大"蛋糕"；另一方面，要促进公平，坚持共享发展，不断完善以社会保障、税收、转移支付等为手段的再分配收入调节机制，切实把"蛋糕"分好。平凉市委党校一位教授在节目中强调，共同富裕不是平均主义，在高质量发展中促进共同富裕，只有依靠全体人民人人参与、人人奋斗、各尽所能，才能实现人人享有，不断迈向人的全面而自由的发展。这期《思想论坛》节目以《"共同富裕"该是边"富裕"边"共同"》为题，于 2022 年 12 月 8 日播出。平凉市融媒体中心 App 客户端、微信公众号等新媒体平台同步播出，点击量累计达 100 多万次。做到了把目标说清、把前景说明、把问题说透、把举措说实，真正回应了群众所思所想所盼。《思想论坛》节目主持人深切地体会到，理论节目不能照本宣科，更不能纯"文本化"，要带着问题走出去寻访，才能找到解决矛盾问题的方案和智慧，才能与广大受众之间架起一座情感和思想的彩虹桥。

五、结语

习近平新时代中国特色社会主义思想底蕴深厚、博大精深。广播电视理论宣传要把导向、有内涵、重策划、贵创新、促融合、讲故事、接地气。要持续聚焦习近平新时代中国特色社会主义思想和党的二十大精神宣传阐释，时效性要强、形式要新颖，避免"空对空""两张皮"。同时，注重融合呈现，打造传播矩阵，加快理论节目在融媒体时代的传播。要做到把讲道理和讲故事相结合，大屏与小屏互融合，见人物和见精神相贯通，内宣与外宣齐发力，有意义和有意思相统一。

（作者单位：甘肃平凉市融媒体中心）

以党建引领新媒体高质量发展

——新疆哈密市融媒体中心的探索与实践

江红霞　　江莉莉

2016年2月19日，习近平总书记在党的新闻舆论工作座谈会上指出，"党的新闻舆论工作是党的一项重要工作，是治国理政、定国安邦的大事"，"做好党的新闻舆论工作，事关旗帜和道路，事关贯彻落实党的理论和路线方针政策，事关顺利推进党和国家各项事业，事关全党全国各族人民凝聚力和向心力，事关党和国家前途命运"①。这五个"事关"高度强调了新闻舆论工作的重要性。当前，媒体深度融合全面加速，网络空间已成为我们党凝聚共识的新空间，涉及的舆论生态、媒体格局和传播方式也发生了前所未有的变化。我们在实施"移动优先，一体发展"战略中，要把思想和行动统一到习近平总书记重要讲话精神上来，统一到党中央决策部署上来，把坚持党媒姓党、强化党建引领贯穿事业发展全过程。

一、把准引领导向的方向盘

"不管媒体怎么改革、怎么融合，传播载体形态如何演变、如何多元，必须始终旗帜鲜明加强党的领导，坚持党性原则不动摇，坚持党媒属性不动摇，把政治家办媒体理念贯穿到融合改革发展全过程、全领域，用党的领导定好融合改革音准、把稳融合改革方向，始终做到准确发声、权威发声、及时发声，办党和人民满意的全媒体。"②

新媒体作为生力军，要充分发挥优势。在新闻宣传中，以核心报道机制为抓手，加强组织策划，重点在覆盖面、关注度、活跃度上做好做足文章，为推进

---

①　《习近平在党的新闻舆论工作座谈会上强调：坚持正确方向创新方法手段 提高新闻舆论传播力引导力》，《人民日报》2016年2月20日。

②　《百家党媒社长总编会聚南充！缘何而来？》，https://www.thepaper.cn/newsDetail_forward_9414085。

新时代党的建设贡献媒体的智慧和力量。

新疆哈密市融媒体中心有客户端、微信、微博、抖音、快手等新媒体平台。各平台加强对新时代党的建设重大理论和实践问题的诠释，开设有《奋进新征程 建功新时代·巨变》《奋进新征程 建功新时代·非凡十年》《牢记初心使命 争取更大光荣》《永远跟党走》《走近重点工程 感受中国力量》《奋斗百年路 启航新征程·数风流人物》《我为群众办实事》《小康圆梦·走进乡村看小康》等多个栏目，通过文字、图片、短视频、海报、长图、MG 动画等，积极实现转型与融合，不断提升舆论引导水平。

2022 年，哈密市委、市政府以踔厉奋发启新程、笃行不怠向未来的姿态，坚持完整准确贯彻新时代党的治疆方略，不断激发新动能，推动经济社会高质量发展。为展示这一良好态势，我们制作了系列海报《哈密国字号！》，在 10 个平台以不同形式编发，其中有《哈密高新区创建为国家级"绿色园区"——136.33 亿元》《哈密被列为国家级公路交通枢纽城市——179 个之一》《全国规模最大的风光火电外送基地——2274.2 万千瓦》等，定位精准、画面精美、影响力大。

二、抓住守正创新的关键点

如今，媒体领域正在发生前所未有的变革，主体多元分散、渠道多样智能、信息浩如烟海、传播迅捷交错。我们深刻地认识到，媒体变革如逆水行舟，不进则退。这两年，哈密市融媒体中心"两微一端"及抖音、快手短视频平台等新型宣传载体，以党建为引领，精准发布时政要闻、民生新闻、政策解读、文化旅游、教育及医疗等内容，赢得受众的认可和喜爱。

在"我为群众办实事"栏目中，通过形式手段创新，用微视角生动讲述初心故事、展现先锋模范影像：奋斗在 G575 线巴哈公路上的筑路工人、刻苦研发新技术的科研工作者、扎根田埂山头的村干部、热心公益事业的自主经营者……在精细入微中反映时代风貌，在微言大义中彰显时代价值，在见微知著中凝聚时代力量。

同时，力争在创意上高人一筹、形式上独具匠心、手法上不拘一格、效果上出新出彩，让党的创新理论成为时代最强音。制作编发的 H5"我们一起学党史·党史问答"，参与答题的党员群众达 12 万人，取得良好的社会效果。还有《红色哈密》《哈密印记》《党史日历》《寻找红色记忆》等专题片、长图、短视频，在客户端、微信、微博、抖音、快手等平台同步编发，深受大众喜爱。这些新媒体产品与传统媒体相辅相成、互为补充，让各族群众在理想信念、价值理念、道德观念上更加紧密地团结在一起，让正能量更强劲、主旋律更高昂。

2022 年 8 月，新疆战"疫"集结号吹响。我们加大权威信息发布力度，加强政策措施宣传解读，及时准确报道全市新冠肺炎疫情防控情况，生动讲述医护人员、公安民警、基层党员干部等防控一线人员的感人故事，营造万众一心、众志成城的舆论氛围。推出了一批具有鲜明特色的优秀原创作品，如《作为一名党员，冲锋在前是我的使命》《你的背影》《我是党员我先上》等。同时，通过文字、图片、海报及短视频大力宣传交通枢纽保通保畅、稳链保供企业加紧生产、"三夏"工作顺利开展、居民生活物资货足价稳，通过舆论引导，最大限度减少疫情对经济社会发展的影响，为坚决打好打赢疫情防控攻坚战、推动经济社会高质量发展提供强有力的舆论支持。

三、铺就新兴媒体的为民路

哈密市融媒体中心通过基层党组织加强对传统媒体和新媒体管理，创建"项目化"融合主体，组织"战役化"新闻行动。一个个"项目"、一场场"战役"，成为不断激发大家干事业、创品牌、争一流的内生动力。

2021年7月17日开始，河南省大部分地区连续多天出现大范围强降水天气，抗洪救灾刻不容缓！作为河南援疆受援地的哈密各族人民，闻"汛"而动、千里驰援。哈密市融媒体中心以党建为引领，整体策划部署，全媒体联动、全员参与，仅用几小时就完成了文字、图片、短视频整合，迅速推出"山河相望 豫哈情长"主题报道，通过客户端、微信公众号、抖音、快手等平台进行宣推。截至当年8月5日，共发布短视频100余条，通过全国各大媒体的转发，传播阅读量突破3亿次。

面对新的宣传思想工作要求，我们必须把人民对美好生活的向往作为奋斗目标，更好强信心、聚民心、暖人心、筑同心。我们与"12345"政务服务便民热线协同合作，与广播电视节目联动，推出"12345我们来帮你"栏目，为群众解决"急难愁盼"问题，同时充分发挥政策解读的最大效应，为百姓建立起政策资讯服务平台。其中，《@退休人员，仍未完成2021年度资格认证，养老金将暂停发放》点击量超200万次。

四、开启创新发展的新征程

2006年1月26日，时任浙江省委书记习近平在看望人民日报社和新华社驻浙江编辑记者时指出："新闻宣传是否善于创新，是否能够做到常做常新，是其发展壮大、保持强大生命力的关键。"[1] 面对未来，要顺应"四全"媒体发展趋势，加快由全媒体业务架构向智媒体业务架构拓展，由服务媒体用户向服务终端受众拓展，由提供单纯内容服务向提供综合生态服务拓展。

首先，牢固树立一体化发展、移动端优先理念。我们在权威性、及时性、

---

[1] 习近平：《干在实处 走在前列——推进浙江新发展的思考与实践》，中共中央党校出版社，2006，第311页。

准确性、思想性上下功夫，不断扩大优质内容生产。2月28日，哈密市2022年首批重大项目集中开复工。新媒体把握机遇，前期在各大平台预热宣传。启动仪式当天，客户端、抖音等现场直播，并通过10个平台推出相关消息、通讯、图片、短视频、海报等。在抖音、快手发送的短视频点击量累计达30多万次。后期持续跟进重点工程项目的建设进度，在天山南北奏响推动经济社会高质量发展的铿锵音符。

其次，打造和提升新媒体的标杆项目和拳头产品。"技术的发展要求我们重新看待原本自认为熟悉的事物，转变操作的逻辑，转变对内容的认识，转变与用户之间的角色等，唯有如此，才有可能在这一过程中守住自身实现超越。"①新媒体必须守正"出"新，适应这一变革并进行卓有成效的创新实践。2022年清明前夕，我们积极用好红色资源，讲好革命故事，各平台通过多种传播方式缅怀英烈事迹、弘扬英烈精神，开展网上祭奠英烈活动，让红色基因、革命薪火代代相传。

最后，树立开放、协作、联结的思维。"十四五"时期是"两个一百年"奋斗目标的历史交汇期，也是媒体把握发展机遇的重要时期。目前，我们将自有采集网络与社会信息资源相结合，重构新闻采集模式，搭建由内向外、线上线下的"消息总汇"平台，比如与哈密市40多家企事业单位合作，根据需要进行信息的集纳和再生产。

当下，舆论环境趋于多元化，各种思潮相互激荡，各种力量竞相发声，主流媒体统一思想、凝聚力量的任务越发艰巨。我们要不断适应网民分众化、差异化特点，推进理念、内容、形式、方法、手段创新，让网络空间真正成为我们凝聚共识的新空间。

（作者单位：新疆哈密市融媒体中心）

---

① 杨萌芽：《深化改革 守正创新：推进媒体融合向纵深发展》，《新闻爱好者》2019年第7期。

三 等 奖

习近平"以人民为中心"执政理念
在党的新闻舆论工作中的价值意蕴和实践路径

刘绣明

党的十八大以来，习近平总书记从党和国家事业发展全局和战略高度，对党的新闻舆论工作的地位作用、职责使命、方针原则、任务要求、根本保证等，发表了一系列重要论述，提出了一系列富有创见的新思想新观点新要求，是新时代以习近平同志为核心的党中央关于宣传思想和新闻舆论工作的理论总结和智慧结晶，丰富和发展了马克思主义新闻观和党的新闻理论，为指导做好新时代党的新闻舆论工作提供了行动指南和根本遵循。习近平总书记指出："在新的时代条件下，党的新闻舆论工作的职责和使命是：高举旗帜、引领导向，围绕中心、服务大局，团结人民、鼓舞士气，成风化人、凝心聚力，澄清谬误、明辨是非，联接中外、沟通世界。"① "团结人民、鼓舞士气"，是新时代党的新闻舆论工作人民性和鼓动作用的集中彰显，关系落实党全心全意为人民服务的宗旨，关系党性和人民性的统一。"团结人民、鼓舞士气"，就要坚持以人民为中心的工作导向，服务人民，贴近人民，团结人民，激励人民，满足人民群众对新闻信息的需求。

一、习近平总书记对马克思主义新闻观的新发展新贡献

习近平总书记关于党的宣传思想、新闻舆论工作一系列重要论述是习近平新时代中国特色社会主义思想的重要组成部分，是对马克思主义经典作家及中国共产党领导人新闻理论的继承和发展，彰显了鲜明的马克思主义中国化的时代特征。在新时代，习近平总书记结合中国特色社会主义的新闻舆论工作实践，从战略和全局的高度，就党的新闻舆论工作的性质地位、职责使命、方针原则、创新发展、网上舆论、国际传播、队伍建设等重大问题，作了全面、系统、深

---

① 中共中央宣传部：《中国共产党宣传工作简史》（下卷），人民出版社，2022，第584页。

刻的论述，是马克思主义新闻观中国化的最新成果。一是对党的新闻舆论工作性质地位作出新定位。2016 年 2 月 19 日，习近平总书记在党的新闻舆论工作座谈会上，用"一项重要工作""一件大事"和"五个事关"准确表述新闻舆论工作的重要地位和作用。他指出，党的新闻舆论工作是党的一项重要工作，是治国理政、定国安邦的大事。二是对党的新闻舆论工作职责使命作出新表述。习近平总书记在党的新闻舆论工作座谈会上指出："在新的时代条件下，党的新闻舆论工作的职责和使命是：高举旗帜、引领导向，围绕中心、服务大局，团结人民、鼓舞士气，成风化人、凝心聚力，澄清谬误、明辨是非，联接中外、沟通世界 。"这六个方面、48 个字，对新闻舆论工作职责使命作出了最集中、最鲜明的新概括。三是对党的新闻舆论工作方针原则作出新论断。习近平总书记强调，新闻舆论工作要牢牢坚持党性原则，最根本的是坚持党对新闻舆论工作的领导。四是对党的新闻舆论工作创新发展作出新擘画。习近平总书记强调：要"高度重视传播手段建设和创新，提高新闻舆论传播力、引导力、影响力、公信力"。五是对网上新闻舆论工作作出新部署。习近平总书记指出，互联网已经成为舆论斗争的主战场。要"把网上舆论工作作为宣传思想工作的重中之重来抓"。六是对国际传播能力建设作出新阐述。习近平总书记强调，传播力决定影响力。要讲好中国故事，发出中国声音，阐释中国特色，让世界认识一个立体多彩的中国。七是对加强新闻舆论工作队伍建设提出新要求。习近平总书记强调，要"加快培养造就一支政治坚定、业务精湛、作风优良、党和人民放心的新闻舆论工作队伍"。[①]

新闻舆论工作是党和国家工作的重要组成部分。党的新闻事业始终和中国特色社会主义伟大事业紧密相联，是联结个人、社会、民族的"精神导线"和"有声纽带"，同国家前途、人民命运息息相关。如何使党的新闻工作紧扣时代脉搏、顺应时代潮流、回应时代要求、引领时代风气，需要广大新闻工作者深入学习贯彻习近平总书记关于新闻舆论工作的一系列重要论述，特别是认真践行好"以人民为中心"的工作理念，掌握精髓要义，推动党的新闻舆论工作高质量发展。

二、习近平"以人民为中心"理念在新闻舆论工作中的价值意蕴

习近平总书记关于党的宣传思想、新闻舆论工作重要论述的鲜明特征就是人民立场，核心要义就是人民至上。中国共产党根基在人民、血脉在人民、力量在人民。习近平总书记在庆祝中国共产党成立 100 周年大会讲话中指出："江山就是人民、人民就是江山，打江山、守江山，守的是人民的心。中国共产党

---

① 中华全国新闻工作者协会等：《马克思主义新闻观百问百答》，学习出版社，2019，第
9~13页。

始终代表最广大人民根本利益，与人民休戚与共、生死相依，没有任何自己特殊的利益，从来不代表任何利益集团、任何权势团体、任何特权阶层的利益。"强调中国共产党走出一条具有赢得民心的道路，把人民放在心中最高位置，始终把人民立场作为根本立场，为人民谋福祉，为大众造福。坚持为人民服务、为社会主义服务，是社会主义新闻事业的本质要求。新闻事业为人民服务、为社会主义服务是内在统一的，统一的基础就是坚持以人民为中心，实现好、维护好、发展好最广大人民的根本利益。坚持为人民服务、为社会主义服务，也是新闻舆论工作贯彻党的根本宗旨的充分体现。

党的十八大以来，习近平总书记反复强调，新闻舆论工作要坚持党性和人民性相统一，坚持以人民为中心的工作导向，自觉服务党和国家中心工作大局，"把党的理论和路线方针政策变成人民群众的自觉行动，及时把人民群众创造的经验和面临的实际情况反映出来，丰富人民精神世界，增强人民精神力量。"①新闻舆论工作坚持为人民服务、为社会主义服务，就要坚持以人民为中心的工作导向，坚持贴近实际、贴近生活、贴近群众，把宣传党的主张和反映人民心声统一起来，把坚持正确导向和通达社情民意统一起来。"人民至上"在党的新闻舆论工作实践中的运用，不仅尊重了人民群众的主体地位，体现了无产阶级新闻事业为人民服务的价值追求，而且，其"团结人民、鼓舞士气、成风化人、凝心聚力"，为实现中华民族伟大复兴中国梦，提供了强大的舆论支持和精神动力，也为新时代党的新闻舆论工作提供了根本遵循。当然，"人民至上"执政理念的形成，与习近平总书记丰富的个人成长、从政经历及其多年积累的政治经验直接相关。这些经历和经验使他对新闻舆论工作有着许多切身感悟和深刻体悟。人民立场是马克思主义政党区别于其他政党的显著标志。习近平总书记在谈及执政理念时指出："我的执政理念，概括起来就是：为人民服务，担当起该担当的责任。"②习近平总书记始终保持着坚定的信念，全心全意为人民服务，并在执政过程中形成爱民亲民情怀，从而为"人民至上"执政理念奠定了坚实的基础。

三、习近平关于党的新闻舆论工作论述的人民性意蕴

习近平总书记强调指出："坚持提高新闻舆论传播力、引导力、影响力、公信力，坚持以人民为中心的创作导向。"③以人民为中心，是习近平新时代中国特色社会主义思想的精髓。"团结人民、鼓舞士气"是习近平总书记关于党的

---

① 习近平：《习近平总书记党的新闻舆论工作座谈会重要讲话精神学习辅助材料》，学习出版社，2016，第6页。

② 文秀：《习近平的执政理念》，《学习时报》2014年3月3日。

③ 习近平：《论党的宣传思想工作》，中央文献出版社，2020，第338页。

新闻舆论工作人民性意蕴的集中彰显，也是党的新闻舆论工作人民性和鼓动作用的集中体现，关系落实党全心全意为人民服务的宗旨，关系党性和人民性的统一。坚持以人民为中心，就是要坚持以人民为新闻报道的主体和服务对象，满怀深情讴歌人民群众的伟大创造，反映人民群众对美好生活的追求，充分报道人民群众的意见、愿望、要求和呼声。

新闻舆论工作是党联系群众的重要纽带，是党的群众工作的重要渠道。"团结人民、鼓舞士气"是党的新闻舆论工作的光荣传统，也是党的新闻舆论工作最神圣的职责使命。为此，作为党的新闻工作者，要深入人民群众中，想人民之所想、急人民之所急，增强服务意识，提升服务质量，用老百姓喜闻乐见的形式和语言，努力创作出有思想、有温度、有品质的作品，满足人民群众日益增长的新闻信息需求。人民是国家的主人，是社会主义事业的主体，是新时代的主力。我们党来自人民，服务人民。新闻舆论同样来自人民，服务人民。要坚持党性和人民性相统一，宣传党的主张要有群众视角，反映人民呼声要有全局视野，把宣传党的主张和反映人民呼声有机结合起来。

四、推动习近平"以人民为中心"理念在新闻实践中落地见效

"团结人民、鼓舞人民"是习近平"以人民为中心"治国理政理念在党的新闻舆论工作中的集中彰显。作为党的新闻工作者，我们要坚持以人民为中心的工作导向，服务人民，贴近人民，团结人民，激励人民，满足人民群众日益增长的新闻信息需求。

一是坚持党性和人民性相统一。习近平总书记指出，要坚持党性和人民性相统一，把党的理论和路线方针政策变成人民群众的自觉行动，及时把人民群众创造的经验和面临的实际情况反映出来，丰富人民精神世界，增强人民精神力量，满足人民精神需求。党性和人民性从来都是一致的、统一的。从本质上说，坚持党性就是坚持人民性，坚持人民性就是坚持党性。党的新闻舆论工作，坚持"以人民为中心"的工作导向，就要与党和人民同呼吸共命运。坚持人民性立场，新闻舆论工作方显党媒为党；坚持党媒姓党，新闻舆论工作才有作为。要把宣传党的主张和反映人民呼声有机结合，把坚持正确导向和通达社情民意统一起来，既接天气，又接地气。宣传党的主张要有群众视角，找到对接点，让人民群众喜闻乐见；反映人民呼声，回应社会关切，要有全局视野，促进党和政府政策主张更加完善有效。尊重人民主体地位，保证人民的知情权、参与权、表达权、监督权。

二是坚持群众路线。要解决好"为了谁、依靠谁、我是谁"这个问题，拆除"心"的围墙，不仅要"身入"，更要"心入""情入"。要牢固树立群众观点，站稳群众立场，宣传引导群众，反映群众心声，回应群众关切，满足群众

精神需求，让党的新闻舆论工作更好地服务人民群众。要牢固确立人民群众的主体地位，尊重人民群众的首创精神，调动人民群众的积极性、主动性、创造性。把人民群众的实践作为新闻舆论工作的源头活水，把人民群众满意作为检验新闻舆论工作的第一标准。要摆正同人民群众的关系，对人民群众常怀感恩之心、心怀敬畏之感，始终保持同人民群众的血肉联系，以对党和人民高度负责的态度做好本职工作。同时，强化马克思主义新闻观教育，将人民群众视为报道的主角，多宣传和报道人民群众的奋斗生活场景和感人事迹，正确引导新闻工作的导向，切实心系群众，努力满足人民群众多方面、多层次的精神文化需求，只有将新闻的主体落实为人民群众，对准人民群众，才能彰显人民群众的伟大创造，才能彰显出社会主义制度的先进性和优越性，使新闻舆论工作成为党和政府联系人民群众的桥梁和纽带。

三是全心全意为人民服务。习近平总书记指出："要树立以人民为中心的工作导向，把服务群众同教育引导群众结合起来，把满足需求同提高素养结合起来，多宣传报道人民群众的伟大奋斗和火热生活，多宣传报道人民群众中涌现出来的先进典型和感人事迹，丰富人民精神世界，增强人民精神力量，满足人民精神需求。"[①]新闻工作者要坚持百姓情怀、人民本色，忧患着人民的忧患，欢乐着人民的欢乐，感动着人民的感动，努力推出有思想、有温度、有品质的作品。党的新闻舆论工作，本质上就是群众工作，承担着宣传群众、动员群众、服务群众的庄严使命。只有始终坚持人民至上的价值观、人民群众是历史的创造者的唯物史观，进一步树立群众观点、强化群众立场，充分反映群众愿望、满足群众需求，在思想作风上进一步增进同群众的感情、拉近同群众的距离，党的新闻舆论工作才能获得最广泛、最可靠、最牢固的群众基础和力量源泉。要继承党的新闻事业的优良传统，贯彻好党的群众路线，全心全意为广大受众服务，把实践和基层当作最好的课堂，把群众当作最好的老师，俯下身、沉下心，察实情、说实话、动真情。在路上心里才有时代，在基层心里才有群众，在现场心里才有感动。只有这样，才能写出"沾泥土""带露珠""冒热气"的文章，党的新闻舆论工作才能获得最广泛、最可靠、最牢固的群众基础。要把群众满意认可作为新闻选材、效果评价的重要标准，把新闻事业的人民观体现在采编工作的各个环节。要遵循新闻传播规律，杜绝八股味，减少单向的教育式和灌输式的传播，不断改进创新新闻报道方式和话语体系，着力提升新闻舆论工作的传播力、引导力、影响力、公信力。

五、结语

坚持为人民服务、为社会主义服务，是党的新闻舆论工作贯彻党的根本宗

---

① 习近平：《习近平谈治国理政》（第一卷），外文出版社，2018，第154页。

旨的充分体现。毛泽东同志说："为什么人的问题，是一个根本的问题，原则的问题。"①党的新闻舆论工作是党联系群众的重要纽带，是党的群众工作的重要渠道。"团结人民、鼓舞士气"，是党的新闻舆论工作的光荣传统，也是党的新闻舆论工作最神圣的职责使命。习近平总书记曾对广大新闻工作者提出："要坚持正确工作取向，以人民为中心，心系人民，讴歌人民。"②民心是最大的政治。作为党的新闻舆论工作者，就要把满足人民群众美好生活的精神文化需要作为党的新闻舆论和新闻工作者的出发点和落脚点，把人民群众作为新闻报道的主体，把为人民服务作为新闻工作者的天职。要尊重人民群众的主体地位，发挥人民群众的首创精神，坚持贴近实际、贴近生活、贴近群众，切实开展践行"脚力、眼力、脑力、笔力"实践活动，继续组织好新闻战线开展的"走基层、转作风、改文风"活动，把体现党的主张和反映人民心声统一起来，把坚持正面宣传和通达社情民意统一起来，弘扬正气，疏导热点，引领时代发展，促进社会进步。

（作者系甘肃省平凉市崆峒区融媒体中心主任编辑）

---

① 毛泽东：《毛泽东选集》（第三卷），人民出版社，1991，第857页。
② 习近平：《论党的宣传思想工作》，中央文献出版社，2020，第255页。

中国共产党历史自信的生成逻辑
及其广电宣传促进路径

蒋孝明

坚定中国共产党历史自信，是党中央在十九届六中全会之后提出的新命题和新论断，也是在全党开展党史学习教育活动的主要目的，是《中共中央关于党的百年奋斗重大成就和历史经验的决议》中的重要结论。剖析中国共产党历史自信的生成逻辑及其广播电视媒体宣传促进路径，有助于我们从党百年奋斗史中汲取智慧和力量，在新时代新征程上增强攻坚克难的勇气和信心，赢得掌握前途命运的历史主动。

一、中国共产党历史自信的内涵

历史自信是一个国家、一个民族、一个政党对其所取得的历史成就、所形成的历史经验和所开辟的历史发展前景的高度认同和充分肯定，以及对自身历史生命力的本真信仰和坚定信念。历史自信形成须具备两个前提条件：一个是要有正确的历史认知，另一个是要有高度的历史自觉。正是基于此，来概括和凝练中国共产党历史自信的科学内涵。

（一）历史认知与历史自信

依据马克思主义认识论，历史认知是历史认知主体对历史认知客体的能动反映，是历史认知主体对历史实际所提供的各种客观信息，依据预先确定的目的，按照既定的价值取向，借助特定的认知结构进行思维操作的过程。历史认知有其基本原则：一是要建立在对现实问题的思考上；二是要建立在实证研究的基础上；三是要有价值判断，没有价值判断的历史认知是不完整的历史认知。[①] 总之，正确的历史认知是构建历史自信的重要基础。

（二）历史自觉与历史自信

历史自觉是生活在一定历史文化圈子的人对其历史进程和发展方向有充分

---

① 于沛：《史学功能和历史认识的基本原则》，《光明日报》2015年11月11日。

的认识和正确的把握，并在此基础上形成历史主动精神和历史创造精神。直言之，历史自觉侧重两个方面，即认知和主动。一方面要对历史运行和发展规律进行深刻领悟；另一方面要勇于担当历史使命和责任，对历史发展前景施加主动的影响。可以说，历史自觉是历史自信的前提，历史自信是建立在历史自觉的基础上的；没有高度的历史自觉，就不可能有坚定的历史自信。

（三）中国共产党历史自信

中国共产党历史自信是中国共产党人和全体人民在对百年党史形成正确历史认知和高度历史自觉基础上的自信；是中国共产党人和全体人民对党百年来领导中国革命、建设、改革进程中所取得的历史成就和发生的历史性变革、所总结出的历史经验和探索出的成功做法、所开辟的历史发展前景和引领的历史潮流的高度认同和充分肯定，以及对党在中国执政并长期执政、团结带领全国各族人民继续奋勇前进、实现中华民族伟大复兴的本真信仰和坚定信念。简单来说，中国共产党历史自信既包含了对奋斗成就的自信，也包含对奋斗精神的自信。

二、中国共产党历史自信的生成逻辑

中国共产党历史自信从哪里产生？又何以成为可能？要回答这些问题，我们还应从理论基础、历史比较、现实成就三个维度来厘清其生成理路，剖析其生成逻辑。

（一）从理论基础看

首先，中国共产党历史自信是坚持和运用历史唯物主义的必然结果。历史唯物主义作为关于人类社会发展一般规律的科学，是共产党人认识把握历史的基本观点和根本方法。纵观百年党史，"我们党运用历史唯物主义，系统、具体、历史地分析中国社会运动及其发展规律，在认识世界和改造世界过程中不断把握规律、积极运用规律，推动党和人民事业取得了一个又一个胜利。"[①] 历史经验表明，什么时候正确坚持和运用历史唯物主义，党和国家的事业就顺利前进，什么时候偏离了历史唯物主义，党和国家的事业就会遭受挫折。如果对历史唯物主义一无所知或一知半解，就不可能正确认知中国共产党历史，更不可能产生对中国共产党历史的自信。历史唯物主义构成中国共产党历史自信生成的理论基石，中国共产党历史自信的生成则是坚持和运用历史唯物主义的必然结果。

其次，中国共产党历史自信是树立正确党史观的必然结果。正确党史观就是运用历史唯物主义的立场、观点和方法来看待中国共产党的历史，从中领会中国共产党为什么能，中国特色社会主义为什么好，归根到底是因为马克思主

---

① 习近平：《坚持历史唯物主义不断开辟当代中国马克思主义发展新境界》，《求是》2020年第2期。

义行的深层理据，进一步明确历史和人民选择中国共产党的正确性和必然性。党关于历史问题的"三个决议"、习近平关于党史的系列重要论述和党中央有关精神是树立正确党史观的基本依据，准确把握党历史发展的主题主线、主流本质，科学评价党史上的重大事件、重要会议、重要人物，是树立正确党史观的根本要求。只有通过树立正确党史观才能更好地认识党百年奋斗的重大成就和历史经验，才能真正理解党百年奋斗的历史意义，才能形成对百年党史的高度自觉与自信。概言之，树立正确党史观是中国共产党历史自信生成的世界观和方法论，中国共产党历史自信的生成则是树立正确党史观的必然结果。

（二）从历史比较看

中国共产党历史自信源于历史的纵向比较。1840年鸦片战争以后，中国社会发生了根本性变化，逐步沦为半殖民地半封建社会。中华民族饱受欺凌、任人宰割，遭受了前所未有的劫难。其间，无数仁人志士奔走呐喊，各种救国方案轮番出台，但都以失败而告终。直到1921年，在马克思列宁主义同中国工人运动的紧密结合中，中国共产党应运而生，这成为开天辟地的大事变。中国共产党一经成立便致力于为中国人民谋幸福、为中华民族谋复兴，不仅深刻改变了近代以后中华民族发展的方向和进程，而且深刻改变了中国人民和中华民族的前途和命运。"放眼中华文明五千多年历史，没有哪一种政治力量能像中国共产党这样深刻地、历史性地推动中华民族发展进程。"[①]这种纵向的前后对比是中国共产党历史自信的最大底气来源。

同时，中国共产党历史自信又源于历史的横向比较。当今人类社会历史正加速向马克思和恩格斯所预言的"世界历史"转变。中国共产党顺应历史潮流，致力于为人类谋进步、为世界谋大同，奉行平等协商、互利共赢的开放战略，提出构建"人类命运共同体"的全球治理方案。旨在回应世界各国人民对人类普遍性问题和发展前途的共同关切，把这个既相互依存又充满矛盾的"一体化的世界"建设得更加美好。中国共产党兼济天下的高远格局和人类情怀，与美国等西方资本主义国家强调本国利益优先，狭隘地推行单边主义、保护主义、孤立主义形成强烈反差，也与通过损害他国利益、打压他国发展的霸权主义和强权政治形成鲜明对照。这种横向的反差和对照也是中国共产党历史自信的底气来源所在。

（三）从现实成就看

百年来，一代又一代中国共产党人在波澜壮阔的斗争实践中谱写了中国近代以来最为可歌可泣的篇章，为人民、为国家、为民族、为社会主义、为人类社会作出了突出贡献，取得了一系列伟大成就。中国共产党引领中国人民彻底

---

① 习近平：《以史为鉴、开创未来 埋头苦干、勇毅前行》，《求是》2022年第1期。

结束了近代以后受剥削、压迫和奴役的苦难命运，真正成为国家、社会和自己命运的主人，解决了几千年来的绝对贫困问题，向实现共同富裕不断迈进；中国共产党引领中国彻底摆脱近代以后一百多年饱受欺凌、任人宰割的悲惨境遇，用几十年时间走完了西方发达国家几百年才走完的工业化历程，探索出一条具有中国特色的社会主义现代化道路，创造了举世罕见的经济快速发展奇迹和社会长期稳定奇迹。

中国共产党引领中华民族彻底告别了近代以后的屈辱历史，迎来了从站起来、富起来到强起来的伟大飞跃，使具有五千多年文明历史的中华民族以崭新的姿态屹立于世界民族之林，日益走近世界舞台中央；中国共产党引领世界社会主义力量发展壮大，让科学社会主义在中国大放异彩，使中国特色社会主义成为国际共产主义运动的风向标杆和中流砥柱；中国共产党引领开创的中国道路和中国模式，为世界上那些既希望加快发展又希望保持自身独立性的国家和民族贡献了中国智慧和中国方案，成为推动人类发展进步的重要力量。这些伟大成就赋予我们无比坚定的底气和信心，中国共产党历史自信就根植其中。

三、中国共产党历史自信与"四个自信"的辩证关系

总体上来说，"四个自信"彰显了历史自信的丰富内涵，坚定"四个自信"是坚定历史自信的必然结果和内在要求。同时，历史自信又可以渗透和融入"四个自信"之中，与"四个自信"形成自洽一体的逻辑整体。

第一，道路自信与历史自信。中国特色社会主义道路是在改革开放四十多年历史、中华人民共和国成立七十多年历史、中国共产党一百年历史、中华民族近代以来一百八十多年历史中形成和发展起来的，具有深厚的历史渊源和历史底蕴。走中国特色社会主义道路，是党从历史经验和奋斗实践中得出的科学结论。从这一角度看，道路自信与历史自信虽有所区别，但又相互联系、相互融通。对中国特色社会主义道路的自信必然包含对中国共产党历史的自信，而对中国共产党历史的自信又必然渗透着对中国特色社会主义道路的自信。

第二，理论自信与历史自信。一切理论都是具体历史时代的产物；一切理论创新既源于它所处的历史时代，又高于它所处的历史时代。在党百年历史中，马克思主义基本原理同中国具体时代和实际相结合，产生了毛泽东思想、中国特色社会主义理论体系、习近平新时代中国特色社会主义思想，实现了马克思主义中国化的三次飞跃。因此，"我们党的历史，就是一部不断推进马克思主义中国化的历史，就是一部不断推进理论创新、进行理论创造的历史。"[①]从这种意义上讲，理论自信与历史自信是相互依存、相互衔接的，理论自信为历史自信提供理论指导，历史自信则为理论自信供给思想养料。

① 习近平：《在党史学习教育动员大会上的讲话》，《求是》2021年第7期。

第三，制度自信与历史自信。中国特色社会主义制度是在深刻总结历史经验以及长期实践探索中形成的科学制度体系。中国共产党成立一百多年来，对制度的设计与调整始终伴随着中国革命、建设和改革的全部历史进程，推动着中国特色社会主义伟大事业的开启、发展和进步。我们只有透过历史的长镜头才能真正认清中国特色社会主义制度优势，厘清中国特色社会主义制度建设的基本思路与内在逻辑，明晰坚持和完善中国特色社会主义制度的重大意义，从而进一步坚定中国特色社会主义制度自信。可以说，制度自信与历史自信相互支撑，制度自信为历史自信提供现实保障，历史自信则为制度自信注入强大生机和活力。

第四，文化自信与历史自信。历史孕育文化，文化推动历史。中华民族五千多年历史所孕育的中华优秀传统文化，党百年来领导中国革命、建设、改革历史所孕育的革命文化和社会主义先进文化，代表着中华民族独特的基因标识，构筑起中华民族最深层的精神世界。而中华民族数千年文明史之所以能延续至今并与现代国家形态完全融合，博大精深的中华文化起到了至关重要的作用。习近平总书记指出："当代中国是历史中国的延续和发展，当代中国思想文化也是中国传统思想文化的传承和升华，要认识今天的中国、今天的中国人，就要深入了解中国的文化血脉，准确把握滋养中国人的文化土壤。"[①] 这表明我国的历史传承和文化传统是不能割裂的，今天我们要增强文化自信，就必须回到历史纵深去追寻中国的文化血脉和文化土壤。基于这种认识，我们认为文化自信与历史自信形成一种相辅相成的关系，对文化的自信能促进对历史的自信，而对历史的自信又加强了对文化的自信。

四、中国共产党历史自信的广电宣传促进路径

广播电视媒体是引导广大党员、干部和人民群众坚定中国共产党历史自信的主渠道和主阵地。应充分发挥广播电视媒体的宣传报道、思想引领、舆论推动作用，切实做好党史主题宣传、讲好党史故事，扎实助推党史教育、传承红色基因，担负起促进全社会坚定中国共产党历史自信的责任和义务。

首先，聚焦百年党史开展主题宣传。广播电视媒体要聚焦百年党史，以所取得了历史性成就和形成"精神谱系"为主题内容，继续把党的十九届六中全会精神宣传推向深入。紧紧围绕《中共中央关于党的百年奋斗重大成就和历史经验的决议》所提炼出的重大成就进行深度传播和解读，并展开议题设置引导积极正面的话题讨论，旗帜鲜明地弘扬主旋律、突出主流价值。生动讴歌和大力阐释党领导人民在各个历史时期奋斗中形成的伟大精神，用鲜活的素材和生

---

① 习近平：《在纪念孔子诞辰2565周年国际学术研讨会暨国际儒学联合会第五届会员大会开幕会上的讲话》，《人民日报》2014年9月25日。

动的表达，把中国共产党精神谱系串接起来，充分彰显中国共产党人精神谱系的内涵实质、时代价值和现实意义。

其次，转变叙事文风讲好党史故事。广播电视媒体应坚持以人民为中心的创作导向，以贴近实际、贴近生活、贴近受众为基本原则，转变叙事文风，用心用情讲好党史故事。必须慎用"套话式""灌输式""标签式"的宏大叙事，而代之以"小切口""生活化""烟火气"的微观叙事，对党史细节进行深挖和再现，使人物有血有肉有温度，使故事有声有色、充满真情，进一步提升中国共产党历史的亲和力、感召力和影响力。此外，广播电视媒体还要下大气力解决好对外宣传信息"逆差"问题，努力提升国际话语权，对外讲好党史故事，让世界了解一个真实、全面、立体的中国共产党。

再次，打造精品力作助推党史教育。广播电视媒体要自觉肩负起"以史鉴今、资政育人"的政治责任和使命担当，利用所掌握着的大量鲜活史料，竭力打造具有深厚党史底蕴和当代价值的优秀作品，为广大党员、干部和人民群众提供更丰富、更有营养的"精神食粮"。注重抓牢用好重大节日、纪念日、老一辈革命家诞辰日等重要时间节点，将其作为加深党史知识、普及党史教育、弘扬红色精神的重要契机，在广播电视媒体中打造精品专栏，深入宣传党的光辉历史和伟大成就，充分展现党史人物的思想智慧和精神风貌。

最后，善用媒体融合传承红色基因。在利用红色资源，发扬红色传统，传承红色基因方面，广播电视媒体在巩固提升其传播力和影响力的同时，要顺应媒体融合的大势所趋，大力打造网站、互联网电视、客户端、短视频等新媒体集群，通过联动推送的方式，增强传播效果。善于借助新兴信息技术，与时俱进地进行技术赋能。如借助全息影像、虚拟现实等技术，跨越时空再现党史故事和场景，通过视觉、听觉、触觉等方面形成的立体感、参与感和代入感让人沉浸其中。引导广大党员、干部、群众特别是青少年传承红色基因，进一步坚定中国共产党历史自信。

（作者系牡丹江师范学院讲师、中共中央党校博士研究生。本文系国家社科基金青年项目"五四精神及其时代价值研究"的阶段性成果，项目编号：19CKS034）

中国共产党坚持人民至上的
百年历程、内在逻辑与价值意蕴

马健永

习近平在庆祝中国共产党成立100周年大会上明确指出："江山就是人民、人民就是江山，打江山、守江山，守的是人民的心。"① 党的十九届六中全会又明确地把"坚持人民至上"作为我们党百年奋斗所积累的十条宝贵经验之一。中国共产党在领导人民进行革命、建设和改革的百年奋斗中始终把坚持人民至上作为把握中华民族复兴历史伟业的前进方向、发展动力、根本目标和任务的出发点与落脚点，同时也是推动党和人民夺取革命、建设和改革进程中一个又一个伟大胜利的根本保障。坚持人民至上作为共产党人一以贯之的鲜明价值立场，贯穿于党的百年奋斗史的全过程和各个发展阶段，成为广泛凝聚人民群众的智慧和力量，战胜前进道路上的各种艰难险阻的制胜法宝。在中国共产党成立100周年之际，全面回顾中国共产党坚持人民至上的历史进程，科学分析其发展演化的内在逻辑，深刻把握其彰显的价值意蕴，有利于推动人民至上的价值理念在全面建设社会主义现代化国家的新征程中实现更丰富、更生动、更科学的理论升华和实践拓展。

一、中国共产党坚持人民至上的百年历史进程

作为一个以马克思主义为根本指导思想的无产阶级政党，中国共产党从成立伊始就旗帜鲜明地代表中国最广大人民的根本利益，坚持从最广大人民的共同意志和根本福祉出发确立和制定无产阶级政党的根本宗旨、思想路线和政治纲领，强调站在人民的价值立场上思考和回答我国革命、建设和改革的一系列理论和实践课题。在百年奋斗历程中，我们党以执政能力建设和先进性建设为着力点，在世情、国情和党情发生深刻变化的不同历史时期一以贯之地秉持立党为公、执政为民的价值情怀，在践行全心全意为人民服务的根本宗旨的具体

---

① 习近平：《在庆祝中国共产党成立100周年大会上的讲话》，《人民日报》2021年7月2日。

实践中使党和人民的血肉联系和鱼水之情更加坚定和巩固。

（一）新民主主义革命时期人民价值立场的确立和巩固

中国共产党诞生于半殖民地半封建社会的旧中国，在领导人民进行反帝反封建的新民主主义革命运动中，以毛泽东为代表的中国共产党人始终把坚持人民至上、从人民根本利益出发作为开展一切革命运动的逻辑出发点和价值旨归点，在紧紧依靠人民、充分发动人民的革命斗争中确立和巩固了中国共产党人的人民立场。1933年8月在中央革命根据地南部十七县召开的政治会议上，毛泽东明确指出："革命战争的激烈发展，要求我们动员群众""为着改善人民群众的生活，由此更加激发人民群众参加革命战争的积极性"。[①] 土地革命是我国新民主主义革命的基本内容之一，中国共产党从广大农民的根本利益诉求出发，领导广大工农群众"打土豪、分田地"，使广大农民群众从政治上、经济上获得了彻底解放，从而极大地调动了工农群众参与并支持中国共产党领导的新民主主义革命的积极性和主动性。1937年5月，毛泽东在延安同美国记者韦尔斯谈话时指出："民主政治的实现，依靠民主运动，没有广大人民的要求与推动民主运动，则民主政治不会实现。"[②] 发展社会主义民主政治，建立党与人民群众紧密联系的革命统一战线是加强和改善党的领导、推动党的自身建设的重要任务，同时也是着力构建新民主主义革命理论体系的动力之源。人民群众是社会革命的"真正的铜墙铁壁"[③]。为使全党明确党的根本政治立场和价值准则，毛泽东从历史唯物主义世界观和方法论出发，充分肯定了人民群众的革命主体地位，指出"人民，只有人民，才是创造世界历史的动力"[④]，从而为广大党员干部在任何时候、任何情况下都必须保持与人民群众的血肉联系指明了根本方向。

马克思主义唯物史观强调人民群众在社会历史变革中发挥着决定性作用，"革命是历史的火车头"[⑤]，是"社会进步和政治进步的强大推动力"[⑥]。以毛泽东为代表的中国共产党人把组织和发动工农群众广泛开展反帝反封建的新民主主义革命运动作为践行党的初心和使命的切入点，强调"革命战争是群众的战争，只有动员群众才能进行战争，只有依靠群众才能进行战争"[⑦]。在马克思主义群

① 《毛泽东选集》（第一卷），人民出版社，1991，第119页。
② 《毛泽东年谱（1893—1949）》（上册），中央文献出版社，2013，第678页。
③ 《毛泽东年谱（1893—1949）》（上册），中央文献出版社，2013，第425页。
④ 《毛泽东选集》（第三卷），人民出版社，1991，第1031页。
⑤ 《马克思恩格斯文集》（第二卷），人民出版社，2009，第161页。
⑥ 《马克思恩格斯文集》（第二卷），人民出版社，2009，第383页。
⑦ 《毛泽东选集》（第一卷），人民出版社，1991，第136页。

众观的指导下，我们党带领人民坚持不懈探索新民主主义革命的正确道路和发展规律，在尊重人民首创精神、发挥人民主体作用、坚守人民价值立场的基础上，将马克思主义基本原理与中国革命具体实际相结合，成功开辟了一条以农村包围城市、武装夺取全国政权的正确革命道路。抗日战争时期，为了争取和团结一切积极因素形成广泛持久的抗日民族统一战线，毛泽东明确表示："我们主张全国人民总动员的完全的民族革命战争，或者叫作全面抗战。因为只有这种抗战，才是群众战争。"[①] 由此可见，中国共产党之所以能够领导中国人民夺取新民主主义革命的伟大胜利，完成近代以来各种政治势力所不可能完成的民族独立、人民解放的历史使命，就在于我们党始终秉持人民至上的价值立场，始终坚持和贯彻依靠人民、团结人民、发动人民、为了人民的革命斗争策略。1945年10月，毛泽东在延安干部会议上的讲话中，以"土地和种子"比喻党和人民之间的关系，"我们共产党人好比种子，人民好比土地。我们到了一个地方，就要同那里的人民结合起来，在人民中间生根、开花。"[②] 新民主主义革命时期，以毛泽东为代表的中国共产党人总是善于立足人民群众的现实需要，把握党同人民血肉联系的本质要求，自觉运用马克思主义群众观武装头脑、指导革命实践，开创了我国新民主主义革命的光明前景和崭新局面。

（二）社会主义革命和建设时期人民主体力量的充分展现

1949年中华人民共和国的成立标志着我国新民主主义革命的伟大胜利，此后我国进入社会主义革命和建设的历史新时期。以毛泽东为代表的中国共产党人针对我国社会主要矛盾的新变化以及经济社会发展中存在的突出短板和问题，坚持从维护人民群众的根本利益出发分析和把握社会主义革命和建设事业的发展思路、前进方向和工作着力点，在提出过渡时期总路线理论的指导下我国社会主义基本制度的确立极大地鼓舞了全党全国各族人民的积极性，极大地凝聚了中华民族实现伟大复兴的前进力量。社会主义革命时期的土地改革政策是直接关涉广大人民群众核心利益的重大政治问题，以毛泽东为代表的共产党人高度重视调动农民群众在社会主义土地革命中的主体性和创造性，强调"土改工作主要应注意是否真正发动了群众，由群众自己动手推翻地主阶级，分配土地"[③]。此时，我们党深刻认识到农民分散落后的个体经济难以满足大工业发展对农业原材料不断增长的需求，在充分尊重农民意愿、捍卫人民根本利益的前提下开展了广泛而深刻的社会主义改造，实现了农业生产的社会主义合作化。1956年，毛泽东在最高国务会议第六次会议上的讲话中系统论述了我国社会

---

① 《毛泽东选集》（第二卷），人民出版社，1991，第387页。
② 《毛泽东选集》（第四卷），人民出版社，1991，第1162页。
③ 《毛泽东文集》（第六卷），人民出版社，1999，第138页。

主义改造必须从最广大人民的利益和福祉出发，全面调动各个社会阶层的革命积极性和政治热情的问题。他指出："目前我国正处在伟大的社会主义革命的高潮中""要继续巩固和扩大人民民主统一战线，团结一切可能团结的力量"[①]。

关于充分发挥人民的主体力量，在《论十大关系》一文中，毛泽东明确指出："这十个问题，都是围绕着一个基本方针，就是要把国内外一切积极因素调动起来，为社会主义事业服务""什么是国内外的积极因素？在国内，工人和农民是基本力量"[②]。由此可见，发展为了人民、发展依靠人民始终是我国社会主义现代化建设时期党和国家制定各项路线方针政策的基本出发点和内在要求，为保持党的先进性和纯洁性、增强党的创造力和凝聚力奠定了坚实的思想政治基础。此后，党的八大正确分析了国际国内形势和我国社会主要矛盾的变化，站在比较高的历史起点上提出了许多社会主义现代化建设的新方案和新设想，为全党从人民立场出发解决社会主义改造中的遗留问题提供了具有长远指导意义的新思路。1957年2月，毛泽东在最高国务会议上发表了《关于正确处理人民内部矛盾的问题》的讲话，他从维护人民利益、广泛调动人民群众建设社会主义现代化国家的积极性和创造性的长远战略视野出发，提出"马克思主义者从来就认为无产阶级的事业只能依靠人民群众，共产党人在劳动人民中间进行工作的时候必须采取民主的说服教育的方法"[③]。"我们对人民是忠诚的，我们有决心有能力同人民在一起把祖国建设好，我们已经得到巨大的成就，并且将继续得到更巨大的成就。"[④] 在中国共产党之前，没有任何一个政党为我国如何实现现代化、怎样建设社会主义国家提出具体有效的实践方案，通过依靠人民、践行人民立场实现社会主义现代化是以毛泽东为代表的共产党人矢志不渝的奋斗目标。中国共产党人从我国社会实际和基本国情出发，在坚守人民立场和维护人民利益的革命和建设实践中极大地激发了广大干部群众用自己的双手和智慧建设社会主义美好家园的积极性、主动性和创造性。

（三）改革开放新时期人民至上理念的丰富和发展

1978年12月18日召开的十一届三中全会拉开了新中国全面实施改革开放的历史序幕，以邓小平同志为代表的中国共产党人把坚持人民至上、维护人民利益作为推进改革开放的初心和使命，充分发挥人民群众在社会主义现代化建设和改革开放中的主体作用，极大地提升了人民群众建设社会主义国家的责任感和使命感，从而开启了中国式现代化的历史新征程。1980年1月在中共

---

① 《毛泽东文集》（第七卷），人民出版社，1999，第2页。
② 《毛泽东文集》（第七卷），人民出版社，1999，第23页。
③ 《毛泽东文集》（第七卷），人民出版社，1999，第211页。
④ 《毛泽东文集》（第七卷），人民出版社，1999，第231页。

中央召开的干部会议上，邓小平发表了《目前的形势和任务》的讲话。这篇讲话既明确了新时期我国改革开放的基本性质和方向，又彰显了中国共产党人所坚守的人民价值立场在实现社会主义"四个现代化"中的工作着力点和实践总抓手，对全面推进我国社会主义现代化建设具有纲举目张的实践指导意义。邓小平指出："团结全国各族人民，调动一切积极因素，同心同德，鼓足干劲，力争上游，多快好省地建设现代化的社会主义强国。这就是当前最大的政治。"[①]"党离不开人民，人民也离不开党，这不是任何力量所能够改变的。"[②] 这些重要论述拓展了中国共产党带领广大人民与时俱进，从人民根本利益出发制定改革开放的发展战略和具体目标的工作思路，深刻彰显了共产党人为人民谋利益、为民族谋复兴的历史担当和使命追求，成为推动改革开放持续深化发展、满足人民群众日益增长的物质文化需求的根本价值遵循。

以邓小平为代表的中国共产党人坚定不移推进改革开放的出发点和落脚点始终是为了维护人民群众的根本利益和发展福祉，为实现强党兴国创造优越的物质条件和政治保障。坚持人民至上在不同历史时期具有不同的思想内涵和发展任务，对改革开放的战略目标与发展规划发挥着充实、调整和完善的价值功能。比如，邓小平同志从维护人民根本利益、提高人民生活水平、增进民生福祉的价值立场出发，对实现中国式的"四个现代化"战略目标进行了创新性发展，旗帜鲜明地提出了"小康社会"的理论命题。1979 年 12 月在会见日本首相大平正芳时，他明确指出："我们的四个现代化的概念，不是像你们那样的现代化的概念，而是'小康之家'。"[③] 建设小康社会这一战略目标的提出，体现了中国共产党人把握未来发展主动权的深邃战略考量，是在改革开放的历史新征程中增强民族和国家的生存力、竞争力、发展力和凝聚力的必由之路。坚持人民至上作为中国共产党人保持顽强斗志和战略定力的根本立足点，不仅有力推动了改革开放在发挥中央、地方和各方面积极性中的制度优势，还是党和国家把满足国内人民需求、改善人民生活质量摆在更加突出位置的动力之源。

2001 年 4 月 28 日，在庆祝五一国际劳动节全国劳动模范座谈会上，江泽民同志指出："保障工人阶级和广大劳动群众的经济、政治、文化权益，是党和国家一切工作的根本基点，也是发挥工人阶级和广大劳动群众积极性和创造性的根本途径。"[④] 中国共产党坚持把贯彻全心全意为人民服务的宗旨与巩固党的执政地位、维护国家长治久安结合起来，以鲜明的人民价值立场彰显中国特色社

---

① 《邓小平文选》（第二卷），人民出版社，1994，第249页。

② 《邓小平文选》（第二卷），人民出版社，1994，第266页。

③ 《邓小平文选》（第二卷），人民出版社，1994，第237页。

④ 《江泽民文选》（第三卷），人民出版社，2006，第245页。

会主义的巨大政治优势，通过团结广大人民群众维护和巩固党中央权威，在深化改革开放的具体实践中践行着党的政治路线、思想路线、组织路线的基本要求。胡锦涛指出："坚持立党为公、执政为民，必须落实到关心群众生产生活工作中去。"[①]"密切联系群众是我们党的最大政治优势，脱离群众是我们党执政后的最大危险。"[②]保持党同人民群众的血肉联系、矢志不渝贯彻群众路线，是充分发挥党总揽全局、协调各方的领导核心作用的必然要求，对党和人民用马克思主义群众观观察时代、把握时代、引领时代发挥着举旗定向、凝心聚力的价值引领作用。改革开放历史新时期，坚持人民至上的中国共产党人从人民根本利益出发，不断增强忧患意识、始终居安思危，紧紧依靠人民创造历史，以更加坚定、更加自觉的思想和行动推动全体人民共同富裕取得明显的实质性进展。

（四）新时代以人民为中心发展思想的价值升华

党的十八大以来，中国特色社会主义的发展进入新时代，随着人民群众的主体意识和权利意识的不断增强以及我国经济实力和综合国力的显著提升，以习近平同志为核心的党中央在积极回应人民美好生活新期待的基础上提出了以人民为中心的发展思想。2016年7月，在庆祝中国共产党成立95周年大会上，习近平总书记从中国共产党人的初心和使命的高度对以人民为中心的发展思想进行了科学概括和系统总结。他明确指出："我们要顺应人民群众对美好生活的向往，坚持以人民为中心的发展思想，以保障和改善民生为重点，发展各项社会事业。"[③]因此可以说，以人民为中心的发展思想是提升人民群众获得感、幸福感和安全感的有力支撑，是满足人民群众在民主、法治、公平、正义、安全、生态等各领域日益增长的美好生活需要的基本动力，也是我们在实现中华民族伟大复兴征程中使改革发展成果更多更公平惠及全体人民的价值基础。以人民为中心是为解决贫富分化、社会资源分配不均、生态破坏、腐败滋生等制约全体人民共同富裕的突出矛盾和问题而提出的重大发展理念，从根本上明确了新时代中国共产党人"发展为了谁、发展依靠谁"的价值旨趣和目标导向，为破解结构性问题和深层次矛盾指明了方向。2021年7月1日，在庆祝中国共产党成立100周年大会上，习近平总书记站在人民价值立场上进一步充实和丰富了以人民为中心的发展思想，明确提出要"发展全过程人民民主，维护社会公平正义，着力解决发展不平衡不充分问题和人民群众急难愁盼问题"[④]，为开辟21世纪马克思主义发展的新境界，提升人的自由全面发展水平产生了重大而深

---

① 《胡锦涛文选》（第二卷），人民出版社，2016，第58页。

② 《胡锦涛文选》（第三卷），人民出版社，2016，第16页。

③ 习近平：《习近平谈治国理政》（第二卷），外文出版社，2017，第40页。

④ 习近平：《在庆祝中国共产党成立100周年大会上的讲话》，《人民日报》2021年7月2日。

远的理论意义和实践意义。

新时代，以人民为中心的发展思想是对历代中国共产党人坚持人民至上原则的继承和发展，集中体现了社会发展的合规律性与合目的性的辩证统一，同时也是以习近平同志为核心的党中央坚定不移走中国特色社会主义民主政治道路的必然选择。维护社会公平正义、增进人民民生福祉，体现了对马克思主义政党的初心和使命的科学性、先进性、人民性的坚持和发展，同时也是我们党总结百年来团结带领中国人民不懈奋斗的历史经验的深刻把握和创新发展。习近平总书记指出："全面加强党的领导同坚持以人民为中心是高度统一的。"[1] "深化党和国家机构改革必须顺应人民群众对美好生活的期待，践行以人民为中心的发展思想。"[2] 以人民为中心的发展思想引领着党和人民科学治国理政的正确前进方向，集中体现了党和国家坚持人民至上的价值取向，对激发人民群众的首创精神，始终把人民当家做主置于中国特色社会主义事业发展全局中来把握发挥着举足轻重的基础性作用。党的十九届六中全会指出："全党必须永远保持同人民群众的血肉联系，践行以人民为中心的发展思想，不断实现好、维护好、发展好最广大人民根本利益。"[3] 中国共产党是最广大人民根本利益的忠实代表者，以人民为中心的发展思想为实现中华民族伟大复兴提供了强大动能。新时代党和人民要以勇于自我革命的气魄、坚韧不拔的毅力推进改革，就必须把践行以人民为中心的发展思想融入经济社会发展全过程，才能为中国特色社会主义的持续深化发展注入强大生机活力。

二、中国共产党坚持人民至上的内在逻辑

坚持人民至上是党和人民励精图治、攻坚克难，推动中国特色社会主义事业发生历史性变革、取得决定性成就的第一动力。根据国内外形势变化和我国经济社会发展阶段性特征，全体党员干部要以高度的使命感和责任感将坚持人民至上体现在我国政治建设、经济建设、文化建设、民生建设和党的建设各个方面，才能切实用马克思主义群众观武装头脑、指导实践、推进工作。中国共产党坚持人民至上的内在逻辑明确了我国社会主义现代化建设的本质要求，揭示了"五位一体"总体布局和"四个全面"战略布局的辩证统一性，为深化党和人民对共产党执政规律、社会主义建设规律和人类社会发展规律的认识提供了科学的价值航标。

（一）建立人民当家做主的政治制度是我们党坚持人民至上的基本前提

政治制度是关系党和国家举什么旗、走什么路、担负什么样的历史使命的

① 习近平：《习近平谈治国理政》（第三卷），外文出版社，2020，第90页。

② 习近平：《习近平谈治国理政》（第三卷），外文出版社，2020，第173页。

③ 《中共十九届六中全会在京举行》，《人民日报》2021年11月12日。

根本性、全局性问题。保障我国人民在国家政治生活中的主体地位是一代代中国共产党人坚持人民至上、捍卫人民利益的革命实践和集体智慧的政治结晶。中国共产党自从成立之日起就把实现人民当家做主作为指导革命运动、推动民族解放的基本奋斗目标，并将其融入全党全国各族人民开展的一切理论创新和实践探索之中。毛泽东同志指出："我们的人民民主专政的制度，较之资本主义国家的政治制度具有极大的优越性。在这种制度的基础上，我国人民能够发挥其无穷无尽的力量。"[①] 人民民主专政的国家政治制度集中体现了人民当家做主的精神实质和政治原则，从理论与实践相结合的维度展现了社会主义基本政治制度的价值内涵与核心要义。在政体上，我国人民代表大会制度在有效适应我国基本国情和经济社会发展阶段性特征的基础上，集中反映了广大人民群众的共同意志和根本利益，是我国人民民主专政向着形态更高级、内涵更丰富、体系更完整的阶段演化的必由之路。在庆祝全国人民代表大会成立 60 周年大会上的讲话中，习近平明确指出："坚持和完善人民代表大会制度，必须保证和发展人民当家做主。"[②] 这是因为坚持和完善人民代表大会制度，是中国共产党支持和保障人民真正当家做主、牢牢把民族和国家命运掌握在自己手中的必然要求。

在政党制度上，中国共产党领导的多党合作与政治协商制度是最广泛最充分地凝聚各民主党派、各阶层爱国人士的智慧和力量的有效实践形式，是中国特色社会主义政治文明的重要制度载体。这一基本政治制度开创了实现人民的广泛政治参与和科学民主决策的重要途径和基本制度安排。在处理民族关系上，我国的民族区域自治制度成功实现了社会发展史上各少数民族依法行使自治权的伟大社会变革，为各族人民依法平等地参与国家政治生活、共同享有当家做主的政治权利提供了可靠的政治前提和制度基础。在基层民主制度上，我国广泛实施基层群众自治制度，这是我国社会主义民主政治最广泛、真实和有效的实践探索形式，是党和人民在新的历史起点上支持和保障基层群众充分行使当家做主权利的重要体制机制。总之，坚持和完善人民当家做主的政治制度是中国共产党坚持人民至上的最根本体现。

（二）推进以人民为中心的经济发展是我们党坚持人民至上的物质基础

物质生产和经济发展是坚持人民至上、维护人民根本利益的最根本保障，对改进党的领导方式和执政方式，推动党领导人民有效治理国家和社会具有不可替代的基础性作用。反之，如果经济社会长期不能实现高质量发展，那么人

---

① 《毛泽东文集》（第六卷），人民出版社，1999，第184页。

② 习近平：《在庆祝全国人民代表大会成立60周年大会上的讲话》，《人民日报》2014年9月6日。

民对美好生活的向往和追求就会成为没有地基和支柱的"空中楼阁",久而久之,党的人民立场和民主作风就会因为丧失经济基础而异化为党和群众之间的巨大物质鸿沟。中国共产党人作为中国人民利益的忠实代表者和坚定捍卫者,始终把推进以人民为中心的经济发展作为领导革命、建设和改革的根本动力。从毛泽东提出"对被领导者给以物质福利"[①],到改革开放后邓小平同志提出的"经济问题是压倒一切的政治问题"[②],都渗透和彰显着共产党人对人民利益的赤子之心。中国共产党持续推进以人民为中心的经济发展正成为全党弘扬光荣革命传统、锤炼鲜明政治品格的动力源泉。

首先,从人民立场出发,坚持依靠人民创造历史伟业是中国共产党人推进以人民为中心经济发展的必然要求。纵观中国共产党的百年奋斗史,我们党在革命、建设和改革的不同历史时期所进行的一切奋斗和牺牲都是为了让中国人民过上更加幸福美好的生活。早在 1942 年 12 月,毛泽东同志便在《经济问题与财政问题》一文中明确指出:"一切空话都是无用的,必须给人民以看得见的物质福利。……我们的第一个方面的工作并不是向人民要东西,而是给人民以东西。"[③] 其次,从人民主体地位出发,始终同人民群众想在一起、干在一起是中国共产党始终把人民利益摆在至高无上位置的最直接反映。在中国共产党成立 100 周年大会上,习近平总书记向全世界庄严宣告,经过全党全国各族人民的不懈努力,我国成功地在中华大地上全面建成了小康社会,历史性地解决了绝对贫困问题。[④] 因此可以说,全面建成小康社会就是中国共产党与人民群众想在一起、干在一起,矢志不渝为人民群众的幸福生活而努力奋斗的必然结果。最后,从人民至上的价值理念出发,把人民群众对美好生活的向往作为新时代共建共享改革发展成果的价值旨归点。人民群众始终是中国特色社会主义道路、制度模式、价值体系的最高裁决者和最终评判者。在新时代,人民对美好生活的向往和追求的实现程度是检验党执政能力和治理成效的关键尺度,只有坚持全体人民共建共享改革发展成果,推动经济发展牢牢立足人民的美好生活需要,我们才能在各种挑战和风险面前更加坚定和自信地向历史和人民交出优异的时代答卷。

(三)建设凝聚人民精神力量的先进文化是我们党坚持人民至上的核心要求

先进文化既是坚持和发展中国特色社会主义的精神要素,也是推动中国共产党人坚持人民至上的强大精神力量。在中国共产党的百年奋斗史中,社会主

---

① 《毛泽东选集》(第四卷),人民出版社,1991,第1273页。

② 《邓小平文选》(第二卷),人民出版社,1994,第194页。

③ 《毛泽东文集》(第二卷),人民出版社,1993,第467页。

④ 习近平:《在庆祝中国共产党成立100周年大会上的讲话》,《人民日报》2021年7月2日。

义先进文化始终是共产党人以高度的思想自觉和文化自觉推动我国革命、建设和改革事业取得一系列伟大成就的最深沉、最持久的力量。坚守中华文化立场，继承和创新中华优秀传统文化是中国共产党人最大限度凝聚人民群众的智慧和力量的重要体现，也是党和人民在立足当代中国实际的基础上，把增进民生福祉与促进人的全面发展有机结合起来的必然要求。尊重人民群众在文化发展和创新中的主体地位是我们党坚守人民立场的本质要求，为全国各族人民在物质生活和精神生活相协调的基础上，不断用社会主义先进文化引领党和国家事业前进方向汇聚起了广泛而持久的精神力量。

习近平指出："人民是创作的源头活水，只有扎根人民，创作才能获得取之不尽、用之不竭的源泉。"[①]坚持文化发展为了人民、文化创新依靠人民，是新时代发展面向现代化、面向世界、面向未来的中国特色社会主义先进文化的根本路径和有效方法。"文化是最需要创新的领域。"[②]繁荣和发展社会主义先进文化必须在深刻认识和把握中国特色社会主义文化发展目标和建设规律的基础上，不断增强人民群众主动进行文化创新的脚力、眼力、脑力、笔力，才能在践行党的初心和使命中成功走出一条契合中华民族独特文化传统和崇高历史使命的社会主义文化发展之路。习近平指出："发展社会主义先进文化、广泛凝聚人民精神力量，是国家治理体系和治理能力现代化的深厚支撑。"[③]人民群众的思想道德素质、科学文化素质和身心健康素质是新形势下加强和改进党的思想政治工作，不断提升全社会文明程度的决定性要素，因而只有深入实施以人民为中心的社会主义先进文化发展战略，我们才能建设具有强大感召力和凝聚力的社会主义精神文明成果，为中国特色社会主义持续健康发展注入强大精神活力。

（四）发展满足人民美好生活需要的民生是我们党坚持人民至上的关键举措

民生是最大的政治，是广大人民的幸福之基、社会和谐之本。中国共产党自成立伊始就把增进民生福祉作为坚持人民至上的出发点和落脚点，坚持在革命、建设和改革实践中把保障和改善民生作为调动广大人民群众积极性和创造性的根本着力点。一个政党靠谁执政、为谁执政是决定政党前途命运的前提和基础，也是反映政党组织的基本政治属性和价值取向的鲜明标识。中国共产党在领导人民进行新民主主义革命及社会主义革命和建设的奋斗实践中始终把人

---

① 习近平：《习近平谈治国理政》（第三卷），外文出版社，2020，第324页。

② 《习近平新时代中国特色社会主义思想学习纲要》，学习出版社、人民出版社，2019，第139页。

③ 《中共中央关于坚持和完善中国特色社会主义制度 推进国家治理体系和治理能力现代化若干重大问题的决定》，《人民日报》2019年11月6日。

民群众的安危冷暖置于心中最高位置，为实现人民美好生活需要的目标创造了坚实的制度基础和物质条件，为党和国家成功解决人民群众最直接、最现实的利益问题作出了大量原创性贡献。改革开放历史新时期，以邓小平同志为代表的中国共产党人坚持立党为公、执政为民的价值理念，把满足人民日益增长的物质文化需要与深化我国经济政治体制改革有机结合起来，进一步丰富和发展了马克思主义群众观的理论内涵和实践外延。邓小平同志明确指出："改革开放一定要继续，生产力要以适当的速度持续增长，人民生活要在生产发展基础上一步步改善。"①

党的十八大以来，以习近平同志为核心的党中央坚持不懈以抓民生促发展，运用系统思维推进精准扶贫、乡村振兴等系列民生工程，建立健全覆盖全民、城乡统筹的多层次社会保障体系，为全面建成小康社会打下了坚实基础。2021年2月25日，习近平总书记在全国脱贫攻坚总结表彰大会上的讲话中指出："'治国之道，富民为始。'我们始终坚定人民立场，强调消除贫困、改善民生、实现共同富裕是社会主义的本质要求，是党和政府的重大责任。"② 我国人民生活水平从温饱到小康再到全面小康的历史性飞跃，是中国共产党人践行全心全意为人民服务的根本宗旨的直接体现，为我们系统把握人民群众更加丰富多样和更高层次的美好生活需要奠定了坚实的基础。因此，新时代的民生建设必须更加注重把人民对美好生活的向往转化为有效解决社会最直接、最现实的利益矛盾的强大动力，构建一整套行之有效的政策体系、工作体系、制度体系，力求在重点领域和关键环节达到民生福祉发展的新水平，才能为进一步解放和发展社会生产力、实现全体人民共同富裕提供强劲的发展活力。

（五）建设人民衷心拥护的马克思主义政党是我们党坚持人民至上的根本保障

近代以来中华民族的发展史充分表明，实现中华民族伟大复兴的中国梦关键在加强党的自身建设、关键在坚持党的科学领航。只有一以贯之坚持党要管党、全面从严治党，在思想上、政治上、组织上持续加强和改进党的建设质量，才能永葆共产党人先进性和纯洁性的政治本色，在持续推进自我革命的伟大实践中牢牢站稳人民立场。回顾党的建设百年历程，无论是革命战争年代还是和平发展时期，我们党始终从党性与人民性相统一的基本原则出发，紧紧依靠人民群众的力量发现问题、纠正偏差，努力把党建设成为始终代表工农群众根本利益的中国人民和中华民族的主心骨。新民主主义革命时期，以毛泽东为代表的中国共产党人把党的建设问题看作决定中国革命前途命运的根本性问题，明

① 《邓小平文选》（第三卷），人民出版社，1993，第327页。

② 习近平：《在全国脱贫攻坚总结表彰大会上的讲话》，《人民日报》2021年2月26日。

确提出了"建设一个全国范围的、广大群众性的、思想上政治上组织上完全巩固的布尔什维克化的中国共产党"①的目标,要求通过思想建设培养全党全军旗帜鲜明讲政治的高尚政治追求、通过组织建设发挥党密切联系群众的战斗堡垒作用、通过作风建设增强党员干部全心全意为人民服务的宗旨意识。

改革开放历史新时期,中国共产党人秉承人民至上的价值理念推进党的自身建设,以坚定理想信念宗旨为根基确立党的建设重点任务,以调动全党积极性、主动性、创造性为着力点谋划党的建设新布局。1994 年党的十四届四中全会通过的《中共中央关于加强党的建设几个重大问题的决定》明确指出了"把党建设成为用建设有中国特色社会主义理论武装起来、全心全意为人民服务、思想上政治上组织上完全巩固、始终走在时代前列的马克思主义政党"②的基本任务。此后,党的十六届四中全会通过的《中共中央关于加强党的执政能力建设的决定》系统总结了我们党自成立以来加强自身建设的宝贵历史经验,提出"以保持党同人民群众的血肉联系为核心""使党始终成为立党为公、执政为民的执政党"③的总体目标。党的十八大以来,以习近平同志为核心的党中央不断把从严管党治党的伟大自我革命向纵深推进,明确提出把建设"人民衷心拥护的马克思主义执政党"④作为新时代党的建设的根本目标,从而进一步明确了站稳人民至上的价值立场在党的建设伟大工程中的战略定位,抓住了保持党的先进性和纯洁性的根本性问题,为确保党始终与人民群众同呼吸、共命运提供了牢固的政治保障。

三、中国共产党坚持人民至上的价值意蕴

中国共产党坚持人民至上的百年历史进程是推动中华民族发展与社会文明进步的重要力量,在马克思主义发展史、国际共产主义运动史和人类社会发展史上都具有深刻的价值意蕴。人民性是马克思主义政党区别于其他一切政党的显著标志,全心全意为人民服务的宗旨决定了正确认识和把握人民至上在中国特色社会主义发展中的地位和作用,是强党兴国、实现中华民族伟大复兴的前提和基础。新时代,坚持和巩固马克思主义人民立场在党和国家事业发展中的根本指导地位,必须深刻把握其蕴含的丰富价值内涵和本质要求,才能不断提升中国特色社会主义理论、制度和文化的传播力、感召力和影响力,进一步科学回答我国经济社会发展所面临的一系列重大理论和实践课题,着力构建一条

① 《毛泽东选集》(第二卷),人民出版社,1991,第602页。

② 《十四大以来重要文献选编》(中),中央文献出版社,1997,第957页。

③ 《十六大以来重要文献选编》(中),中央文献出版社,2006,第275~276页。

④ 习近平:《决胜全面建成小康社会 夺取新时代中国特色社会主义伟大胜利——在中国共产党第十九次全国代表大会上的报告》,人民出版社,2017,第62页。

体现继承性、民族性，彰显时代性、原创性的马克思主义中国化发展道路。

（一）马克思主义发展史上的理论价值

理论是否能够代表和反映人民的根本利益，是马克思主义区别并优越于其他各种学说的显著标志。马克思认为人是一种主体性的存在，从"现实的人"出发，自觉站在人民大众的价值立场上思考人类社会发展的本质特征和客观规律，马克思主义经典作家创立了科学的唯物史观理论。尊重人民主体地位，紧密联系"现实的人"的实践活动，马克思主义科学揭示了人民群众是社会历史进步的创造者和动力源泉，为人们全面把握人与自然、人与社会、人与人之间的关系指明了前进方向。在正确揭示生产力与生产关系、经济基础与上层建筑之间矛盾运动规律的基础上，马克思主义经典作家找到了实现人的彻底解放的根本路径，那就是在共产主义社会所达成的"每个人的自由发展是一切人的自由发展的条件"[①]。这是马克思主义经典作家在系统总结人类社会发展的历史经验，科学分析社会生活的实践本质的过程中所得出的实现人类社会从"必然王国"向"自由王国"迈进的必由之路。由此可见，人民立场既是马克思主义理论创立的逻辑起点，也是历史唯物主义理论发展的价值旨归，贯穿于马克思主义理论的各个组成部分及其全部发展过程，构成了马克思主义政党永葆先进性和纯洁性的鲜明政治品格。

中国共产党在领导人民进行革命、建设和改革的百年历程中始终把马克思主义作为制定政策、谋划战略、推进工作的根本指导思想，马克思主义立场、观点和方法是共产党人在社会发展不同历史阶段准确把握党和国家事业发展的时空方位，科学研判时代变革和形势演化所产生的重大理论和现实问题的行动指南。一百年来，中国共产党矢志不渝坚持人民至上，倡导一切为了人民，以最广大人民根本利益为评判一切工作的最高标准，在满足人民美好生活需要的奋斗实践中彰显了共产党人对马克思主义人民立场的坚持和发展。相信人民、依靠人民、为了人民才会自觉站在人民的立场上想问题、作决策、干事业，以造福人民为最大政绩，在顺应我国社会主要矛盾发生历史性转变的实践要求中不断赋予马克思主义以新的时代内涵，充分展现了人民立场在马克思主义发展史上的重要理论价值。从新民主主义革命时期的"群众路线思想"，到社会主义革命和建设时期的"人民民主专政理论"，从改革开放时期的"全体人民共同富裕""以人为本科学发展观"，再到新时代的"以人民为中心发展思想"，无不深刻彰显着一代代中国共产党人对马克思主义人民立场的创造性运用和创新性发展。因此，只有坚持实践基础上的理论创新才能不断完善中国共产党坚持人民至上的科学理论体系，开辟马克思主义理论发展的新境界。

---

① 《马克思恩格斯选集》（第一卷），人民出版社，2012，第422页。

（二）国际共产主义运动史上的实践价值

坚持人民至上是中国共产党战胜来自国内外的各种重大风险挑战，指引和推动中华民族站起来、富起来、强起来的强大精神力量，影响并决定着国际共产主义运动的发展进程和兴衰成败。马克思主义的科学性和真理性决定了社会主义必然代替资本主义、国际共产主义事业必然胜利的社会发展趋势一定能够实现。然而，任何新事物的成长和发展都是在曲折中前进、在困境中奋起的螺旋式上升过程。在 20 世纪，国际共产主义事业也经历了由胜利到失败、再由失败到新的胜利的曲折发展历程。1917 年俄国十月革命的胜利和苏维埃国家政权的建立标志着科学社会主义实现了从理论到实践、从一国探索到多国发展的历史性飞跃，开辟了国际共产主义运动蓬勃发展的崭新局面。然而，到 20 世纪 80 年代末 90 年代初，由于苏联共产党人逐渐放弃了马克思主义人民立场，脱离了与广大人民群众的紧密联系，违背了科学社会主义发展的客观规律，最终酿成了苏联解体、东欧剧变的政治悲剧，使国际共产主义事业的发展遭遇严重挫折。此时，以邓小平同志为代表的中国共产党人深刻总结和吸取苏联亡党亡国的历史教训，明确指出"一些国家出现严重曲折，社会主义好像被削弱了，但人民经受锻炼，从中吸取教训，将促使社会主义向着更加健康的方向发展"[①]。这些重要论述在国际共产主义运动的危难时刻大大提振了人民群众对马克思主义和中国特色社会主义的信念和信心。此后，中国特色社会主义事业所取得的伟大成就不仅坚定捍卫了国际共产主义事业的科学性、真理性，而且还为其向着内涵更丰富、形态更高级、理念更先进的目标迈进指明了方向。

始终坚持人民至上彰显着中国共产党人对民族命运的担当、对人民幸福的渴望、对美好世界的憧憬等精神风范和崇高境界，同时也是党和人民攻坚克难、砥砺奋进，不断开创国际共产主义事业新局面的根本保证。回顾中国共产党的百年奋斗史，坚守人民立场、厚植人民情怀始终伴随我们党从小到大、由弱到强的各个历史发展阶段。比如，新民主主义革命时期，我们党紧紧依靠人民，广泛发动人民群众投身反帝反封建的革命斗争实践，在紧密团结各阶层进步人士组成的民族统一战线的支持和配合下取得了新民主主义革命的伟大胜利，使中国人民和中华民族彻底摆脱了受剥削受奴役的悲惨命运，为世界无产阶级革命运动作出了不可磨灭的历史贡献。改革开放历史新时期，我们党站在人民的立场上牢牢坚持改革开放的社会主义政治方向不动摇，从维护广大人民群众的根本利益出发确立了社会主义初级阶段理论，不仅成功抵御了一批敌对势力和别有用心的人所大肆宣扬的改旗易帜的邪路和封闭僵化的老路，而且为国际共产主义事业的持续健康发展贡献了中国经验和中国模式。尤其是中国特色社会

---

① 《邓小平文选》（第三卷），人民出版社，1993，第383页。

主义道路的成功开辟，不仅彻底粉碎了"历史终结论"和"社会主义失败论"的荒谬思想言论，丰富了国际共产主义运动的政治理念、精神追求和实践价值，而且还向全世界宣示了马克思主义的科学性和社会主义制度的优越性。进入新时代，以习近平同志为代表的中国共产党人强调"人民是我们党执政的最大底气"①，把党的人民立场贯彻到治国理政的全部活动之中，紧紧依靠人民创造历史伟业，为国际共产主义事业的蓬勃发展注入了强大的生机与活力。

（三）人类社会发展史上的现代化价值

实现现代化，改变国家积贫积弱的落后局面是近代以来中华民族和广大仁人志士孜孜以求的发展目标和历史使命。马克思主义现代化理论关于争取民族独立是实现现代化先决条件的思想，对指导中国共产党人在革命、建设和改革的百年历史进程中坚持立足本国实际、走自己的路，开创中国特色社会主义现代化道路产生了广泛而深远的影响。马克思曾指出："排除民族压迫是一切健康和自由发展的基本条件。"②西方发达资本主义国家所倡导的现代化是站在资本立场上、以实现资本增值为目标的发展模式，这种现代化发展道路直接导致了人与社会的全面异化状态以及周期性经济危机的持续爆发。中国共产党人在马克思主义现代化理论指导下，把我国革命任务与现代化建设要求有机结合起来，实现了资本立场向人民立场的转化，为党和人民以革命斗争为手段，以争取民族自立自强和国家繁荣富强为目标，走出一条符合我国国情的中国式现代化道路奠定了坚实的政治基础。马克思、恩格斯对资本逻辑推动的现代化进行了深入剖析和辩证批判，号召通过社会主义革命推翻资本主义政治制度、建立社会主义制度，是解决资本主义社会由于阶级对立和利益固化而导致的社会矛盾状态的唯一正确出路。

中国共产党人在遵循马克思主义现代化理论逻辑的基础上，成功开辟了一条超越西方资本逻辑、以人民为中心的中国式现代化发展道路。习近平指出："我国现代化同西方发达国家有很大不同。西方发达国家是一个'串联式'的发展过程。我们要后来居上，把'失去的二百年'找回来，决定了我国发展必然是一个'并联式'的过程。"③以人民为中心的现代化发展道路强调站在唯物史观的哲学立场上，坚持以科学的态度对待和利用资本，保证现代化建设为满足人民群众日益增长的美好生活需要服务，对党和人民在建设中国式现代化的伟大实践中正确处理与其他国家的关系，把握现代化进程中的不同阶段性特征具有举旗定向的指导意义。以人民为中心的中国式现代化道路，坚持以人民至上为

---

① 习近平：《习近平谈治国理政》（第三卷），外文出版社，2020，第137页。

② 《马克思恩格斯选集》（第四卷），人民出版社，1972，第428页。

③ 《习近平关于社会主义经济建设论述摘编》，中央文献出版社，2017，第159页。

核心价值理念，打破了资本统治和主导下的利润逻辑、剩余价值逻辑，实现了资本逻辑向人的全面发展逻辑的复归，从而有效拓展了广大发展中国家实现现代化的路径和方法。中国共产党人主张人的全面发展是中国式现代化的本质特征，全体人民共同富裕是实现现代化的基础和前提，"现代化的本质是人的现代化"①。党的十八大以来，以习近平同志为核心的党中央把全面深化改革作为推进国家治理体系和治理能力现代化的根本着力点，相继提出了现代化经济体系、现代化农业农村、现代化国防和军队、现代化教育和医疗等多项现代化事业的系统布局，使以人民为中心的现代化发展道路更加符合我国国情和社会发展需求，集中彰显了其在人类社会发展史上的现代化价值。

（作者系山东师范大学马克思主义学院博士研究生）

---

① 《十八大以来重要文献选编》（上），中央文献出版社，2014，第594页。

中国共产党百年新闻思想传承与发展

冯　伟

中国共产党走过了百年华诞，百年奋斗激荡人心。党的十八大以来，中国特色社会主义进入新时代，我们坚持和加强党的全面领导，统筹推进"五位一体"总体布局、协调推进"四个全面"战略布局，坚持和完善中国特色社会主义制度、推进国家治理体系和治理能力现代化，坚持依规治党、形成比较完善的党内法规体系，战胜一系列重大风险挑战，实现第一个百年奋斗目标。[①]党的新闻思想也跟随中国共产党的奋斗历史发展了一个世纪。在漫长的百年历程中，中国共产党探索出了具备中国特色的新闻思想与理论体系，其中涵盖了我们党深刻认识到了新闻事业的地位、性质、作用与功能等方面；我们党提出新闻工作必须遵守真实性原则、党性原则，必须坚持走群众路线、坚持正面宣传为主以及正确的舆论导向等基本原则；持续强化我国新闻人才队伍的建设，新闻工作者党风、作风及文风的建设。党的新闻思想是中国共产党集体智慧的结晶，是历代中国共产党人前赴后继、与时俱进、探索实践所得到的重要理论成果，更是马克思主义新闻观与中国特色新闻理论实践相结合进而中国化的体现。

2022年是进入全面建设社会主义现代化国家、向第二个百年奋斗目标进军新征程的重要一年，是党的二十大召开之年。新的历史阶段，广电行业要始终坚持政治统领，深刻认识"两个确立"的决定性意义，坚定不移做到"两个维护"；始终坚持党的全面领导，坚定不移守好意识形态主阵地；始终坚持人民至上，坚定不移践行初心使命；始终坚持守正创新，坚定不移推进高质量创新性发展。[②]

---

① 《庆祝中国共产党成立100周年大会》，新华网2021年7月1日。

② 《2022年全国广播电视工作会议》，《人民日报》2022年1月6日。

一、简述中国共产党新闻观的传承与发展的历史贡献

在革命斗争中，以毛泽东同志为主要代表的中国共产党人开启了马克思主义新闻观中国化的进程。也就是说毛泽东是马克思主义新闻观中国化的奠基者并为之作出巨大的贡献。毛泽东是中国共产党的创始人以及中国革命的伟大领袖，更是伟大的无产阶级革命家、政治家、思想家和理论家。[①]与此同时，他也是新闻舆论的宣传家。毛泽东于 1918 年由湖南来到北京大学担任图书管理员，从而成为北大新闻学研究会设立的第一期新闻培训班的学员。在这一时期，毛泽东学习了徐宝璜与邵飘萍教授的新闻专业课程，接受了新闻业务的专业训练。一年以后返回长沙，毛泽东创办了给湖南省带来重大影响的革命刊物——《湘江评论》，从此毛泽东开启了他的新闻报刊宣传的生涯。[②]

毛泽东一直对新闻报刊的宣传工作很重视，在长期的革命斗争以及政权建设与实践过程中，他以中国社会、政治与经济等方面的现状中的不同特征作为依据阐述中国共产党肩负的历史使命并运用新闻和报刊、广播等加以宣传。毛泽东新闻思想中包含了新闻是对客观事物的能动反映、新闻工作必须坚持唯物主义理论、合理运用辩证法、遵守实事求是的原则、使新闻具备真实性等丰富的内容。

党的十一届三中全会以后，以邓小平同志为主要代表的中国共产党人[③]在实施改革开放与社会主义现代化建设的过程中，针对新闻宣传工作做了重要阐述，明确指出我国的新闻宣传工作在满足中国社会、经济与政治的发展需求中必须发挥重要作用。从而能够为人民服务、为社会主义现代化建设服务、为中国共产党的工作服务。20 世纪 90 年代，我国持续解放思想，深化改革开放，建立社会主义市场经济体系，进入了发展的新阶段。与此同时，新闻改革持续深化，使新闻事业发生了巨大的变化。媒体报道新形式层出不穷，如预测性报道、深度报道、精准报道等，而且陆续出现了报业集团，报业管理体制也进行了改革。此外多种电视新闻节目，诸如《焦点访谈》《新闻调查》《东方时空》等陆续开播，促进了我国社会主义新闻理论的快速发展。

党的十三届四中全会以后，以江泽民同志为主要代表的中国共产党人[④]结合我国新闻体制在改革发展中的需求，针对新闻事业在市场经济体制中所占据的社会地位，以及新闻工作所肩负的历史任务和必须遵守的工作原则与运用的

---

① 《中共中央关于党的百年奋斗重大成就和历史经验的决议》，《人民日报》2021年11月17日。

② 王红祥、高汝东：《从马克思主义新闻观谈邓拓新闻思想的当代价值》，《新闻前哨》2021年第7期。

③ 《中共中央关于党的百年奋斗重大成就和历史经验的决议》，《人民日报》2021年11月17日。

④ 《中共中央关于党的百年奋斗重大成就和历史经验的决议》，《人民日报》2021年11月17日。

工作方法进行了新的阐述。江泽民强调新闻媒体必须坚持开展正确的新闻批评和舆论监督；坚持实事求是原则，坚持新闻改革，使其满足群众需要，要具备正确的舆论导向。江泽民提出了我国的新闻事业必须坚持走"为人民服务"和"为社会主义服务"的路线。强调我国的报纸、广播及电视必须是党和政府以及群众的喉舌。

党的十六大以后，以胡锦涛同志为主要代表的中国共产党人，要求新闻工作坚持"以人为本"[①]。使新闻报道具备亲和力、吸引力和感染力，坚持将实现好、维护好、发展好广大群众的根本利益作为新闻宣传工作的侧重点和出发点。胡锦涛指出：中国同世界的关系发生了历史性变化，中国的发展同世界的发展之间的联系日益紧密，必须统筹国内外局势，将强化对外宣传作为关系国家发展全局的战略任务抓紧抓好。胡锦涛的新闻思想重点在于重新解读了信息化时代，中国特色社会主义新闻事业的工作规律与原则，这是马克思主义新闻观中国化的创新成果。

以习近平同志为主要代表的中国共产党人，坚持把马克思主义基本原理同中国具体实际相结合、同中华优秀传统文化相结合，坚持毛泽东思想、邓小平理论、"三个代表"重要思想、科学发展观，深刻总结并充分运用党成立以来的历史经验，从新的实际出发，创立了习近平新时代中国特色社会主义思想，明确中国特色社会主义最本质的特征是中国共产党领导，中国特色社会主义制度的最大优势是中国共产党领导，中国共产党是最高政治领导力量，全党必须增强"四个意识"、坚定"四个自信"、做到"两个维护"。[②]针对党的新闻工作在新时代中持续深化改革，创新性地提出了一系列的新观点和新理论，逐渐树立起了具备习近平新时代特色和符合新时代需求的新闻思想，成为马克思主义新闻观中国化的创新点。

中国共产党新闻舆论工作座谈会于 2016 年 2 月 19 日召开，在会议上习近平总书记强调："党的新闻舆论工作必须坚持党性原则，国家主办的媒体是党和政府宣传的主阵地，必须姓党。党的新闻舆论媒体必须站在人民的立场，表达人民的思想与感情。"2017 年 11 月 8 日是中国记协成立八十周年，习近平总书记为中国记协发来祝贺，再次强调：要进一步坚定"四个自信"，以手中的笔墨光影记录伟大时代，履行新使命、展现新作为，讲好中国故事，传播好中国声音。新闻工作者必须切实贯彻习近平总书记的一系列重要讲话精神，使新闻工作得到持续的改进，从而谱写新时代中国共产党新闻事业的新篇章。

---

① 《中共中央关于党的百年奋斗重大成就和历史经验的决议》，《人民日报》2021年11月17日。

② 《中共中央关于党的百年奋斗重大成就和历史经验的决议》，《人民日报》2021年11月17日。

二、中国共产党百年新闻思想的当代价值

党的十八大以来，以习近平同志为主要代表的中国共产党人，牢牢把握国内和国际发展的局势，总揽我国发展战略全局，采取多项重要措施，领导广大人民群众踏上新时代的发展新征程。基于百年未有之大变局背景，面对发生深刻变化的世情、国情、党情和新的媒体格局与舆论现状，党和政府以习近平新时代中国特色社会主义思想为指导，科学解答了事关党的新闻事业长远发展的一系列具有根本性、全局性、战略性的重大问题，从而使习近平新时代中国特色社会主义新闻观得到了进一步的创新、发展和完善。

2013 年 8 月 19 日，习近平总书记在全国宣传思想工作会议的讲话中，已对宣传思想以及意识形态工作作了深刻阐述，内容包括意识形态是党的一项极其重要的工作、党性与人民性相统一、必须坚持正面宣传为主的方针、完成好新形势下对外宣传工作等方面，从而明确了党的新闻宣传工作的方向，为党的新闻宣传工作规划出了今后要走的道路。

2013 年 11 月 12 日《中共中央关于全面深化改革若干重大问题的决定》发布，表明我国正式启动全面深化改革战略。其中针对我国新闻事业的管理体制改革进行了重大部署，就是：完善"坚持正确舆论导向"的体制机制，完善网络突发事件处理机制，构建起正面引导与依法管理相结合的网络舆论工作格局。对新闻媒体资源进行大力整合，大力推进传统媒体与新兴媒体融合发展。规范新闻发布的制度化，严格审核新闻工作者职业资格制度，注重运用与管理新兴媒体，使传播秩序更加规范。此后，我国的新闻宣传工作，根据这些方面实施了深层改革。

近年来，各种新兴网络媒体诸如微博、微信、论坛以及直播平台层出迭现，其发展趋势迅速，如此使社会和人民的传播信息和表达见解更加方便，同时也出现了一些如虚假新闻、低俗直播、标题党以及误导信息等负面问题。因此，下大力量规范化管理新兴网络媒体，已经成为我国新闻事业改革的一项重大任务。党和政府的相关机构采取了大量的相关措施，制定了一系列的政策，比如从 2014 年开始针对新闻网站采编人员考核发放记者证，专门设立了中央网络案例与信息化委员会，其主要的工作就是管理网络信息事业。我国还颁布了《移动互联网应用程序信息服务管理规定》《网络音视频信息服务管理规定》《微博客信息服务管理规定》《互联网直播服务管理规定》等一系列规范化的文件。2017 年 6 月 1 日实行的《互联网新闻信息服务管理规定》提出，国务院新闻办公室主管全国的互联网新闻信息服务监督管理工作，省、自治区、直辖市人民政府新闻办公室负责本行政区域内的互联网新闻信息服务监督管理工作。[①]

---

① 中华人民共和国国家互联网信息办公室：《互联网新闻信息服务管理规定》，2017年5月2日。

从而实现了管理全覆盖，形成了线上线下"一把尺子、一个标准"的局面。

在全面深化改革开放的历史背景下，伴随着人们思想观念的逐渐多样化，意识形态方面的斗争也变得越发复杂。在国外，我国仍然要面对西方强大舆论格局，部分西方媒体大肆宣扬"中国威胁论""中国崩溃论""中国掠夺论"等政治谎言。针对这些情况，习近平总书记发表了多次重要讲话和指示，强调要将意识形态工作的领导权、管理权、话语权牢牢地把握在我们的手中，切实贯彻意识形态工作责任制，高度重视网络中的舆论斗争，强化网络中的正面宣传。坚持讲好中国故事、传播好中国声音，是党的十八大以来宣传思想工作的重要理论创新，是做好新形势下对外宣传工作的根本遵循。我们要深刻领会，努力实践，向世界展现真实、立体、全面的中国，提高国家文化软实力和中华文化影响力，让世界更好地了解中国。①

新时代，在我国新闻事业发展与改革中媒体融合成为重中之重，并且还是全面深化改革的战略性任务。因此，党和政府的有关机构颁布了《关于推动传统媒体与新兴媒体融合发展的指导意见》《关于进一步加快广播电视媒体与新兴媒体融合发展的意见》《关于加快推进媒体深度融合发展的意见》等一系列措施。习近平总书记还在中央政治局第十二次集体学习的过程中，专门针对推动媒体融合发展发表了讲话，指出：要把握媒体融合发展的趋势与规律，推动媒体融合向纵深发展，等等。对马克思主义新闻观的学习与实践，必须和我国的国情、党情、社情以及新闻工作的现状相结合，对习近平新闻思想的精神实质进行深入领会、全方位把握，认真贯彻落实。

目前，我国的新闻事业依然处于持续深化改革的阶段。2019年4月19日，《中国共产党宣传工作条例》颁布，这是中国共产党自成立以来首部关于宣传工作的党内法规文件。同年9月26日，中央广播电视总台全面启动高质量发展改版。中华全国新闻工作者协会2019年11月7日发布修订的《中国新闻工作者职业道德准则》，对我国新闻工作者提出了新的更高的要求。2020年6月18日，国家新闻出版署《关于印发〈报纸期刊质量管理规定〉的通知》要求：报纸、期刊的出版单位必须严格遵守"三审三校"的管理制度。②

三、中国共产党百年新闻思想的未来发展

百年来始终顺应时代局势的发展以及新闻实践的发展，党的新闻思想内涵得到持续丰富。立足现实，我国现阶段正在实施空前的社会改革和实践创新，其必然给理论创新与学术繁荣营造良好的发展环境，提供开阔的空间以及强大的推动力。在哲学社会科学中，新闻学是必须加快发展的重要学科之一，新闻

---

① 《坚持讲好中国故事、传播好中国声音》，中国共产党新闻网2018年10月31日。

② 国家新闻出版署：《关于印发〈报纸期刊质量管理规定〉的通知》，2020年6月18日。

业界与学界应该努力奋斗，争取使这一目标尽快实现。对我国新闻事业未来的发展，我们应该根据我国的实际需求，强化问题意识，持续进行创新。习近平总书记曾说："理论思维的起点决定了理论创新的结果。理论创新只能从问题开始。"所以，对我国的新闻事业来说，应当坚持把现阶段我国改革发展与新闻的实际工作作为研究的出发点，把解决媒体改革和发展过程中的实际问题作为追求与目标，以马克思主义作为指导，做到"不忘本来、借鉴外来、面向未来"。中国共产党的百年新闻实践是党的新闻思想与理论产生和发展的基础，百年实践的成功经验与优良传统是我国新闻学的宝贵财富，必须进行持续的开发、继承与创新。还要汲取外来新闻学中具备较高理论价值与实践意义的部分，对其进行认真的学习与借鉴。另外，新闻学开展的研究工作必须坚持面向人类社会的未来发展，牢牢把握住时代发展的脉搏。结合学习贯彻十九届六中全会精神，宁夏吴忠市新闻传媒中心记者吴荣说："我们应该用有思想、有温度、有品质的好作品，记录下充满活跃创造、日新月异进步的美好时代，以不跟风、不盲从的内心定力，做有信仰、有情怀、有担当的时代新闻工作者，坚定职责使命，坚定文化自信，以不变之初心，赢得变化之未来，为新时代文化强国建设贡献自己的光与热。"

四、结语

总之，中国共产党百年新闻思想、文艺思想、广播电视思想传承与发展，是我党长期以来都极其重视的新闻舆论工作。如果说我国的新闻改革实践是推动新闻思想发展的主要动力，那么媒体报道实践就是培育新闻思想成长的沃土。新闻思想的理论成果必须经过媒体报道实践来检验，媒体报道实践不仅是新闻思想产生的起点，同时还是新闻思想发展的落脚点。中国每一代的领导核心对新闻宣传工作高度重视，正是他们的新闻观的持续创新与发展，使中国共产党新闻思想的理念体系不断丰富。

（作者单位：宁夏吴忠市广播电视台）

全媒体背景下增强社会主义意识形态引领力研究

黎远波

习近平总书记指出："全媒体不断发展，出现了全程媒体、全息媒体、全员媒体、全效媒体，信息无处不在、无所不及、无人不用，导致舆论生态、媒体格局、传播方式发生深刻变化。"必须"使主流媒体具有强大传播力、引导力、影响力、公信力"。①本文借助SWOT工具，分析全媒体背景下提升社会主义意识形态引领力的优势、劣势、机遇和挑战；根据习近平总书记关于全媒体"四全""四力"重要讲话精神，借鉴传播学观点，得出社会主义意识形态引领力由全程传播力、全息引导力、全员公信力和全效影响力构成；结合全媒体"四全"维度和社会主义意识形态引领力"四力"向度，提出分别从强化流程再造、创新叙事方式、优化话语供给和加强综合评价四方面精准施策，以增强社会主义意识形态引领力。

一、全媒体背景下增强社会主义意识形态引领力的 SWOT 分析

采用SWOT分析法准确把握全媒体背景下社会主义意识形态引领力的优势（Strengths）和劣势（Weaknesses），机遇（Opportunities）和挑战（Threats）。

（一）优势（S）分析

第一，全程媒体发展延伸了增强社会主义意识形态引领力的时间维度和生命周期，使社会主义意识形态的信息内容和意义符号体系传播与提升过程无时不在、无时不有。提升路径跨越时间界限，贯穿信息生产、传播和接受的全生命周期。第二，全息媒体发展丰富了社会主义意识形态传播的信息载体。从文字信息和声像信息，再到计算机信息，社会主义意识形态引领社会思想观念的信息符号体系不断丰富。第三，全员媒体发展既融合了社会主义意识形态引领的信源、信道和信宿三个核心构成因素，又融合了设备、人、组织机构等多元

---

① 习近平：《习近平谈治国理政》（第三卷），外文出版社，2020，第317页。

主体，能够统筹和调动一切积极因素为提升社会主义意识形态引领力服务。第四，全效媒体发展赋予社会主义意识形态引领力综合效能。社会主义意识形态引领力效能维度广泛涵盖国家层面、社会层面和个人层面，有利于国家、社会和个体等多维度综合提升和整体优化。

（二）劣势（W）分析

第一，全程媒体放大了增强社会主义意识形态引领力过程中即时回应差的问题。社会主义意识形态全生命周期是一个自上而下的形成过程。全程媒体具有信息即时交互快等特点，这与自上而下的形成路径存在一些不相适应的地方。快速发展、即时回应的传播环境与相对缓慢、自上而下的传播内容形成鲜明落差。第二，全息媒体凸显出增强社会主义意识形态引领力中传统信息符号体系有余，而智能化信息符号体系不足的劣势。社会主义意识形态引领力提升更多依赖报纸、电视、短视频为代表的文字信息和声像信息，智能化计算信息利用和挖掘不够，打造智能化的计算信息符号体系任重道远。第三，全员媒体加大了主流媒体对自媒体领导的难度。全员媒体发展使"人人都有麦克风，人人掌握话语权"，微信、微博、抖音、快手等自媒体呈几何倍数增长，信息内容以 TB 级计量，主流媒体、主流意识形态引领自媒体和非主流意识形态难度加大。第四，社会主义意识形态引领力效能不高。由于社会主义意识形态引领力提升的理念相对滞后，工作机制层级节制、弹性不足，使社会主义意识形态引领力效能不高。

（三）机遇（O）分析

第一，全程媒体带来社会主义意识形态引领力闭环提升新理念。从时间轴来看，社会主义意识形态引领力提升包括信息内容生产、传播和接受的全生命周期，涵盖信息传播的编码 / 译码 / 释码闭环式全链条。闭环传播和闭环提升新理念成为社会主义意识形态引领力提升新理念。第二，全息媒体提供了社会主义意识形态引领力提升数字化新技术。全息媒体融合了社会主义意识形态引领中文字信息、声像信息和计算信息，生产了一种新的信息符号——数字化信息，形成智能化的数字技术。数字技术将成为社会主义意识形态引领力提升的"新信息"。第三，全员媒体整合了信息传播中的信源、信道和信宿，使社会主义意识形态能够引领信息传播全部构成因素，充分调动信息传播的人员、机构、媒体、设备、软件、程序和算法等一切积极因素。第四，全效媒体丰富社会主义意识形态引领力的效能维度和效能内容。全效媒体"是基于互联网平台，来向人民群众提供实体性的各种服务"[1]。全效媒体发展赋予了社会主义意识形态引领力提升不仅要实现经济方面、政治方面、文化方面、社会方面和生态方面

---

[1]　郭全中：《全程全息全员全效媒体创新探析》，《中国出版》2019年第4期。

的综合效能，还要实现国家层面、社会层面、组织层面和个人层面的全部效能。

（四）挑战（T）分析

第一，全程媒体产生"错位的时间"，社会主义意识形态"远程在场"，而真实不在场。全程媒体打破社会主义意识形态引领力的时间序列，"'错位的时间'中的知觉也一样，再现的过去包括了一部分这个媒介的现在，这个实时中的'远程在场'，保留了事件的真正在场。"①受众接受的是远程的、被切割的局部事实。第二，全息媒体造成社会主义意识形态"反常逻辑"，社会主义意识形态引领力潜能遭受限制。"图像的反常逻辑时代，就是随着视频通信、全息摄影和计算机制图的发明而开启的时代。"②受反常逻辑影响，社会主义意识形态引领力潜在能力遭到限制乃至"终结"。第三，全员媒体削弱受众主体地位，造成了"主体被凝视"。全员媒体模糊信源、信道、信宿界限，颠倒主体与客体关系，"完美地展示了保罗·克利的那句名言，即'如今物体在看我'"③。第四，全效媒体使社会主义意识形态引领力"去政治化"与"泛政治化"。全效媒体使社会主义意识形态能具有多种效能，在追求"多"与"全"中，削弱社会主义意识形态政治效能，产生"去政治化"。而一旦社会主义意识形态引领力的引领实践、引领对象和引领作用失去精度，将出现"泛政治化"的不良倾向。

二、全媒体背景下社会主义意识形态引领力"四力"向度

结合全媒体"四全"维度，社会主义意识形态引领力依次表现为全程传播力、全息引导力、全员公信力和全效影响力等"四力"向度。

（一）时间维度：社会主义意识形态全程传播力

借鉴斯图亚特·霍尔"编码/释码"模型，社会主义意识形态全程传播力划分为：第一，编码能力。抽象的社会主义意识形态在传播过程中转化为可直接传播的符号体系，并在整个符号体系中处于主导地位、起统领作用，引领其他符号体系生产、传播、消费和再生产。编码能力是社会主义意识形态引领力的首要能力。第二，译码能力。译码指在传播中将符号还原为信息和意义的过程。译码能力既是全程媒体中符号体系还原为与人民群众根本利益相关的信息和意义的能力，也是符号体系还原过程中对其他意识形态符号体系影响和冲击的"免疫力"。第三，释码能力。表现为受众逆向思维能力，受众能够理解和把握传播链条中符号体系所象征的社会主义主流意识形态。符号体系影响能力，是在整个传播链条所有符号体系中的同类竞争能力，能够在受众面临选择时展

---

① 保罗·维利里奥：《视觉机器》，张新木、魏舒译，南京大学出版社，2014，第8页。

② 保罗·维利里奥：《视觉机器》，张新木、魏舒译，南京大学出版社，2014，第130页。

③ 保罗·维利里奥：《视觉机器》，张新木、魏舒译，南京大学出版社，2014，第124页。

示出足够的竞争优势和主导地位。受众感官整合能力，是因为精神现象的获得从来就不是瞬间完成的，它是一种整合的知觉。占领并整合受众的听觉、视觉、味觉等多种感官知觉，才能形成对社会主义意识形态的整体感知。

（二）空间维度：社会主义意识形态全息引导力

全息引导力指的是社会主义意识形态全息载体所拥有的"引导力"。"带领力和指导力，对公众舆论的方向起到引领示范作用，抵制谬误思想传播。"[①] 第一，文字信息引导力。即党报、党刊等党办出版物的文字信息塑造和主导社会思想观念、价值取向和社会风尚的能力。第二，声像信息引导力。借助歌曲、音乐和广播等语音信息实现对社会各领域、各成员的广泛覆盖，帮助他们树立正确的思想观念和价值取向，形成语音信息引导力；利用电视、电影、短视频等视觉媒体，实现对整个社会意识形态体系、视觉体系的带领和指导，形成图像视频信息引导力。第三，计算信息引导力。包括：内容生产控制力，从空间轴前端入手，社会主义意识形态牢牢控制计算信息生产；传播渠道治理能力，从空间轴中端着手，实现对传播介质的领导和指引，牢牢掌握主流意识形态计算信息领域的媒介治理权；精准制导力，从空间轴终端入手，准确计算形成用户画像，根据用户画像实现精准传播、精准引领。

（三）主体维度：社会主义意识形态全员公信力

第一，信源公信力。这是社会主义意识形态内容生产的组织、个人和媒体所生产的信息内容为受众信任和信服的力量。第二，信道公信力。包括：信度——社会主义意识形态经过信息传播渠道抵达受众时所具有的可靠性、稳定性和一致性；效度——社会主义意识形态有效、高效地传播给受众；精度——社会主义意识形态精准地根据不同社群、阶层的受众对信道的不同偏好，选择合适的信道，实现精准传播；广度——社会主义意识形态传播渠道有效覆盖各地域、各阶层、各年龄阶段受众，帮助他们树立对马克思主义普遍信仰，对中国特色社会主义普遍信任。第三，信宿公信力。包含信宿对内公信力和信宿对外公信力两个部分。信宿对内公信力是信宿对马克思主义和中国特色社会主义的认可和认同程度；信宿对外公信力则是在传播过程中，被社会主义意识形态改造和武装后的信宿，为其他媒体信任和信服的力量。

（四）效能维度：社会主义意识形态全效影响力

第一，人民向心力。社会主义意识形态转化为人民群众内心坚定信念，成为团结和指引人民为实现中华民族伟大复兴和建设社会主义现代化国家奋斗的精神力量。包括：思想内化力，受众自觉将马克思主义指导思想、中国特色社会主义共同理想以及党的创新理论内化为自身价值体认；行动外化力，受众自

---

① 谢湖伟、朱单利、黎铠垚：《"四全媒体"传播效果评估体系研究》，《传媒》2020年第19期。

觉践行社会主义意识形态各项要求，做到外化于行。第二，社会凝聚力。包括社会价值凝聚力，在多元价值观中凝聚社会主义核心价值观；社会共识凝聚力，社会主义意识形态在不同的思想观点和社会思潮中凝聚共识；社会力量凝聚力，凝聚社会各方面力量，为实现"两个一百年"奋斗目标而共同奋斗。第三，国家软实力。包括文化软实力，社会主义先进文化、中华优秀传统文化的感召力和影响力，文化产业和文化事业在国际上具有的竞争力和吸引力；政治价值观软实力，社会主义政治价值观对人类社会发展展现出来的竞争力和主导力，以及在国际政治价值观较量中的抵抗力、吸引力；外交政策软实力，我国外交政策维护我国发展核心利益的能力，以及国际议程设置能力。

三、全媒体背景下增强社会主义意识形态引领力的现实路径

统合全媒体"四全"维度和社会主义意识形态引领力"四力"向度，可分别从"强化流程再造—创新叙事方式—优化话语供给—加强综合评价"四方面精准施策，全面增强社会主义意识形态引领力。

（一）强化流程再造，增强社会主义意识形态全程传播力

全程媒体是对传播过程的流程再造。对社会主义意识形态引领力而言，"信息传播流程的再造，继而以传播媒介为中继，将传播业态迭代所汇集的变革力量传导至社会主义意识形态的传播过程。"[①] 提升社会主义意识形态引领力，必须实现对社会主义意识形态传播流程再造，在宏观层面再造社会主义意识形态引领力的编码／译码／释码过程。传统媒体环境下，社会主义意识形态引领力的编码／译码／释码三个作用过程是单向线性过程，即"编码→译码→释码"。必须根据全程媒体发展再造"编码←→译码←→释码"循环互动过程，在微观层面再造社会主义意识形态引领力的知／情／意／行反应链流程。当个体接触到社会主义意识形态时，"个体经历的反应链可以做如下阐释：内容暗示（C）→情绪反应（E）→宽慰性建议（R），该反应的次序将会成为一种习惯链。"[②] 必须将全程媒体背景下社会主义意识形态在个体层面反应链再造为"知←→情←→意←→行"的循环反应链。

（二）创新叙事方式，提升社会主义意识形态全息引导力

第一，创新马克思主义对全息引领主流叙事。针对不同的话语形式，推动文字信息、声像信息和计算信息成为马克思主义引领的主流叙事形式，强化马克思主义在全息媒体中话语供给力。第二，创新社会主义意识形态引领力提升

① 刘博：《全媒体时代社会主义意识形态传播的实然困境与应然向度》，《新疆社会科学》2020年第5期。

② 卡尔·霍夫兰、欧文·贾尼斯、哈罗德·凯利：《传播与说服：关于态度转变的心理学研究》，张建中等译，中国人民大学出版社，2015，第52页。

图像叙事。全息媒体发展使图像叙事成为社会主义意识形态引领力提升的重要叙事。加强社会主义意识形态领域图像资源库建设，加强社会主义意识形态领域图像传播人才建设，加强图像信息审查能力建设。第三，创新社会主义意识形态引领力提升视觉叙事。视觉叙事是全息媒体环境下社会主义意识形态引领力的新兴叙事方式，通过充分挖掘中国革命、建设和改革过程中历史素材和鲜活故事，从"四史"中不断汲取有益养分，以视频的形式加以呈现，构建"本土化的主流意识形态视觉化传播模式"。[①] 第四，创新社会主义意识形态引领力智能叙事。全息媒体深入发展必然使智能化的计算信息成为社会主义意识形态引领力提升的未来叙事方式。必须加强人工智能、区块链、算法等智能技术在社会主义意识形态引领力提升中的运用，推动叙事方式智能化。

（三）优化话语供给，提升社会主义意识形态全员公信力

全员媒体发展必须加强马克思主义话语供给力。第一，加强源头治理，在信息生产环节优化话语供给。全员媒体导致意识形态领域信息生产多元化、去中心化，泥沙俱下的信息中掺杂着"非马"乃至"反马"信息，严重冲击着马克思主义在意识形态领域话语权。必须从信息生产源头——信源着手，加强信源治理，净化信息生产源头，强化马克思主义在信源领域引领力。第二，加强系统治理，在信息传播环节优化话语供给。全员媒体发展使信道数量呈几何倍数增长，不同信道相互交融，部分信道只顾"收割流量"，罔顾流量背后的价值取向塑造。因此，必须加强信道系统治理，强化官方信道主导作用，加强对非官方信道屏蔽、审查和惩戒。第三，加强依法治理，在信息接收环节优化话语供给，提升受众法治意识，加强法治教育，培养法治思维；以法治塑造受众生产、传播、转发和接受信息的规律和习惯，根据受众用户画像，优化马克思主义理论和中国化的马克思主义理论的话语供给，最终实现"通过关切大众情感需要、转化话语叙事模式、借力智能信息技术等方式，提升主流意识形态吸引力、供给力和适配性"[②]。

（四）加强综合评价，提升社会主义意识形态全效影响力

第一，建立多元参与、职责清晰的主体责任体系。构建党委领导、政府负责、社会协同、公众参与的分工合作、职责清晰的综合评价主体责任体系，广泛发动社会各方面力量参与社会主义意识形态引领力评价。第二，建立结构合理、运行有效的综合考评机制。构建党委领导机制、政府履责机制、社会协同机制和公众参与机制等纵向评价机制；构建包括计划制订机制、执行机制、检

---

① 刘伟斌：《新时代主流意识形态视觉化传播探析》，《马克思主义研究》2019年第5期。

② 吴倩倩、马格：《从语词走向影像：主流意识形态感性传播的特征、实践难题与实现策略》，《中国广播电视学刊》2021年第10期。

查机制、应用机制在内的横向评价机制。第三，设计全面系统、科学可行的评价指标体系。依据全媒体背景下社会主义意识形态的全程传播力、全息引导力、全员公信力和全效影响力的理论内涵，设计涵盖科学合理、覆盖全面、可推广使用的评价指标体系。第四，建立及时有效、精准有为的评价反馈机制。根据评价结果，针对全媒体背景下社会主义意识形态引领力存在的薄弱环节，补足短板；针对优势领域，做强优势，精准运用评价结果指导社会主义意识形态引领力提升实践。

【作者系杭州电子科技大学马克思主义学院讲师、教研室主任。本文系教育部人文社会科学研究青年基金项目"文化强国战略下社会主义意识形态引领力评价与提升路径研究"（项目编号：21YJC710033）和浙江省哲学社会科学规划"高校思想政治工作"专项课题重点课题"媒体融合视域下社会主义意识形态引领力建设研究"（项目编号：19GXSZ01Z）的阶段性成果】

文艺战线展现文化自信的实践逻辑

纵 梅

文化是一个国家、一个民族的灵魂。习近平总书记 2016 年在哲学社会科学工作座谈会上指出："我们说要坚定中国特色社会主义道路自信、理论自信、制度自信，说到底是要坚定文化自信。文化自信是更基本、更深沉、更持久的力量。"①2021 年 12 月 14 日，习近平总书记出席中国文联十一大、中国作协十大开幕式并发表重要讲话，希望文艺工作者"用自强不息、厚德载物的文化创造，展示中国文艺新气象，铸就中华文化新辉煌"②。文艺事业是党和人民的重要事业，文艺战线坚定文化自信，是以强烈的历史主动精神积极投身社会主义文化强国建设的内在要求。本文就文艺战线胸怀"国之大者"、展现文化自信的实践逻辑，谈一些粗浅体会。

一、以理论清醒保持政治坚定，强化文化自信捍卫"两个确立"的主动自觉

回望世界共产主义运动史，坚强的领导核心和科学的思想引领是马克思主义政党的本质特征。历史和实践已经证明：只有党中央有核心、全党有核心，我们的党才可能有力量。党的十九届六中全会审议通过的《中共中央关于党的百年奋斗重大成就和历史经验的决议》提出"两个确立"，即党确立习近平同志党中央的核心、全党的核心地位，确立习近平新时代中国特色社会主义思想的指导地位。③历经复杂、激烈的舆论斗争，我们深切地感受到："两个确立"反映了全党全军全国各族人民的共同心愿，是历史和时代的选择，是党的十八大以来伟大实践得出的重大历史结论、取得的重要政治成果，对加快推进中华

---

① 习近平：《在哲学社会科学工作座谈会上的讲话》，《人民日报》2016年5月19日。

② 习近平：《在中国文联十一大、中国作协十大开幕式上的讲话》，《人民日报》2021年12月15日。

③ 《中共中央关于党的百年奋斗重大成就和历史经验的决议》，《人民日报》2021年11月17日。

民族伟大复兴历史进程具有决定性意义。文艺战线党员干部必须更加深刻认识"两个确立"的决定性意义，更加紧密地团结在以习近平同志为核心的党中央周围，引领广大文艺工作者增强拥护"两个确立"的政治自觉、思想自觉、行动自觉，确保"两个确立"成为各项工作的理论基点、价值支点、实践原点。

党的百年历程昭示：政治上的坚定，源于理论上的清醒。用正确的理论指导实践，则无往而不胜。"两个确立"内涵深刻、思想深邃、要求明确，广大文艺工作者必须增强理论自觉，强化理论武装，把"两个确立"的政治共识转化为践行"两个维护"的实际行动。要坚持并巩固马克思主义在意识形态领域的指导地位，努力防范形形色色的历史虚无主义等错误社会思潮和观点的渗透。要更加自觉地用习近平新时代中国特色社会主义思想——当代中国的马克思主义——培根铸魂，特别是要深入学习习近平总书记关于文化文艺的重要论述，深刻体悟文艺工作者记录、书写、讴歌新时代的神圣使命，筑牢新时代文艺事业繁荣发展的思想之基。要以"永远在路上"的精神状态，跟紧学深习近平总书记关于文化建设的最新论断、推动文化强国的最新活动，持续化学习、常态化积累、专业化研究，不断提高政治判断力、政治领悟力、政治执行力，并结合巩固深化党史学习教育成果，在更广阔、更纵深的时代坐标中，深刻理解党的初心使命，在思想、政治和行动上与以习近平同志为核心的党中央保持高度一致，牢牢把握文艺工作的正确政治方向、舆论导向和价值取向。

各级文艺组织要常态化开展专业化培训，积极引导广大文艺工作者特别是奋战在基层一线的青年文艺工作者，紧扣迎接宣传贯彻党的二十大这一工作主线，充分发挥文艺战线践行"两个维护"的独特作用。特别是要紧紧围绕党的十九届六中全会提出的"10个明确"和"13个方面的成就"，下好"先手棋"，以"价值含量"提升"作品质量"，把文艺作品的传播价值、思想价值、人文价值、审美价值、历史价值统一起来，讲全讲深讲透习近平新时代中国特色社会主义思想的原创性贡献、历史性贡献、世界性贡献。要注重以小切口、小细节、小故事展现大时代、大主题、大情怀，确保描绘和展现新时代的文艺作品创意灵感持续迸发、立意表达精彩独到、思想内涵深入准确。

二、以价值引领提升文化自觉，激发文化自信，砥砺文艺理想的责任担当

为什么人的问题，是检验一个政党、一个政权性质的试金石？习近平总书记强调，人民需要文艺，文艺需要人民，文艺要热爱人民。① 这充分体现了马克思主义文艺的根本宗旨和价值取向，进一步明确了社会主义文艺的人民性和实践性特征。广大文艺工作者要坚持知行合一，注重以价值引领提升文化自觉，

---

① 习近平：《在文艺工作座谈会上的讲话》，《人民日报》2015年10月15日。

把满足广大人民群众日益增长的精神文化需求作为文艺工作的出发点和落脚点。具体可从三个方面努力。

（一）坚持人民立场是首要

我们党来自人民，根植人民，服务人民，党的百年奋斗史就是一部党与人民风雨同舟、生死与共的历史。以习近平同志为核心的党中央始终把人民放在心中最高位置，习近平总书记身体力行、率先垂范，践行人民至上的价值理念，足迹遍布全国十四个集中连片特困地区。人民至上作为中国共产党的根本政治立场、检验共产党人理想信念的重要标尺，既是习近平新时代中国特色社会主义思想的核心价值，也是建设社会主义文化强国的价值根基，更是文艺战线坚守文艺理想的根本所在。广大文艺工作者要在常学党史国史中深刻领会"江山就是人民、人民就是江山，打江山、守江山，守的是人民的心"①的内涵，进一步深化对党的性质宗旨的认识，自觉把握文艺创作中主客体互动规律，在内心深处厚植文艺工作一切为了人民、为了人民一切的真挚情怀。

（二）弘扬核心价值观是关键

社会主义核心价值观是决定文化性质和发展方向的深层次要素。习近平总书记强调："核心价值观是文化软实力的灵魂、文化软实力建设的重点。"②各级文艺组织要坚持立德树人、以文化人，常态化开展诸如"强化价值引领，提升文化自觉"等主题的研讨会，推动社会主义核心价值观融入社会发展的各个方面。广大文艺工作者要以培养担当民族复兴大任的时代新人为着眼点，持续开展好党建结对共建、文艺志愿服务下乡等活动，把社会主义核心价值观有效融入教育教学、校风学风和文明城市、文明村镇、文明单位、文明家庭创建活动，渗透到电影、电视、戏曲等精神文化产品创作生产传播各环节，推动社会主义核心价值观成为社会成员自发自觉的道德向往、价值认同和行为习惯。

（三）践行"四力"是保证

针对当前文化产品供给与需求不平衡、群众文化需要与文化发展不平衡不充分的矛盾，广大文艺工作者要坚守人民立场和文艺理想，练好脚力、眼力、脑力、笔力，在深化自我革命中加强思想积累、知识储备、艺术训练，成为时代风气的先觉者、先行者、先倡者。要真正将人民当作创作的源头活水，作为文艺审美的鉴赏家和评判者深入基层，俯下身子、迈开步子，用心用情用力创作"沾泥土""带露珠""冒热气"的鲜活文艺作品，切实把坚定信仰信念、真挚人民情怀、自觉历史担当体现在创作生产实践中，落实到具体行动中。

---

① 习近平：《在庆祝中国共产党成立100周年大会上的重要讲话》，《人民日报》2021年7月2日。

② 《习近平在中共中央政治局第十三次集体学习时强调 把培育和弘扬社会主义核心价值观作为凝魂聚气强基固本的基础工程》，《人民日报》2014年2月26日。

三、以时代主题统领工作"选题"，彰显文化自信赋能高质量发展的独特作用

文化兴国运兴，文化强民族强。习近平总书记反复强调文化自信，指出要"激发全民族文化创新创造活力，建设社会主义文化强国"①。广大文艺工作者必须坚持学思践悟，贯通历史和现实，推动文化自信在服务党和国家工作大局中树立起来、培养上来、传播开来，成为赋能高质量发展的磅礴力量。

（一）坚持以文化人，在助力乡村振兴中展现新作为

乡村是中国社会的基础，是寄托中华儿女乡愁的重要载体。传承优秀传统文化、赓续红色文脉、引领乡村文化前进方向，是稳步实施乡村振兴战略的内在要求，也是推进新型城镇化和生态文明建设的重要途径。各级文艺组织要总结近年来开展文化扶贫的有效做法，组织优质艺术院团资源协同融合欠发达地区的民族音乐、文化艺术等市场主体，实现"你中有我、我中有你"。广大文艺工作者也可深入具有历史文化底蕴的传统村落，提炼题材、获取灵感、汲取养分，用独具匠心的文艺作品使当地文化资源蕴含的核心理念、人文精神"活"起来、火起来。比如，河北省承德市文艺界开展"乡村振兴党旗红 文艺创新树先锋"活动，大力培树"文艺名村"、文艺创作基地和"书香门第"，在全市营造文艺振兴助力乡村振兴的浓厚氛围。再如，贵州省修文县试点打造红色村组织振兴建设红色美丽村庄、贵州省特色田园乡村，通过常态化开展"文艺助力乡村振兴——修文县文艺志愿者服务队乡村行活动"，为乡村振兴工作"画龙点睛"。

（二）坚持以文塑旅，在推进文旅文创融合中开拓新天地

习近平总书记指出，文化产业和旅游产业密不可分，要坚持以文塑旅、以旅彰文，推动文化和旅游融合发展。②党的十九届五中全会就加快推进文化和旅游发展进行了部署安排。一些地方出台配套措施，着力推进文化和旅游深度融合。比如，河南省将文旅文创融合战略作为"十大战略"之一，提出打造国际级黄河文化旅游带、发展全链条文创产业等五项任务，力求在打造文化旅游消费示范省、加强艺术精品创作、擦亮文化旅游品牌、打造交旅融合示范区、重塑公共文化服务、壮大市场主体等十五个方面有所突破。一些文艺院团在推动文旅融合方面探索出了卓有成效的经验。2019 年以来，重庆杂技艺术团依托精心制作的原创大型 3D 杂技剧《大禹》，融合院团资源和剧场资源，着力培育以剧院参观、传统文化教学、杂技魔术体验、观剧等为主要内容的杂技艺

---

① 《习近平在全国宣传思想工作会议上强调 举旗帜聚民心育新人兴文化展形象 更好完成新形势下宣传思想工作使命任务》，《人民日报》2018年8月23日。

② 习近平：《在教育文化卫生体育领域专家代表座谈会上的讲话》，《人民日报》2020年9月23日。

研学教育基地，并把研学教育与"文旅融合"结合起来。每次研学活动后，孩子们可获赠一张家庭观剧优惠券，从而通过孩子带动父母、家庭，实现"1拖2全家出行，1次研学带动无数次观演"，打破了传统的剧院售票模式。同时，加强与旅行社的合作，开展"亲子游"项目，吸引大量游客来到重庆国际马戏城，创造了可观的经济效益。[①]

（三）坚持以文载道，在讲好中国故事中练就新本领

失语就要挨骂。广大文艺工作者应当有着充分的使命自觉，通过作品加快构建中国话语和中国叙事体系，通过优秀的文艺作品，吸引全世界的受众更加客观、全面地看待中国、理解中国。[②]

1.高举人类命运共同体大旗，创新对外传播话语体系

推动构建人类命运共同体，直面"世界怎么了、我们怎么办"这一时代之问，是始终站在历史正确的一边、站在人类进步的一边的伟大理念。要立足让国外受众听得懂、听得进、听得明白，围绕新冠肺炎疫情防控、贫困治理和国际秩序等事关人类发展前途的课题，着力讲好中国共产党的故事，讲好中国与世界合作共赢的故事，讲好中国推动人类文明进步的故事，更好地展现可信、可爱、可敬的中国形象。

2.着力全面提升国际传播效能，积极争夺舆论斗争主动权主导权

各级文艺组织要整合力量资源，建强平台渠道，打造精准有效的传播矩阵；要把握国际传播领域移动化、社交化、可视化的发展趋势，突出文化品位，加快形成同各自资源禀赋相匹配的国际传播能力，推动外界了解中国、喜欢中国、亲近中国；要增强斗争精神，练就攻防兼备的过硬本领，善于运用各种生动感人的事例，展示中国文艺新气象，"引导国际社会共同塑造更加公正合理的国际新秩序"[③]。

3.积极培育新型文艺消费形态，大力推动文化产业国际合作

党的十九届五中全会明确提出要加快构建以国内大循环为主体、国内国际双循环相互促进的新发展格局。[④]有条件的文艺组织要在努力巩固和抢占国内文化市场的同时，积极扩大对外文化贸易，推动文化产业国际合作。要注重以

① 王琼：《探索"文旅融合+艺教结合"的发展新路径——重庆杂技艺术团艺术研学教育项目观察》，《中国艺术报》2019年12月13日。

② 光明日报评论员：《立足中国大地，讲好中国故事——四论贯彻落实习近平总书记在中国文联十一大、中国作协十大开幕式上的重要讲话》，《光明日报》2021年12月19日。

③ 《习近平主持召开国家安全工作座谈会强调 牢固树立认真贯彻总体国家安全观 开创新形势下国家安全工作新局面》，《人民日报》2017年2月18日。

④ 人民日报评论员：《加快构建新发展格局——论学习贯彻党的十九届五中全会精神》，《人民日报》2020年11月3日。

科技创新和数字化变革催生新的发展动能，积极利用新材料、新工艺、新装备提高文艺和文旅产品技术含量。要努力把提高服务品质与改善文化体验结合起来，创新消费场景和模式，培育新型文艺消费业态，更好地适应消费结构升级趋势。

"坚定文化自信，是事关国运兴衰、事关文化安全、事关民族精神独立性的大问题。"[①] 广大文艺工作者要在常学党史国史中充分汲取文化自觉的智慧和力量，在服务党和国家工作大局中更好地展现文化自信。

（作者系中国广播电视社会组织联合会书画摄影委员会秘书长）

---

① 习近平：《坚定文化自信，建设社会主义文化强国》，《求是》2019年第12期。

新时代党员干部坚定理想信念的动力机制论析

徐彩勤　陈奕涛

2022年3月1日，习近平总书记在中央党校中青年干部培训班开班式上强调："理想信念是立党兴党之基，也是党员干部安身立命之本"，"必须筑牢理想信念根基。"[①] 习近平总书记的讲话既明确了在新时代党员干部坚定理想信念之重要性，也对党员干部提出了新的要求。特别是在统筹中华民族伟大复兴战略全局与当今世界百年未有之大变局的语境下，[②] 对党员干部理想信念的塑造提出了新要求与新挑战。而在党员干部理想信念塑造的过程中，理想信念的概念应如何表达，问题将如何认识，对策如何建构，这些均成为学术界研究的重要课题。因此，在政治性、现实性与学术界三者共同规约与导向之下的党员干部理想信念的塑造就显得尤为重要。

从当前学术界的研究成果来看，关于党员干部的理想信念的研究已经日益普遍，讨论的内容涵盖了概念、问题、路径等多重维度。其中对理想信念建构的研究成果颇丰，学者们主要提出了加强党的领导[③④]、完善制度建设[⑤⑥]、深化历史教

---

① 《习近平在中央党校（国家行政学院）中青年干部培训班开班式上发表重要讲话》，http://www.xinhuanet.com/politics/leaders/2021-03/01/c_1127154621.htm，2021-03-01。

② 习近平：《关于〈中共中央关于党的百年奋斗重大成就和历史经验的决议〉的说明》，《人民日报》2021年11月17日。

③ 王汉卿、曹海燕：《新时代加强青年理想信念教育的科学内涵与实践路径探究》，《东南大学学报（哲学社会科学版）》2021年第12期。

④ 陆攀、吴学琴：《习近平新时代共产党人理想信念建设思想研究》，《理论导刊》2019年第7期。

⑤ 冯建军：《理想信念教育常态化制度化的实践内涵、理路与策略》，《思想理论教育》2021年第12期。

⑥ 廖小琴：《论青年理想信念教育常态化制度化的多维生成》，《思想理论教育》2021年第12期。

育①、善用新型媒体②③等诸多路径。总体来看,这些研究成果为新时期讨论党员干部理想信念的建构提供了有益借鉴。但是,深入审视可以发现,对党员干部理想信念的机制建设,尤其是动力机制的问题,并未有充分的探讨。这就造成坚定理想信念在一定程度上缺乏内外的驱动力,产生了表象上的理想信念强化与现实上的理想信念弱化二者之间的张力。

因此,要从根本上实现党员干部理想信念的坚定,系统化思维与动力构建机制应当成为一种必要。本文立足于开启第二个百年奋斗目标的重要节点,在党的二十大即将召开之际,通过对当前语境中理想信念内涵的重新审视,以及其所遭受挑战的全面分析,以系统的观念来探讨党员坚定理想信念的动力机制建构的思维方法与策略,以期为进一步坚定党员干部的理想信念提供有益的对策建议(见图1)。

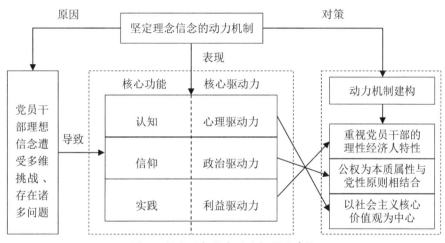

图1 坚定理想信念动力机制的建构

一、当前党员干部理想信念的内涵及其重要价值

中国共产党在带领中国人民进行革命、建设与改革的百年历程中取得了举世瞩目的成就,伟大成就的取得正是源于党员干部始终秉持着马克思主义的科学信仰、共产主义的远大理想和中国特色社会主义的理想信念。并且在这一过程中,理想信念已经熔铸为中国共产党的政治灵魂与生命之魂。站在新的历史方位上,在准备进行具有许多新的历史特点的伟大斗争之际,中国

---

① 虞爱华:《推动理想信念教育常态化制度化》,《红旗文稿》2020年第10期。

② 白钰:《新媒体视阈下高校理想信念教育的创新路径》,《教育理论与实践》2021年第24期。

③ 段妍:《中国共产党加强青年理想信念教育的百年历程与现实启示》,《思想教育研究》2021年第8期。

共产党面临的危险并没有解除，依旧需要"坚决战胜精神懈怠危险、能力不足危险、脱离群众危险、消极腐败危险"①。在此背景下，对当前党员干部理想信念的内涵、价值以及存在问题的研究是中国特色社会主义理论建设的重要命题，也是新时期党员干部坚定理想信念，并带领全国人民最终实现共产主义目标的理论前提。

习近平总书记指出："对马克思主义的信仰，对社会主义和共产主义的信念，是共产党人的政治灵魂，是共产党人经受住任何考验的精神支柱。"②中国共产党领导革命、建设、改革的百年征程，是与不断坚定理想信念同向而行、相互促进的历史过程，日益坚定的理想信念为不断推进党的自我革命奠定了坚实的思想基础。理想信念之所以能够成为铸造中国共产党人政治灵魂的"核心元素"，归根结底是由于我们党根据时代发展变化，在以马克思主义信仰、社会主义和共产主义信念为核心的基准上，不断丰富理想信念的意涵。因此，对理想信念内涵的讨论具有十分重要的意义。

作为当代中国政党政治中的重要概念的"理想信念"，其既具有普遍意义上的"理想"与"信念"二者相分来使用的意义，同时更具有中国特色的政党政治内涵。从一般意义上来审视，"理想"作为个体、群体或社会整体在确定的人生或人类历史进展所期待达到的、超越现实存在的一种目标愿景，其强调个人自我奋斗与达成目标这二者之间的关系。对中国共产党人来说，拥有坚定的理想，不仅是其党员身份的根本要求，也是其区别于非共产党人的显著标识。在此，理想包含着两个层面的含义：一是对未来所确立目标愿景（具有理想色彩，并具有强烈的进步与发展意义）的明确化与坚守；二是对自我实践行动的充分自信。而"信念"则是指对由目标愿景统领的整个价值观体系中，那些确定的基本行为原则、道德原则与理想原则的确信与固守。从哲学的意义上说，理想和信念都是人得以存在的根基，"是人对自己本质的'崇拜'"。纵观党的百年历史，我们也可以看到，经历了"理想"通行、"信念"潜行，"理想"在场、"信念"淡出、"理想"凸显、"信念"登场的阶段后，③如今"理想"和"信念"已经超越了这种二者分置的解释状态，逐渐融合而成了一个具有自我内涵和外延的统一概念。理想信念作为一个"复合概念"，其内涵更加丰富，已然上升到一个新的层次。这一概念作为主观精神意识上的升华，是"在主体社会实践的基础上，在客观外部环境的影响与主观内部因素的相

① 《中共中央关于党的百年奋斗重大成就和历史经验的决议》，《人民日报》2021年11月17日。

② 《十八大以来重要文献选编》（上），中央文献出版社，2014，第80页。

③ 刘建军：《中国共产党人"理想信念"概念的形成史》，《山东大学学报（哲学社会科学版）》2021年第1期。

互作用、相互协调及主体内在思想矛盾运动转化的过程中产生、发展和变化的"①。具体而言，在当代中国特色政治发展的语境下，习近平总书记指出："中国共产党人的理想信念，建立在马克思主义科学真理的基础之上，建立在马克思主义揭示的人类社会发展规律的基础之上，建立在为最广大人民谋利益的崇高价值的基础之上。"② 这一重要论断揭示了中国共产党理想信念的本质意涵，明确了这一理想信念的科学依据。因此，"理想信念"就是对马克思主义基本的世界观、方法论以及理想社会的充分认知、认同与坚守，对中国化的马克思主义新思维、新方法与新战略的充分理解、深入体会和全心实践的精神品质。

在新形势下坚定理想信念，其重要意义是多方面的。其一，对广大党员干部个人而言，理想信念是共产党人精神上的"钙"，关系到其在执行党的路线方针政策上的自觉性和坚定性。正如习近平总书记所说："共产党人如果没有信仰、没有理想，或信仰、理想不坚定，精神上就会'缺钙'，就会得'软骨病'。"③ 同时，理想信念亦是自我安身立命之本，是自我身份合法性的来源。当下共产党员自我的社会身份与工作岗位职责，都依托于对马克思主义理想信念与马克思主义中国化最新理论与实践的信仰而获得。自我放弃或弱化理想信念，即是放弃自我身份的合法性。其二，对中国共产党和整个国家而言，"理想信念是一个政党的政治之魂、生命之魂与奋斗之魂"④，是一个国家凝魂聚气并保持思想定力的法宝。这不仅关系到党员干部能否进一步深化自身认识，达到统一全党政治思想的政治目的，更关系到中国特色社会主义道路能否顺利推进以及社会主义现代化强国和中国民族伟大复兴伟业的早日实现。理想信念的弱化会使依托于其上而建构的社会政治、经济与文化结构丧失融合力、凝聚力、巩固力与自我修正的力量，苏联正是因理想弱化而导致解体的典型例子。俄罗斯近十几年的社会发展实践也告诉我们：那些似乎虚无缥缈的、和我们每个人没有直接关系的"理想、信念、主义、道路"，实际上同国家民族的命运乃至我们每个人的命运都息息相关。其三，理想信念对中国的国际地位亦有重要意义，其关乎到中国是否具有开创出一条不同于资本主义道路的新型的现代化道路的能力，是否能够增强在国际上的影响力，并展现中国的大国风范和魅力。

因此，理想信念是中国共产党人的本质规定，是进行伟大斗争、建设伟大

---

① 陈万柏、张耀灿：《思想政治教育学原理》，高等教育出版社，2015。

② 习近平：《习近平谈治国理政》（第二卷），外文出版社，2017，第50页。

③ 习近平：《在全国党校工作会议上的讲话》，《求是》2016年第9期。

④ 骆郁廷：《理想信念是中国共产党凝聚力的核心》，《思想理论教育》2021年第4期。

工程、推进伟大事业、实现伟大梦想的精神力量。[①] 作为无产阶级先锋队的党员干部，只有做到心中有信仰，坚守初心与使命，才有前进的力量。

二、坚定理想信念的动力机制：基于政治、经济与文化的三维分析

对马克思主义的信仰，对社会主义和共产主义的信念，既是中国共产党人的政治灵魂与精神支柱，也是中国共产党伟大建党精神的集中诠释。[②] 如今，第二个百年长征路上，党员干部作为中华民族的领跑者，更应当守正初心，凝心聚力。据此，本文认为，要从根本上实现党员干部理想信念的坚定，坚持系统化思维与动力构建机制成为一种必要。动力机制理论是从系统论的视角研究如何调动人的积极性，通过合理的机制设计实现组织的自动运转。因此，坚定理想信念是一个价值观教育的完整系统，即在经济利益驱动基础上，所有推动思想意识与价值观运动变化的个体、群体与社会层面逻辑推动力量（在当前语境中具有必然性的意味）的有机融合，从而生成的动力系统及其运作。当然，这些推动力量并非杂乱无章地起作用，而是呈现出在不同社会层面、不同领域，具有不同逻辑推动力的现象。

（一）动力机制的内涵探讨

对"动力机制"概念的厘定是明晰理想信念的动力机制关键所在。"动力"有两种意涵，一种是指物理学中使机械做工的各种作用力，另一种是指对事物的生成与发展起推动作用的力量，这一力量具有引导功能、鞭策功能和激励功能。[③] 而"机制"，在汉语中是由"机"与"制"两个汉字所构成，在机制这一概念中，"机"具有有机体的含义，而"制"表达一种有机体各构成部分之间的结合关系。我们此处所理解的机制，应包含以下三个方面的内容：一是"机制"所使用的语境是社会系统、生态系统或机构系统的有机统一。在这些系统内部，又可以包含各个子系统，即机制可以由许多子机制所融合而成。比如：价值观系统中的价值观养成机制、理想塑造机制、个体的行动机制，等等。二是各个部分或子系统并非是随意地组装或合成即形成机制，其内含着可以融合各组成部分的内在思维、逻辑与理论，这是机制的精神构成。三是在宏观机制之中，各种子机制共同参与，形成机制的运行。虽然每个子机制都是不可或缺的，但是他们在机制运行中的地位和作用仍有差异。结合"动力"与"机制"二者的概念，我们认为动力机制即指各种推动力按照力与力之间相互

---

① 王霞：《论中国共产党精神谱系的理论意涵、鲜明特质与时代价值》，《中州学刊》2021年第11期。

② 陈胜锦：《生成逻辑·内涵解析·实践理路：中国共产党伟大建党精神的三维探赜》，《西北民族大学学报（哲学社会科学版）》2021年第6期。

③ 万坤利：《乡村软治理生成的动力机制研究》，《贵州社会科学》2021年第7期。

约束关系进行运动。因此，坚定理想信念的动力机制，是指在党员干部的理想信念养成的过程中，推动理想信念提升的力量的产生和发展，以及各构成要素由于某种机理的作用而形成的因果联系和运行方式。

从当前的社会实践来看，我国当前的改革开放和社会主义现代化建设在实质上也是一场动力机制革命。在这一过程中，发挥核心作用的正是具有先锋队性质的广大党员干部，其内在的坚定的理想信念也正是推动其发挥作用的关键因素。而党员干部对理想信念的坚定则有赖于动力的驱使，动力是党员干部稳定向前、坚定理想信念的保证。而要动力发挥最好的效果，则需要探讨如何制定良好运转的动力机制。

（二）动力机制的核心功能：认知、信仰与实践的三维推进

理想信念的动力机制存在于思想信念内化于心、外化于行的过程之中，其作用发挥依照理想信念塑造的实际过程，在主观认知、精神信仰与实践行动这三个维度上产生作用。对这一过程的描述，已经有学者给予了足够的关注，例如刘建军指出了确立和坚定理想信念的基本路径在于"通过学习打牢理想信念的基础，通过思考和觉悟把握理想信念的真谛，并提升理想信念的境界，最后通过践行确证理想信念的力量"[1]。这其实就涉及了理想信念的动力机制运行的整个过程。如果动力机制运转良好，党员干部知与行二者融为一体，那么就能够筑牢党员干部的信仰之基、补足精神之钙，增强其思想定力、政治定力和战略定力，从而为进行伟大斗争、伟大工程、伟大事业，实现伟大梦想提供深厚的动力。

因此，理想信念的基本理论体系、价值观体系与政治原则认知的推动，是动力机制运行的起点。只有在明确理想信念是什么的基础上，才能够真正践行理想信念。同时，党员干部因为何种力量的推动去认知中国特色社会主义理论与共产主义理想？这就成为探讨这一动力机制必须要关注的。在这一维度，我们需要关注推动党员干部去认知或不去认知的政治力量、经济力量与社会文化力量是什么，这些力量运动的方向具体是什么，以及这些力量是推动认知还是阻碍认知。第二个维度是认知的价值转变为信仰的推动力探讨。认知是信仰的前提，但认知并不必然导致信仰。因此，需要关注影响这一层面的力量系统都有哪些，哪些是推进认知转化为信仰的力量，哪些是负向的力量。同理，在第三个维度，则需要分析清楚在推动实践的诸处力量中，各种力量如何运行，力量与力量之间的关系以及它们在实践中具体的表现是什么。因此，坚定党员干部理想信念的动力机制在每一个维度上都发挥着作用，而在各个维度上起作用的方向以及

---

① 刘建军：《在学思践悟中坚定理想信念》，《学校党建与思想教育》2021年第9期。

各种推动力之间关系的有效化，决定着领导干部理想信念的坚定程度。

（三）动力机制的核心驱动力、政治推动力与心理能动力

在理想信念塑造的系统中，动力机制以经济力量为最基本推动力，而政治力量与体制的推动，以及党员干部群体的文化心理推动，是另外两个重要推动力。所以，动力机制就是以利益驱动为根本动力、政治推动力为现实动力、心理能动力为文化动力的三维结构。

在理想信念教育的动力机制中，利益因素是动力机制的核心因素。马克思指出，现实的人都是有感性需要的，"任何人如果不同时为了自己的某种需要和为了这种需要的器官而做事，他就什么也不能做"[①]，并且人的需要具有无限性。因此必须关注党员干部的需要之利益。而利益的整合力量又具有基础性之特征，如果对此没有清醒的认识，忽视了经济利益对理想信念的巨大影响，而不对此种力量进行适当规制与引导，理想信念教育也不可能从根本上做到"内化于心，外化于行"，反而会造成教育与培育行动的虚化与异化。

政治推动力则具体表现为制度推动力与政治权力的推动力。当然制度推动力与政治权力推动力既有联系又有区别。一方面，在政治权力与政治制度推动力二者之间存在着一种互动关系。长时期的权力推动可能把一贯的行动制度化。当前习近平总书记所强调的"推动理想信念教育常态化制度化"[②]，则是试图通过权力推动教育活动制度化的表现。另一方面，制度推动力与政治权力推动力也存在差异。具体言之，政治制度推动是借助于建构制度或调整制度安排的方式来使党员干部的理想信念培育有规可依，有章可循。当然这种教育的成效与制度设计的科学化水平紧密相关。而政治权力的推动一般以群众路线教育实践活动为主，即党当前以"不忘初心、牢记使命"专题教育和党史学习教育为主要方式，推动全体党员干部的理想信念养成与提升。

与上述相类似，个人的文化心理同样也会推动或阻碍坚定理想信念的具体行为。当社会心理文化与个体的文化心理相呼应时，个体的文化心理力量就会显示出其强大的威力，使理想信念不再苍白和空洞，而萌发出特有的生命力。

三、动力机制建构的对策：一个动力系统构建的路径

回首党的百年历史，共产主义理想信念始终是一面高扬的旗帜，召唤着一代又一代的共产党人为之奋斗，对它的坚守是我们党永葆先进性和纯洁性的精神基础。习近平总书记指出："理想信念动摇是最危险的动摇，理想信念滑坡是最危险的滑坡。一个政党的衰落，往往从理想信念的丧失或缺失开始。我们党

---

① 《马克思恩格斯全集》（第三卷），人民出版社，1960，第286页。

② 《中共中央关于坚持和完善中国特色社会主义制度、推进国家治理体系和治理能力现代化若干重大问题的决定》，人民出版社，2019。

是否坚强有力，既要看全党在理想信念上是否坚定不移，更要看每一位党员在理想信念上是否坚定不移。"① 在第二个百年征程上，我们必须更加重视少数党员干部存在的理想信念不坚定、模糊、动摇甚至丧失的问题，把坚定党员干部理想信念作为重要任务推进。立足于这一目标，本文认为，在诸多层面或维度上提出对策，都无法回避理想信念的坚定在某种程度上缺乏内在动力的问题，或者可以说，推动的力量往往被阻碍力量所消解的现实问题。对党员干部的理想信念的灌输传播也可以通过多样的文化形式，但不把这种传播方式与教育方式放置于一个动力系统的博弈中来分析其有效性，这种对策也只能流于一种宣传，其可操作性是令人怀疑的。因此，基于一个动力系统建构的路径，本文认为应该从基本利益诉求入手，来建构坚定党员干部理想信念的动力机制。

（一）重视党员干部的理性经济人特性，规范坚定理想信仰的利益驱动力

主流经济学认为，理性就是自利的人追求自身效用的最大化。自利作为"一种不完美却富有成果的模式，有助于科学地理解人类的行为和他们所建立的诸制度的运行、去理解他们所拥护的价值观，甚至去理解人们扩展帮助他人的方式的社会准则"②。马克思主义经典作家更是重视人们的物质利益，把它作为自己整个世界观的基石。列宁明确指出：物质利益问题"是马克思主义者整个世界观的基础"③。党员干部也是自然人，具有利益趋向，对其物质利益的重视是必然的。正如马克思所说的："把人与社会联结起来的唯一纽带是天然必然性，是需要和私人利益。"④"人们奋斗所争取的一切，都同他们的利益有关。"⑤正是物质利益推动着人们去拼搏、去奋斗、去争取，它成为人类进步和社会发展的驱动力。因此，重视党员干部的理性经济人特性，满足其个人合理的私利是动力机制建构的第一个维度。

究其本质，共产党人的私利与党、国家、民族的根本利益是一致的，人民利益就是党的利益，为人民谋幸福、为民族谋复兴是中国共产党的初心和使命。但是，共产党人作为社会个体是无法完全摆脱理性经济人群体的，这也就无法忽视群体的理性经济人特征。亚当·斯密在《国富论》中预设了"经济人"的人性，并认为人性中有一种有意识地追求个人利益的倾向性，即"自利性"⑥。

① 《习近平在庆祝中国共产党成立95周年大会上的讲话》，《人民日报》2016年7月2日。

② 扬春学：《经济人与社会秩序分析》，上海人民出版社，1998，第118～119页。

③ 《列宁全集》（第27卷），人民出版社，2017，第339页。

④ 《马克思恩格斯选集》（第一卷），人民出版社，1995，第439页。

⑤ 《马克思恩格斯选集》（第一卷），人民出版社，1995，第82页。

⑥ 亚当·斯密：《国民财富的性质和原因的研究》（上卷），郭大力、王亚南译，商务印书馆，1996，第72页。

要使党员干部坚定理想信念，应当考虑保证党员干部的生活和发展需要。尽管社会分化产生的收入差距使一些党员干部难免有生活压力，但这不是腐化堕落的借口。为了解决这一困难，使党员干部能够坚定理想信念，必须建构起合理的利益机制。这一机制的构建应以人为本，设定合理的工资标准和补贴，使党员干部无后顾之忧，坚定理想信念，全身心地投入社会主义现代化国家的建设中。

简言之，我们应该确定这样的观念和意识：强调"坚持为人民服务"并不否认党员干部自我的正当利益，党组织承认这种利益，而且在适时的条件下也应给予一定的照顾。为此，应当构建党员干部奉献回报与利益供给机制，增强其践行理想信念的内在积极性与主动性。

（二）公权本质属性与党性原则有机结合，强化坚定理想信念的政治推动力

所谓公权力，是指以维护公共利益与人民利益为目的的国家公权力机关及其责任人所行使的权力。其中，公权力的来源与归属决定着其本质属性。公权力源于人民，其以民众的权利（让渡）与公众的认可作为前提。[①] 正如马克思指出的，"合法权力的唯一泉源是主体的人民"[②]。同时，公权力的目的与旨归则在于人民利益与公共利益。"公权力姓公，也必须为公。"[③] 我国宪法规定，中华人民共和国是人民民主专政的国家，一切权力属于人民。因而，公权力用于服务人民、实现公共利益是其存在的合法性基础。因此，公共性与人民性是公权力的本质属性，是其区别于公民私人权利的关键之处。这也决定着党员干部对公权力的使用必须符合人民利益与公共利益，不能以权谋私。

同时，国家机关领导干部多是中共党员出身，而作为共产党员，党性是第一位的。所谓党性，是指一个政党区别于其他政党的固有本性，是其所代表的阶级属性的最高体现。《中国共产党章程》中规定，中国共产党是中国工人阶级的先锋队，同时是中国人民和中华民族的先锋队，是中国特色社会主义事业的领导核心。这一规定鲜明地体现了中国共产党的党性特征，即阶级性与群众性、党性与人民性的高度统一。因而，对党性的坚守既表现为对马克思主义的信仰，对中国特色社会主义和共产主义的信念，也表现为把人民立场作为根本立场，把为人民谋幸福作为根本使命。[④] 于党员干部而言，党性则是最根本的政治品格，是立身、立业、立言、立德的基石。[⑤] 因此，合格的党员干部应当

---

① 孟德斯鸠：《论法的精神》（上），张雁深译，商务印书馆，1961，第213页。

② 《马克思恩格斯全集》（第六卷），人民出版社，1965，第695页。

③ 习近平：《在新的起点上深化国家监察体制的改革》，《求是》2019年第5期。

④ 习近平：《习近平谈治国理政》（第三卷），外文出版社，2020，第135～136页。

⑤ 习近平：《在纪念朱德同志诞辰130周年座谈会上的讲话》，人民出版社，2016。

坚守党性，这既是有合格政治素养的表现，也是我们党保持先进性和纯洁性，提高执政能力的重要保证。

所以，对公权力本质属性与党性的坚守，成为强化党员干部理想信念的政治推动力。在实现共产主义的过程中，党员干部只有把公权本质属性与党性原则有机结合，确保人民赋予的权力始终用来为人民谋幸福，发挥先锋模范作用，时刻坚定理想信念，才能保证在建设社会主义现代化国家的道路上不走错路，少走弯路。

（三）以社会主义核心价值观为中心，激发坚定理想信念的心理能动力

每个时代都有每个时代的精神，每个时代亦有每个时代的价值观念。党的十八大提出社会主义核心价值观的重要战略；党的十九大报告则进一步强调：社会主义核心价值观是当代中国精神的集中体现，凝结着全体人民的价值追求，"把社会主义核心价值观融入社会发展各方面，转为人们的情感认同和行为习惯"[①]。2021年，党的十九届六中全会再次重申了社会主义核心价值观的重要地位，提出"坚持以社会主义核心价值观引领文化建设"[②]。社会主义核心价值观作为观念的上层建筑，与我们当前所强调的理想信念具有内在的一致性。它是社会主义思想文化、意识形态和道德规范的综合体，本质上是对社会主义基本制度、发展道路和生活方式的价值反映，是中国特色社会主义道路、理论、文化、制度的集中体现。[③]同时，社会主义核心价值观作为民族精神的纽带，对个体的思想、感情、言论和行动起着普遍的整合与驱动作用，[④]其直接影响着人们在市场领域与公共领域的行动策略，也直接塑造着人们对整个社会事物的价值判断原则，从而成为整个社会道德规范的心理基础。当前改革的推进以及社会主义现代化强国的建设需要社会主义核心价值观的支撑，也更加需要实现核心价值观社会化。

社会主义核心价值观正是这样一种弘扬主旋律、发挥正能量的理论，是现阶段对理想信念的有力呼应。坚定党员干部的理想信念，必须将社会主义核心价值观建设作为中心任务，通过融合中华优秀传统文化、推进核心价值观常态化与制度化等举措，使社会主义核心价值观在个人、家庭、社会以及国家等各个层面落地生根，为党员干部群体塑造良好的社会文化生态，最终激发个体与社会两个层面的心理能动力。而党员干部对社会主义核心价值观的践行，既是

① 习近平：《决胜全面建成小康社会 夺取新时代中国特色社会主义伟大胜利》，《人民日报》2017年10月28日。

② 《中共中央关于党的百年奋斗重大成就和历史经验的决议》，《人民日报》2021年11月17日。

③ 王学俭：《新时代如何培育和践行社会主义核心价值观》，《人民论坛》2017年第34期。

④ 李德顺：《价值论》，中国人民大学出版社，2007，第222页。

对理想信念的践行，也能激发出更加坚定地建设社会主义的信念，有助于更好更快地实现第二个百年奋斗目标和共产主义理想。

四、结语

习近平总书记指出，共产党员是"由特殊材料制成的"[①]。这种"特殊材料"就是百年来在中国共产党人心中播种、生根、发芽，经历革命洗礼、改革检验而越发坚定且不可撼动的理想信念。而理想信念与其动力机制的建构犹如鸟之两翼、车之两轮，缺一不可。理想信念是党员干部的精神支柱，是其开展工作活动的导向标。机制构建则为党员干部实现理想信念提供了途径和辅助。两者是主观与客观、思想与制度的结合。坚定理想信念是坚持党的领导，坚持中国特色社会主义道路；对动力机制的探讨则把这种坚持落到实处，为具体阶段的具体问题提供了对策。在新的百年起点上，这一路径探讨必然具有很强的现实意义。

（作者单位分别为：曲阜师范大学马克思主义学院；华东师范大学马克思主义学院。本文系国家社会科学基金一般项目的阶段性成果，项目编号：21BZZ010）

---

① 《斯大林选集》（上卷），人民出版社，1979，第169页。

守正创新：筑牢主流媒体舆论监督阵地

黄雪晴

党的十九届六中全会立足中国共产党百年华诞的重大时刻和"两个一百年"历史交汇的关键节点，回望光辉历史、擘画光明未来。主流媒体要遵循新闻传播规律，讲好百年党史故事，"加大力度，统筹网上网下、国内国际、大事小事，更好强信心、暖人心、聚民心，更好维护社会大局稳定"[①]。广播、电视、报纸等主流媒体是党和人民的耳目喉舌，是舆论监督的主力军，在公信力上具有绝对优势，主流媒体舆论监督要整装再出发，切实发挥好传播信息、舆论引导、宣传疏导等功能，用好舆论监督这把"手术刀"。

一、百年党史：主流媒体舆论监督的渊源

（一）重视新闻舆论工作是党的优良传统

在百年党史进程中，新闻舆论工作一向被中国共产党视为重要的工作内容。早在1921年，中国共产党第一次代表大会通过的第一个决议、第一个纲领中，就对宣传队伍的组织构成、设立运行等有明确规定。1931年，苏维埃政府机关报《红色中华》"发刊词"也指出，要"引导工农群众对自己的政权，尽了批评、监督、拥护的责任"。延安时期，党的机关报《解放日报》开展了许多新闻批评活动。1950年，中共中央颁布《关于在报纸刊物上展开批评和自我批评的决定》。1987年，党的十三大将"舆论监督"首次写进党的全国代表大会报告。

（二）新闻舆论事业是党和人民的喉舌

"新闻事业是党和人民的喉舌，担负着反映舆论、引导舆论的一个重要任

---

① 习近平：《在中央政治局常委会会议研究应对新型冠状病毒肺炎疫情工作时的讲话》，《求是》2020年第4期。

务。"① 在马克思主义新闻观中国化的实践中，毛泽东、邓小平、江泽民、胡锦涛等中国共产党几代领导人基于不同历史发展时期的中心工作和现实任务，创造性地提出了不同历史阶段的新闻宣传与舆论工作指导思想，指明了符合新闻传播规律的发展方向。2016 年召开的党的新闻舆论工作座谈会，为新闻舆论事业顺应形势发展、寻求改革创新提供了思想指南。党的十九大强调要健全党和国家监督体系，把党内监督同舆论监督等监督形式贯通起来，增强监督合力。党的十九届四中全会提出要完善坚持正确导向的舆论引导工作机制，健全舆论监督等制度，推动各类监督有机贯通、相互协调。

（三）新闻舆论监督是国家治理体系的重要构成

新形势下，监督体系是国家治理体系的重要组成部分，而舆论监督又是监督体系的重要一环。舆论引导和舆论监督是新时代新闻事业的两大功能，运用好舆论监督的武器是主流媒体的重要职责。在新媒体技术快速发展的时代背景下，舆论监督呈现出主流媒体、商业媒体、自媒体多元共生的态势，新闻传播呈现人人传播、多向传播、海量传播的特征，专业化新闻生产与社会化新闻生产并驾齐驱，舆论监督的力量与日俱增。以电台电视台、党报党刊为代表的主流媒体，在舆论监督方面的传统优势面临新要求，要更加科学、更加严密、更加有效地实现舆论监督，发现问题、纠正偏差，让权力在阳光下运行，推进国家治理体系和治理能力现代化。

二、重要论述：主流媒体舆论监督的指引

（一）新闻舆论工作重要论述的实践来源

习近平总书记关于新闻舆论工作的重要论述，是马克思主义新闻观的重大创新与发展，也是习近平新时代中国特色社会主义思想的重要组成部分。作为马克思主义中国化的最新理论成果，新闻舆论工作重要论述是新时代党和人民新闻工作实践的经验与智慧结晶，也是对当前互联网环境下新闻传播规律的探索、总结与实践。新闻舆论工作重要论述的实践基础，大致可分为三个主要方面：一是在历史发展进程中，继承了马克思主义新闻观的根本价值和理念；二是在基层工作实践中，探索总结完成了新闻工作理念的奠基和突破；三是在治国理政的与时俱进中，完成新闻舆论工作重要论述的体系化创新和建构。

（二）新闻舆论工作重要论述的继承发展

新闻舆论工作重要论述的形成发展，是在对既有马克思主义新闻观历史继

① 习近平：《摆脱贫困》，福建人民出版社，2014，第65页。

承的基础上，对工作实践中的新闻工作理念的创新发展。早在2002—2007年在浙江任职期间，习近平就以"哲欣"为笔名在主流媒体《浙江日报》开辟专栏《之江新语》，发表有《领导干部要欢迎舆论监督》①等多篇文章，亲自投身新闻实践，丰富舆论监督内涵。他发表的《把握好新闻工作的基点》，对当时国内外复杂形势进行了整体认识、分析判断，论述了新闻舆论工作的性质任务、功能作用、方针原则和策略方法等，并在福建、浙江、上海等地对这一新闻舆论工作理念进行深入阐释和基层实践。

（三）新闻舆论工作重要论述的丰富内涵

党的十八大以来，习近平总书记多次研究新闻舆论工作、作出系列重要部署，形成了体系化的马克思主义新闻观理论成果。新闻舆论工作重要论述揭示的基本规律、主要理论包括：新闻舆论工作的定位论、党性论、使命论、导向论、规律论、融合论、创新论、网络空间建设治理体系论、传播能力与话语体系建设论和新闻舆论人才队伍建设论等。新闻舆论工作重要论述的理论精髓有："党媒姓党"的核心要义，"以人民为中心"的基本内涵，"党性和人民性相统一"的理论精华，实践价值层面"强化党的新闻舆论阵地""提升新闻传播艺术和舆论引导水平""推进中国特色社会主义新闻事业创新发展"等。

三、守正创新：主流媒体舆论监督的作为

主流媒体舆论监督要坚持以习近平新时代中国特色社会主义思想为指导，"正视存在的问题，回应群众的关切，增强及时性、针对性、专业性""为当前舆论融入更多暖色调，营造风雨无阻向前进的浓厚氛围"②，跟上时代节拍，融入时代潮流，不断强化舆论监督这个看家本领，壮大主流舆论阵地，牢牢掌握舆论主导权话语权，打造强大的传播力、引导力、影响力和公信力。

（一）举旗定向，找准定位

"习近平新时代中国特色社会主义思想指明了在新时代要举什么旗、走什么路、朝着什么目标前进，是引领党和国家事业发展的科学指南"③，也是主流媒体舆论监督的重要遵循。在新的时代条件下，做好党的新闻舆论工作，事关旗帜和道路，主流媒体要高举旗帜、引领导向，牢牢坚持党性原则，牢牢坚持马克思主义新闻观，深刻把握党管媒体、党管意识形态的根本要求，进一

---

① 习近平：《之江新语》，浙江人民出版社，2007，第55页。

② 习近平：《在中央政治局常委会会议研究应对新型冠状病毒肺炎疫情工作时的讲话》，《求是》2020年第4期。

③ 思力：《举旗定向 至关紧要》，http://www.qstheory.cn/wp/2019-08/14/c_1124873504.htm。

步提高政治站位，把政治方向摆在第一位，坚持正确舆论导向。要进一步明确主流媒体舆论监督在全新传播格局中的定位，围绕中心、服务大局，正确理解和运用舆论监督，坚持党性和人民性相统一，把体现党的主张和反映人民心声统一起来。要深入研究新媒体传播规律，澄清谬误、明辨是非，通过更权威的信息来源，更宽阔的报道视野，更专业的传播方式，千方百计提升舆论监督实效。

（二）创新内容，融合发展

创新为要、内容为王，坚守专业价值、深耕新闻品质，是主流媒体做好舆论监督、重夺话语权的关键发力点。要主动设置新闻议题，深入挖掘主流媒体传统优势，契合互联网环境下用户对权威、优质、深度新闻的需求，深入挖掘真相，紧盯监督重点，跳出旧程式化的条条框框，避免落入单纯博眼球、抢流量的商业主义套路，以客观、公正、平衡的专业精神赢得读者和观众，提供深度报道和优质观点，打造"观点纸""深度台"。要探索媒体融合，大胆采用新技术、新手段，通过人工智能、大数据、云计算等新技术应用，积极探索机器人编辑、无人机拍摄等新技术在监督报道中的应用，提升自建平台的先进性、便利性，形成新的内容优势和传播优势，不断增强舆论监督的话语权。要布局全媒体矩阵，借力全程媒体、全息媒体、全员媒体、全效媒体功能，广泛吸取新媒体所长，把主流媒体的专业优势与新媒体的特长结合互补，加强与商业媒体和自媒体的深度合作，积极入驻第三方平台，拓展传播渠道，扩大舆论阵地，使主流价值借助全媒体扩展到更广阔空间，打造舆论监督新高地。

（三）理顺关系，系统推进

主流媒体是历史的见证者和记录者，刻画的是这个时代，舆论监督不能孤立片面，要立足大局、有的放矢。要把握好"监督"与"宣传"的关系，监督的是那些具有典型意义的新闻事件、领导和群众关注的焦点问题和深层弊端，激浊扬清、针砭时弊；宣传的则是那些基层一线看到的温暖、感受的力量、关切的目光、深沉的情怀等，凝聚人心、汇聚力量，从本质上来看舆论监督和正面宣传是高度统一的。要把握好"监督"与"引导"的关系，做好舆情的科学防范和有效化解，提前设计预案，强化"时度效"，加强首发先发，在传播中抢得先机，第一时间发出权威声音，"决不能让真相还在穿鞋时，谣言已满世界跑"，要干预舆情发展，占据舆论引导制高点，及时引导公众认知。要把握好"监督"与"反馈"的关系，不是为了监督而监督，要做好监督之后的反馈评估，把监督的阵线拉得更长，触角伸得更远，既要帮助党和政府部门改进工作，督促问题整改，提高政府公信力，又要加强与受众用户间的互动交流，回应群众热点关切，增强全社会的信心和希望。

（四）推动立法，依法监督

要加快新闻监督立法，以立法保障舆论监督，这是全面依法治国的必然要求，也是"构建党统一指挥、全面覆盖、权威高效的监督体系"的要求，在广泛征求各方意见建议基础上，深入讨论、汇聚共识，适时出台新闻监督法，让主流媒体敢于监督、依法监督。要配套出台舆论监督党内法规、规范性文件，《关于新形势下党内政治生活的若干准则》《中国共产党党内监督条例》等文件，均对各级党组织、领导干部接受监督作出原则规定，要将党对舆论监督和宣传工作的领导体制、工作机制、方式方法等进一步明确规范，制定专门的党内法规、规范性文件。要规制舆论监督的权利义务，既要充分用好主流媒体的采访权、报道权，又要减少舆论监督的随意性、主观性，避免形式主义、权力寻租，力戒"新闻审判"；同时，加大知识产权保护力度，对舆论监督作品侵权行为加大打击力度，切实保护新闻记者权益。

（五）刀刃向内，深化改革

主流媒体必须要有正视问题的自觉、刀刃向内的勇气，坚持问题导向，真刀真枪解决问题。要深化体制改革，深入推进理念创新、手段创新、业态创新、技术创新、体制机制等全方位的创新，从根本上改变现状，激发内生动力，以系统化创新推动主流媒体整体优化升级，重塑核心竞争力。要加快市场化改革步伐，面向市场、立足主业，汇集资金、技术、人才资源，通过改制重组，吸引社会资本进入，建立现代企业制度，实现公司化治理等，打造新型主流媒体。要拓宽盈利模式，改变以广告为主支撑的盈利模式，积极与其他行业、细分市场深度协作，拓展服务渠道，主动进入电商、整合营销、文化产业、舆情服务、网络游戏、会议展览等多领域，积极探索内容收费、版权收费、数据服务等多个盈利点，探索形成多元化、跨界经营的盈利模式。

（六）储备人才，壮大队伍

主流媒体做好舆论监督，关键在队伍，归根结底取决于一线记者。要不断锤炼队伍，按照"政治过硬、本领高强、求实创新、能打胜仗"的要求，提升新闻记者适应新时代要求的政治素养和业务水平，增强脚力、眼力、脑力、笔力，俯下身、沉下心，察实情、说实话，两脚扎进泥土里，文章写在第一线。要壮大采编队伍，加强各层级骨干队伍培养，不断拓展视野，提高政治敏锐性和鉴别力，提高关键岗位、一线骨干中的党员比例，培养讲政治、守规矩、精业务的行家里手，鼓励推动名评论员、名主持人、名记者、名编辑大展拳脚，推出更多原创栏目，培育更有"范"的品牌。[①] 要扩充新型调查记者队伍，招贤纳士、广开才路，完善人才选拔、培养、评价、流动、配置和奖励机制，激发调查记者的积极性、主动性、创造性，形成人才辈出的良性局面，推出更多有思想、有温度、有品质的监督报道，让主流价值声音传播更响、更亮、更远、更暖。

【作者单位：武汉理工大学法学与人文社会学院。本文系中央高校专项资金项目"一体化文化育人策略研究"（项目编号：2021VI032）和武汉理工大学教学改革项目"课程思政元素的发掘凝练与探索实践"（项目编号：w20210176）的阶段性成果】

---

① 李扬：《打好舆论引导"主动仗"》，《红旗文稿》2020年第2期。

新时代广播电视公共服务取得历史性成就

张庆男

党的十八大以来，全国广播电视系统坚持以习近平新时代中国特色社会主义思想为指导，坚持以人民为中心的根本宗旨，将促进人民精神生活共同富裕作为根本目标，以基层特别是广大农村地区作为工作重点，深入推进广播电视公共服务建设。公共服务政策体系、传输覆盖体系、运维保障体系等不断健全完善，高清超高清电视建设深入推进，智慧广电服务场景不断拓展，惠民工程补齐基层公共服务短板，城乡公共服务均等化水平不断提高，基本民生底线不断筑牢兜实，人民群众实现从"看"电视到"用"电视的飞跃，在满足人民群众美好生活需求方面发挥着日益重要的作用。

一、广播电视公共服务实现历史性变革

这十年，全国广播电视系统对标新时代新要求，补短板、强弱项、提质量，持续推进广播电视公共服务建设，不断提高满足人民精神文化需求的能力和水平，大体可分为三个阶段。

（一）2015年前：重点补短强弱阶段

这一时期，全国广播电视统筹无线、有线、卫星传输，覆盖网络建设，部署实施广播电视"村村通"、直播卫星"户户通"、应急广播等一系列重点惠民工程，以项目为抓手加快补齐基本公共服务短板，推动广电传输网络从模拟单向向数字化、网络化、全覆盖演进，加强播出机构与频率频道建设，推动公共服务体系建设从城乡二元分割向城乡一体化转变，着力解决农村和边疆少数民族地区广播影视基础设施薄弱问题，充分保障人民群众收听收看广播电视的权益。广播电视"村村通"工程基本完成，绝大多数农村和边境家庭已实现"户户通"，广播电视传输覆盖能力大幅提升。

（二）2015年至2020年：法治化规范化加快推进阶段

这一时期，广播电视公共服务政策法规体系加快健全。2015年，中办、

321

国办印发《关于加快构建现代公共文化服务体系的意见》《国家基本公共文化服务指导标准（2015—2020 年）》，明确了广播影视基础设施建设标准和服务标准，对加快建立现代广播电视公共服务体系提出发展目标，作出政策安排。2016 年，《中华人民共和国公共文化服务保障法》将广播电视播出传输覆盖设施、影视观赏、广播播送等公共服务内容入法，为广电公共服务发展提供法制保障，标志着广电公共服务走上法制化、规范化、现代化发展轨道。2018 年，国家广电总局专门成立公共服务司，负责指导、推进全国广播电视公共服务建设，强化了公共服务的组织保障。与此同时，行业主管部门连续出台公共服务各类建设规划和服务标准，各省也制定加快构建现代公共文化服务体系的政策文件，从财政资金保障到节目制作、传输等作出明确规定，起到了保基本、保底线的作用。广电公共服务重大工程加快推进，国家应急广播体系从试点上升为全行业战略，中央广播电视节目无线数字化覆盖工程基本完成，高清化深入推进，边境地区、农村地区广播电视公共服务得到充分保障，全行业不断创新政策扶持和精准脱贫模式，加大节目与服务供给，助力打赢脱贫攻坚战和新冠肺炎疫情防控阻击战。

（三）2021 年至今：提档升级阶段

党的十九届五中全会以来，全国广播电视以落实"十四五"规划和国家基本公共服务清单等顶层设计为抓手，加强公共服务政策规划指引，标准体系不断健全，服务价值链不断拓展，广播电视从"用得上"向"用得好"全面升级。国家《"十四五"公共服务规划》明确提出加强智慧广电基础设施建设，推进实施智慧广电固边工程等广播电视公共服务重点工程，确定智慧广电发展目标任务，首次在规划中明确公共服务包括基本公共服务、普惠性非基本公共服务两大类，科学界定基本和非基本公共服务范围。智慧广电乡村工程、应急广播体系建设、"三区三州"广电融合提升工程等重点项目相继实施。这一阶段，"智慧广电＋公共服务"深入探索，行业帮扶、定点帮扶、对口援疆援藏工作取得显著成效，老少边及欠发达地区网络基础设施显著改善，广播电视公共服务在服务国家经济社会发展中发挥着越来越重要的作用。

二、广播电视公共服务建设取得历史性成就

十年来，全国广电系统强化以人民为中心的工作导向，主动对接脱贫攻坚和乡村振兴战略，对标全面建成小康社会，以农村和基层为重点，注重实际效果，实施公共服务重点工程，加强改善广播电视公共产品和服务供给，推进广播电视基本公共服务标准化均等化，广播电视公共服务工作取得历史性成就。

（一）广播电视公共服务制度体系基本形成

党的十八大以来，随着国家和行业主管部门出台一系列发展规划和法律法规，基本构建起广播电视公共服务政策法律体系的"四梁八柱"，形成了具有系统化、规范化、协同性特点的公共服务政策法制体系。《中华人民共和国公共文化服务保障法》在法律层面确立了广播电视公共服务的地位作用，为明确政府职责，保障人民群众基本文化权益提供法律依据。国家"十四五"规划和《广播电视和网络视听"十四五"发展规划》等提出推动广电公共服务优化升级、实现智慧广电"人人通"等目标任务，对广电公共服务均等化、普惠化、便捷化等作出全新部署，标志着广播电视公共服务战略定位的再次提升。各地相继出台与广电公共服务有关的地方性规章制度，明确了公共服务建设以及相应的落实主体、资金来源和服务对象，不断强化广电公共服务法制保障。如2021年，江苏省出台《江苏省广播电视公共服务实施办法》，这成为全国首个广播电视公共服务省政府行政规章，北京、浙江等多个省市出台实施意见，不断强化广电公共服务法制保障。

（二）广播电视公共服务体系基本建成

这十年，国家广电总局推进实施广播电视"村村通"、直播卫星"户户通"、中央广播电视节目无线数字化覆盖等重点工程，统筹无线、有线、卫星、互联网等多种技术手段，形成了覆盖城乡、便捷高效、功能完备的传输覆盖体系，基本满足了全国城乡居民看电视听广播的需求。全国广播和电视节目综合人口覆盖率分别从2012年底的97.51%和98.20%提高到2021年底的99.48%和99.66%。截至2021年底，全国直播卫星"户户通"用户数超1.48亿户，直播卫星服务区域覆盖全国各地城乡；全国有线电视实际用户达2.04亿户，有线电视双向数字实际用户数9701万户，高清超高清视频点播用户3992万户；全国IPTV用户超3亿户，OTT用户10.83亿户；全国有线网络建设总长达到220.63万公里，广电5G和有线电视网宽带实现突破性发展。农村广播和电视节目综合人口覆盖率达99.26%和99.52%，西藏、新疆、内蒙古、青海等边疆地区的广播电视节目综合人口覆盖率均提升至99%以上，老少边及欠发达地区广播电视公共服务弱项显著增强。广播电视公共服务数量质量显著提升，极大增强了人民群众在精神文化生活方面的获得感、幸福感。

（三）优质内容供给日益丰富

一是节目内容与形态不断提质创新。新闻、文化、科技、公益类节目占比大幅提升，剧集、综艺、纪录片、动画片等质量稳步提高，VR、XR、人工智能、大数据等新一代信息技术赋能广播电视节目创新性发展、融合化传播，极大丰富了人民群众的精神食粮。各地以惠民工程为载体，以节目共享平台建设为手段，推动优质节目资源向基层下沉、向乡村覆盖。2021年全国广播和电视制作时长分别为812.71万小时和305.96万小时，全国卫视频道播出电视剧921部，开设纪录片栏目124档,开播文艺节目221档,播出公益广告128.3万次。优质内容供给能力不断增强。

二是内容供给均等化水平不断提高。2021年全国制作农村广播和电视节目时间分别为141.56万小时和69.03万小时,分别占广播和电视制作时间的17.42%和22.56%。各地依托有线数字电视、智慧广电云平台等建立省级广播电视节目公共服务平台,提供优质影视剧、专题节目等点播内容;县级融媒体中心等播出机构深耕本地,内容供给能力不断提高;对农节目类型更加丰富,播出时长进一步延长。

三是少数民族地区广播电视内容供给能力得到极大提升。十年来,全国广播电视深入推进西新工程、民族语言节目译制工程等重点工程,边疆地区、民族地区广播电视覆盖能力明显提升。各级播出机构及民语译制中心通过新技术、新形式,加强民族语言节目译制工作,并向新疆、西藏等少数民族地区捐赠热播电视剧、纪录片、动画片等优质片源,保障边疆少数民族群众的精神文化需求。

(四)高清超高清建设加快发展

全国广播电视深入推动高清超高清建设,为人民群众提供更多高品质的视听节目,更好满足人民群众对美好视听生活的需求。截至2021年底,全国共批准设立广播电视播出机构2542个,已批准开办的高清频道从2012年底的28个增至2021年底的985个,4K频道8个,8K频道1个,中央广播电视总台和25家省级台电视频道基本实现高清化,全国地级台电视频道已有73%实现高清化,互动视频、沉浸式视频、虚拟现实视频等高清视频和云转播应用不断提升。

(五)应急广播体系建设全面推进

十年来,覆盖城乡的六级应急广播体系架构初步构建,应急广播覆盖面、标准化、规范化、精准性不断提升,多领域服务保障能力不断增强。全国广播电视系统不断推动应急广播平台建设、终端建设、体系建设,推动实施深度贫困县、老少边及欠发达地区应急广播工程,积极推进应急广播体系建设,促进应急广播系统与地震、气象等相关应急预警系统对接,健全应急广播技术标准体系,创新应急信息资源共享协作机制,搭好平台、建好网络、用好终端,应急广播在防灾减灾、应急救援、公共服务、舆论引导、疫情防控、基层治理等方面发挥了独特和重要的作用,成为国家现代公共文化服务体系、应急体系和治理体系的重要组成部分。截至2021年,全国已建成国家应急广播自动适配系统和11个省级平台、75个市级平台、1107个县级平台,部署终端214万个,覆盖行政村24万个。

(六)智慧广电+公共服务取得阶段性重要成果

广电行业深入贯彻落实习近平总书记关于打造智慧广电媒体、发展智慧广电网络的重要指示，以"数字化、高清化、网络化、智慧化、移动化"为建设目标，"智慧广电＋公共服务"充分发挥科技创新引领作用，公共服务可及性与触达率不断提升，成为推动广播电视公共服务提质升级的重要战略举措。

一是智慧广电赋能广播电视公共服务均等化水平提高。依托智慧广电固边工程、智慧广电乡村工程等重点工程，把公共服务滞后地区纳入建设重点，逐步完善"政用＋民用＋商用"业务模式，开拓智慧政务、智慧社区、智慧乡村、新时代文明实践、智慧教育等应用场景，推动视听新技术、新内容、新场景应用，使优质节目资源、教育资源、医疗资源下沉至基层。

二是智慧广电赋能公共服务基础平台价值不断延伸。随着新一代信息技术逐渐渗透于广播电视内容生产与传播的各个环节，广播电视公共服务价值链不断拓展，不断向数字化、网络化、智能化、多元化、协同化方向发展。智慧广电云平台、智慧广电网络基础设施不但应用于广播电视公共服务，同时也成为全领域公共服务的技术底座和基础平台，广播电视对其他公共服务的助力和载体作用充分发挥，智慧城市、智慧水务、雪亮工程等城市与乡村社会治理功能，养老、教育、医疗等居民公共服务场景得到不断延伸。

三、新征程推进广播电视公共服务建设的思考与展望

新时代新征程，广电公共服务要主动对接融入服务乡村振兴、区域协调发展、强边固边、新型城镇化建设等国家重大发展战略，立足未来电视发展格局，为人民群众提供"呈现高清化、传播立体化、服务智慧化"的高质量视听服务，满足人民群众更高层次精神文化需求。

一是以标准化促进均等化一体化建设。落实国家基本公共服务标准要求，组织开展公共服务标准动态调整研究，在标准化试点工作基础上不断完善标准体系，持续推动基本公共服务供给均等化，以政策、标准、规范引导各类主体投入普惠性非基本公共服务，促进城乡广播电视公共服务体系一体化建设。

二是统筹推进"十四五"重点惠民工程。深入推进实施智慧广电乡村工程、"三区三州"广播电视播出机构融合发展能力提升工程、老少边及欠发达地区应急广播体系建设等重点工程项目建设任务，推进城乡广播电视公共服务体系一体化建设。坚持建管用并重，将公共服务建设引入地方政府考核体系，明确和落实重点项目责任主体和责任要求，压实主体责任，强化统筹联动、督办检查、绩效考评，以重点工程的实施全面推进新阶段广播电视公共服务提档增效。

三是加快推动智慧广电人人通、移动通、终端通。以全国一网和广电5G建设为基础，加速广播电视网络IP化、光纤化、智能化改造，统筹推动有线无线、大屏小屏协同发展，推动广电公共服务优化升级，提供个性化、多样化、

精准化服务。

四是综合提升广播电视公共服务综合效益。加快人工智能、大数据、区块链等新一代信息技术在广电公共服务领域的研发与应用，充分发挥"智慧广电+"服务效能，使广播电视公共服务深度融入数字社会、数字政府、数字乡村建设，推动广播电视向创新服务型转变。推广"公益广告、节目+消费帮扶""短视频、直播+消费帮扶"等消费帮扶模式，统筹有线、无线、卫星等方式为边远乡村地区提供教育、医疗、法律等内容服务和技术支持。

五是完善广播电视公共服务保障机制。一方面，强化要素保障。积极对接中央和地方各项预算内投资渠道，争取各级财政专项资金和一般性转移支付资金，重点保障边疆地区、农村地区、老少边及欠发达地区的财政投入。进一步完善政府投资建设、政府向社会组织购买公共服务等资金投入机制。另一方面，健全保障机制。逐步完善精准服务、主动响应的公共服务提供机制，实现从"人找服务"到"服务找人"的转变。强化长效化、常态化运维保障机制，完善基层公共服务网络，健全基层广电公共服务运维保障体系。

（作者单位：国家广播电视总局发展研究中心）

改革开放以来的中国电视：
政策演变、社会变迁与公共文化形塑

孙蕾蕾

1958 年 5 月 1 日，新中国第一座电视台——北京电视台试播成功，宣告中国电视业诞生。在经历了 1966 年至 1978 年的过渡阶段后，中国电视事业建设重新步入正轨。中国电视事业真正的大发展是在 1978 年中国共产党第十一届第三次全体会议以后。研究改革开放以来的电视业历史与政策变迁以及电视与社会、文化之间的互动关系，对当下电视业的数字化转型与结构性重塑具有重要意义。

一、改革开放以来中国电视的历史分期及政策变迁

（一）全面发展期：改革开放和现代化建设时期（1978—1992）

以党的十一届三中全会为标志，中国进入改革开放和社会主义现代化建设新时期，电视宣传随之开启一系列革新。从新闻宣传模式上，电视开始突破"形象化政论"拘囿，报道题材逐渐拓展到社会经济、政治、文化、教育等各个面向，传播功能也转向传播信息、引导舆论、政治宣传、教育娱乐、传承文化。[1]20 世纪 70 年代末至 80 年代初，电视业以新闻改革为突破口，进入新时期。1980 年 10 月召开的第十次全国广播工作会议提出，到 20 世纪末，建成自成体系的广播和电视宣传网。会议重提"广播要自己走路"，重新探讨了广播的特点、性质和作用，广播事业出现了改革的第一次浪潮。[2] 这次会议也标志着广播电视宣传的进一步拨乱反正和改革的起步。1983 年召开的第十一次全国广播电视工作会议提出了"四级办广播、四级办电视、四级混合覆盖"的政策，具有里

---

① 陈俊宏等：《中国电视的新闻宣传与文化传播战略研究》，人民出版社，2017，第8页。

② 单波、秦志希：《中国共产党新闻思想回顾（1921~2001年）——新闻学专家访谈录》，《新闻与传播评论2001年卷》，武汉大学出版社，2002，第82页。

程碑意义，确定了中国广电的业态格局。会议强调广播电视宣传要"扬独家之优势、汇天下之精华"，以新闻改革为突破口带动广播电视宣传的全面改革。此次会议的决策使我国广播电视进入了快速扩张和高度繁荣的重要时期。从"自己走路"到"扬独家之优势、汇天下之精华"方针的确立，成为改革开放之后电视行业拨乱反正、第一次"思想解放"的标志。① 这期间的电视新闻自采自编报道增多，简单依赖通讯社、报纸稿件的宣传方式被打破，观众本位的观念进一步得到确立。同时，坚持电视新闻真实性的原则、提高新闻时效性、增强信息量、增加新闻节目比重已成为共识，电视新闻逐步走向电视信息传播的中心位置，成为电视节目的主体架构内容之一。20 世纪 80 年代中后期，中国电视在政治报道方面也有了很大的突破。

（二）深化改革转型期：社会主义市场经济转型期（1992—2012）

以邓小平南方谈话和党的十四大为标志，中国社会主义改革开放和现代化建设事业进入新阶段。随着中国社会转向市场经济，中国社会和国民的价值理念、思想观念、生活方式等都发生了根本性改变，新闻思想与传播方式也发生了深刻变化，中国的影视文化随之进入"转型"阶段。② 这一时期，电视事业开启了从局部转向整体、从微观转向宏观的体制改革，在观念、制度、新闻业务等诸多方面都发生了显著变化。电视业的新一轮改革，不仅涉及宣传改革，也涉及经营管理观念的变革，逐渐转向市场化机制，凸显产业性质。

邓小平南方谈话为中国电视"由数量规模型向质量效益型转变"、进而"走向世界"扫清了障碍。③ 南方谈话对中国电视产生的一个重要影响是直接推动了舆论监督类节目的发展，中央电视台推出了《焦点访谈》《时空报道》《新闻调查》等栏目，掀开了 20 世纪 90 年代中国电视新闻改革的帷幕。此阶段电视新闻改革大致可分为三个阶段。第一个阶段以 1993 年《东方时空》的开播为标志。作为一档大型电视新闻杂志节目，《东方时空》改变了观众早间不收看电视节目的习惯，开了中国电视改革的先河。第二个阶段以 1994 年《焦点访谈》的开播为起点。作为一档兼具深度报道与新闻评论色彩的节目，《焦点访谈》一度成为央视最受欢迎的品牌栏目之一。1998 年，电视批评性报道达到历年之最，④ 这一年也被称为"舆论监督年"。第三个阶段以 1996 年《新闻调查》的开播为起点。作为一档深度新闻评论类节目，《新闻调查》在借鉴

---

① 杨伟光：《中国电视论纲》，中国广播电视出版社，1998，第13页。

② 谭芳：《试论关于"转型期"中国影视文化的"四个浪潮"——胡智锋访谈录》，《当代电视》2000年第12期。

③ 杨伟光：《中国电视论纲》，中国广播电视出版社，1998，第5页。

④ 郭镇之、赵丽芳主编《聚集〈焦点访谈〉》，清华大学出版社，2004，第243页。

现代传播理论和新闻专业主义的基础上，根据中国国情对节目价值观念进行了本土化改造,因此被一些学者视为"中国特色的新闻专业主义"①。《新闻调查》的播出使"调查性报道"的概念深入人心，标志着中国电视媒体的发展趋势开始"走向调查"。

20 世纪 90 年代的电视新闻改革在传播体制、观念、话语实践等方面均产生了一系列革新，诸如平民化观念的表达、叙事语态的转向、舆论导向及舆论监督的思想影响深远。②这次改革所推崇的"平民气质""语态革命""舆论监督"将中国电视新闻改革进一步推向纵深发展。一系列新闻评论栏目的创办，标志着我国电视媒体引导舆论能力的提高，电视媒体舆论中心的地位逐渐确立。

20 世纪 90 年代也是电视传播技术飞速发展的时期，新型传播技术在对传统的无线传输方式构成冲击的同时，也改变了整个电视业的格局。21 世纪初电视产业化的一个表现就是大型综合性广电集团的成立。1999 年，全国第一家地市级广播电视集团无锡广播电视集团成立；2000 年，全国第一家省级广播电视集团湖南广播电视集团成立。2001 年 8 月，《关于深化新闻出版广播影视业改革的若干意见》出台，使跨媒体、跨行业经营成为中国广电行业的一种重要趋势。这一阶段电视产业改革的另一个核心概念是制播分离的深化，2004 年国家广播电影电视总局发文，将制播分离作为电视产业发展的主要方向。2009 年 10 月，上海文广集团将除新闻以外的全部制作资源及经营业务归于新成立的"东方传媒"旗下，成为全国第一家实施整体制播分离机制的电视机构。

制播分离实践产生的一个直接影响，就是推动了电视频道的专业化。进入 21 世纪后，国内各电视台对专业频道的设立与整合进入了一个高潮，湖南电视台在 2000 年底将原有播出平台整合成七个专业频道；中央电视台从 2001 年开始也整合了各个频道资源，经济、农业、科教、体育等各类节目各归其位，呈现出明显的频道专业化特征。中央电视台科教频道（CCTV-10）于 2001 年 7 月 9 日开播后，立刻成为唯一一个面向全国播出的社会教育类专业频道，并相继推出了三十多个常设的社教栏目。在进入 21 世纪后，中央电视台形成了一个以科教频道为中心、辐射其他综合频道及专业频道的社教栏目集群，"其规模之庞大、编排之完善，即使与电视业高度发达的西方国家相比也不遑多让"③。

---

① 李弋：《观念演进 体制突破 表达创新——90年代广播电视新闻改革的突破》，《新闻研究导刊》2011年第7期。

② 李弋：《观念演进 体制突破 表达创新——90年代广播电视新闻改革的突破》，《新闻研究导刊》2011年第7期。

③ 常江：《中国电视史1958—2008》，北京大学出版社，2018，第449页。

（三）融合发展期：中国特色社会主义新时代（2012年至今）

党的十八大以来，中国特色社会主义进入新时代。2014年8月，中央全面深化改革领导小组第四次会议审议通过了我国媒体融合发展的纲领性文件——《关于推动传统媒体和新兴媒体融合发展的指导意见》，"媒体融合"上升为国家战略，中国进入"媒体融合"时代。业界针对这一纲领性文件在主流媒体的内容、服务、营销等方面开启了多元化探索。早在20世纪90年代，各地电视台就开始了新媒体转型，纷纷创建网站。1996年10月，广东电视台开办了国内第一个电视台网站。至2005年，全国所有地市级以上的电视台几乎都建立了自己的网站。2008年北京奥运会有史以来第一次实现了互联网视频直播，网络音视频受众规模达2.44亿，央视网及转授9家商业网站在开幕式当天的用户数达1.61亿人，极大地推动了网络电视、手机电视等新媒体业务的发展。2009年12月28日，CNTV（中国网络电视台）开播，这个多终端、多语种、全球化的公共服务平台的建立，标志着中国有线电视向网络形态进一步延伸与提升。2010年1月，国务院就三网融合召开了常务会议，实质性地推进了三网融合的工作布置，引发了传媒产业的转型热潮。

2016年2月，习近平总书记指示要将媒体融合从相"加"阶段推向相"融"阶段，着力打造一批新型主流媒体。2018年4月，原中央电视台、原中央人民广播电台、原中国国际广播电台合并成为中央广播电视总台，大大加快了传统广电媒体融合转型的步伐。全国省市以上广播电视台的台、网、端、微已布局完毕，采用云计算、大数据技术的中央厨房建设已基本完成。

随着三网融合与移动互联网的发展，移动传播、互动传播与多屏传播成为新常态，年青一代受众开始更多地依赖网络视频和移动终端消费电视内容。电视的互联网化正全面改变着电视的产业格局。传统媒体与社交媒体、新兴媒体进一步融合，形成立体化传播矩阵，主流传播模式更多地表现为多媒体、多平台传播，[①] 媒介融合呈现出多样化、复杂化的特点。如今，中国的媒体融合已从最初的媒体兼并、整合这种简单的"介质相加"阶段发展成为"介质相融"的融媒体阶段，媒介功能也从信息平台逐渐转向社会治理和公共服务。当下我国的媒体融合已经进入一个由国家治理、媒介生态、人工智能等政策、技术语境交织共生的"融合深化"的新阶段。[②]

二、电视与社会变迁、公共文化形塑

从媒介文化研究的视角来看，哈罗德·伊尼斯（Harold Innis，1972）指出，社会发展通常沿袭从口述到读写、再到电子传播形式的线性轨迹。根据伊

---

① 许向东：《数据新闻：新闻报道新模式》，中国人民大学出版社，2017，第122页。

② 栾轶玫：《媒介深度融合的"下一站"》，《现代视听》2021年第3期。

尼斯的观点，人类社会从口述社会发展为读写社会，再从读写社会走向电子传播形式，因此社会是根据它所使用的通信形式来构建的。[①] 随着广播电视的发明，人类社会迈入电子传播时代。电视的普及则推动大众媒介进入"视觉传播"阶段，全球文化也随之发生"视觉转向"。"视觉性"已成为构建当代社会文化的一个关键特征。一些学者指出，"视觉文化取代印刷文化则成为一个时代的文化最为突出的现象乃至于模式。"[②]20 世纪 70 年代以来，电视研究开始出现人类学转向，民族志逐渐成为研究电视与社会发展与变迁的一种重要研究方法。[③] 美国学者柯克·约翰逊采用民族志的方法研究了电视对改变印度乡村生活社会面貌所起的结构性作用。他通过研究发现，印度许多乡村从口述传播的阶段跃入电子传播形式，而这一跃迁初始于广播的引进，又主要归因于电视的出现及其无以匹敌的流行，从而指出，电视在印度乡村转向城市化、现代化的过程中起到了推动作用，成为印度乡村社会变迁的动力。

作为大众传播最有力的一种电子媒介，电视在中国改革开放以后的社会转型与变迁中承担着怎样的角色？柯克·约翰逊对印度的研究具有重要的借鉴意义。电视可被视为衡量改革开放以来中国整体景观和社会变迁的一个重要观察维度。萨尔兹曼（Salzman）指出，不管前工业的还是后工业的村庄正在变得越来越全球化，"世界"正在进入每个村庄和社区，作为媒介的电视在乡村的现代化转型中起着重要的推动作用。在地方与外部世界的关系形塑中，消费主义、民主化、语言霸权、城市建模这四种因素普遍存在，[④] 而电视促进了传统社会的现代化进程。

电视与公共文化形塑之间的关系亦可视为研究电视与社会变迁的一个切口。正如文化理论家罗杰·西弗斯通（Roger Silverstone）所指出的，尽管电视只是以消费为主要特征的社会的文化构成元素之一，但它毫无疑问是一个至关重要的元素。[⑤]20 世纪 80 年代电视在中国的大众化普及恰好伴随着消费主义、城市化和乡土社会的现代性转型。电视逐渐超越大众媒介的工具性层面，在特殊的历史与政治语境下演变为一个复杂的文化概念。

随着民众购买力的提高，电视逐渐从计划经济下的稀缺资源变为大众化的

① 柯克·约翰逊：《电视与乡村社会变迁——对印度两村庄的民族志调查》，展江、张金玺译，中国人民大学出版社，2005。

② 张晶：《文艺学美学视域中的视觉文化（笔谈）》，《求是学刊》2005年第3期。

③ 赵楠：《约翰逊〈电视与乡村社会变迁——对印度两村庄的民族志调查〉之方法论研究》，《新闻研究导刊》2016年第7期。

④ 柯克·约翰逊：《电视与乡村社会变迁——对印度两村庄的民族志调查》，展江、张金玺译，中国人民大学出版社，2005，第173页。

⑤ Roger Silverstone, *Television and Everyday Life*, London and New York:Routledge, 1994,p.104.

流行媒介。民众的媒介接触方式也从最初的集体式的观看转向家庭式的观看，电视成为一种家庭媒介。一方面，随着电视走进普通市民家庭，电视成为大众文化得以普及的媒介基础设施。20世纪80年代，党和国家全面明确了电视作为最强大的舆论宣传工具的地位，广播电视传播信息的数量、速度、范围在各种媒介中已居首位。电视在主流话语中的独立性和重要性得到了确认，进而借助其媒介技术优势在社会信息传播体系中超越了报刊和广播，成为"第一媒介"[1]。另一方面，电视、消费主义、城市化这三种现代性转型要素在互构的张力中急速填补了"文革"后百废待兴的文化空白。"文革"结束后，以自省、反思、人本主义为特征的"伤痕文学"宣泄了一代人积郁许久的心灵伤痛。在沉重的时代反思与人性追问下，电视迅速发展为一种公共性、精神性的建构力量，对民众起到了独特的心灵抚慰作用。

一个长期以来由口述传统和农业生产方式所界定与组织的社会，仿佛突然之间通过电视这一新兴渠道开始更多地由丰富跳动的新观念、视觉符号甚至海外资讯来建构与重组。电视开始参与大众文化生产，并在当代公共文化的形塑中表现显著的建构功能。电视不仅是一种日常消费媒介，还迅速扩张为新的公共空间，彰显出"公共文化"的特性。从整体上看，以电视崛起为主线的20世纪80年代的大众文化具有精英主义主导的特征和工具理性色彩。在美学上，一种强调文化性、精神性的泛审美化的新闻理念开始成为荧屏主流；在内容生产上，电视开始突破单一的新闻宣传模式，体现出更为复杂丰富的文化向度，从日常生活资讯到知识的传播，再到审美、精神、观念层面的现代性启蒙，全方位地改变着国民的生活方式与文化观念结构。20世纪90年代后期，中国电视转向以市场为导向、以产品为主导的阶段，新的娱乐化、商业化的大众文化范式取代了80年代的精英主义范式。娱乐化、产业化也成为90年代中国广播电视媒体最鲜明的景观标识。

三、结语

改革开放以后，广播电视改革的浪潮风起云涌，涉及传播、管理、技术开发等领域。在新闻观念方面，广播电视新闻宣传工作逐渐回归到传播规律本体，从"政治宣传为主"转向"服务为主"，更加贴近受众；在社会层面，电视推动了中国乡村社会的变迁，成为乡村向城市化、现代化转型的动力。然而，电视只是社会变化诸多复杂动力中的一种变量，对这种变量的定量研究还有待于继续深入。综上所述，改革开放以来的四十多年，是中国电视业改革创新、加速发展、整体转型的历史时期。中国电视经历了由少到多、由粗到精、由分散到集约的规模化发展之路，在数量、质量、形态、结构、效益等方面实现了跨

---

① 常江：《中国电视史1958—2008》，北京大学出版社，2018，第198页。

越式发展。①

当下，中国电视正在经历前所未有的数字传播技术转型与视听革命。随着大众传播"视觉转向"的深化，视觉传播与人类视觉文化生产进入智能多屏时代，科技与艺术的日益融合，传统电视节目的制作模式被打破，以纪实为主的影像语言开始由部分虚拟技术制作的虚拟场景和画面所替代。在未来电视的传播图景中，一种基于媒介融合的智能互联、虚实共生的数字艺术景观正在生成，而全新的沉浸式的数字美学也将呼之欲出。

（作者系中央广播电视总台社教节目中心编辑、纪录片编导）

① 黄勇：《论新中国六十年广播电视的发展道路》，《现代传播》2009年第6期。

献礼二十大主旋律报道如何发挥最佳传播效果

唐志强

主旋律报道，主要是围绕党和政府的方针和政策来做选题，往往涉及一些纲领和政策，这类题材有一定的严肃性，如何做好报道十分值得探究。

原文照录、全文转发一些政策性文件，从新闻的真实性和安全性方面来说，确实不会出错。但一方面这样无法体现出新闻传播机构的能力和水准，另一方面由于受众受教育程度、生活阅历水平的参差不齐，大部分受众对这类报道的理解能力不够，他们的关注度会大大降低，由此导致新闻传播的价值和效果很难得到广泛体现。

哈罗德·拉斯韦尔在《社会传播的结构与功能》中，对社会传播的过程、结构及其功能做了较为全面的论述，也就是著名的拉斯韦尔"5W"模式，即谁（Who），说了什么（Says What），通过什么渠道（In Which Channel），对谁说（To Whom），取得了什么效果（With What Effect）。本文主要针对主旋律报道在当下新媒体时代产生了什么样的传播效果进行研究。

传播学科的集大成者和创始人威尔伯·施拉姆，在1949年出版了《大众传播学》一书。这本书分八个部分，其中就提到了大众传播的受众、大众传播的效果和大众传播的责任。

笔者聚焦央广网等一些中央主流媒体的主旋律报道，探讨如何借助新闻传播的规律，让主旋律报道发挥更强的生命力，取得更好的传播效果。

一、主旋律报道要注重贴近性

2012年12月，中宣部下发《关于贯彻党的十八大精神 切实改进文风的意见》（以下简称《意见》）。《意见》指出，宣传思想文化战线要坚持"三贴近"原则，发扬"走转改"精神，着力转变思想作风、工作作风，着力提高针对性、实效性、亲和力、感染力。

"三贴近"指贴近实际、贴近生活、贴近群众。"三贴近"体现了实践第一的观点、人民群众是历史创造者的观点、以人为本的观点。落实"三贴近"，就是在深入实际、深入生活的过程中反映实际、反映生活，在了解群众、引导群众的过程中服务群众。

（一）贴近群众，聚焦群众的工作生活变迁

作为党的二十大重大主题报道，央广网《大时代》系列就很好地将大主题、主旋律报道有效地跟群众结合起来，报道群众在这些年当中的发展和变化，通过普通群众的一件件小事，来见证时代的发展和变迁。

2022年10月13日，央广网刊发《大时代》系列报道钦州篇。在这篇题为《钦州：岭南古郡筑巢引凤逐梦新丝路 南方大港扬帆出海勇立时代潮》的报道中，一开始就聚焦了钦州港自动化码头的一名"85后"青年田仁杰。文章提到，十年间，田仁杰从外行人到人工码头上的岸桥司机，再到自动化码头的建设者、技术能手。文章以小见大，娓娓道来，从建设者的视角讲起，讲述钦州港从以前的人工码头，发展到现在的自动化码头，进而引出后来的一系列变化。

在《习声回响》系列中，《为人民谋幸福，是中国共产党始终坚守的初心》一则视频，用漫画手书的方式将农民、消防、警察等形象生动地呈现出来，通过展现他们的工作情景，以小见大，从基层入手来体现中国在全面建设社会主义现代化国家新征程上的屡屡辉煌事迹，将硬新闻"软"化，以一种新形式呈现，从而达到较好的效果。

（二）贴近生活，反映群众的呼声和需求

2022年1月，央广网刊发《大开局》系列南宁篇。这篇报道以三分之一的篇幅报道了广西如何进行生态治理，擦亮"山清水秀"这一金字招牌的点滴经过。

"以前这里杂草丛生，河水又黑又臭，蚊虫很多。现在变成了公园，还有很多娱乐设施，我经常带孙子到这里来散步。"从关窗避臭到推门见绿，心圩江河段旧貌换新颜，从小在心圩江边长大的市民黄先生见证了这条"臭水沟"的蝶变。长期以来，南宁心圩江、朝阳溪等黑臭水体，严重影响着当地民众的生产生活。

央广网着眼于普通群众的基础需求，报道了有关部门在治理黑臭水体过程中所付出的努力，让普通群众了解到这方方面面的生态变化。如此，自然能激发人民群众对相关报道的兴趣。

除此之外，央广网的《奋斗者正青春》专题也从普通群众出发，聚焦那些立足岗位做贡献、有着过人本领、展现正能量主题的人物。例如，《古籍修复师宋晶：妙手补书书可春》，从国家图书馆的古籍修复师入手，来展现这一工作群体背后的艰辛付出，通过报道来引起受众对这一工作岗位的关注，体现古籍修复的不易。

（三）贴近实际，要让群众喜闻乐见

新闻要有真实性，要选择实际发生过的事实，要贴近实际。在做重大主题宣传时我们也要做好宣传度的把控，不可夸大，也不可空穴来风，坚决反对"客里空"式的报道，而要做到从实际出发，站在客观的立场上去报道新闻事件，就要践行好马克思主义新闻观。

《开局十四五》是央广网在"十三五"与"十四五"交界时期所做的相关报道。专题回望 2021 年，走进 2022 年，聚焦中国各地"十四五"开局的首考，关注经济社会和民生发展，聚焦新时代新征程，看各地开局之年的新气象和新思考。

其中《江西："改道超车"打造世界 VR 中心　万鸟翔集见证美丽鄱阳湖》一篇报道中，就很好地结合了实际。文章先是从一串江西的生产总值数据说起，进而讲述江西发展的特色新路径。例如，文章第一部分从赣深高铁切入，它的开通把赣州到深圳的距离时长缩短了近 4 个小时。"我老家在赣州安远，目前在深圳工作 30 多年了。之前从赣州到深圳最快需要 5 个多小时，今天只花 1 个多小时就到了，实在太方便了！"文章引用谢家英女士的话语来展现出高铁开通给百姓带来的兴奋情绪。这是给百姓带来的利好。另外，赣深高铁使本地企业与广东的交流合作更加方便和快捷了，"企业 2017 年到赣州市投资，从 2020 年开始投产，2021 年销售额近 10 亿元，赣深高铁的开通将帮助企业加快拓展粤港澳大湾区市场"。文章摆数据讲事实，从企业的销售额看到高铁给市场带来的发展与进步。

该部分的最后通过采访南昌大学特聘教授、北京大学新结构经济学研究院研究员付才辉这类权威人士来获取相关信息，进一步增强了新闻的真实性，从而也更加贴近实际。

广西频道 2022 年 8 月 25 日刊发的一篇题为《奋斗者 正青春·周鼎晨：花式反诈宣传标语"进菜市、进社区、进群众心里"》的文章，聚焦菜市这个人民群众经常会出入的民生场所，来讲述"反诈菜市"的创意事件，引出推出这一创意的社区民警周鼎晨在反诈工作中所做的贡献与创新，用百姓喜闻乐见的方式来推广与人民利害关系最大的宣传。发动成立"反诈先锋商家联盟"，开展"反诈宣讲""反诈 Rap 秀"，设立"南普"反诈标语灯牌等，一系列亲民的方式使反诈知识通俗易懂。记者正是观察到了这一现象，对这个事件进行报道，很好地做到了"三贴近"。

二、创新是主旋律报道的重要生命力

创新是第一动力，体现在工作和生活的方方面面。新闻工作更需要创新，

才能发挥出极佳的传播动力，取得优异的传播效果。

2016年2月19日，习近平总书记在党的新闻舆论工作座谈会上强调，随着形势发展，党的新闻舆论工作必须创新理念、内容、体裁、形式、方法、手段、业态、体制、机制，增强针对性和实效性。要适应分众化、差异化传播趋势，加快构建舆论引导新格局。

（一）内容创新，逆向思维或能取得更佳效果

2021年4月，习近平总书记到广西考察时，走访了桂林市全州县毛竹山村，并与当地村民亲切交谈，一时之间，这个湘江边的小山村名声大振。不少央媒驻桂机构以及广西壮族自治区内主流媒体，纷纷将毛竹山村作为当年新村走基层的一个重要选点。

2022年2月2日，农历大年初二。央广网广西频道记者冒着细雨来到毛竹山村探访时，由于天气寒冷和过年的原因，这里并没有意想当中的游人如织，稿件自然不能朝着这里名气大振、多么热闹这个原计划的思路去展开。那么，采访和写稿如何进行呢？

记者在村子里走访后发现，居然有农户冒着细雨在拆葡萄架。仔细一问，原来，随着当地名气越来越大以后，葡萄销路越来越好，村民们挣了不少钱。于是，村民们希望拆除旧的棚子，搭建更新更好的葡萄棚，改种更好的葡萄品种，期待获得更好的收成。

记者思路一转，根据采访到的内容写出《广西毛竹山村：生活越来越好 奋斗脚步不停》一文。这篇新村走基层作品在央广网刊发后，很快被中央网信办推荐全网转发，全国数百家媒体转载，取得了良好的传播效果。后来，这篇文章还被中宣部评为2022年新春走基层优秀作品。

无独有偶，采写这篇稿子的记者，当年在另外一家央媒驻站工作时，曾组织策划关注"慢火车"系列报道。在众多媒体都将目光聚焦动车提速、铁路客流量种种方便的时候，他独辟蹊径，关注"绿皮车"这类不属于当前时代主流车型的方方面面。报道聚焦了"绿皮车"在满足低收入群众的出行需求，助力乡村振兴等方面不可磨灭的贡献，体现出铁路部门在当前关注经济效益的情况下，不忘聚焦社会效应。这类报道无疑比那种空洞说教式的宣讲更能让人记住，获得了广泛好评。在当年的宣传广西好新闻奖评选中，这组系列报道获得二等奖。

（二）形式创新，给读者眼前一亮的感觉

有些时候，稿件的内容一下子找不到创新点，在包装和形式上来一些创新，其实也会给看烦了某些报道方式的受众眼前一亮的感觉。

央广网《大时代》报道长沙篇当中，视频稿以网红城市为主线，在视频展

现形式和手法上，与此前的报道模式有了很大的区别。视频一开篇就用几个大全景来展现长沙的面貌，使受众对城市的面貌有了一个整体的了解，镜头间用一种轻快的衔接方式将长沙这一城市的活力给展现出来；再接着通过市民群众的采访来客观展现长沙城给人们的印象，节奏紧凑不拖沓，其中一位采访者还用长沙话来叙述，乡音的亲近性在一定程度上也拉近了媒体与受众的距离，创新了传播方式。

广西钦州，相比于其他的大城市来说知名度肯定逊色不少，关注度也没有那么高。但如果通过创新语言、叙事手法来对其进行展现，在城市形象宣传方面也会有出其不意的效果。央广网广西频道在对钦州进行《大时代》的报道时，借鉴热播影视剧《长安十二时辰》的形式，采用"时辰轮转"的展现手法拍摄视频，以此体现钦州一天中的时辰亮点。辰时晨练的群众，带出钦州十年来生态环境发生的变化；巳时码头员工的讲述，带领读者了解钦州港一带的发展；水质检测人员的操作，让人直接见到钦江的水质和两岸的绿化；最后，用时辰来引出钦江旁老街的夜经济发展。

时间线上一环扣一环，叙事上娓娓道来，讲述出了钦州十年间的发展变化，以小见大，更能体现其发展的深入性。这种方式在互联网新媒体日益盛行的当下，更契合年轻人的口味，以一种更年轻的形式将主旋律报道更"主流"。

（三）语态创新，从"官方语态"到"民间互动"

在互联网新媒体日益发展的当下，传播话语体系也发生了转变。当新媒体撞上主旋律报道，如何将主旋律的传统报道方式转型，让受众更易接受，从而与媒体互动，以达到更好的传播效果，是当前亟待解决的问题。

主旋律报道的传播与新媒体传播在一定程度上可以相互融合，形成一种"新媒体赋能的主旋律报道传播"场域，构建"新媒体＋主旋律"的传播模式和话语体系。

传统的媒体传播方式不外乎图片、文字、视频，但在新媒体时代，媒介创新表达要采用更多的元素；不仅局限于官方的话术，还要多用民间语态。据中国互联网络信息中心发布的第50次《中国互联网络发展状况统计报告》显示，截至2022年6月，我国网民规模为10.51亿，互联网普及率达74.4%。因此，要想传播好主流政策与思想，就必须转变传统报道的话语体系，用一种"新""鲜""活"的话语包装起来，通过互联网络传播，形成创新的语态。

在二十大融媒体报道中，央广网推出《大时代》系列主题报道，派出33个地方频道100多名记者深入全国多地城市采访，一篇作品分为中视频、图文、音频3种形式呈现，展现出了各地不负伟大时代、筑梦追梦绘就的壮美画卷。该系列报道获得全国700多家重点新闻网站、商业平台首页首屏推荐。

然而新媒体的展现形式不只于此，还应有更多的创新。一些媒体为了让主旋律更深入人心，利用技术以融媒体的展现形式对此进行了报道。例如，长图、H5、MV等。同样也是在二十大报道中，人民网与人民日报一本政经工作室出品的报网融合产品——《你问我答·二十大》短视频栏目，节目通过记者讲述+MG动画相结合的方式，介绍党的二十大的基本知识。报网融合、相互赋能，将传统与新科技结合起来，通过移动端来传播，增强了网友的亲近感和参与感，又符合当下主旋律的报道要求。又如新华社推出的微电影《小事大时代》，以民生小事展现国家十年缩影；《中国日报》推出国风H5——《十年刊·致祖国》重现过去十年的一些重要时刻和重大事件，网友在其中还能生成个人专属的《中国日报》"十年刊"头版，极具互动性、艺术性。这些都是我们在今后的报道工作中可以借鉴和参考的地方。

在Z世代众多的互联网当下，我们要把"官方语态"转化成"民间互动"，以达到接地气的效果，输出与主旋律相契合的报道作品与模式，让主流真正成为"主流"。

三、新媒体平台可助力传播效果裂变

在当下这个信息爆炸的数字化时代，人们接触到信息的平台和方式日趋多元化，传统的报纸、电视、广播甚至是后来出现的网络平台，已经不再是他们接触到信息的主流方式。很多"90后""00后"年轻人，家里甚至没有电视机，不少人可能一年也不看几次报纸、电视，也很少听广播。

网络舆论生态也呈现出复杂态势。新媒体作为热点事件曝光的主要平台，已经成为舆论产生和发酵的主要阵地。随着碎片化内容消费时代的到来，短视频平台主流化趋势越来越明显，抖音、快手等短视频平台异军突起，短视频用户规模达到9.62亿，较2021年12月增长2805万人，占网民整体的91.5%。

这对主流媒体来说无疑是巨大的挑战。在如此情况下，主流媒体应顺应新媒体发展趋势，发展自己的客户端，开通微信、微博，借助短视频的发展风口，在这些短视频平台开通自己的媒体账号，在自身媒体平台传播原创内容的同时，通过这些平台推送流量，以便达到更好的传播效果。

央广网推出《大时代》系列报道之后，除在网站、客户端刊发之外，还将文章发布到微信公众号、网易号、百家号、腾讯网等新媒体矩阵，立体、全方位地进行传播。与此同时，制作海报，并将文章中涉及的亮点内容以碎片化的形式形成不同的话题，发布在微博上，由此形成信息裂变，达到良好的宣传效果。

四、结语

时代的巨轮滚滚向前，人类的传播事业从口语传播到文字传播、印刷传播、

电子传播，再到今天的国际互联网传播，网络把世界和人们联结起来，形成地球村。每个传播媒介的诞生都对应着一个时代的发展。

新闻媒体是党和政府的喉舌。在今天日新月异的新媒体时代下，媒介形式多种多样，可供我们选择的报道样态就多了起来。在进行主旋律报道的过程中，我们要紧紧围绕当前党和政府的工作做好宣传，利用好新的传播媒介，以人民喜闻乐见的、新的传播形式来使新的内容得以创新性地表达出来，飞入寻常百姓家。

（作者单位：央广网广西频道）

边疆民族地区县级媒体做好党史宣传的两个关键

周德光

2021 年是中国共产党百年华诞。为了聚焦百年党史，讲好红色故事，传递时代强音，激励全党不忘初心、牢记使命，团结带领全国各族人民全面建成社会主义现代化强国，实现中华民族伟大复兴，党中央作出重大决策，在全党开展党史学习教育。2022 年 1 月 11 日，习近平总书记在省部级主要领导干部学习贯彻党的十九届六中全会精神专题研讨班开班式上发表重要讲话时指出，继续把党史总结、学习、教育、宣传引向深入，更好把握和运用党的百年奋斗历史经验。① 贯彻好习近平总书记重要指示精神，继续宣传好党史，把党史这部教科书送到基层扎根群众，让党史学习教育深入人心，是包括县级媒体在内的媒体面对的重大课题。

边疆民族地区县级媒体必须根据党的新闻舆论工作需要和区域内各民族特性，肩负起高举旗帜、引领导向、传播文明、服务群众的职责，在强力宣传党史、打通服务引导群众的"最后一公里"中承担重要任务。

一、县级媒体党史宣传现状分析

笔者通过考察、走访、电话联系、网上收集资料等方式，对广西的百色、崇左两市和云南的文山州等边境壮族地区的县级融媒体中心进行调研，了解到县级媒体党史宣传的一些经验，也看到了不足。

（一）成功的做法

广西、云南边境地区各县融媒体中心在保障人才、资金、设备以及提高作品质量方面下了很大力气，所制作的消息、专题、短视频、文艺等产品能通过广播、电视、微信、抖音、快手、视频号等平台传播，形成多层次、立体化的传播格局。天等、德保、富宁等县级融媒体中心结合壮族特性，用好民族文化，

---

① 《习近平在省部级主要领导干部学习贯彻党的十九届六中全会精神专题研讨班开班式上发表重要讲话》，《人民日报》2022年1月12日。

搭建民族语节目平台，新闻传播取得一定成效。尤其是靖西市融媒体中心在党史学习教育活动中，以"贴近群众、服务群众、引导群众"为出发点，以创新思维推行传播本土化策略。具体做法有：根据当地实时动态，把镜头对准基层，深入挖掘本地党史资源；把荧屏、版面留给群众，全力捕捉靖西开发开放、乡村振兴和新冠肺炎疫情防控典型题材，突出报道一线先锋，弘扬英雄本色；把接地气的节目送给群众，让群众在喜闻乐见中振奋精神，奋发进取。

（二）存在的不足

部分县级融媒体中心一味追求栏目设置量、节目播出量、上级媒体采用量、作品获奖量，忽视目标受众和节目品位，党史宣传效果不明显。不少县级融媒体中心虽然开设有本土节目，但只停留在语言表达上，内容制作缺少民族元素，没有本土特性，节目收视率低。

为改进存在的不足，扎实推进县级媒体党史宣传深入开展，笔者以广西靖西市融媒体中心为例，对边疆民族地区做好党史宣传的两个关键进行分析。

二、突出内在定位和外在定位两个关键

为达到预期宣传目的，媒体应根据不同民族、不同地区所特有的传统文化、风俗习惯、生活方式和语言文字，采取相应的宣传方式。靖西市融媒体中心在党史宣传中，以党的群众路线为指导，深化改革创新，以原有的职工、设备和壮语栏目为基础，充分结合内在因素和外在因素，肩负起服务群众、引导群众的重任，不断提高节目收视率、点击量、影响力，把党的正确主张变为群众的自觉行动，被中宣部、广西壮族自治区党委宣传部列为全国、全区示范点。

（一）明确内在定位思维，突出解决实用人才的关键问题

党史宣传是引导党员群众"爱祖国、感党恩、听党话、跟党走""忠诚奉献，圆梦中华"的一部好教材。2021年2月20日，习近平总书记在党史学习教育动员大会上指出："党的历史是最生动、最有说服力的教科书。我们党历来重视党史学习教育，注重用党的奋斗历程和伟大成就鼓舞斗志、明确方向，用党的光荣传统和优良作风坚定信念、凝聚力量，用党的实践创造和历史经验启迪智慧、砥砺品格。"[①]为解读好、宣传好"党史"这部教科书，靖西市融媒体中心明确"自己是谁、代表谁、服务对象是谁"的内在定位思维，突出解决媒体内部育才、招才、用才、兴才的问题，以"人尽其才"激活内在潜能。

1. 以岗择人，因才施用

靖西市融媒体中心根据不同节目制作需要，对每位职工所掌握的不同技能进行分类，相应安排到各个栏目制作组。对较好掌握地方民族特性、熟悉本地语言的职工，安排从事本土节目制作。

---

① 习近平：《在党史学习教育动员大会上的讲话》，《求是》2021年第7期。

2. 造就人才，固本强基

靖西市融媒体中心人员流动大，平时新进的人员专业技能低、业务不熟悉，在新闻宣传实践中无法胜任工作。中心坚持"内容为王，受众为本"，对专业技能低、业务不熟悉的职工加强业务培训，让人人有一技之长，能尽快充实到所需岗位。对年轻职工强化技能训练，着力培养本土节目急需人才。

3. 特招能人，增强内劲

靖西市融媒体中心推行本土化之初，缺乏本土化策划的高水平人才。中心在加强内部人才培养的同时，向社会聘请掌握当地民间文化、风俗习惯的民间艺术家为顾问，招聘"能写、能讲、能唱、能演"的本土民间艺人担任节目主讲，返聘曾经从事广播电视节目策划的退休专家担任栏目策划。

内在定位思维的发挥，既解决了内部实用人才问题，又为人才搭建了施展才华的平台，让媒体切实肩负起党的新闻舆论工作职责使命，更深入地宣传党史，更好地为人民服务。

（二）把握外在定位策略，突出抓好本土化宣传的关键环节

2021 年 2 月，靖西市融媒体中心根据当地民俗和语言特点，把握外在定位策略，以划定目标受众为基础，突出抓好本土化宣传的关键环节。

1. 划定目标受众

新闻媒体服务好群众，划定目标受众是关键。县级媒体身处基层，最接近群众，最掌握群众的喜好。靖西市总人口 70 万人，壮族人口占 99.4%。靖西市融媒体中心考虑自身所在区域的民族特性和语言共性，针对受众个人需求和集体欣赏倾向，在圈定靖西市目标受众的同时，初步把广西百色、崇左两市和云南文山州的 7 县（市）划定为壮语节目受众片区，可覆盖人口 300 万人。

2. 推行本乡化定位策略

靖西市融媒体中心以习近平总书记有关新闻舆论工作重要讲话精神为指导，践行为民服务宗旨，推行"节目、风格、品牌、传播"等一系列本土化定位策略，以乡土节目满足受众需求，更好地展示新时代中国特色社会主义巨大成就。

第一，找准节目定位。"毛泽东在讲党课时善于根据说服教育对象的实际情况，选择不同的语言内容和表达方式，有的放矢、因人施言、对症下药，激起了教育对象思想和情感上的共鸣。"[①]靖西市融媒体中心把毛泽东的教学艺术运用到党史宣传实践中。一是根据同一个民族的不同地域、同一地域的不同受众，针对民族、习俗与兴趣的不同，划定受众类别；推行本地区、本民族易于

---

① 吴继金：《毛泽东讲党课》，http://dangshi.people.com.cn/n1/2019/0520/c85037-31092615. html?ivk_sa=1024320u。

接受的本土化宣传方式，提高受众黏性。以当地红色资源为题材，开设《壮语温党史》栏目，讲党史故事，展现党百年的辉煌历史；制作《魅力靖西》《壮族人家》等活泼、轻快节目，激发年轻人奋发图强；制作古朴风情浓郁的《论故事》节目，提升节目亲和力，强化宣教成效。二是深耕本土，让本土记者用乡语跟进热点报道，以乡音传播乡情，增强党的社会号召力。靖西地处桂西南边陲，与越南接壤，边境线长 152.5 公里。[①]2021 年 5 月以来，越南新冠肺炎疫情大暴发并加速蔓延，给靖西带来严重的威胁。靖西广大党员干部群众在党和政府的坚强领导下，踊跃投身疫情防控，筑牢边境疫情防控的"人民防线"。靖西市融媒体中心以"党旗领航·全民抗'疫'"为主题，派出本土记者时刻跟踪采访，挖掘一线典型人物和先进事迹，用鲜活的本土故事激发全市党员干部群众，齐心奋战，打赢疫情阻击战。

第二，把握品牌定位。靖西是全国典型的壮族人口聚居地，有"那"文化、歌圩、末伦、弄腊、干栏、刺绣等深厚的文化底蕴。靖西市融媒体中心突出特色乡土文化，精心打造《今日靖西》《边关党旗红》等品牌栏目，以富有本土文化色彩和浓烈乡土风味的节目最大化满足当地群众。

第三，把准风格定位。壮语有南部方言和北部方言之分，两者风格有所不同。靖西市融媒体中心把准南部壮族特色进行定位，传播独具地方风格的节目。在表现形式上，壮语时段《五色糯》片头采用壮锦图案、壮族八音，主持人出镜穿着黄色壮族服装，处处展现黄土地上浓郁的民族色彩。在制作内容上，挖掘本地特有题材，用乡韵乡味制作"酸、甜、苦、辣"不同风格节目，如《咱乡戏》节目，用民间舞蹈展现百年大党风华正茂。

第四，明确传定位。靖西市融媒体中心以受众为传播目标，圈定好传播范围，并根据受众的不同类别，利用各传播渠道，实施指向性传播、针对性服务、定向性引导，让传播的信息直达受众。靖西市老人喜欢本土节目，在这些老人当中，党员占的比例相当高。中心利用壮语广播、壮语电视栏目和壮语微视频传播党史知识，并联合德保、那坡、天等三县创办《西德那天》壮语展播平台，满足三县一市 46 万名老人的收视需要。

靖西市融媒体中心推行本乡化定位策略，从壮音纪实风格到壮乡戏剧风味，说百姓话、述乡亲事，切实为"老、少、边、山"地区群众服务，引导群众更深入了解党史和党的路线方针政策，同心共筑中国梦。

三、结语

我国有 56 个民族，不论汉族还是壮族，不论内地还是沿海，每个民族、每个地区都有本土文化特性。县级媒体要贯彻好 2022 年 1 月 11 日习近平总书

---

① 《靖西概况》，http://www.jingxi.gov.cn/zjjx/jxgk/t445715.shtml。

记重要指示精神，继续宣传好党史，根据本民族特性和本地区特点，把正确导向摆在首位，突出抓好明确内在定位思维和把握外在定位策略两个关键，营造党史宣传的浓厚氛围。要挖掘感人的本土题材，制作动人的本土故事，推进党史宣传不断深入，凝聚强大的正能量，更好地服务引导群众，促进各民族团结共融，激励广大党员干部群众携手共创新时代中国特色社会主义新辉煌。

（作者系广西靖西市融媒体中心研究发展部主任）

广电媒体创新发展与党史学习教育关系浅析

牛　涛

俗话说：历史是一个最理想的参照物，也是一个不可多得的清醒剂。参照历史，能够引以为戒；加强党史学习教育，已成为中国共产党人提高政治生活质量的一个重要过程。广播电视媒体必须以高度的思想觉悟，按照高标准的具体要求，积极推进相关教育工作。基于新闻媒体单位的特殊性质，在开展党史教育活动中，要使每一位党员真正担负起相应的责任，确保教育的实效，并以此推动党的方针政策的媒体宣传工作。

一、广电新闻传播创新发展与党史学习教育的特点分析

（一）广电新闻媒体具备较强的政治属性

广电媒体有较强的政治特色，其自身的意识形态与属性相对浓厚。很多学者对党史学习教育展开研究，强调：不同基层党组织的学习教育活动，必须结合工作性质积极推进。由此来看，广电新闻媒体由于自身的政治属性，党史教育能够将党的政策方针的宣传、贯彻与媒体自身的建设相融合。一些学者对我国广电新闻媒体概括为三大功能，即宣传功能、教育功能、监督功能。首先，对宣传功能而言，它是借助于广播电视和传播媒介为主导，把党的政策路线、战略方针等进行广泛宣传与推进，使人民群众更真切、全面地感受到党的政策要领。其次，教育功能主要是通过广播电视向社会大众进行信息传播，尤其是现今很多全新的媒体技术等，逐渐在国民中得到广泛普及，这对增强国民的信息化素质是有很大帮助的。最后，针对监督功能而言，其一般是通过广播电视等这类大众化的传播模式来实现，由此能够对整个社会发挥一定的监管效应，实施舆论监督，对弘扬正气、增强社会价值观具有积极的影响。因此，广电媒体发挥其较强的政治属性，对其开展党建以及党史学习教育等活动有一定的推进作用。

（二）党员对象呈现出年轻化的发展趋势

广电媒体在不断改革与发展，新闻采编与一线工作人员的工作量在持续增

加，这也让越来越多的年轻人充实到基层岗位中，成为广电媒体工作的支撑力量。这些朝气蓬勃的年轻人能够让基层党组织的发展更具活力。不过，从党建角度来看，也提出了新的要求。目前大部分基层岗位工作人员都是"80后"与"90后"等，随着时代的发展，整个社会环境在不断转变，不少年轻人的价值观也出现了明显的变化。他们强调个性，却对党的理解与认识过于片面，对此，在党史学习教育工作中，必须要对年轻党员进行重点教育，方可保障党建工作的规范化、持续化。

二、党史学习对广电新闻创新发展的促进作用探讨

党史学习的切入点是"学"，一定要牢记中国共产党的光辉岁月，时刻铭记党为中华民族繁荣复兴作出的巨大贡献，要深刻感悟到中国共产党一心为人民的决心与意志。要系统、全面地传承我党在历史长期奋斗过程中所具备的伟大精神，由此能够全面把握我国开展马克思主义中国化的进程。接下来我们以"从严治党"为切入点，通过四个方面探讨广电媒体开展党史学习教育工作的具体实施路径与策略。

（一）以政治为导向，持续提高政治决策力与领悟力

从严治党是党的政治工作的重要组成部分。对此，我们必须以政治为导向，彰显从严治党的显著效果与推进价值。广电媒体是新闻传播的重要载体及平台，一定要以讲政治为前提，遵循"从政治高度抓全面"的原则，不断明确政治发展导向。广电媒体党组织及干部党员要多思考政治问题，不断提升政治决策力、政治领悟力、政治判断力，唯有如此，才能够将党的工作做到位，确保其发挥实际效应。党员干部的政治立场、工作方向要与党中央的发展高度全面结合，坚定不移地贯彻落实党中央的决策战略；深刻认识到广电媒体开展网络媒体工作的政治属性，增强政治定力，强化政治觉悟，确保政治职责能够更全面、广泛地实施下去。这些工作本身既是本职业务的范畴，又是党建内容的题中应有之义。

同时，要增强政治部门的意识观念。严肃党纪，督促每一位党员全面遵循《关于新背景下党内政治生活的相关准则》，彰显出党建工作的政治导向地位。不断增强党员的政治担当意识，以"两个大局"为核心，完善党员干部的思想体系，并通过提高政治站位，参与实践训练，提升专业水平，全面实施意识形态建设，明确工作责任体系，预防及消除各类风险，坚守广电媒体网络媒体的视听立场，强化政治监督效应。要深刻学习领悟新时代中国特色社会主义的思想精髓，坚定不移地做好新闻传播工作，促使红色基因源远流长。

（二）以庆祝建党一百周年为基点，全面学习贯彻习近平新时代中国特色社会主义思想

广电媒体全体党员在全面学习贯彻习近平新时代中国特色社会主义思想的

过程中，要将党史学习的感悟记录下来，并与党的领导人的一些重要会议讲话精神相对照、相融合。在党组织的带动下，开展一系列学习教育活动。

健全理论学习体系，增强广大党员的学习效果，彰显出广电媒体党组织理论学习的主阵地效应，利用创建巡查旁听、导师带教、制作学习档案等，完善相应的理论学习机制。同时学习要与实践相结合，最大化地彰显出党性教育的最大功能，通过整合党校资源、统筹各类培训平台等优势，推进理想信念教育，增强党员干部的党性觉悟，进一步提高其工作素质与专业能力。党史学习要与广电媒体的光荣历史、优秀传统全面融合，将"好人好事"等宣传贯穿整个学习过程，以中国共产党的百年史来观照广电媒体的发展历程，不断地创建有特色的广电文化品牌，宣扬红色基地，促使广电媒体的红色资源更加丰富和集中。

（三）增强基层党组织功能，积极创建模范机关

在开展学习活动期间，要优化基层党组织功能。根据广电媒体数百个基层党组织的工作部署来看，巩固广播电视媒体的视听基础是一个重要任务。对此，一定要不断完善基层党组织，不断激活神经末梢，由此能够达到强根固本的目的。

要巩固广电媒体的党组织基本单元地位，不断推进基层党组织的发展，使其与今后的三年规划融合；完善党组织的标准化、规范化等建设体系，全面推进专项整治工作，积极落实组织生活制度，确保"四强"党支部创建活动全面推进，进一步地提高党支部的政治地位，促使其组织力、凝聚力不断提升；要紧扣广电媒体部门的职责内容，不断完善工作创新机制，增强发展活力与动力，在创建广电媒体"智慧建党"平台中，创建一系列党建特色品牌，并开展评比展示活动；要发挥引领示范效应，实施分类管理，利用创新促建、以创促改等手段，进一步加强工作创新，破解相关难题；在改善作风、促进业务工作与党建工作全面融合的过程中，巩固基层党组织的重要地位，确保广电新闻媒体干部党员在党组织的带动下，提升政治和业务素养，在市场竞争中不断提高竞争力与战斗力。

（四）以作风建设为助力，持续培育廉洁、清正的新风正气

保持党的政治定力，树立正风肃纪，方可确保党的政治生态更纯洁、发展环境更和谐。2021年是"十四五"的开局之年，为实现党在新时期建设的新目标、新方向，要基于从严治党理念，加强作风建设、创设真抓实干的良好氛围。整治形式主义，严格取缔"乱作为""乱加码"等行为，对媒体内部的"享乐主义、奢侈之风""公车私用""餐饮浪费"等歪风邪气进行严打防范，坚决遏制，全面防范其反弹。在纠正"四风"的过程中，大力弘扬正气，提倡"能奉献、能战斗、能吃苦"等精神。要求基层党员领导抵制特权思维，对家庭家属进行教育与指导，严格把握家风正气，这对保持求真务实、勇敢担责、清正廉洁等优良作风具有积极的推进作用。在加强基层党组织的作风建设中，促使每一位党员做到风清气正、攻坚克难，努力创造优秀业绩，为打造一个全面的发展格局做铺垫。

三、结语

总之，在党史学习期间，广电媒体一定要自始至终增强党媒党性意识，提高新闻舆论的影响力与传播力。同时还需要把广电行业的发展与全国的新政策、新动态、新观念相融合，构建一个全面发展的大格局，在党史学习教育中提高本职工作动力，促进广电媒体高质量发展和创新。

（作者单位：新疆维吾尔自治区吐鲁番市托克逊县文化体育广播影视局）

媒体融合背景下"两山"理念的
传播策略及实践路径

常凌翀

我们党历来高度重视生态环境保护，把生态治理与环境保护确立为基本国策并上升为国家战略。2005年8月，时任浙江省委书记的习近平在浙江湖州的安吉余村首次提出"绿水青山就是金山银山"的科学论断；十年后的2015年，中央将其写进政府文件；2017年，"两山"理念被写入党章及党的十九大报告，已成为我们党治国理政的核心理念以及生态文明建设的思想遵循与行动指南，具有重大的理论价值与实践意义。只有顺应和保护好自然，人类才能得以长期繁衍，文明才能得以传承和发扬。中国必须走跨越式绿色发展道路，最大限度地保持经济发展与环境保护的动态平衡，大力发展绿色生态经济。在融媒时代的崭新语境下，深刻理解"两山"的科学内涵，广泛传播和忠实践行其发展理念，努力创新其转化机制，不断拓宽其转化通道，显得十分重要而迫切。

一、强化传播"两山"理念的行动逻辑

媒体融合重在"融"，要充分利用传统媒体的内容优势，有效聚合新媒体的技术优势，无限包容不同类型媒体既相近又互补的媒体属性。融媒体最大的传播优势就是基于平台建设、技术推进、人才建设、内容生成和舆论宣传等方面的全方位深度整合，着力打通媒体资源和传播要素的"无限空间"，形成融媒体移动传播矩阵，进而实现"资源通融、内容兼融、宣传互融、利益共融"大传播愿景。随着传播技术的日新月异，传播的多样化催生了受众需求的多元化，受众群体开始"分化"和"重聚"，天然具有去中心化的融媒体极大程度地满足了不同受众的多元信息诉求。由此，媒体的深度融合强化了传播的在地化和普适性，传播力度不断增强，传播边界日渐消弭，传受双方的交互性空前加强。通过重建用户连接、创新内容建设，可以进一步吸引更多受众

积极参与到融媒传播的公共场域中，充分发挥并提升融媒体的技术优势和传播效能。

随着媒介生态图景的不断变化，作为一种全新的传播载体和宣传平台，融媒体为"两山"理念的传播和实践带来前所未有的绝佳机遇。大力传播"两山"理念，既回应人民群众对生态环境的热切关注，更顺乎人民群众对美好生活的深情期待。由此看来，媒体融合视野下，如何让"两山"理念更加深入人心并促使公民由自发关注到自觉参与，正成为我国新时代生态文明建设的现实要求。在科学构建新型受众视角下"用户至上，内容为王"的社会主体责任传播机制的同时，要不断创新传播方式，做好释疑解惑工作，扎实推进生态文明建设，走出一条可持续发展之路。

二、融合创新"两山"理念的传播策略

（一）构建新型传播平台，创新传播载体和方式，扩大"两山"理念的覆盖面和知晓度

借助"互联网+"风起云涌的发展浪潮，各地环保部门要精心搭建集微博、微信、客户端于一体的"两微一端"，全方位宣传习近平生态文明思想，主动设立环境保护监管举报端口，虚心听取并采纳群众意见，及时回应公众环保诉求。近年来，中国数亿社交媒体用户共同见证了在各类交互平台传播"两山"产生的辐射效应。譬如通过融媒体的全息传播，从微视频《美丽乡村中国行》到《习近平总书记的"两山"情结》，从微博低碳出行绿色生活宣传月到图文并茂的《从余村走向中国》全景展现，进一步凸显和发挥了移动传播时代的全媒体优势，将"两山"理念不断推向学思践悟的新高潮。

同时，专题片、文艺片、纪录片等多种题材的影视作品以短视频快播的灵活方式传播"两山"理念，充分发挥了融媒体"一次采集、多元生成、多渠道融合、多平台互动"的功能。2019年，由国家广播电视总局指导，北京、上海、浙江、江苏、湖南等五家卫视共同制作的大型电视理论节目《思想的田野》播出。该节目通过大篷车探访、受众全员互动、理论达人动态点评等创新传播形式，集中展示"两山"理念的实践成效。2020年8月，浙江广播电视集团精心策划推出电视理论节目《"两山"理念15年》，通过"动态式记录""沉浸式体验""移动式点评""全景式传播"等创意呈现方式，生动阐释并鲜活传播了习近平生态文明思想。

在理论专著和文学作品方面，张孝德、余连祥主编的《新时代乡村生态文明十讲——从美丽乡村到美丽中国》对浙江乡村生态文明发展典型模式进行深入剖析；何玲玲等人在《诗意栖居——在"浙"里看见美丽中国》中以报告文学的方式全景展现了浙江推进"千村示范、万村整治"工程的绿色传奇。

（二）立足习近平生态文明思想高地，聚焦重大主题典型报道，打造融媒联动传播矩阵

融媒体核心在于要强化"融为一体、合而为一"的发展理念，形成强大的移动传播矩阵，凝心聚力打造一批形态多样的新型主流媒体。近年来，主流媒体从理论内涵、哲学意蕴、文化价值和实践运用等多个维度对"两山"理念进行了全面系统阐释，"绿水青山就是金山银山"这10个字，折射出从生态文明思想理论框架的形成到中国特色生态强国的发展实践。

最引人注目的是中央主流媒体于2018年2月和5月两次对"两山"理念引领下的湖州生态文明建设典型案例的专题报道，报网联动形成强大的传播合力。中央主流媒体以"新时代、新气象、新作为"为报道主线，特别是《人民日报》连发一系列深度纪实的专题报道，全方位宣传推广作为践行"两山"理念的模范生和先行者的湖州经验。精良的记者团队和磅礴的报道力量引发热议，进而形成了"'两山'理念看湖州"的轰动效应。2020年，"两山"理念提出15周年之际，中央主流媒体再次深入湖州三县两区实地调研，进行了"全程、全息、全员、全效"的全景式深度报道。一系列专题理论研讨会也在浙江多地同步举行，各位专家聚焦绿色发展理念的历史脉络、哲学思考、理论内涵和实践要义，进行了经验总结提炼和经典模式推广。

（三）搭建生态文明思想智库，创新基层生态治理通道，画好线上线下生态文明同心圆，巩固"两山"理念舆论阵地

在跨媒体、多渠道的立体式移动传播矩阵中，为了更好地传播"两山"理念，必须利用好"线上＋线下"深度融合的传播方式。在线上，坚持讲好主流故事，利用推动经济发展方式和居民生活方式转变的重要契机，全方位覆盖网民的日常生活，使绿色发展理念入脑入心入行动。要善于运用大数据技术统筹整合各类学习资源，深度加工后再分类传播。譬如"学习强国"平台开辟了"绿水青山就是金山银山"频道专栏，从绿色发展理念传播的效度、高度和强度上做大文章，努力画好各平台融合传播的同心圆，精心营造良好的思想舆论氛围。

在线下，要教育和引导普通公众积极参与，着力做好传播"两山"理念的播种机、助推器和践行者，打通基层传播进村入户的"最后一公里"。要积极搭建生态文明智库新平台，创设文化下乡和文化自创同步、经济建设与文化建设相融、培养骨干与外聘人才并进的多功能文化发展平台，广泛组织专家学者深入研究，采用跨学科交流合作方式，举办系列专题研讨、论坛、讲座和培训等活动，深入挖掘生态文明智库的"核心价值"，培育公众的生态道德和行为准则，开展全民性绿色发展行动，提高环保意识、责任意识和主人翁意识，在

全社会形成浓郁的生态文化氛围。

三、持续优化"两山"理念的传播路径

（一）发挥融媒体传播优势，不断拓展"两山"转化通道

通过融媒体的立体传播，绿色发展理念更加深入人心，这有助于推动脱贫攻坚成果与乡村振兴战略有效衔接，促使生态资源向经济价值动态转化，进一步增强绿色生态发展产生"1+1>2"的虹吸效应，集聚生成真正的"金山银山"。"以人为本、人与自然和谐共生"的绿色发展理念成风化雨，人们做好保护生态环境的根本愿景和实践行动高度一致，自觉主动化身为生态文明建设的直接参与者、最大受益者、坚定支持者、有效监督者和积极贡献者。乡村振兴战略下，"两山"理念为融媒视域下破解城乡二元结构和建设美丽乡村提供了创新路径，也为加速乡村发展带来了新契机。要充分发挥融媒优势，注重立足地方特色，结合各自的资源禀赋、产业特色和人文优势等，以"一村一品、一村一业、一村一韵"为重要抓手，为乡村培育新的经济增长点，让农民吃上"生态饭"，让资源变资产、资金变股金、农民变股东，努力实现乡村振兴与特色小镇建设同步规划、统筹推进。

（二）努力讲好中国地方故事，持续优化国际传播路径

2021年5月31日，习近平总书记在中共中央政治局第三十次集体学习时强调："讲好中国故事，传播好中国声音，展示真实、立体、全面的中国，是加强我国国际传播能力建设的重要任务。要深刻认识新形势下加强和改进国际传播工作的重要性和必要性，下大气力加强国际传播能力建设。"[①] 当前的国际传播已经进入以互联网为主平台的新阶段，各种新媒体形式竞相涌现。作为落实"两山"理念传播的基本单元和载体，县级媒体联结了最广大人民群众，具有体量小、范围广、渗透强、见效快的传播优势，强化县域层面的地方故事并进行国际化表达，相比其他层级的传播实践应用更具参考价值与借鉴意义。通过世界生态文明论坛、国际园艺博览会、原生态文化纪录片等不同形式的国际传播，既对外宣传了中国生态治理经验，也扩大了中国媒体的国际传播力和影响力。

通过国际融媒传播，"两山"理念的生态内涵与价值逻辑得到国际社会的普遍认可，为推动全球生态治理和维护全球生态安全贡献了中国经验和中国智慧。我国已"成为全球生态文明建设的重要参与者、贡献者、引领者"[②]，中

---

① 《习近平在中共中央政治局第三十次集体学习时强调 加强和改进国际传播工作 展示真实立体全面的中国》，《人民日报》2021年6月2日。

② 《决胜全面建成小康社会 夺取新时代中国特色社会主义伟大胜利——在中国共产党第十九次全国代表大会上的报告》，《人民日报》2017年10月28日。

国样本的示范效应可以辐射带动其他国家参照中国可持续发展的多样化经典模式，为其他国家进行生态治理提供重要参考和最优路径。国际融媒平台要采用差异化、个性化的精准传播方式，以文字、声音、图形、图像、视频和动画等多媒体综合一体化的形式进行全球表达，全景式对外宣传报道建设美丽中国的宏阔实践，不断增强国际传播的亲和力和实效性。

在媒体融合的崭新语境下，一定要深刻把握"两山"理念的核心思想，通过各种媒体形式，聚集内容生产和品牌塑造，讲述好中国人民在"两山"理念指引下把秀丽山川建得更美、把金山银山做得更大的生动故事。要不断创新话语体系和传播方式，构筑尊崇自然、绿色发展的生态体系，致力于减污降碳协同增效，与世界各国一道同筑生态文明之基，共享绿色发展机遇，同走绿色发展之路，共建生态良好的美丽家园。

（作者系湖州师范学院人文学院副教授。本文系国家社会科学基金一般项目"乡村振兴战略下提升县级融媒体传播力研究"的阶段性成果，项目编号：19BXW029）

媒介融合背景下红色文化传播的多维度解析

李莲花

红色文化是中国共产党领导中国人民进行革命、建设和改革征程的历史凝结和时代表达，不仅深藏着党的事业取得成功的精神密码，还决定着党的前途命运，更蓄积着推进党的事业向前发展的深层动力。当前，在世界文化多元化和经济全球化发展的新时代，信息瞬息万变，科学技术突飞猛进，如何利用媒介融合信息传播优势，实现红色文化的有效传播，是一个现实而新颖的时代课题，体现了中国共产党人文化使命的内生性和自觉性，为提振民族精神，坚守国家文化安全，助推中华民族伟大复兴中国梦的早日实现提供强大势能和动力。

一、媒介融合背景下红色文化传播的价值意涵

（一）全面从严治党的客观需要

红色文化是中国革命特定历史时期的成果展现，产生于硝烟弥漫的革命战争年代，丰富于惊天动地的社会主义建设时期，淬炼于披荆斩棘的改革开放实践，自始至终流露着"人民性"的精神标识，诠释了中国共产党代表谁、为谁服务的真命题。它是我们党生生不息、永续发展的根本血脉，是攻坚克难、奋发进取的精神法宝，是中国共产党永葆先进性的内在驱动力，也是新形势下巩固党的执政地位，全面从严治党的思想支撑。

新的时代条件下，党和国家的事业取得了举世瞩目的成就，物质生活逐渐丰裕的同时，艰苦峥嵘的革命岁月渐行渐远，人们对党和国家苦难征程的记忆与感受日趋淡化，但我们党仍然面临着重重考验和危险。要有效应对风险和挑战，坚持红色文化的价值引领，就要最大限度地整合媒介资源，运用现代数字技术实现传播形式的通俗化、传播方式的形象化、渠道手段的现代化，让红色文化排毒杀菌、刮骨疗伤，提高党员干部的党性修养，引导人民坚定跟党走，确保红色江山代代相传。

（二）构建中华民族共有精神家园的重要支撑

红色文化是中国共产党带领各族群众穿越血与火的洗礼凝结而成的精神建筑，彰显了社会主义核心价值观的科学性和时代性，承载着一个民族、一个国家的精神追求，是构建中华民族共有精神家园的系统化、具体化表达。依托媒介融合技术，形成特定的网络场域，实现传播互动一体化，通过红色文化的熏陶、浸润，铸牢中华民族共同体意识的钢铁长城，"人心归聚、精神归依"，人们的精神家园就会"有所指望，知所趋赴"，提升中华儿女的认同感和归属感，增强中华民族向心力和凝聚力。

（三）提高红色文化的认同度和影响力的时代之需

红色文化面临着一定程度的认同危机，亟须传播红色文化正本清源，激浊扬清，借助网络环境和信息技术，通过增强时代感和群众喜闻乐见的形式，多角度、多层次、多形式地开展红色文化传播，扩大受众覆盖面，使红色文化在群众中入脑、入耳、入心，提高红色文化的认知度和关注度。

媒介融合传播打破了国家的概念，模糊了疆域的概念，带来了时空消解的全球便捷传播。红色文化需要"走出去"，扩大国际影响力，一方面，侧重于文化的"共感"性，坚持和平与发展的主题，着眼于中国视角、国际表达，把红色文化及其内含的价值观融入能够国际化的产品和服务中，通过"产业文化化"，推广红色文化；另一方面，要坚持"走出去"和"引进来"相结合的举措，创作一批充盈着浓郁的中国味、深厚的中华情、浩然的民族魂的红色文艺作品，加大翻译出版和对外交流力度，通过多媒介宣传展览，以内涵之美感染人心，以载体呈现引起共鸣，以市场力量扩大国际影响，让世界了解真实的中国，提升中国文化软实力。

二、媒介融合背景下红色文化传播的特点

红色文化在传播中产生、存在和发展，并通过传播实现传承和弘扬，媒介融合时代的到来，为红色文化的传播提供了新场域，呈现出新特点。

（一）传播主体的多元化和广泛性

媒介技术的发展突破了时空的束缚，带来了信息传播主体的多元化，传统意义上传播者和受众的角色越来越模糊，红色文化的传播对象从被动的受众转变为信息的发布者，甚至传播者，"人人都有麦克风、人人都是麦克风"，公众拥有更多的话语表达权，传播主体呈现多元化趋势，传播主体的范围也日益广泛，由党政机关、党团组织、学校、个人拓展到红色文化教育基地、革命纪念馆等，形成了众人拾柴火焰高的传播态势。

（二）传播内容的丰富性和个性化

在高度发达的信息传播机制和分享机制的作用下，由于信息发布的自主性

和传递的实时性，带来传播内容的丰富性和海量化，媒介间的互动在促进红色文化信息流动的过程中，也加快了信息的增殖，增加了红色文化传播的网络容量。媒介的融合互动通过大数据对用户的需求偏好进行追踪分析，在坚持主导性的前提下，传播主体对红色文化的传播内容通过新的媒介形式的包装，制作精准化和个性化的内容体验，推送给目标受众，用户也可借助抖音、快手等平台，最大限度地满足自我展示和个性化表达的需要。

（三）传播渠道的多样化和畅通性

数字技术的进步、网络技术的发展和媒介的融合互动，为红色文化的传播提供了多元化的传播途径和畅通的传播渠道，从单一媒体到全媒体，从线上传播到线下传播，信息传播的覆盖面增大，信息传播手段丰富多样，信息扩散更为便捷迅速，为红色文化传播提供了新机遇。

（四）传播指向的目的性和明确化

红色文化传播就是坚守中华文化立场，传播主体选择适当的红色文化作为传播内容，综合运用各种传播媒介和传播手段，进行的有目的、有计划的文化传播活动。红色文化传播的目的是发挥红色文化的浸润、熏陶和濡染的作用，帮助传播对象树立正确的价值取向和行为方式，这个传播过程是主体客体化和客体主体化的双向互动过程，最终目的是塑造我们党的良好形象，营造良好的执政氛围，对人民群众进行思想政治教育，培育堪当民族复兴重任的时代新人，以此铸就我们党长期执政的根基，进而促进民族自信和自强。

三、媒介融合背景下红色文化传播的实现路径

传播是文化的重要特征之一，文化只有在传播中才能生存、发展、创新，发挥其应有的价值。传播媒介的发展和传播技术的革新将会改变红色文化传播的方式和载体，提高红色文化传播的速率和界域，增加红色文化传播的深度和广度，扩大红色文化的辐射力和影响力。

（一）依法治网，提升传播的管控力

互联网不是"法外之地"，坚持依法治网是建设网络强国的重要命题，也是建设文化强国的题中应有之义，习近平总书记强调，"网络空间是亿万民众共同的精神家园。"[1] 始终坚持"运用法治思维和法治方式"治网管网，加强网上思想文化阵地建设，规范红色文化传播的网络空间，营造天朗气清、生态良好的网络环境，确保互联网可管可控，保证红色文化传播的主导地位。

权利与义务对等，自由与责任相伴，"网络空间同现实社会一样，既要提倡自由，也要保持秩序。"[2] 必须善于利用法律武器，严格网络行为底线、网络空间

---

[1] 习近平：《在网络安全和信息化工作座谈会上的讲话》，《人民日报》2016年4月26日。

[2] 习近平：《在第二届世界互联网大会开幕式上的讲话》，《人民日报》2015年12月17日。

红线、网络违法违规高压线，追究违法上传信息的用户和未尽监管义务平台相应法律责任，加强网络监督管理，内部规范与外部监督结合，用红色文化精神滋养网络空间，使红色文化得到健康、有序的传播。

（二）建立网络学习资源库，丰富传播内容

首先，在信息多元的媒介融合时代，遵循文化传播规律，运用声、光、电等现代科技手段，在技术前瞻性和可持续发展性、共建与共享原则的基础上，建立网上数字博物馆、图书馆、展览馆，以多维立体的方式，全方位展示馆藏文物、革命历史、红色人物，针对不同群体设定学习内容，坚持贴近时代、贴近生活、贴近群众的原则，在精细化、精准化上下足功夫，避免红色文化传播内容空洞化、脸谱化，以生活化的语言表达，活化学习形式，让受众在图文并茂、视听兼备、生动形象的多维体验中受到信息内容的引导，构建多向互动的全民传播，让全国各地的群众随时随地在线查阅红色历史资料并进行自主学习，增强传播内容认同力。其次，深挖红色文化信息资源，特别是一些散落在民间的红色遗物、无人关注或较少人关注的红色历史档案、年久失修的红色建筑、交通不便、人们无法到达实地参观学习的红色文化遗址等，都可整理出来，建立资料齐全、内容丰富、功能综合的资源库，包括文本、图形图像、音频、视频、动画等，用户可实现搜索、查询、上传、下载、异时互动交流等多种功能。最后，开发便捷好用的红色文化 App、小程序，利用其智能化、个性化、情境化和社交化的优势，突破红色文化传播在形式、载体、空间上的限制。人民群众既是红色文化的学习者又是传播者，要引导鼓励社会公众参与学习，利用碎片化阅读与社交互动交流习惯，形成社群同频共振，真正感受到红色文化的魅力和价值，激发内心的情感认同。同时对错误思想进行正面回应，澄清误解，批驳曲解，让各族群众掌握鉴别真伪、认清对错的思想武器，使红色文化"融物无声"地融入群众生活，最终将其内化为日常生活的价值准则和行为规范，转化为崇高的价值追求和砥砺前行的精神力量。

（三）虚拟实践增强传播场景体验

马克思指出"全部社会生活在本质上是实践的"。红色文化产生于实践，传承发展也离不开实践。

在大众传播极为发达的现代社会，实践活动的范围越来越广泛而深入，虚拟实践伴随信息化和网络化发展而产生，突破了实践在时空、人数、经费等方面的限制，受到网民的欢迎。其实质是主体和客体之间通过数字化中介系统在虚拟空间进行的双向对象化活动，为红色文化的传播提供了多样的自由空间，极大地提升了人们接收信息的自主选择性和传播信息的创造性。

人们生活在一个虚拟的媒介环境中，可制造一种红色文化的拟态环境，模拟真实的实践环境。各地都可尝试通过 3D 影像、VR 技术将虚拟与现实结合，创建红色文化数字化体验馆，直观生动地再现历史事件和壮阔场景，进行最大化的场景化重构，营造视、听、触、运动等多维立体式、反馈互动式体验，提高受众的临场感、参与感和沉浸式体验。受众由被动的接收者转变为主动的认知者，不知不觉地将拟态环境所传递的信息当作对现实世界的感知，向现实空间快速延伸、渗透，可以呈现出与"现实主体的感受性"相同的感觉效果，受众会感受到红色文化缅怀先烈的强大气息和潜移默化的奋进力量，有利于更好地感悟红色精神，凝聚红色力量，增强场景体验的效果，提升传播的渗透性、辐射力和有效性。

（四）多媒介融合互动，凝聚传播合力

媒介融合是现状，更是未来发展的趋势，不仅包括传统媒介与新媒介的融合，还包括传统媒介之间以及新媒介之间的融合，网络最大的特点是交互性、实时性和虚拟性，网络空间是媒体融合发展的土壤，应构建立体化的红色文化全媒体传播体系。一是要发挥以广电媒体为代表的主流媒体和网络直播、微博、微信、QQ 等社交媒体平台的作用，多媒介融合，形成多维传播平台和矩阵传播态势，以红色文化为主题，主动设置议题，展开对象化、分众化的内涵式引导，形成话题风暴，吸引受众的注意力。二是运用专题报道、作品展播、革命历史讲坛、名人访谈、举办红色文化线上沙龙等形式，发挥知名专家、主持人的"名牌"效应，借助红人力量，积累和扩大红色文化的舆论影响力，通过受众的点赞、评论、转发、识别二维码进行互动交流，表达情感，形成圈层间的有机互动，扩大传播的广度和深度，让红色文化人人皆知，提高红色文化的吸引力和影响力，努力形成红色文化传播工作"最大同心圆"，凝聚各族群众社会共识的"最大公约数"。多媒介融合互动形成强大的传播合力更能够提升红色文化传播的实效性和广泛性。

（五）网络产业联动，激发传播活力

一是建立红色文化网上书店，电子书、电子报刊可通过文本、数据、图片、图像、声音等多种表现形式呈现，从静态的文字论述转化为图文并茂的动态表达，带给受众更强烈的视觉冲击，受众能够随时随地下载阅读，在潜移默化中得到思想的熏陶和信仰的塑造，传播速度快，受众范围广，传播实效性凸显。二是发展红色影视产业，通过拍摄影视剧、纪录片、微视频等形式展现红色文化蕴含的价值内涵，普通公众也可以根据自己的认知，借助抖音、快手、哔哩哔哩等平台，拍摄制作有关红色文物、红色人物、红色建筑等方面的短视频作品，丰富红色文化的传播主体样态，增加传播的吸引力，彰显红色教育的时代引领力、精神感染力和震撼力。三是整合红色文化资源，推进红色旅游,将红色旅游和绿色生态、民俗文化结合起来,实现红色文化的立体化、延伸式、全景式展现,受众通过对红色文化旅游的直观体验和亲身感悟,在动态化、活态化传承中,提升红色文化的感染力和思想凝聚力。四是开发一批认同度高、传播力强、设计新颖、能够体现革命文物内涵价值和革命精神的文化创意产品,比如文化衫、茶杯、钢笔、笔记本等,通过创意设计将思想性与艺术性、趣味性与实用性有机地统一起来,不仅传播了红色文化,同时也能促进文化消费,满足人们对美好生活的需求。五是发展红色文化网络动漫、网络游戏产业,把鲜活的历史故事以动画、游戏等灵动的形式展现,带给受众新鲜刺激的体验,这些产业要以红色文化为精神内核,设置情境,激发受众的兴趣与求知欲,受众在娱乐互动过程中吸纳红色文化精神,自觉接受爱国教育和主流价值观念,增强对红色文化的认同。

网络产业联动,激发红色文化传播的活力,但在产业文化化的过程中要避免出现过度商业化、形式化和媚俗化,谨防红色基因的"蜕化与突变",确保红色基因传承工作有序、规范进行。

一部中国共产党的百年奋斗史就是一部红色文化生成、发展、传承的历史。在媒介融合背景下,我们仍然需要去应对许多新的挑战和斗争,加大对红色文化传播,不是一时之策,而是千秋大计,构建全员参与、多方位覆盖、多渠道发力的传播模式,构筑同频共振的网上网下同心圆,既注重传播的广度和深度,也要让传播具有温度和高度;既有知识的传播,又有实践的体验;既塑形又凝神,全方位唤醒红色记忆,让广大人民群众体验真理的味道,感受信仰的力量,在精神滋养中传承红色基因,不断提高人民群众对红色文化的认同度和关注度,更好地构筑中国精神,凝聚起不忘初心、继续前行的磅礴伟力,激发广大人民群众坚定实现中华民族伟大复兴中国梦的信心,用红色基因照亮未来奋斗之路,必将为全面建设社会主义现代化国家注入不竭动力。

(作者系新疆师范大学马克思主义学院博士研究生、副教授。本文系国家社科基金高校思政课专项《新疆红色文化资源传承研究》的阶段性成果,项目编号:20VSZ087)

典型宣传与塑造：
甘祖昌、龚全珍事迹融入党史学习教育路径探究

吴陈舒　李　平

典型报道是我国新闻实践中的一种重要报道形式。它通过对具有鲜明个性的人、事进行重点报道来揭示其典型意义，并引出具有普遍意义的经验或教训，从而引导舆论，教育人民，推动工作。[①]甘祖昌、龚全珍先进事迹的典型宣传与塑造，历经甘祖昌老红军艰苦奋斗的宣传——甘祖昌、龚全珍群众路线的宣传——甘祖昌、龚全珍初心使命的践行——甘祖昌、龚全珍亲历党史历程的回顾这四个阶段。从甘祖昌事迹的宣传到甘祖昌精神、龚全珍精神的挖掘，再从老阿姨讲百年党史故事中回顾甘祖昌、龚全珍的先进事迹，从而铺开了一段中国共产党为什么"能"的生动画卷。

一、典型塑造：甘祖昌、龚全珍的先进事迹宣传

（一）20世纪50—80年代：甘祖昌先进事迹的集中宣传

早在20世纪50年代末60年代初，《江西日报》就开始报道甘祖昌的先进事迹。1958年《江西日报》以《是将军又是普通农民——记退伍少将甘祖昌同志》为题，对甘祖昌返乡建设新农村进行了宣传。基于鼓励知识青年"上山下乡"建设农村、缓解发展不平衡压力等政策因素。20世纪60年代，省级以上新闻媒体开始对甘祖昌回乡务农、造福乡村的行为进行大量报道。其中，《江西日报》在1966年之前连续刊发十余篇关于甘祖昌回乡参加农业生产的感人事迹，尤其是长篇通讯《老红军的本色——记甘祖昌少将回乡参加农业生产三年》《甘祖昌将军在大办农业中——"老红军的本色"续篇》《崇高的风格（甘祖昌少将）》《访甘祖昌将军》等更是引发了社会的强烈反响。《中国青年

---

① 黄云琴：《〈人民日报〉社会性别意识话语分析——以改革开放以来〈人民日报〉人物典型报道为例》，华东师范大学硕士论文。

报》等有较强影响力的报纸跟进刊发《老红军本色》,号召学习甘祖昌动人事迹。全国各地新闻媒体纷纷转载《江西日报》有关报道,学习宣传甘祖昌事迹在当时蔚然成风,甚至还引起了很多人的效仿,回乡参加农业生产,特别是在知识青年群体中产生了非常大的影响力,甘祖昌的事迹在当时就已经家喻户晓。20世纪70年代,《人民日报》对甘祖昌事迹进行了较为系统的挖掘与报道,进一步提升了甘祖昌事迹的传播力度,继而逐步凝练出甘祖昌精神。

据不完全统计,从1973年开始,《人民日报》陆续以《让艰苦奋斗的革命精神代代相传——老红军战士甘祖昌给知识青年的信》《老红军战士甘祖昌教子女务农》《甘祖昌和回乡知识青年在一起》《勇挑"担子",不摆"架子"(老红军战士、共产党员甘祖昌同志)》《万里征途不歇脚——记红军老战士、共产党员甘祖昌》为题报道了甘祖昌回乡务农、关心青年等事迹,弘扬其艰苦奋斗、清正廉洁、严于律己、一心为民等精神品质,特别是长篇通讯《万里征途不歇脚——记红军老战士、共产党员甘祖昌》引起了高度关注,入选了小学语文教材学习内容。这个时期,研究甘祖昌的专著、书籍也开始出现,比较著名的有邵殿玉与刘文恩著《甘祖昌将军》、江西甘祖昌事迹编写组编《红军老战士甘祖昌》(1976)。进入20世纪80年代,随着甘祖昌逝世,缅怀甘祖昌事迹报道大量涌现,之后则逐渐减少。

(二)2001年至2020年:甘祖昌、龚全珍精神事迹提炼与宣传

进入21世纪,甘祖昌的生平事迹研究整理再次掀起了热潮,有新闻报道、有学者研究论文论著,也有其家属后人的回忆著作。通过讲述或研究甘祖昌先进事迹,分析提炼其高尚的精神品质。彭霖山著《将军农民甘祖昌》(2001)、新疆军区编《一代风范——将军农民甘祖昌》(2002)、刘南方著《将军级农民:甘祖昌传》(2008)、彭霖山著《将军农民甘祖昌 群众路线教育实践活动学习读本》(2013)、甘仁荣著《父亲甘祖昌》(2019)等通过亲历者的所见所闻加以整理出版,全方位塑造了甘祖昌的形象及其精神品质。

2013年,习近平总书记在会见第四届全国道德模范及提名奖获得者时,对甘祖昌、龚全珍的艰苦奋斗精神大为赞扬,并号召要一代一代传承下去。为落实习近平总书记的号召,萍乡市委市政府举办了多场龚全珍先进报告会,联合长春制片厂拍摄电影《老阿姨》,联合制作《初心》电视剧、《这样一位将军》电影,并在总台央视热播。

2013年,正值党的群众路线教育实践活动如火如荼开展之际,以甘祖昌、龚全珍心系群众的良好品格为中心开始大量报道。人民网—群众路线网以《以先锋模范为镜 榜样的力量无穷大——记开国将军甘祖昌的夫人、江西省莲花县离休乡村教师龚全珍》为题对龚全珍先进事迹进行了全方位的典型宣传报道。《人民日报》撰写报道《像龚全珍老人那样——江西教育实践活动树标杆学榜样》《龚全珍——几十年如一日从事农村教育事业的将军夫人》《感受龚全珍的精神世界》《她是一面镜子：龚全珍先进事迹全国巡回报告》《龚全珍事迹报告会在乌鲁木齐举行》《龚全珍事迹动三秦》《龚全珍事迹感动三湘》;《江西日报》刊发报道《崇高的传承——记全国道德模范龚全珍》《中共江西省委关于向龚全珍同志学习活动的决定》《本色——甘祖昌将军夫人龚全珍的故事》《本色不改 信念永存——纪共产党员、开国将军甘祖昌夫人龚全珍》《有感于龚全珍的"五面镜子"》《江西日报评论员：兴起向龚全珍同志学习的热潮》《龚全珍：一个纯粹如莲的人》《强卫："龚老阿姨，祝您生日快乐！"》;《光明日报》报道《龚全珍：永葆本色一心为民》;《解放军报》报道《铭记，为了将军的嘱托——走近开国少将甘祖昌遗孀龚全珍》《感受龚全珍的精神世界》等，对龚全珍践行群众路线的优秀品质进行了强有力的宣传。

　　同时，央广网以《永葆本色、一心为民的共产党人——龚全珍》《淡泊名利、献身教育的龚全珍老人》《龚全珍——几十年如一日从事农村教育事业的将军夫人》;新华网以《龚全珍：党性之美》《以先锋模范为镜：龚全珍——让总书记致敬的老阿姨》《学习龚全珍 传承艰苦奋斗精神》等，对龚全珍先进事迹进行了宣传与塑造。江西电视台以系列电视报道《将军夫人龚全珍（一）："我努力做到向将军学习"》《将军夫人龚全珍（二）：永葆本色的老党员》《将军夫人龚全珍（三）："帮助别人是一种幸福"》《将军夫人龚全珍（四）：她心里总装着学生》，加强了龚全珍先进事迹的宣传。《走群众路线，为"中国梦"传递正能量——以江西媒体"龚全珍老人"系列报道为例》等文章对龚全珍报道成为《江西日报》历史上最成功的一次典型人物宣传。从时任江西省委书记强卫看望龚全珍老人，到习近平总书记亲切地称为"老阿姨"并号召向她学习，再到龚全珍当选"感动中国2013年度十大人物"等，宣传内容全面。其间，《江西日报》共刊发龚全珍的相关报道203篇，在全省乃至全国产生极大反响。《典型报道的独特性何以实现——第24届中国新闻奖一等奖通讯作品〈老伴——听龚全珍讲甘祖昌的故事〉采写过程感悟》（2014）等文章就龚全珍典型人物与事迹的挖掘塑造加以阐述。2014年，《人民日报》刊载的《做甘祖昌那样的好干部》，讲述甘祖昌是在兰州军区部队成长起来的老典型，他的先进事迹集中体现了我党我军的光荣传统和优良作风，生动展现了共产党人的高风亮节和价值追求。2018年《学习时报》刊登《甘祖昌：锄头映初心》、2018年《人民日报》报道《甘祖昌：将军回乡当农民》

等文章，讲述了甘祖昌用从农民到将军、又从将军到农民的传奇一生，诠释了一名共产党员的为民情怀。

2019年，在"不忘初心、牢记使命"主题教育活动背景下，以甘祖昌、龚全珍先进事迹中的初心品质为主题不断加以宣传报道。2019年，新华社发文《初心不改：从甘祖昌到张富清》，报道了来自同一支英雄的部队——西北野战军的老英雄张富清和甘祖昌，两人生于不同的年代却有着相似的经历，处于不同的环境却有着相同的追求，两位不同的英雄却有着相同的初心。同年，《江西日报》以《品悟甘祖昌的初心本色》为题刊文，指出甘祖昌身上体现的老一辈共产党人的高尚品质，是我们党的一笔宝贵精神财富，是我们开展"不忘初心、牢记使命"主题教育的生动教材。人民出版社出版的《共产党员应知的党史小故事》概括了甘祖昌的一生，赞扬甘祖昌一生为民的高尚情怀。

更值得一提的是甘祖昌干部学院的创办。2016年，为了弘扬甘祖昌精神，萍乡市创办了甘祖昌干部学院，并且跻身为中组部备案管理的党性教育基地，面向全国党员开展党性教育，整理研究甘祖昌、龚全珍事迹材料，精心研发打造丰富课程，截至2021年，已培训党员干部6万余名，成为弘扬甘祖昌、龚全珍精神的最大平台。

（三）2021年：百年党史视角下甘祖昌、龚全珍精神诠释

2021年，在全党深入开展党史学习教育之际，以《论中国共产党历史》里习近平总书记讲述的甘祖昌、龚全珍夫妇的故事为基础，以甘祖昌、龚全珍荣获"最美奋斗者"称号、龚全珍荣获"全国优秀共产党员""全国道德模范""全国三八红旗手标兵"等称号为宣传热点，对甘祖昌、龚全珍的典型宣传进行了大量报道，并掀起了对甘祖昌、龚全珍相关党史故事的学习热潮。

2021年以来，《人民日报》不惜篇幅从多个角度、多个层次对甘祖昌、龚全珍的事迹进行报道，如《甘祖昌 龚全珍：扎根农村 一心为民（奋斗百年路 启航新征程·数风流人物）》《"全国道德模范"龚全珍：跨越时空的记忆》《学史践行｜甘祖昌 龚全珍：扎根农村 一心为民》《并蒂莲花初心红》等，更是掀起了典型宣传的高潮，《解放军报》《光明日报》等中央级媒体纷纷转载报道，甘祖昌、龚全珍的先进典型事迹成为党史学习教育的重要素材之一。

此外，人民日报出版社出版的中国共产党伟大精神丛书之《甘祖昌精神》，进一步对甘祖昌精神内涵进行了全方位解读与宣传。在中央纪委国家监委新闻传播中心推出特别策划《一百堂党史课》第二堂的学习中，从影视媒体宣传视角进一步讲述了甘祖昌、龚全珍夫妇的感人故事。总体而言，甘祖昌、龚全珍先进事迹是党史学习教育的重要素材，积极将甘祖昌、龚全珍事迹融入党史学

习教育正逢其时，也十分必要。

二、甘祖昌、龚全珍事迹融入党史学习教育的重要意义

以甘祖昌、龚全珍事迹作为党史学习的生动教材，是以甘祖昌、龚全珍事迹生动诠释了初心与使命、为群众办实事、亲历"四史"历程等为党史学习出发点与落脚点。他们身上体现出的精神财富正是党史学习教育所要追求的方向。清晰了解甘祖昌、龚全珍精神、实践和历史维度，可以小见大，深刻感悟到正是无数像甘祖昌、龚全珍一样的党员先锋模范，为新中国的成立、为社会主义建设作出了突出的贡献，是可学可追的榜样。

（一）*初心与使命：甘祖昌、龚全珍事迹融入党史学习教育的精神维度*

百年党史就是践行党的初心使命的历史，是一部党与人民心连心、同呼吸、共命运的历史。甘祖昌参加革命的心愿和目的十分明确、纯粹，就是要让天底下乡亲们都过上好日子。他曾与同乡战友刘春元约定："革命成功后，回到家乡，带领乡亲们过上好日子。"1950年、1954年甘祖昌曾两次回家乡，目睹家乡依旧落后的面貌以及乡亲们对美好生活的急切期盼，更加坚定了他回乡再干一番事业的决心。1957年甘祖昌毅然辞去职务，回到家乡当农民，他下定决心："只要我的心脏还能跳动，我有一分热，发一分光，一定为建设一个幸福的农村贡献自己的力量。"之后，甘祖昌带领乡亲们一起建设社会主义新农村，就是践履自己在长征途中立下的志愿。甘祖昌身为将军，回归故里后，带领乡亲们拔穷根、改穷貌，积极建设社会主义新农村。

龚全珍与甘祖昌相濡以沫几十载，1957年跟随丈夫甘祖昌来到沿背村，从此扎根基层，在乡村教师的平凡岗位上奉献数十年，践行中国共产党人的初心和使命。龚全珍将自己全部的爱和热情投入这片红色的土地，在乡村教师岗位上几十年如一日，兢兢业业、教书育人。走进"老阿姨"龚全珍的初心，是扎根革命老区，投身教育，是传承将军精神，开展革命传统和理想信念教育，关心贫困孩子、孤寡老人和困难群众。龚全珍心怀崇高理想，初心恒久不变，默默为党和祖国的事业奉献了一辈子，是我们学习的榜样，值得我们传承。①

（二）*为群众办实事：甘祖昌、龚全珍事迹融入党史学习教育的实践维度*

始终不忘为人民服务的宗旨意识，是见证甘祖昌、龚全珍初心使命最突出的体现。甘祖昌回乡29年，白天参加勘测设计，晚上钻研农业科技，和乡亲们一起深入实际、同甘共苦、呕心沥血、辛勤劳作，共修建水库3座、水电站4座、渠道25公里、公路3条、桥梁12座，为家乡群众过上幸福小康生活打

---

① 《习近平讲述的故事 | "老阿姨"的初心》，http://www.xinhuanet.com/video/2019-11/18/c_1210358168.htm. 2019-11-18。

下了坚实基础，用为民谋利诠释践行自己的赤诚初心。甘祖昌将自己工资收入的百分之七十以上用于帮助群众购化肥、添机械、建学校、办企业、救济贫困户等。正是甘祖昌关心群众，不摆架子，身体力行，率先垂范，家乡的父老乡亲才发自内心地认可他、接纳他，亲切地称他为"祖昌兄弟""祖昌伯伯"。[1]1986年，甘祖昌因病去世。龚全珍坚持传承甘祖昌的精神，积极开展革命传统教育和理想信念教育，倾力捐资助学、扶贫济困，开办"龚全珍工作室"服务社区、服务群众，为群众排忧解难。

（三）亲历"四史"进程：甘祖昌、龚全珍事迹融入党史学习教育的历史维度

甘祖昌于1927年加入中国共产党，1928年参加中国工农红军，从井冈山起步，历经长征、抗日战争、解放战争，革命足迹遍布大半个中国，为党和人民的事业出生入死、数次负伤。1955年，甘祖昌被授予少将军衔，荣获八一勋章、独立自由勋章、解放勋章等，辞官返乡后投入新农村建设。甘祖昌的一生见证了我们党从革命战争年代到和平建设时期的重要历程，其事迹涉及了中共党史、新中国史、改革开放史和社会主义发展史等各时期，从"四史"学习教育视角探究甘祖昌事迹意义重大。

甘祖昌的老伴龚全珍见证了中国近一个世纪的沧桑巨变，亲历了中华民族从站起来、富起来到强起来伟大飞跃的历史进程，其事迹也可以通过"四史"的不同分期加以呈现，从《龚全珍日记》等载体出发，听"老阿姨"讲党史更成为热门话题。

（四）争做优秀党员：甘祖昌、龚全珍事迹融入党史学习教育的立场维度

从为新中国成立出生入死、英勇奋斗到新中国成立后投身家乡、奉献乡梓，甘祖昌对党忠诚，永葆初心，"要挑老红军的担子，不摆老干部的架子"。甘祖昌处处用红军艰苦奋斗的光荣传统要求自己，把一名共产党员应有的光热毫无保留地散发在为理想而奋斗的路上，以实际行动为自己的信仰追求做了最好的诠释。

龚全珍是新时期共产党员的优秀代表，她的先进事迹充分体现了党的优良传统和作风，集中展现了当代共产党人为民服务、务实清廉的价值追求，具有鲜明的时代特征，在社会上引起了强烈反响。甘祖昌将军逝世后，龚全珍信念不变、本色不改，不顾年事已高，依然坚定执着地继承甘祖昌将军遗志，把弘扬甘祖昌将军精神、开展革命传统和理想信念教育作为一种精神信仰，矢志不渝地践行为人民服务的宗旨。龚全珍认为，自己做的事哪怕再小，都是在延续

---

① 甘守义：《甘祖昌：锄头映初心》，《学习时报》2018年12月10日。

甘祖昌将军建设美好家乡的梦想。

三、甘祖昌、龚全珍事迹融入党史学习教育路径探究

习近平总书记强调:"学史力行是党史学习教育的落脚点,要把学史明理、学史增信、学史崇德的成果转化为改造主观世界和客观世界的实际行动。"将甘祖昌、龚全珍先进事迹融入党史学习教育,就是在弘扬甘祖昌、龚全珍精神的同时,以甘祖昌、龚全珍为榜样力量,争做甘祖昌、龚全珍式好党员好干部。

(一)发挥甘祖昌式乡贤作用,推动乡村振兴

1957年,甘祖昌从部队离休后返回家乡沿背村,作为乡贤参与了沿背村的建设与发展。甘祖昌将军回乡当农民,反哺故土,回报乡亲,充分诠释了"树高千尺不忘根"的传统美德和共产党员不为官只为民的高尚情操。乡贤,作为一种非政府资源,其对乡村振兴战略的重要性不可低估。

习近平总书记在会见全国离退休干部双先代表重要讲话时提出:"要广泛宣传老同志的先进事迹,在全社会广泛形成尊重老同志、爱护老同志、学习老同志的良好社会氛围。"因而,在学习宣传甘祖昌先进典型的同时,鼓励各地建立甘祖昌乡贤工作站,鼓励离退休的社会精英告老还乡,到家乡发挥余热、施展才能,增强他们回归故里的荣誉感、使命感和责任感,从而实现宝贵人才资源从乡村流出再流入的良性循环。

充分调动退休老人的积极性,即一大群昔日在城里各行各业打拼而今功成身退的"退休老人",引导这些退休赋闲在家的老领导、老干部、老白领、老工人、老企业家、老商人、老教师、老医生、老法官、老科技人员等,发挥其经验、事业、人脉优势和资源调动等能力为家乡建设发挥余热。[①] 把对故乡的初心与使命写进乡愁、写入乡情,鼓励乡贤将先进的发展理念和优秀项目带回家乡,为乡村振兴出谋划策。弘扬乡贤文化,应壮大乡贤群体,请乡友回家乡、请校友回母校、请战友回驻地,在增强乡贤力量的同时,还应搭建乡贤与乡村社会有机融合的平台,让越来越多的新乡贤参与到乡村的建设与发展中来。通过开展"甘祖昌新时代乡贤榜"等评选活动,将乡贤的正能量逐渐内化为村民的行为规范和道德自觉。有代表性的乡贤列席"两会",为乡贤搭建发表意见的平台。[②] 亦可成立"甘祖昌乡贤理事会""甘祖昌乡贤工作会"等组织,让乡贤参与村庄事务并对村"两委"工作进行监督,通过依靠内生型权威对村庄事务进行管理,进而让自治落到实处,使现代法治理念"入乡随俗"并落

---

① 《乡贤文化:乡村振兴战略的根基》,《昭通日报》2021年1月13日。

② 龚昌菊:《乡村振兴战略 需发挥乡贤作用——从甘祖昌将军当农民、郑传楼副巡视员当名誉村长个案的启示》,《晚晴》2018年第7期。

地生根，实现"三治"融合。① 同时，不断完善相应政策措施，给予乡贤身份和平台，建立准入机制、履职激励机制、荣誉授予机制等，进一步引导乡贤在人才、资本、信息、技术等方面回归与反哺，发挥甘祖昌式乡贤这一乡村振兴的"特殊"力量。

（二）争做甘祖昌、龚全珍式好党员，加强先进典型选树工作

甘祖昌、龚全珍是优秀共产党员的杰出代表，具有共产党员的崇高信仰和赤子情怀，通过典型宣传，成为新时代典型选树工作的重要实践样板。"我们共产党干事，不靠天、不靠地，就靠自力更生、艰苦奋斗。"② 伟大时代呼唤伟大精神，不忘初心需要榜样引领。先进源于责任，优秀彰显党性。一个个先进典型，就是一面面旗帜。初心易得，始终难守。新时代的党员干部当以甘祖昌、龚全珍为榜样，永远保持对党忠诚、对人民负责的初心，勇担新时代的责任和使命，继续逐梦前行。因而，在先进典型选树中，注重"深挖掘"，面向群众，选树身边"最美昭萍人"。面向干部，选树工作标兵和优秀党员。通过深挖细找不断发现典型的闪光点，力争让典型具有鲜明的先进性和时代感。

创新宣传先进典型的传播方式。结合"萍乡好人""向身边的榜样学习"等活动，把先进典型宣传放在重要位置，坚持系统、深入、持久地宣传典型，注重先进典型宣传报道的广度和覆盖面，努力使典型事迹家喻户晓，典型精神深入人心。一是通过电视、网络、报纸、宣传栏等多种形式，对开展先进典型评选工作的意义、方法等进行宣传报道，结合不同单位的不同职责，深入开展典型案例、事例宣讲活动。二是通过媒体、宣传栏、好人广场、积德榜等对已经评选出来的先进典型进行宣传。结合现实记录与艺术创作，结合"线上线下"，制作反映先进典型事迹的短视频、微电影等网络文化产品和文艺产品，打造展现先进典型风采的电视节目，深入开展先进典型事迹"云"展播，做优做强先进典型宣传。三是通过新时代文明实践中心、道德讲堂等对先进典型的事迹进行宣讲，使先进典型的事迹家喻户晓、精神深入人心，在全社会营造学习先进、争当先进的浓厚氛围。四是加快龚全珍工作室建设进程，将其建设成党员干部服务群众的新平台，推进服务型社会治理，促进农村社会治理水平的提升，继而有效维护了农村社会和谐稳定。让龚全珍工作室成为传承红色基因的"传承室"、联系服务群众的"连心室"。

创新宣传先进典型的管理方式。在全面推介中注重发挥典型示范作用。注重将学习推广先进典型作为促进学风、转变作风、务实工作的有力抓手，力求

---

① 吴晓燕、赵普兵：《回归与重塑：乡村振兴中的乡贤参与》，《理论探讨》2019年第4期。

② 龚全珍：《我和老伴甘祖昌》，江西教育出版社，2014，第211页。

发挥典型示范作用。同时，加大对先进典型的管理、教育和培养，提高全面素质和工作能力。通过帮带培养，以老带新、以点带面，使先进典型落地生根。以"龚全珍工作室""龚全珍志愿服务队"为依托，使其成为展示形象的窗口。加强典型选树推荐评选常态化管理工作，以党员的先进性鞭策更多人投身先进典型的"追星"路，让典型人物成为人人可学可做、可追可及的良好导向。

（三）弘扬甘祖昌、龚全珍精神，激发为民办实事的干事创业精神

大力传承弘扬甘祖昌将军严于律己、艰苦奋斗，一心为民、永葆本色的优良作风和宝贵精神正逢其时。甘祖昌和龚全珍艰苦奋斗、无私奉献，永葆本色、一心为民的先进事迹和崇高精神永远值得人们学习。[1]积极将甘祖昌"群众工作法"的优良传统融入"群众贴心人"工作机制中，当好"群众贴心人"，办好"群众贴心事"，鼓励更多人把为民办实事、为民办好事的初心写在干事创业的工作岗位上，不断增强人民群众获得感、幸福感、安全感。

在党史学习教育动员大会上，习近平总书记强调，要"进一步发扬革命精神，始终保持艰苦奋斗的昂扬精神"。艰苦奋斗精神是与党的初心使命紧紧联系在一起的。共产党人经历一切苦难、进行一切奋斗，都是为人民谋幸福、为民族谋复兴。新时代，更要积极以党中央、习近平总书记关于艰苦奋斗的要求为镜，以人民群众的新期待为镜，以甘祖昌、龚全珍先进典型为镜，以做对人民有意义的事为标准，努力将广大党员干部锻造成艰苦奋斗的烈火真金，经受千锤百炼，让实践工作成为能锻炼人、能成就人的"捷径"，使党在群众中的威信和形象进一步树立，党心民心进一步凝聚。

（四）加强院校融合，推动思想政治教育工作发展

甘祖昌初心使命的萌芽是在青年时期与方志敏的谈话中开始的，为日后的个人生涯种下了革命的火种。龚全珍也是在青年时期受到党的感召入伍、入党，并用一生诠释初心使命。因而，加强新时代青年的思想政治工作十分关键、非常必要，要以党史学习为契机，为青年扣好人生第一粒扣子。传承甘祖昌精神的甘祖昌干部学院是党史学习教育活动的重要宣传场所，是广大干部群众接受党史学习教育的好去处。但多数大中小学的学生由于时间、经费等各方面的限制，对甘祖昌、龚全珍的先进事迹了解较少，对他们的初心使命的生动故事缺少近距离感悟。要加强甘祖昌干部学院对甘祖昌、龚全珍先进事迹的课程开发与应用，结合大中小学生的成长规律，形成内容更加丰富、形式更加多样、受众群体更加有感的党史学习生动教材。并通过甘祖昌干部学院与相关大中小学

---

① 李平：《甘祖昌、龚全珍：弘扬艰苦奋斗精神的楷模》，《党建》2021年第9期。

校建立联系，将甘祖昌、龚全珍先进事迹的党性教育课程搬进学校、搬进课堂，让更多的学生对甘祖昌、龚全珍的先进事迹"零距离"接触。引导广大大中小学校积极将甘祖昌、龚全珍精神融入思政课程，融入体教活动和劳动教育活动，让更多学生在做中学、在学中悟、在悟中行，引导青年以甘祖昌、龚全珍为人生榜样，启发青年长大后报效党和国家的决心和信心，用一生践行对党和国家的忠诚誓言。

《龚全珍日记》是龚全珍先进事迹的点滴记载，是其高尚人格的真实见证，是其峥嵘岁月的不懈坚持。在甘祖昌干部学院开发党史学习教育精品课《中国共产党为什么能？——听老阿姨讲百年党史》进校园、进课堂、进学生头脑的良好时机，鼓励更多的学生通过日记等形式，向"老阿姨"龚全珍学习，从日常点滴做起，从自身做起，并通过自我的改善影响周边更多的青年改善自己的言行，继而让更多的青年通过对初心使命的践行，对自我言行的改善，成为社会主义事业的合格接班人。

（五）做好新时代退役工作，增强再创业的使命担当

甘祖昌、龚全珍是新时代退役军人"永葆本色、再建新功"的现实楷模。甘祖昌从穿上军装参加革命开始，就时刻牢记自己是一名革命军人，当上部长、评上将军后，以更高的标准严格要求自己，始终保持着革命军人的本色，辞官返乡后继续以革命军人的高昂斗志和豪迈情怀，在农业生产战线上战斗不止、奋斗不息，取得了较为突出的成绩。龚全珍离休后虽然离开了教育岗位，但总觉得自己还有很多事应该做，积极活跃于志愿服务等事务上，并荣获"全国模范退役军人"荣誉称号。我国现有数千万退役军人，当年满怀报国之志，身着军装保家卫国，为国防和军队建设作出重要贡献，但部分军人退伍后因工作、生活等原因逐渐淡化军人意志与理想抱负，或转业后无法找到合适对口工作岗位而消极怠慢，或退役后无平台发光发热而迷茫不前，这都成为退伍退役退休军人的一大难点、痛点。增强甘祖昌、龚全珍退役事迹的宣传，可激发广大退役退伍军人永葆军人本色，在祖国大地上继续发扬革命优良传统、为建设中国特色社会主义现代化贡献力量。

甘祖昌、龚全珍退役不褪色的优良作风，也是各行各业退休离休离岗人员的激励榜样。无论何种身份，无论身在何处，都应始终胸怀为党和国家奉献一切的情怀，洋溢着再创业的豪迈激情。新时代做好退休返聘、分流人员再就业等工作，以甘祖昌、龚全珍退役先进事迹为典型宣传案例，真正鼓励各行各业退休离休离岗人员做到离岗不离初心，退休不退使命，真正做到离岗不离党，退休不褪色。

　　站在百年党史的新的历史起点上，艰苦奋斗再创业，是中国共产党人对初心和使命的执着坚守，是中国共产党人一脉相承的精神特质。从创业到不断再创业，需要甘祖昌、龚全珍式中国共产党人始终如一地践行初心、履行使命，从党史中汲取甘祖昌、龚全珍精神力量，把学习成效转化为工作动能和成效，并充分做好甘祖昌、龚全珍式人民子弟兵的榜样选树工作，将各行各地党员干部群众的大小业绩汇聚成党和人民的伟大事业、国家和民族的伟大事业。

　　（作者分别为：萍乡学院商学院助教、硕士研究生；甘祖昌干部学院讲师、硕士研究生。本文系江西省高校人文社会科学研究思想政治工作专项项目"甘祖昌精神融入大学生创新创业教育路径探究"的阶段性成果，项目编号：SZZX2021）

新主流党史纪录片的"年轻态"构建策略

江敏连

纪录片是很好的党史教育呈现方式，以纪录片为载体呈现党史，不仅能真实还原历史，更能让党史快速普及，让人们铭记于心。以往党史纪录片的创作一直处于"宏大叙事"当中，较为重视展现历史时刻、历史事件，而忽略了对个体的表达和展现，"只闻其事而未见其人"的表现方式让党史纪录片更像是史料的汇总和陈列，而不是对党史的故事化呈现。要想创作好党史纪录片首先要正确认识"党史"，在以往的创作者眼中"党史"是宏大的、是严肃的，在表现时要以严谨的态度、专业的精神去表达。虽说这样的创作态度是值得称赞的，但这样的创作模式会让党史纪录片变得过于严肃，远离观众。实际上，党史不是高冷的，更不是不可触及的，而是一部真实、鲜活、生动的历史。

所以，为进一步研究党史纪录片在融媒时代的创作路径，本文提出了"年轻态"的构建策略，即在尊重历史、还原历史的前提下，探索党史纪录片与大众心理需求契合的叙事方式：挖掘鲜见史料，为党史题材增色；以多角度叙事，增强叙事离间感；使用年轻化表达，符合融媒时代大众审美趋向。

一、主题重构：充分发掘"鲜见资料"，为党史题材提亮增色

在创作新主流党史纪录片过程中，可以充分发掘"鲜见史料"为观众营造出"陌生化"观看效果，让人们对党史产生惊讶和好奇之心，从而以更加自觉和主动的态度去了解党史、发掘党史。此外，在讲述共产党奋斗故事、奋斗历程的过程中，要主动探寻与大众心理需求契合的叙事方式。改变以往"广大全"的叙事模式，从小处着手，"以小见大"展现我党不畏艰险的斗争精神；用叙事语言将史实资料与当前社会生活进行融合，让大众在观赏中深刻感受到时代的变迁，达成情感层面的共情。

（一）以小见大——以"小视角"展现"大主题"

"宏大叙事"曾经是党史纪录片创作的常用模式，较为重视对历史时刻、

历史故事的展现，以历史事件为视角进行内容叙事，在这样的创作模式下党史纪录片显得恢宏、壮阔，却忽略了个体在奋斗中的具体作用。[①] 所以，在新主流党史的创作中要"以小见大"，利用"小视角"来展现"大主题"，找到历史厚重感和个体视角之间的平衡，将党史故事变得鲜活、生动。总台央视于2021年推出的党史纪录片《山河岁月》就是这样一部"以小见大"的纪录片，该作品重视展现个体在共产党奋斗征程中的作用，以个体故事驱动史料讲述，将个体故事与革命奋斗征程联系起来，不仅将革命先辈的奋斗故事刻画得细致入微，更让党史变得生动而又鲜活。第一集《历史的天空》讲述陈独秀被捕时是这样描绘的：首先展示了陈独秀被捕时警方留存的历史资料和警方侦探的记录，又加入《觉醒年代》35集影视片段"还原"被捕事件，历史资料和影视片段相互佐证达成了史料和影像的双重表达。此外，被捕细节的视听化展现也让陈独秀舍生忘死的斗争精神更加深入人心，同时也让观众们认识了史料之外的陈独秀。

除此之外，对红色文物背后故事的发掘也是党史纪录片"以小见大"叙事的主要方式之一，红色文物是党史的重要载体，更是历史的见证。通过对发掘红色文物背后故事的阐述，让大众体会到革命先辈的家国情怀。总台央视于2021年7月3日推出的《闪亮的记忆》就是以红色文物为主体讲述文物背后的革命故事，让大众从一件件具体文物中体会历史，感受先辈们的奋斗精神。第十集《写满信念的锦幛》讲述了一位红军家书的故事，1941年9月张世亮收到了哥哥张世全交给他的锦幛，上面写满了3357个共产党员的名字，哥哥告诉他有人拿出锦幛上的五角星才能交给他。后来张世亮被国民党逮捕，尽管在狱中遭受了严刑拷打但依然未曾透漏一点信息。该纪录片播出之后引发了全网寻人活动，话题"寻找红军张世全下落"登上微博热搜榜，引发了广泛讨论。

（二）时空突破——以"红色遗址"构建情感共鸣

在新主流党史纪录片创作中，具有红色指向意义的建筑、空间、城市逐渐成为党史纪录片的创作主体，通过展现物理空间内曾经所发生的红色故事，激发大众情感共鸣。例如，上海松江区融媒中心于2021年12月推出的系列党史纪录片《初心之地》，就以松江区为起点，追忆了中国共产党成立100年来发生在这片土地上的红色故事，借此展现出不同历史时期共产党人为追求民族复兴所做的努力。上海广播电视台于2021年推出的党史纪录片《诞生地》以上海红色地标为中心，通过走进老渔阳里、安义路、中共一大纪念馆、毛泽东旧居等红色旧址、革命历史纪念地等场所，展现发生在上海的红色故事、红色精神，讲述中国共产党诞生在上海的史实故事。《山河岁月》第十二集《无言的丰碑》

① 宋献伟：《新时代党史纪录片时空叙事的美学转向》，《中国广播电视学刊》2021年第11期。

将观众们"带领"至中央特科旧址，展示了建筑图纸中没有显示的地方"秘密阁楼"，在历史事件发生现场让观众们亲自去感受当年红色工作者的"隐秘而伟大"。

再如：《百炼成钢：中国共产党的 100 年》第一集《亢慕义斋》，在内容开篇就提出了问题"亢慕义斋"在什么地方？为什么起这个名字？为什么共产党的百年征程要从"亢慕义斋"说起？这些问题迅速激发了观众的求知欲，通过观看我们得知"亢慕义斋"实际上可分两部分来看："亢慕义"是德文"共产主义"的音译，"亢慕义斋"实际上就是"共产主义室"，在今天北京市沙滩后街 55 号院，它既是共产党早期活动地点，同时也是马克思主义中国化的起点。通过对"亢慕义斋"这一陌生概念的阐述，让人们更加了解共产党的发展起源。

（三）口头讲述——以"口述历史"还原真实红色故事

为了更加真实地还原历史，邀请历史事件亲历者"口头讲述"成为新主流党史纪录片的常用方式。"口述"这一方式不仅能真实还原历史事件，同时也能最大限度留存史料，使党史资料更加形象、丰满。[①] 通过当面采访的方式也能让亲历者追忆历史，提供更多有价值的信息，在纪录片中将口述资料与影像资料、文本资料相融合，为人们展开一幅完美的历史画卷，人们也能从亲历者的讲述中感受当年的奋斗历程。例如，为纪念中国人民志愿军抗美援朝出国作战 70 周年这一历史时刻，总台央视于 2019 年 5 月 10 日推出了三集纪录片《铭记》，该片以记者采访的方式，重点走访了曾经参加过抗美援朝的老战士、支援前线的模范等亲历者，通过他们的口头讲述，帮助大众深入了解抗美援朝战争中的艰辛历程，继承和发扬抗美援朝精神，为我国现代化建设贡献力量。

再如，纪录片《口述历史——旷继勋蓬溪起义》采访到蓬溪起义的历史见证者及其后人，通过他们的口述再现了旷继勋率领当地部队攻占蓬溪县城成立西南地区第一个苏维埃政权的传奇经历，展现出以旷继勋为代表的共产党员不畏强权、不畏艰险，献身革命事业的伟大精神。除见证者口述外，纪录片还利用史料对这段历史进行佐证，增强了纪录片的真实性和可信度。

二、多元叙事：以多种叙事方式打造历史沉浸感

新主流党史纪录片要打造历史沉浸感、提升内容说服力，可通过当代人的视角讲述或解读历史，在不同时代的交互中为大众打造历史沉浸感；同时，也可邀请国际友人参与纪录片制作，通过他们对党史的讲述，让人们看到不一样的历史，增强纪录片内容说服力。

（一）以今论古，以现代视角讲述历史故事，构建历史沉浸感

在新主流党史纪录片制作中，由于部分内容题材年代过于久远，无法找到

---

① 陆晓明：《建党百年大型纪录片的党史传播教育》，《当代电视》2021年第11期。

历史亲历者，只能采用"以今论古"的办法通过现代视角讲述历史、解读历史，让观众沉浸其中感受历史。[①]例如，湖南省"政协云"于2021年4月28日发布的党史微纪录片《"模范妇女领袖"向警予》中，用现代视角去解读、阐述党史。纪录片开篇先是以讲述者的视角阐述向警予的个人经历：是毛泽东的契友，是中国共产党唯一的女创始人，中共历史上第一位女中央委员……此后，讲述者切换至第一视角以向警予的身份讲述自己的故事：我1895年出生于湖南溆浦。八岁时，思想开明的父亲送我入校读书，我成为溆浦县第一个读书的女孩子……纪录片结尾又以讲述者的视角总结了向警予的一生：向警予怀着新女性对新社会的强烈追求，以巾帼不让须眉的豪迈气概，用生命阐释了对党的事业的绝对忠诚，激励着一代又一代的中华儿女为共产主义事业接力奋斗。

再如，新华社于2021年6月30日推出的微纪录片《跨越百年的相逢》跨越时空限制，将李大钊、邓稼先等前辈的先进事迹和当今为社会发展、和平稳定默默贡献的普通人进行对比。这实际上也是"以今论古"的表现手法：虽然时代不同、社会环境不同，但为祖国发展、繁荣昌盛默默耕耘、一心奉献的初心是一样的。

（二）以外国友人视角讲述党史故事，助力党史纪录片对外传播

自改革开放以来，越来越多的外国友人来到中国工作、生活、学习，他们既是中国发展的见证者，也是亲历者，认识到中国共产党为国家发展所做的努力和贡献。通过外国友人的视角讲述党史故事，不仅能够提升党史纪录片说服力，同时也能助力纪录片对外传播。新华社于2021年6月25日推出《我的朋友是党员》，该片采用全程讲述的方式，选取四位国外友人作为讲述者，通过他们的讲述展现了四位共产党员的平凡故事。

此外，在中国共产党的发展历程中也涌现出不少有卓越贡献的"外籍党员"，可通过讲述他们的故事向世界展示中国共产党的发展历程和精神核心。天津广播电视台于2021年10月推出的党史纪录片《走过世纪》，就聚焦对我党有卓越贡献的"外籍党员"，通过讲述马德海、郑律成、傅莱等"外籍党员"的故事，体现了我党始终将人民放在首位、始终为人民幸福坚持奋斗的"初心"。

三、形式变化：坚持年轻化呈现，符合社会审美趋势

新主流党史纪录片要赢得观众青睐，就要在立足历史真实的根基上，融入新媒体时代的表达方式，用年轻化表达符合新时期的大众审美习惯，用各类新技术创新纪录片表现方式，让党史变得鲜活、生动。

---

① 何向向：《百年党史的国际传播叙事模式研究》，《新闻爱好者》2021年第8期。

（一）邀请知名艺人参演，提升社会影响力

在新媒体传播语境下，有不少电影、电视、纪录片抑或其他文艺作品邀请一些知名艺人加盟出演，[①]不仅增强了纪录片的艺术性，还让党史纪录片更加年轻态、更加富有活力。微党史纪录片《百炼成钢·党史上的今天》邀请到何炅、汪涵等担纲主讲人，讲述共产党历史上在这一天发生的重要事件。在第118集中主讲人汪涵在讲述革命先烈李大钊的故事时，身穿中式长衫、布鞋，戴着复古的圆框眼镜出现在演播室中，尽可能让自己的形象贴合李大钊的历史形象，让历史讲述更具沉浸感。

（二）融合多种艺术形式，丰富艺术表现力

新媒体时代技术的发展提升了观众的艺术审美水准，传统的纪录片表现形式已不能满足新时期观众的审美需求。所以，在新主流党史纪录片的创作中要融入更多的艺术形式，运用场景传播的技术手段，通过虚拟话题场景的记忆建构，情境式场景的还原再现。[②]新技术的使用也能够丰富纪录片的艺术表现力，以满足新时期观众多元的审美需求。例如，《百炼成钢·党史上的今天》第118集在讲述李大钊的故事时，利用虚拟现实技术还原了他曾经工作的北大红楼以及曾经生活过的地方，这些场景的出现迅速将观众领入那个奋斗的年代，提升了纪录片的沉浸感。总台央视推出的微纪录片《山河》将历史影像资料进行高清彩色修复，让历史资料更加清晰、流畅。

除利用新技术之外，其他艺术形式的融入也能增强纪录片的艺术表现力，比如可在纪录片中使用老照片、旧影像资料作为佐证历史的资料，或可在纪录片中使用影视片段作为填补史料空缺的方式，亦可在片中使用动画、漫画等艺术方式，丰富党史纪录片呈现形式。例如，在纪录片《抗美援朝保家卫国》中就使用了大量的历史照片，这其中既有战地记者拍的，也有外国人拍的。这些照片中既有展现人们踊跃参军的场景，也有战场前线的拼命和厮杀，这些全面展现抗美援朝的真实场景，让"抗美援朝"这一历史事件在大众眼前逐渐变得清晰起来。

中国妇女儿童博物馆推出的纪录短片《党史中的巾帼力量》以沙画的形式展现了中国共产党发展历程中各个历史阶段具有代表性的女性党员形象，深刻描绘了在建党百年历程中女性党员以巾帼不让须眉之姿，为党和国家的事业艰苦奋斗的故事；《百炼成钢：中国共产党的100年》第二集《老渔阳里的秘密》将沙画和实拍场景相融合，让原本严肃的史料实现动态化呈现，让历史

---

① 孙振虎、赵甜：《文献纪录片年轻化传播的创新策略——以中国共产党成立100周年主题纪录片为例》，《新闻与写作》2021年第7期。

② 周莹：《全媒体语境下沂蒙红色文化的场景传播策略》，《青年记者》2021年第24期。

呈现更加鲜活。

（三）碎片化融媒传播，满足大众收看需求

融媒时代信息呈现出碎片化传播趋势，而人们也越加习惯接收碎片信息以满足对碎片时间的使用需求。这点从纪录片的创作模式可以看出，近年来市场上出现了越来越多的"微纪录片"，以短小精悍的形式赢得大众青睐。如《如果国宝会说话》就以短视频的形式趣味解读国宝；《中国微名片·世界遗产》让观众在每集5分钟的时间内领略中国世界遗产的故事。

对此，在新主流党史纪录片的创作中也可以利用"微形式"，让党史纪录片更符合时代传播需求。《百炼成钢·党史上的今天》是以时间为叙事主线，每集时长最多5分钟，重点展现共产党发展历史上发生在这一天的历史事件；《回望初心——100个湖北党史故事》则精选发生在湖北当地具有传奇色彩的历史事件或历史人物，在展现党史厚重感的基础上也体现了人文关怀，让湖北当地党史更加生动；《记忆100》重点展现江苏党史发展历程中的100个闪光点，可以说这100个闪光点全面展现了江苏人民的斗争史，我们也从这些闪光点中窥见共产党人不忘初心、不畏险阻的抗争精神。

（作者系广西广播电视台新闻频道主任记者）

党史视域媒介素养教育历史脉络
与新时代媒介素养教育内容构建

许文卿

现代传媒是政党政治发展的产物，是政党运行和公民行使权利的有效形式。研究党史与媒介素养教育的关系，以及新时代媒介素养教育的内容构建，应当从历史的脉络入手，研究探寻其实践活动、发展进程和新时代内容要求。

一、中共成立前媒介素养教育思想的萌芽及其实践探索

"媒介素养教育"的概念和理论产生于 20 世纪 30 年代的西方，但是自近代报纸为代表的媒介产生之日起，媒介素养教育就已经潜移默化地在探索实践和实施发展之中。

中国是世界媒介的发源地。唐开元年间，就出现了官方报纸形式的邸报，但邸报类似政府公报，传播范围极其有限，没有发展成现代报纸。中国真正具有近现代意义的传媒是 1815 年创刊的《察世俗每月统记传》。伴随近现代报业的产生和发展，我国媒介素养教育开始启蒙。在办报的过程中，一些媒体人开始认识到，要提高报纸的发行量和影响面，让更多的人接受报纸、认识报纸，从报纸的报道中获取有用的信息和知识，应当从两个方面着手：一是提高报纸自身的质量，这需要对媒介传播者的教育，提高传播者的职业素养；二是提高读者的接受力、理解力、认识力，即提高读者的媒介素养。

早期对媒介传播者的素养教育，是针对编辑记者和通讯员采编知识的业务培训和教育，主要通过自身报纸版面，发表采编业务知识和采编经历，交流办报经验，讲述报章写作技巧，提高办报人的素养。另一种方式是向社会宣传介绍报纸采写编知识，稿件内容、形式、质量、格式等方面要求，吸引征集社会上的人士写稿、供稿。1896 年梁启超在《时务报》创刊号上发表《论报馆有益于国事》，较系统地论述办报的宗旨和报刊功能，是我国新闻理论最早的系统论述。

近现代对受众的媒介素养教育是从公众媒介知识的启蒙教育起步。报刊对

当时的社会公众来说是新生事物，尤其是普通民众文化水平低，不知报刊为何物。首先要民众知道报刊是什么，能利用报刊干什么，就是要让民众接受报刊。最初的报刊一方面报道事件，一方面刊登报纸性质、功能与作用，向读者作自我介绍。1834年1月《东西洋考每月统记传》刊载《新闻纸略论》，对民众进行报纸素养启蒙；另外通过读报、讲报活动，提高公众对报刊的参与度。当时民间的读报、讲报活动非常兴盛，1906年《东方杂志》报道，"山东学务处前在省城四关四隅分设阅报处八所，一时风气为之大开，近因阅者日众，又添设二处，以使普及"。这些读报、讲报活动受到了广泛欢迎，这种形式以后演变为阅报栏、读报小组、阅读社等，对普通民众起到了媒介素养教育的作用。

新文化运动和五四运动对媒介素养教育起到了较大推动作用，萌芽状态的媒介素养教育掀开了崭新一页。一是通过报刊宣传、培养社会公众，特别是青年群体的新闻媒体意识，加强对媒介知识的理解和认识。二是通过新闻群团，有意识培养先进分子的媒介素养意识。1918年10月14日，北京大学成立"新闻学研究会"，培养会员百余人，每周开展听课、练习、研究、议事等活动，内容涉及采访、编辑、排版、印刷等报纸工作及新闻选题、新闻通讯法、新闻组织等新闻学理论，这标志着我国媒介素养教育的发端。三是创立新闻理论研究专刊，对新闻理论进行深入研究和探讨。1919年三四月出版的《报学月刊》和《新闻周刊》是我国最早新闻学期刊。新文化运动和五四运动推动了传媒知识的传播，在社会公众中普及了媒介知识，成为现代传媒基本素养的萌芽。

二、中共成立至新中国成立前非自觉状态下媒介素养教育思想与实践

从1919年到1949年的30年，是中国社会巨大变革期。这一时期，我国媒介和媒介素养教育得到空前发展，人们的媒介意识和思想在自然状态下进一步提高。

（一）民国时期媒介素养教育的进步

民国时期，一些先进知识分子的办报办刊思想得到激发，产生了大量报刊，形成政府和民众两个舆论场，媒体在政治和社会中的作用得到进一步加强。

1. 广播的产生与媒介素养教育内容的拓展

1923年，上海大来公司设立广播电台，这是我国最早的广播。广播的出现是媒体生态的革命性变革，对从业者和社会公众媒介素养提出了新的要求。当时主要是利用报刊介绍推广广播、广播自身宣传推介、专业期刊研究讨论，推动了广播素养的提升和深化。

2. 开展以学校为主体的专业化媒介素养教育

在新闻大学或综合大学开设新闻专业进行新闻专业教育。1925年设立上海新闻大学。四川大学新闻专修科招考学生44名，学制3年。1920年至1949

年全国新闻教育机构总计 60 余所，新闻教育为培养专业化媒体人才和全社会媒介素养的提高发挥了重要作用。

3. 关于"媒介素养"的初步探讨

许多学者具备了朴素的"媒介素养"意识，有的学者甚至已经认识到"媒介素养"缺失的弊端。潘君健在《报纸评论和社会舆论》一文中写道："过去由于人民的知识浅薄，对少数人或报纸评论所提出的意见，往往没有认识和判断是非厉害的能力。"有学者提出传播者素养问题。任白涛《综合新闻学》、张季鸾《新闻记者根本的根本》、范长江《建立新闻记者的正确作风》等都强调了新闻人职业道德素养是最重要的素养。

（二）中共革命活动与媒介素养教育

中共从成立到领导人民进行革命斗争的历程中，把新闻宣传工作作为革命和斗争的重要武器之一，利用各种媒体宣传党的主张，开展对敌斗争。正因如此，中共特别注重新闻队伍建设和业务素养提高，注重党员和人民群众接受、认识、理解新闻内容和知识。

1. 党的领袖积极倡导和实践提高新闻素养

陈独秀开党报党刊的先河，创办和编辑了《新青年》《每周评论》等十余种报刊，写下大量报刊言论，形成了独特的报刊舆论思想。李大钊在 1922 年《北大新闻记者同志会成立大会上的演说词》对新闻事业的本质进行了深刻揭示。毛泽东 1919 年就参加了北京大学新闻学研究会，是最早的会员之一，同年在北京创办"平民通讯社"，回湖南后，主编《湘江评论》《新湖南周刊》等，其中相关新闻素养论述是其新闻思想的重要组成部分。

2. 向社会公众普及党报基础知识

1922 年蔡和森在《向导》发表《敬告本报读者》，提出"党报是无产阶级斗争的工具"这一党报核心思想。1943 年 9 月 1 日延安《解放日报》发表陆定一《我们对于新闻学的基本观点》，提出"新闻的本源是事实，新闻是事实的报道"这一新闻定义。胡乔木在 1946 年 9 月 1 日在《解放日报》发表《人人要学会写新闻》，促使党员、战士和民众学习报纸采、写、编等业务。这些文章起到了媒介素养教育作用。

3. 加强通讯员队伍建设，采取多种方式提高通讯员素养

一是通过专栏或者编辑专业刊物对通讯员进行教育指导。《红色中华》专门设立"写给通讯员"与"通讯生活"专栏，进行业务辅导。二是开办新闻函授或训练班。1941 年，由青记太岳办事处与青记战地服务队共同组织太岳山区新闻工作训练班，教学内容涉及采访与写作、读报常识、编辑、发行、印刷等。

新中国成立前中共非自觉状态下的媒介素养教育产生了很大影响，一方面，

有力地推动了大众传播媒介素养的提高，达到了宣传群众、教育群众、发动群众、团结群众的目的，为革命胜利创造了条件。另一方面，初步形成了较系统的党的大众传媒素养教育的理论和认识，为之后进行媒介素养教育打下了基础。

三、新中国成立至改革开放之前媒介素养教育及失误

对媒介素养教育来说，这是一个特殊时期，一方面，党取得执政地位后对宣传舆论工作高度重视，媒介素养教育工作得到推进和发展；另一方面，由于"左"的思想影响，又出现了大量失误，存在许多教训。

（一）媒介素养教育的发展及经验

1. 形成了党的新闻舆论理论体系

在革命战争年代新闻事业发展的基础上，党的领袖和媒介工作者对新闻本质、功能，对新闻工作的路线、方针、原则，对新闻工作者应具有的修养等都做过大量的论述。这些论述内容丰富、切中实际，有助于我们在新的历史时期做好新闻工作。一是明确指出新闻是党的喉舌。1959年6月毛泽东提出了"政治家办报"，强调新闻的党性，要求党的新闻媒体要在政治上与党保持一致。二是强调真实是新闻的生命，要求新闻必须反映客观事实。三是新闻工作要走群众路线，新闻报道在内容形式上要贴近群众。四是提出新闻工作者修养问题。毛泽东指出，新闻事业的健康发展，离不开一支思想过硬、素质优良的新闻者工作队伍。

2. 确立了党领导下的媒体工作者队伍，素质明显提高

新中国最初的新闻队伍主要包括原从事党和人民新闻事业的记者编辑人员，以及从进步知识青年和部分旧报纸中的进步分子中选拔人员，形成了规模可观的新中国新闻队伍。此后队伍不断发展壮大，到20世纪80年代，新闻从业人员达24万人。

3. 党员和干部群众媒介素养水平大幅度提升

与新中国成立前相比，党员干部和人民群众的媒介素养迅速提升。一是因为新中国成立后识字率的提高和教育事业的发展，群众文化水平得到提高，使其媒介素养相应提高。二是党报党刊和广播电视的发展，使群众更多地接触和了解新闻信息，从而培养、锻炼了媒介素养。三是从中央到地方各级党委政府对新闻宣传工作的重视，推动了党员、团员和群众媒介素养的提升。

（二）媒介素养教育的失误和教训

这一时期，媒介素养教育方面也经历了一些挫折和失误，存在许多教训。

1. "左"的错误思想倾向的干扰，给媒介素养教育带来恶劣影响

从1957年反右斗争开始至"文化大革命"结束长达20年时间，受"左"

倾思想影响，媒介素养被当作资产阶级的东西，媒介素养教育遭到无视或者压制。

2. 存在盲目跟风现象，没有培养起党员干部较强批判能力、独立思考能力、质疑能力和判断能力

有时处于政治狂热之中，报纸上一句话就能引起较大波动，让一些人失去辨别能力、质疑能力。

3. 媒体工作者脱离群众、脱离实际现象严重

报纸版面、广播节目、电视新闻充斥会议报道，引起受众反感。

4. 没有及时引进"媒介素养"和"媒介素养教育"理念，仍然处在自发状态

媒介素养概念在西方产生了几十年，已经普遍受到人们认可和重视，探讨和应用也较深入，由于"左"的思想禁锢，这一时期我们对媒介素养了解甚少。

四、改革开放特别是媒介素养概念正式引入后的媒介素养教育

在媒介素养及媒介素养教育的概念正式引入国内之前，我国媒介素养教育一直处于萌芽、零散、自发阶段。1994 年和 1997 年从概念介绍到系统论述，媒介素养教育正式被引入中国。自此，我国媒介素养教育如雨后春笋，逐步进入系统发展阶段。这一时期媒介素养教育呈现一系列特点。

（一）媒介素养教育受到广泛重视

改革开放推动了思想的解放，国外媒介素养教育理念和实践成果进入国内。同时新媒体的兴起给传播领域带来了深刻的变革，给执政环境、学校教育、青少年成长、家庭生活带来了巨大的变化。随着改革的深化，社会结构、利益格局、思想观念都复杂化、多元化，这些变化和媒体传播特点紧密相联，促使媒介素养教育引起各方面重视和关心。

1. 党委政府重视度提高，以政策和体制保证媒介素养教育体系建立运转

面对日新月异的传媒技术以及不断提高的公民意识，如何面对媒体，善用媒体，体现着领导干部的媒介素养，也是领导干部执政能力的重要组成部分。2016 年 7 月，中共中央办公厅、国务院办公厅发布《国家信息化发展战略纲要》，首次提出将媒介素养教育纳入全民教育的重要内容，从此媒介素养教育进入国家层面的整体规划之中。

2. 学术界、教育界高度重视

媒介素养教育首先是从学术界、教育界起始的，学术界、教育界最先认识到媒介教育对我国的重要意义，因此其重视程度和推动力度与其他群体比较更加强烈和积极。自 2010 年起，浙江媒介教育研究会主持编撰《中国媒介素养研究年度报告》，每年向社会出版发布。学术界还围绕媒介素养教育进行了多方面研究探讨，发表一系列有影响力的论文，取得了丰硕学术成果。

3. 社会公众逐步接受并认识媒介素养的重要性

公众是媒介参与的主体，也是媒介素养研究的主要对象。社会公众对媒介素养的认识是逐步的、渐进的。公众媒介素养的高低，决定着一个国家媒介素养和媒介素养教育的水平。近年来，随着媒介素养研究的深入和各种媒介教育活动的开展，公众对自身媒介素养越来越重视，媒介素养水平有了显著提升。

（二）媒介素养教育快速发展

20世纪90年代媒介素养概念引入后并未引起社会和学界的重视，经历了一段沉寂期后，到2004年媒介素养及媒介素养教育逐渐成为研究的热点，研究迅速进入一个高潮期。在有关大学开设媒介素养教育课程，陆续推出一批相关的教材，积极引导、全面普及媒介素养知识，使每一位公民都能从媒介信息的传播中达成合理愿望，实现积极诉求。形成以科研促教学、以教学助培训联动效应，推进媒介素养的研究教学。

（三）媒介素养理论研究学术氛围越来越浓厚

研究领域逐步开阔，研究内容得到深化拓展，更多学者研究媒介素养问题，媒介素养学术研究持续升温。

1. 开展理论研究

组织专题论坛和学术会议，推动了学术界对媒介素养问题的研究，使研究氛围越来越浓厚，媒介素养日益成为普遍关注的研究领域。20世纪90年代初期，我国媒介素养相关研究非常稀少，其中每年仅出现个位数字的研究论文，2004年起研究文本数量开始激增，每年比上一年多一倍多。

2. 设立相关组织和机构

理论研究进一步系统、全面、深化、科学。相继开展党政干部、公民、学生等不同群体的媒介素养教育研究和媒体从业人员媒介素养教育，取得了一系列丰硕成果。

（四）媒介素养教育存在的短板和不足

1. 未形成系统的适合我国国情的媒介素养教育体系

虽然我们已经开始意识到媒介素养教育的重要性和必要性，也进行了一些理论研究和实践探索，但是理论研究还不够深入，实践经验还处于起步阶段，有些地方把媒介素养教育列入议程，但是尚未取得质的飞跃；尽管有学者提出适合我国国情的理论，但真正结合我国公民媒介素养实际的理论还很少，不成系列。

2. 媒介素养教育尚未普及，还没有成为基础教育必不可少的一门课程

尽管一些学校已经开设了与媒介素养教育有关的课程，引导青少年正确使用媒介。但总体而言，相关教育还处在探索阶段，没有建设科学完善的课程体

系和一支高素质高水平的教师队伍，专业教育只在少部分院校设置，普及率还不够高。

3.研究对象、领域和数量不均衡

从研究对象上来看，各部分分布不均衡，主要集中在对大学生和青少年的媒介素养研究方面，其他对象的研究相对较少。近年对教育者、党政领导部门的媒介素养问题有所增加，但仍不够系统全面，农村地区的媒介素养问题还很少涉及。从研究领域来看，传统媒介素养教育研究出现了大量的研究成果，但是其他领域的研究则比较薄弱，失衡现象严重。

4.对政党与媒介素养教育关系的研究还基本上处于空白状态

特别是中国特色社会主义进入新时代以来，时代变化和科技发展带来的巨大变革，由此对媒介素养教育产生深远影响，学术界、教育界才渐渐有所认识，还没有进行深入研究和探讨。

五、新时代媒介素养教育的内容构建

新的时代特点和媒介形态的革命性变革，丰富和拓展了媒介素养的内涵和外延，对媒介素养教育的深度与广度提出了更高要求。新时代媒介素养教育必须适应新的时代特点，对传统媒介素养教育进行延伸、深化、扩展、提升，构建多维、立体、全方位的内容体系。

（一）思想政治素养是新时代媒介素养教育的根基和核心

思想政治素养指一个人的政治态度、政治品质和思想作风，表现为政治立场、理论素养和道德素养，是世界观、人生观、价值观的反映，是由理想信念、政治品质、思想道德综合而成的内在素质。思想政治素养与辨识能力、批判能力、选择能力等共同构成媒介素养基本要素。媒介素养的高低，从根本上由思想政治素养的广度与深度所决定和制约。一个人的媒介素养先进与否，能从思想政治素养得到根源性的解释与证明。首先，思想政治素养是媒介素养的前提和根基。媒介素养在本质上是认识媒体、使用媒体。而现代媒体是高度信息化、数字化的传播载体平台，具有很强的政治属性和意识形态属性，这就决定了在认识和使用这些信息时，主体的政治态度和政治辨别力是基本的前提和基础。其次，思想政治素养是媒介素养的核心要素，决定着媒介素养的高度和眼界。思想政治素养包含思想、理论、政治、道德等方面的素养，是一种全面的素养，是由世界观、人生观、价值观凝聚而成的精神修养。这种素养决定了人的格局和眼界，决定了看问题办事情的出发点和归宿，因此决定了一个人的思想高度和精神境界。最后，思想政治素养是媒介素养的灵魂，决定了媒介素养的方向。思想政治素养既是世界观、人生观、价值观的体现，又是一种评价体系，具有行为导向功能。在纷繁复杂、眼花缭乱的信息世界中，可以开阔视野，把握规律，为信息选择能力、质疑能力、理解能力、评估能力、创造能力、思辨能力提供世界观和方法论的指导和引领，使媒介素养得到进一步拓展和升华。

（二）以人为本的价值取向

以人为本是素质教育的本质特征和根本属性。以人为本就是以人为中心，把人作为根本。首先，媒介素养教育的主体和客体都是人，目的是提高从业者和社会公众的传播、接受、使用信息的能力和素质，因此其核心价值取向必然是人，即以人为本。其次，数字化、网络化发展，萌生出新型媒体与受众关系。这种关系体现为双方之间联系更紧密、互动性更强、角色定位更模糊。相应地，新时代媒介素养教育也不同于以往教育模式，教育者和受教育者之间互动与合作更加频繁密切，双方关系更加平等，充分调动人的主动性、积极性和创造性，人的价值得以充分展现，人受到极大尊重。最后，借助媒介解决个人自身问题及社会现实问题，从根本上促进人与媒介生态的和谐发展，需要正确认识和理顺人与媒介、人与社会、媒介与社会的关系，净化、美化媒介环境，坚持以人为本、以人为中心，创新并拓展新时代媒介素养教育理论和实践模式。

（三）本土化、多层次、全方位的路径选择

国外媒介素养教育历经九十多年发展，积累了丰富的实践经验和理论成果，相关的前沿理论和方法为我们提供了借鉴。但我国媒介素养教育内容的构建，必须适应中国的实际，与中国政治、经济、社会、历史、文化相结合，在中国的政治社会土壤上建构起具有中国特色的理论体系。媒介素养教育本土化是必经之路、必然选择。

媒介素养教育作为一种素质教育，一种能力培养，其教育对象涵盖全社会所有人群。公众按照年龄、身份、地区等又分为不同群体。对不同群体要按照他们各自特点，开展分层次、针对性、有侧重的教育，确保教育的效果和目标的达成。

媒介素养教育既是一项全民性的工程，又是一项系统性很强的事业，其全民性和系统性注定教育的主体和客体都应当全方位参与其中。作为教育的对象，公众理所应当全员参与，而作为教育主体，党委政府、学校、社区都责无旁贷。应该建立政府主导、媒体推动、学校主办、社区家庭辅助的全方位媒介素养教育体系，构建多领域、多层次、全方位联动的实施机制，提高教育效率。

（四）能力培养和提升的目标导向

媒介素养教育通常把目标定位为培养公众信息选择能力、质疑能力、理解能力、评估能力、创造能力、思辨能力等方面。新时代政治经济社会环境和媒体环境发生了很大变化，媒介素养教育的内涵也更加丰富多元，除以上能力之外，还应当重点注重如下能力的培养提升。

1.政治敏锐性和政治鉴别力

政治敏锐性和政治鉴别力是思想政治素养的重要内容和具体体现。前文已经作出论述。培养和提升政治敏锐性和政治鉴别力要求要从政治着眼，分析、思考、处理、落实信息都以政治为根本前提，做到分清是非、辨明方向，确保媒介素养各项能力的正面积极作用得到充分发挥。

2.融媒体新媒体的运作、使用和新媒体信息掌控吸纳及制作发布能力

新时代媒介融合进程加快，形成了新的融媒体环境，媒介格局、舆论环境、传播方式等都发生了颠覆性变化。媒体融合使传播者和受众的界限越来越模糊，融媒体新媒体呈现出新的特点：传播主体多元化以及信息内容的海量性、碎片化、交互性、迅捷性、即时性。融媒体发展对两者的素养都提出了新的要求。对传播者而言，作为融媒体记者必须要有融媒体思维和融媒体视野。首先是多媒体整合传播策划，实现实质意义上的"融"，更好利用媒体融合优势，融通各种媒体，发挥最大效益。其次是用户思维，深挖用户的需求和喜好，找准用户需求点，为用户提供最需要、最有价值的信息内容。最后是内容整合，把各种信息平台的各种信息资源进行多重组合，制作形成多种形态信息产品。对社会公众而言，融媒体新媒体使公民可以发表观点意见，个体有了空前的话语权。信息海量化给受众的媒介素养提出了更高要求，受众在利用融媒体新媒体接受信息、解读信息、传播信息、制造信息的过程中，必须提高自己使用媒介的能力，规范自己的行为，加深对新媒体时代信息的掌控力。首先，增强对信息选择能力，挑选出自己信赖的媒体和作者。其次，提高对信息的批判分析能力，积累对垃圾信息的辨识和抵御能力。最后，提高信息发布能力，规范信息传播行为。在充分享受传播权、发布权的同时，增强伦理道德意识和新闻修养，约束自己在公共空间中的行为。

3.新时代大数据人工智能背景下记者素养和公众素养要求

大数据智能化改变了信息的生产模式和传播机制，出现可量化数据的处理、分析、挖掘、分享等，不同领域、不同行业之间的数据交换和利用将变得越发频繁。大数据智能化媒介传播的最显著特征是受众需求个性化、信息传播精准化，一个词表示就是"量身定制"。同时，大数据和人工智能技术使传媒业中"机器人写新闻""机器人记者""机器主持人"等相继出现，彻底改变了传媒格局，传媒业内容生产智能化指日可待。

新的媒介环境对传播者媒介素养提出了新的要求。提升记者的媒介素养，是大数据智能化背景下的重要课题。一是记者的大数据思维。应对大数据时代媒介环境的变化，适应信息数据化要求，将人的分析能力与数据处理能力结合起来。二是记者分析、挖掘每一个数据并从中选择数据信息的能力。三是熟练应用图片

软件的能力、视频编辑能力以及数据图表制作能力。四是为受众制作个性化的内容，并将之推送给受众，满足受众的偏好及需求，增强个性化的传播效果。

大数据人工智能技术的快速发展和广泛应用推动了公众的数据意识，以及探索建构大数据的能力素养。一是积极提升媒介使用素养、信息生产素养，增强明辨是非的能力。二是避免"信息偏食"，接收信息时做到自觉自律，增强信息辨识力，训练批判意识，以批判辩证的态度审视纷繁复杂的信息。三是掌握信息安全知识，增强对智能媒体的驾驭能力，并通过理解技术风险提高对风险的警觉意识和防范能力。

中国共产党的奋斗历程伴随着我国媒介素养教育的实践发展历程。新时代的特点和媒体环境要求媒介素养教育要以思想政治素养为前提和基础，坚持以人为本，切实提升新时代大数据人工智能背景下记者素养和公众素养，构建起新的媒介素养教育内容体系。

（作者单位：泰安市广播电视台）

广西都市频道推动创新型党支部建设提升群众文化获得感

周友杰

创新是广西都市频道事业发展充满生机和活力的源泉。只有创新，电视事业才能发展。在创新型基层党组织建设上，广西都市频道党支部认真学习习近平新时代中国特色社会主义思想，积极探索实践科学发展的新路径、新举措，创新工作不断取得新的成果。

近年来，广西都市频道推出了两档大型全民参与互动类节目《社区大明星》和"舞动广西"全民广场舞大赛，节目以超高的人气，超强的关注度，犹如一股热潮，席卷整个广西，活动场场爆满，群众参与热情高。广西都市频道党支部的电视工作者们走基层的足迹遍布各大社区、工地、田野，晴天一身土，雨天两脚泥，在与群众沟通交流的过程中春风化雨，弘扬了时代新风，培育了文明风尚，发扬了文艺红色轻骑兵精神。

习近平总书记在党的十九大报告中提出了"坚定文化自信，推动社会主义文化繁荣兴盛"的要求，表明我们党对文化事业的高度重视。习近平指出，"社会主义文艺是人民的文艺，必须坚持以人民为中心的创作导向，在深入生活、扎根人民中进行无愧于时代的文艺创造。""完善公共文化服务体系，深入实施文化惠民工程，丰富群众性文化活动，广泛开展全民健身活动。"面对新形势，广西都市频道党支部创新党支部机制建设，在错综复杂的环境里求新求变，运用党建促进指导节目生产，保证节目始终坚持党性原则，始终坚持正确的舆论导向，在工作中自觉践行习近平新闻思想以及"十九大"报告中关于文化领域的要求，将新理论转化为指导实践的指南。现就频道如何推动创新型党支部建设，提升群众文化获得感这个课题进行探讨和实践，成果如下。

一、新时代背景下，开展创新型党支部建设的重大意义

习近平总书记指出，坚持和发展中国特色社会主义是一项长期而艰巨的历

史任务，必须准备进行具有许多新的历史特点的伟大斗争。面对新形势新任务，必须不断推进理论创新、制度创新、科技创新、文化创新等各方面的创新，让创新贯穿于党和国家一切工作。开展创新型党支部建设，就是要以自我革命的勇气和改革创新的精神提高和完善自己，整体推进党的思想建设、组织建设、作风建设、反腐倡廉和制度建设，不断增强应对"四大考验"、化解"四种危险"的本领，提高党的执政能力。广西都市频道党支部在创新党支部建设中，积极发挥主动性作用，每月定期开展生动活泼的组织生活，组织党员干部参观党史展，开展理论学习培训班，布置每月自学课题，要求每位党员安装"学习强国""复兴壹号"App，达到全覆盖，让每位党员充分了解新时代背景下一系列党的理论方针政策。通过学习理论知识武装头脑，为节目制作中坚守党性原则做好了思想教育准备。

二、开展创新型党支部建设对电视工作者的价值

（一）习近平新闻思想是马克思主义新闻观的最新成果

习近平新闻思想是习近平新时代中国特色社会主义思想的重要组成部分。党的十八大以来，习近平总书记对加强和改进新闻舆论工作提出了一系列富有创见的新观点新论断新要求，科学回答党的新闻工作长远发展一系列根本性、战略性、全局性重大问题，丰富和发展了马克思主义新闻理论，为新时代新闻舆论工作指明了前进方向、提供了根本遵循。新闻舆论是社会生活的最敏感神经，始终最先感知变革先声，新闻宣传工作必须不断改革创新、与时俱进。习近平总书记强调："随着形势发展，党的新闻舆论工作必须创新理念、内容、体裁、形式、方法、手段、业态、体制、机制。"这一重要论断指明了新闻宣传工作者创新的前进方向和实现路径。

（二）学好用好习近平新闻思想对电视工作者创新工作方法的意义

习近平总书记多次强调创新对新闻舆论工作的重要性。他在全国宣传思想工作会议上明确指出："做好宣传思想工作，比以往任何时候都更加需要创新。"

一方面，创新可以增强我们适应新环境的能力。当今，新闻舆论宣传工作所面临的环境已和过去大不一样，有些做法过去有效，现在未必有效；有些过去不合时宜，现在却势在必行。要增强适应风险的能力，敢于跳出舒适区，要有壮士断腕的勇气和魄力，创新工作方式，增强自身本领，在理念、内容、体裁、形式、方法、手段、业态、体制、机制上不断寻找突破。打造一支政治坚定、业务精湛、作风优良、党和人民放心的新闻舆论工作队伍。"不日新者必日退"，创新是新闻媒体开创新局面、实现新发展的突破口和必由之路。因此在广播电视行业中深入学习习近平新闻思想，具有非常重要的现实意义，它可以激发我们电视工作者的创新意识，适时调整节目形态，创新工作方式方法，从而更好

地巩固党的舆论宣传阵地。

另一方面，创新有助于我们获得更多的受众群体。近年来，传统媒体越来越受到新媒体的冲击，受众获得信息渠道的多样化和受众自身存在的差异化，让原本一枝独秀的电视"老大哥"地位一落千丈。迫在眉睫的新形势，倒逼传统媒体必须创新。习近平指出，新闻舆论工作必须遵循新闻传播规律，要努力适应分众化、差异化传播趋势，按照不同新闻媒体自身特色，精准定位受众需求，形成全方位、多层次、多声部的主流舆论矩阵。以新的传播方式和节目形态不断自我创新，才能争取不同年龄层的受众，赢得舆论话语权。

三、广西都市频道在建设创新型党支部过程中的生动实践

广西都市频道是广西广播电视台旗下最具资历、综合能力最强的全能型电视频道之一。频道以"创造美好生活"为己任，努力创作都市人群喜闻乐见的电视节目，频道及栏目获奖无数。广西都市频道两度获得"全国最具影响力电视频道十强"称号，奠定了广西都市频道在广西乃至全国观众心目中强势频道的地位。在此基础上，都市频道创作的《社区大明星》、"舞动广西"全民广场舞大赛等节目叫好又叫座，美誉度与创收量实现双赢。

（一）创新节目表达方式，深挖少数民族文化，讲好广西故事

广西是 12 个世居民族聚居地，民族文化丰厚，在这片多彩的民族热土里孕育着绚烂的民族文化。广西人能歌善舞，逢山唱山，逢水唱水，以歌会友，以舞传情。壮族歌舞取材于生活，托物取喻，触景生情，歌颂了人们劳作的辛劳和爱情的幸福。其可追溯到氏族部落时期，起源于壮族先民们祭祀神灵、祈求生育和丰收的宗教活动，后逐步演变为青年男女定期聚集的一种社交活动，现在已发展成为群众性的游乐节日。近年来，广西壮族自治区人民政府正式将农历三月初三定为壮族的全民性节日，极大地增强了广西人的文化自信和民族认同感。广西得天独厚的文化传承，造就了一方水土人们的诗情画意，这里的群众文艺基础良好，百姓热爱生活，广西人用自己的歌舞点赞大美广西。

由广西都市频道举办的"舞动广西"全民广场舞大赛经过多年精耕细作，已成为区内外知名的赛事品牌，作为广西壮族自治区内覆盖范围最广、影响力最大的广场舞大赛，不仅获得众多广场舞爱好者的信赖和支持，也赢得业内广泛的专业认可。大赛旨在促进精神文明建设，推广全民健身运动，推动社区文化活动的开展，传承和弘扬广西优秀民族文化，促进社会和谐稳定，展现广西老百姓良好的精神风貌。赛事走进社区，让普通百姓登上大舞台，展示广场舞蕴含的文化内涵，跳出健康快乐，舞出精彩人生。

繁荣民族区域文化，讲好广西故事，广西都市频道一直在行动。广西的新闻宣传工作者要内塑精神、外树形象，充分发挥新闻媒体优势，传播广西声音、

树好广西形象，充分展示真实、立体、全面的壮美广西。广西都市频道通过举办广场舞大赛，丰富了群众文化活动，挖掘了少数民族文化特色。导演组定期联合群众艺术馆的专业舞蹈教师为业余舞蹈队授课，专业老师在"传道授业"的教导中，将自己在民族地区采风的所感所悟融汇在课程当中，创作了《鼓的呼唤》《边关瑶》《板凳上的山歌》等一批富有民族特色的舞蹈。其中《鼓的呼唤》以花山文化为背景，再现两千多年前远古花山的魅力，土红色的人像两手高举、两脚叉开成立马式、跳跃式，既像练兵习武，又如狂舞欢歌，完美地呈现了花山独有的神韵。

（二）创新活动举办方式，发扬红色轻骑兵精神，提升群众文化获得感

人民群众是我们力量的源泉。创建创新型党组织，就是要坚持把服务群众作为根本价值取向，加强和改进党的联系和服务群众工作，使党的一切工作获得最广泛、最可靠、最牢固的群众基础和力量源泉，夯实党的执政根基。广西都市频道党支部一直把服务群众作为自己的职责所在，近年来推出的"走基层"活动，将舞台搬到群众当中，以群众自己演自己看的形式，在活动中传播了党的方针政策，弘扬了时代主旋律。

习近平在给乌兰牧骑队员回信中表示，人民需要艺术，艺术也需要人民。在新时代，要大力弘扬乌兰牧骑的优良传统，扎根生活沃土，服务群众，推动文艺创新，努力创作更多接地气、传得开、留得下的优秀作品，永远做服务人民群众的"红色文艺轻骑兵"。广西都市频道发扬红色轻骑兵精神，以一周一场的速度开展文艺活动社区行，以扎根生活沃土、服务社区群众、推动文艺创新为己任，以天为幕布，以地为舞台，为广大社区群众送去了欢乐和文明，传递了党的声音和关怀。在活动现场举办丰富有趣的游园活动、精彩的文艺节目、寓教于乐的科普宣传等活动。基层群众在参与活动中获得了实实在在的文化获得感，为社区群众送上了丰盛的文化大餐。

（三）创新人才队伍建设，做群众的贴心人

创新是内在动力，做好党的新闻舆论工作关键在人，媒体竞争关键是人才竞争。新闻舆论工作队伍的政治素养、理论水平、政策水平、业务能力，直接关系党的新闻工作效果。习近平总书记指出，要适应新形势、新任务的要求，加快培养造就一支政治坚定、业务精湛、作风优良、党和人民放心的新闻舆论工作队伍。广西都市频道党支部做到每个栏目有党员，每个党员作为一个创新引领的标杆，推动节目制作的创新发展。以知识更新为目的，不断优化党员知识结构，在工作中通过实践增加学习的渠道。广西都市频道党支部坚持每月都进行政治理论学习，通过各科室党员带头思考和研究解决问题，深入研究节目制作、项目推广、新媒体与传统电视媒体发展新趋势、新课题，增强电视媒体在新环境下的竞争实力，培养锻炼新时期传媒人才。

这几年《社区大明星》和"舞动广西"全民广场舞大赛举办了上百场线下活动，走进厂矿车间、田间地头、项目工地、社区院落，栏目组编导零距离倾听群众对节目的意见和呼声。工作人员与工人、农民及社区群众聊生活、话幸福，大家都发现自己变得更"土"了，也更接地气了，同时也感到自己的社会责任更重了，通过这样零距离地和观众朋友互动，为频道打造了一批铁杆粉丝。

我们工作中接触到的人群主要是社区群众，因此我们常把自己的工作比喻为"社区主任""第一书记""工会主席"，是与群众密切联系的第一人。工作作风好不好，社区群众直接看得到。必须以动真情、俯下身、促膝谈的姿态，才能与社区群众交心，获得更感人的节目故事，才能采访到更真情的事件。

四、结语

习近平新闻思想是创新的典范，是马克思主义新闻观的创造性发展。习近平总书记反复强调理念创新、内容创新、方法手段创新、体制机制创新，我们必须在新闻宣传实践中自觉贯彻、不懈坚持。广西都市频道党支部始终把改革创新作为不变的精神价值来追求，将习近平新闻思想作为行动指南，积极推动理论创新，用发展着的马克思主义指导实践。推动实践创新，善于发现新情况，总结新经验，破解新难题。推动制度创新，改革完善基层党组织的领导方式和工作机制，不断提升节目质量，让群众拥有更多的文化获得感，使广西都市频道党建工作更富有生机活力，开启新时代新的篇章。

（作者单位：广西广播电视台）

传播仪式观视域下重大主题报道的传播策略分析

——央广网献礼二十大系列主题报道的创新

夏 燕

重大主题报道，即新闻媒体围绕党和国家的工作大局，结合重要理论观点、重要战略思想和重点工作部署，就一些重大活动、重大事件、重大题材等进行系统性的大规模新闻报道活动。在特定的时间节点开展重大主题报道，已成为新闻媒体的一种传播"仪式"，并非单纯的新闻"传递"，而是利用传播中的各种符号唤醒大众的集体记忆，凝聚社会共识，建构起大众心目中的国家形象，增强大众对国家的认同感。

传播的仪式观是美国学者詹姆斯·凯瑞在20世纪80年代提出的一个概念。在他看来，传播的仪式观是一种以团体或共同的身份，把人们吸引到一起的神圣典礼。他将"仪式"作为传播的隐喻，是一种传播的意涵，而非真正单纯的仪式。正如他在论文集《作为文化的传播："媒介与社会"论文集》中所说："传播的功能不在于表层的认知、情感和行为的变化，而在于深层的文化理念、意识形态的变化。"[①]

围绕党和国家的重大主题宣传报道，新闻媒体通过创新报道的内容和形式，将宏大的新闻主题转化为具有可读性和感染力的新闻作品。例如，央广网特别策划推出的《大时代》系列报道系统回顾了党的十八大以来，各地践行新发展理念、推动高质量发展的生动实践，展现了中国特色社会主义道路的强大生命力；央广网固定的融媒体报道专栏《习声回响》，成为传播习近平新时代中国特色社会主义思想的权威声音平台；《开局十四五》回顾了2021年中国在踏上实现第二个百年奋斗目标新的赶考之路后，各地的社会经济发展成效。

---

① 詹姆斯·W.凯瑞：《作为文化的传播："媒介与社会"论文集》，丁未译，华夏出版社，2005，第85页。

一、基于集体记忆的"仪式"唤醒

传播仪式观不是单指分享信息的行为，而是共享信仰的表征。从传播的仪式观来看，传播的目的在于维系一个社会。新闻媒体的报道不单是信息的传递，更是基于集体记忆的"仪式"唤醒，在传播中构建认同，对集体记忆重构与呈现。

在央广网《大时代》报道中，利用新闻叙事再现"记忆"，从而加深各地民众对党的十八大以来我国经济社会各项事业取得巨大成就的认同；而在《习声回响》报道中，围绕习近平总书记原声的讲话主题，讲述一个地区的生态或产业的变化，让"讲话"成为现实，同样是在唤醒大众对国家的认同。

（一）重构集体记忆，引发时代共鸣

记忆是个人身份认同的基础，而集体记忆的建构并不是个体记忆的简单相加。莫里斯·哈布瓦赫在《论集体记忆》一书中提出："过去不是被保留下来的，而是在现在的基础上被重新建构的。集体框架恰恰就是一些工具，集体记忆可用以重建关于过去的意象，在每一个时代，这个意象都是与社会的主导思想相一致。"[①] 也就是说，一个社会的主流意识形态、主流社会价值观等，常常潜移默化地塑造了人们的集体记忆，但人们又常常"遗忘"集体记忆。而新闻媒体的重大主题报道，恰恰是以"仪式"的形式对集体记忆的重构，引发时代共鸣。

作为党的二十大重大主题报道，央广网《大时代》系列报道在时间维度上构建了党的十八大以来，十年时间里大众对城市发展的集体记忆，以及对国家发展的集体记忆。正如央广网《大时代》系列报道在"编者按"中所说："立体展现各地以习近平新时代中国特色社会主义思想为指引，践行新发展理念，推动高质量发展的生动实践。"

在传播的仪式观下，《大时代》系列报道通过对集体记忆的重构，唤醒大众对十年伟大变革的记忆，从乡村振兴、制造业转型升级、生态文明建设、精神文明建设等各方面，拼绘出大众对十年发展成就完整的集体记忆。透过报道，折射出党的十八大以来在理论和实践上的创新突破，中国式现代化得到成功推进和拓展。

特别是《大时代》中挑选的城市，多为习近平总书记考察过的城市，各自在不同的发展方面具有代表性，例如《"大时代"广州：抢占数字经济"新蓝海""千年商都"迸发新活力》着重以数字经济为主线，紧扣"老"与"新"的辩证关系，串起十年间广州的产业故事、文化故事和城市治理故事；《"大时代"珠海：链接港澳共筑"活力之都"创新引领智造"上天入海"》从横琴故事、

---

① 莫里斯·哈布瓦赫：《论集体记忆》，毕然、郭金华译，上海人民出版社，2002。

自主创新、"文艺出海"三个维度回溯珠海十年城变……通过不同的维度对集体记忆进行重构，引发大众的时代共鸣，最终增强大众的国家发展认同感。

（二）以小见大，提喻法的议题选择

重大主题报道往往容易陷入宏大新闻叙事的"怪圈"，而具体议题的选择会让新闻报道更真实可感，关系到大众集体记忆的建构，关系到大众心目中的国家形象塑造。

在《大时代》系列报道中，并没有罗列细数每个城市各个方面的发展成果，而是采用了提喻法的议题选择方式，"提喻法是以局部代替整体，被提取出来的元素自然是全部事实的组成部分"。①以小见大，以小人物之口讲述大时代下的生动实践，用小人物的故事串联起整个时代的发展脉络。同时，"每一个集体记忆，都需要得到在时空界定的群体的支持"。

《大时代》系列报道在具体新闻议题的选择上，挑选的也是十年间各地的典型新闻事件，具有鲜明的时代烙印，能够激发一代人的共鸣。例如，在《大时代》（广州篇）中，用"90后"元宇宙营销师陈伟侨的故事，以小见大呈现了整个广州数字经济的蓬勃发展；在《大时代》（珠海篇）中，入行11年的"90后"飞机设计师夏天骏，参与到AG600防除冰系统的设计中，见证了"国之重器"从零到飞上蓝天的全过程。

《习声回响》系列报道中，同样也是采用提喻法的议题选择，讲述了地区的发展变化。例如，《习声回响：珠澳合作迈向"心"篇章》，通过澳门青年曾婉雯、澳门大学创业博士陈天蓝、澳门青年律师黄景禧的切身经历，讲述了珠澳两地守住开发横琴的"初心"，"同心"协力，"用心"建设横琴粤澳深度合作区，同时也增强了澳门青年的国家认同感，以及对融入国家发展大局的信心。

在重大主题报道中，正是采用了提喻法的议题选择，才能让每一篇报道都具备了较强的可读性，既宏大又接地气，让时代与大众发生联结，让大众在集体记忆的建构中寻找到国家认同，达到重大主题报道的目的。

二、融媒体叙事"再现"集体记忆

在重大主题报道中，新闻媒体如何"再现"集体记忆，是传播的关键所在。在传播的仪式观视域下，"传播是一种现实得以生产、维系、修正和转变的符号过程"。②在詹姆斯·凯瑞看来，传播的本质是现实的符号生产，传统是通过符号形态的建构、理解与利用创造了现实，也建构了价值。

---

① 刘强、聂梓萱：《记忆·共享·认同——传播仪式观下对〈传家宝里的新中国〉的研究》，《当代电视》2021年第11期。

② 詹姆斯·W.凯瑞：《作为文化的传播："媒介与社会"论文集》，丁未译，华夏出版社，2005。

符号既是现实的表征，又为现实提供表征。例如，央广网《大时代》系列报道通过融媒体叙事的方式——"主稿＋视频＋名家读城＋海报"，利用文字、图片、视频、声音等符号"再现"集体记忆，构建起一座座城市的十年变迁，共同汇聚成祖国的十年巨变；《习声回响》系列报道用"原声再现＋记者走读＋采访"的创新形式，再现一个地区的快速发展；《开局十四五》系列报道则是通过"视频＋主稿"的形式，展现全国 30 个省的"2021 答卷"。

（一）声临其境，建构"仪式"传播场域

仪式传播场域就是能够承载仪式传播过程，能为参与者营造特定仪式氛围，并表征社会关系现实的物理场景或心理情境。[①] 在重大主题报道中，新闻媒体通过仪式传播场域的建构，为大众营造一种"仪式"的氛围感，通过参与者的心理建构来实现承载"仪式"背后所传递文化意涵的功能。央广网的三个系列重大主题报道，均是在开头以原声的形式，再现了习近平总书记发表的重要讲话，开篇就奠定了报道的主基调，将所要传递的文化意涵植入读者心中。

例如，《大时代》系列报道的"大时代需要大格局，大格局呼唤大胸怀"，《开局十四五》系列报道的"立足新发展阶段，完整、准确、全面贯彻新发展理念，构建新发展格局，推动高质量发展"。《习声回响》更是根据每一篇的主题，再现不同的原声，例如《习声回响：珠澳合作迈向"心"篇章》中，原声再现 2018 年 10 月 22 日习近平总书记考察珠海横琴新区粤澳合作中医药科技产业园时的讲话："我对横琴的每一步发展都是关心的、关注的，确实变化很大，从无到有，十年的时间。基础设施、公共设施、配套设施看来发展得很顺利，下一步就看怎么使它充满活力。"

在原声再现建构的仪式传播场域之下，每个读者都进入一种心理场域，共同体验"仪式"背后所传达的文化意涵，潜移默化地受到主流价值内核的浸润，并且共享这种文化意涵，在传播中构建起对国家的认同感。在《大时代》（广州篇）中，不少读者评论就体现了这一点，例如"抢占数字经济大广州，建立大时代的大格局""十年巨变，体现了党的正确领导，彰显了中华民族的凝聚力，突出中国速度，青春中国，未来将更加繁荣昌盛！""亲眼见证广州这些年的变化，让我从心底相信：青春中国，未来可期！"

（二）摒弃单向传播，与受众"会话"

在重大主题报道中，传统的解说方式往往"居高临下"，将信息"灌输"给受众，是传播的传递观所体现的单向性话语霸权。而在传播的仪式观视域下，更强调主体间的对话。在詹姆斯·凯瑞看来，传播是文化的首要因素，而传播

---

① 张方敏：《仪式传播场域论纲——对传播仪式观研究支点的探索》，《当代传播》2015 年第5 期。

具体体现为会话，在这个过程中往往伴随着礼仪，具有形式化和仪式化的特征，这些特征有利于社会秩序和社会和谐。[1]

《大时代》《习声回响》《开局十四五》三个系列报道摒弃了这种传统的新闻叙事方式——单向传播，在文字表达上注重与受众的平等交流，采用与受众"零距离"的平实语言，通过讲述不同行业、不同身份见证者的人物故事，让宏大主题报道与受众"零距离"。因为集体记忆是集体的而非个人的，群体成员共享一种相似的社会文化机制，尤其是在理解过去时拥有同一种叙事方式，[2]在具有较强可读性的同时，"再现"大众的集体记忆。

在文字符号的使用上，也符合大众对一个城市或地区的"集体记忆"，在此基础上又重新构建了新的"集体记忆"。例如，《大时代》（东莞篇）的标题，东莞"世界工厂"的形象深入人心，但是"科技赋能重塑"又让东莞在眼前一亮，而"双万之城"这一"标签"恰恰是东莞十年成就的集中体现；《开局十四五》（广东篇）中的"合作区""大湾区""灯塔工厂""无人农场"，分别体现了广东与港澳合作、制造业高质量发展、农业现代化等，展现了开局的新气象。

（三）图像隐喻，塑造国家形象

新媒体时代到来，让新闻报道正在从以语言文字为中心向以图像为中心转变，图像符号日益成为人们获取信息的主要方式。《大时代》《习声回响》《开局十四五》三个系列报道中，海报、视频、图片等符号元素的叠加让新闻报道更为立体，而这些图像符号选择背后，亦是在塑造国家形象。

《大时代》系列报道的海报中，使用烫金色LOGO，具有时代质感，图片选择多为城市地标，如广州的"小蛮腰"、珠海的"日月贝"，贴近大众对这座城市的记忆；文中的配图方面，常用十年对比图片直观地展示城市的十年变迁，例如琶洲数字经济集聚区从一片荒芜变成高楼林立、横琴粤澳深度合作区沧海变桑田、东莞从依靠人手加工到应用先进设备制造等，"再现"集体记忆。

《大时代》系列报道采用记者出镜报道的新闻叙事方式，用语言现场书写，让沉闷的重大主题报道更加鲜活。出镜记者本身具有一定的价值观和新闻立场，通过语言符号和非语言符号的组织和搭配，回顾城市的十年变化。以《大时代》（珠海篇）为例，在语言符号组织上更端庄大气，如"飞越浩瀚的伶仃洋""俯瞰世界上最长的跨海大桥""全国唯一与港澳陆路相连的城市"；再与非语言符号，诸如大气磅礴的音乐以及气势恢宏的画面（航展飞行表演、港珠

---

① 刘建明、徐开彬：《"仪式"作为传播的隐喻之原因探析》，《湖北大学学报（哲学社会科学版）》，2015年第42期。

② 王东美：《个人—集体：社会记忆的心理学视域》，《天津社会科学》2020年第5期。

澳大桥等）结合，珠海十年巨变立刻浮现在大众眼前，体现背后所传达的国家意义。其中港珠澳大桥是一座"圆梦桥、同心桥、自信桥、复兴桥"，桥本身就带有隐喻色彩。

三、结语

央广网推出一系列重大主题报道，在传播仪式观视域下重构集体记忆，引发时代共鸣，在传播中构建认同。尤其是在新媒体时代，采用融媒体的叙事方式，构建"仪式"传播场域，采用与大众"会话"的叙事方式，使用语言符号和非语言符号表达时代巨变，"再现"集体记忆，塑造国家形象，让大众在集体记忆的建构中寻找到国家认同。在保持宏大叙事基调的同时，又小切口、多层次将重大主题报道转化为受众喜闻乐见的报道，一定程度上也体现了重大主题报道传播策略的创新之处。

（作者单位：央广网广东频道）

从突发公共事件报道看传统主流媒体电视新闻的转型之路

赵 兵

突发公共事件是指突然发生造成或者可能造成严重社会危害，需要采取应急处置措施予以应对的自然灾害、事故灾难、公共卫生事件和社会安全事件。突发公共事件具有突然性，往往不可预知，或预警时间很短，会造成或者可能造成严重社会危害。突发公共事件发生后，公众最关心的是政府的立场和行动，以及启动的相应应急预案和机制来处理危机。在突发公共事件中，媒体往往会被社会寄予厚望，公共事件看媒体成为人们一种下意识的反应。在互联网和自媒体发达的今天，突发公共事件发生时，在海量信息真假难辨的情况下，就极易产生谣言和负面舆论。传统主流媒体是党和政府的喉舌，拥有素质过硬的新闻从业队伍，可以通过对大量繁杂的信息进行采集、加工、传播，把政府的行动情况传递给公众，同时也把公众的声音传递给政府，从而形成互动，取得全社会的支持和配合，让公众和政府共同应对突发公共事件。

从2008年汶川地震、2011年温州动车追尾事故、2020年新冠肺炎疫情等许多突发公共事件中，我们不难看出传统主流媒体，尤其是电视媒体在应对突发公共事件中发挥了不可替代的作用。在这些事件中，总台央视、省级卫视，甚至地市级的电视台都会以直播，甚至24小时直播的方式，以最快的速度、最直接的方式把突发公共事件发生的情况迅速公之于众，同时也把各级政府所采取的应对措施、救援方式、安置办法等权威信息通过电视新闻的形式及时传递给受灾群众。真实、准确、客观、公正地报道事件的发生、发展进程，让传统主流电视媒体在突发公共事件报道过程中的收视率激增。这反映出群众在突发公共事件中对传统主流电视媒体的信赖和认可。正是这种大时段直播、多头并进、灵活机动、直击现场的播出方式，以及权威、直观、快速、高效的信息传播，让受众第一时间掌握突发事件的进展情况，第一时间了解党和政府的救灾措施,第一时间做出应急反应。由此,我们可以反思传统主流电视媒体在新媒体环境下新闻报道的转型之路。

一、凸显电视优势,强化新闻直播

传统主流媒体电视新闻在突发公共事件中收视率逆势上扬的首功,非大时段甚至是 24 小时直播莫属。快是武林高手的制胜法宝。同样,时效则是新闻报道的制胜法宝。从报纸到广播电视到互联网新媒体,都是一个快字让它们站到了新闻竞争的潮头。报纸可以把昨天的消息呈现给读者,广播电视能让人们收听收看到当天的新闻,互联网新媒体则能让你随时随地知道发生了什么。在快字面前,孰优孰劣不言而喻。

快曾经是电视新闻的优势,进入新媒体时代,定时播报的方式却限制了人们获取信息的时效。解决之道唯有不断加密新闻直播量,直至 24 小时直播。因为只有 24 小时直播的开放窗口,才能保证最新消息的及时播出。这从各级电视媒体对突发公共事件的报道中可以得到佐证。但电视新闻有一整套播出机制,并不能做到新闻事实即时发生即时播出。要做到这一点,唯有直播新闻,即通过卫星转播、微波直播车、电话、光缆和 5G 等连线直播方式,实现新闻的现场播报,也可以通过口播、图片、移动字幕等方式进行播报。目前,真正做到 24 小时直播的只有央视的新闻频道,省级卫视大多采取的是整点新闻直播的方式,地市级电视台基本上还是定时直播的新闻播报方式。2022 北京冬奥会期间,一场接一场的赛事直播使北京冬奥会成为至今为止收视率最高的一届冬奥会。国际奥委会的社交媒体账号在北京冬奥会期间的浏览量达到 27 亿。中国观众在电视端观看北京冬奥会的总时长比 2018 年平昌和 2014 年索契两届冬奥会的收视总和还要高出百分之十几。在美国,有超过 1 亿名观众观看了北京冬奥会。《华盛顿邮报》称,北京冬奥会可能成为美国历史上观看次数最多的视频节目之一。

从快的角度看,只有常态化 24 小时直播才能真正意义上做到即时的消息即时报。整点播报能及时播出一二个小时前发生的新闻。定时播报还是以当天的新闻为主,并可在直播时间段内播出刚刚发生的新闻。而新闻直播当中,现场连线的方式最能体现"快"。连线报道才是真正意义上的即时传播,即记者和受众是在同一时间看到新闻现场,同时感受新闻事件,就如同身临其境。这种直击、无剪辑的播报方式,以最快的方式呈现新闻现场,也最能抓住受众的眼球。在网络新媒体时代,传统主流电视媒体应尽可能加长新闻直播的时间,并尽快向直播常态化转变,在时效上补短板,让电视新闻越来越快。

现场直播是电视新闻的优势,即使是在网络新媒体环境下,依然毫不逊色。央视新闻频道每天 24 小时中都有不少现场连线直播。这些即时、鲜活的现场新闻，让受众跟着记者一起融入新闻事件中，大大增强了传统主流电视媒体在媒体竞争中的硬核力量，提升了电视新闻的影响力。

二、真实的人讲述真实的故事

观众在收看突发公共事件的报道时，除关心事件的发生、发展、救援、结果等信息外，更关心的还是事件中的人，以及围绕着受灾人群和救援人员所发生的一个个真实而又感人的故事。关注灾难中的人可以说是突发公共事件报道的重中之重。

2008年，在汶川地震中，德阳市东汽中学教导主任谭千秋张开双臂趴在一张课桌上，死死地护着桌下的4个孩子。孩子们得以生还，他们的谭老师却永远地离去了。当大灾到来时，谭千秋不是急于寻求自身的安全，而是坚强不屈地担负起保护学生的职责。这样爱与责任的师德灵魂，让人们牢记那永恒的瞬间。汶川地震后，央视记者李小萌远赴灾区采访，目睹了变成废墟的家园和无助的灾民。看着要执意回家探访的大爷蹒跚离去的背影，李小萌终于克制不住自己的情绪，掩面痛哭起来。而她这一潸然泪下的真实反应，瞬间牵动了无数观众的心。她表现的不光是一个优秀主持人的职业素养，还有作为一个普通人在天灾面前的共情。2020年抗击新冠肺炎疫情的群英谱中，人们一定不会忘记这样一个背影：他不太顺畅的步伐，却充满了人性的光辉，他就是真正的人民英雄、好医生、武汉金银潭医院院长张定宇。患有渐冻症的他，必须跑得更快，才能跑赢时间，才能从病毒手里抢回更多病人。

为什么突发公共事件中的人物报道总是那么吸引人，甚至能让人泪流满面？这也许和叙事手法有关。平时电视里的报道往往是以宣传为主，为了树立高大完美的人物形象，经常会善意拔高，并以评论代替真实细节，以主观的臆断代替人物的思想情感。这不仅降低了新闻报道的可信度，也违背了新闻真实性原则。现实生活中，不管是先进人物还是平民百姓，往往是既有优点，也有缺点。人不是符号，不是抽象的个体，也不是千人一面、毫无特点，而是承载着普遍情感，但又具有独特故事和个性。要使所报道的人物去符号化、拒千人一面，就要找出他们的特点和个性。好的人物报道打动人的往往是其作为普通人的那一面。因此在表现人物时，应力求个性鲜明，并突出表现好这一面。突发公共事件中的人物大多是突然出现的，让记者没有过多的时间去设想、去构思，人物的形象往往是在事件的发生、发展过程中以真实的方式记录着，并一步步丰满起来。这就避免了"假大空""高大全"式的人物形象。真实既是新闻的基本要求，也是人物故事的灵魂。真实的事件、真实的人物、真实的话语、真实的情感，只有这些"真实"碰撞在一起，才能产生真实感人而又有"温度"的故事。只有全面、立体、实事求是地叙事，才能使人物看起来更亲切、更感人。

人们大多不喜欢说教，而喜欢听故事。新闻报道的最高水平就是讲故事。要吸引电视观众，就要在日常的新闻报道中多讲故事，多讲人们身边普通人的故事。讲故事可以通过"主题事件化、事件故事化、故事人物化、人物细节化"的方式，将"家国天下"的宏大叙事落实、落细到人物身上质朴真实的生活，从老百姓的"微观"视角来反映所要表达的主题，以娓娓道来的故事把宏大主题演绎成老百姓身边的"家长里短"。让普通人成为新闻的主角，用老百姓的立场和视角来表情达意，用老百姓听得懂的语言、喜闻乐见的方式来讲述故事，这样才能给观众带来真实感和代入感。这样的故事也往往能带来网络媒体的二次传播、三次传播，从而增强传统主流电视媒体的传播力、引导力、影响力、公信力。①

三、融合创新，扩大电视新闻覆盖面

随着网络媒体的繁荣，媒体发展呈现出多样化、碎片化、智能化和社会化的新特性。手机已成为信息接收最及时的终端。传统主流电视媒体受众分流、收视率下降日益明显。数据显示，截至 2022 年 2 月 17 日，2022 北京冬奥会相关报道在中央广播电视总台平台的跨媒体总触达人次达 484.74 亿，这个数据远远超过电视观众的收看人数。这被国际奥委会主席巴赫评价为"史无前例的规模和成功"。这也印证了习近平总书记 2019 年在十九届中央政治局第十二次集体学习时的讲话精神："人在哪儿，宣传思想工作的重点就在哪儿。"

当前，舆论生态、媒体格局、传播方式仍在继续发生深刻演变，传统主流媒体所面临的环境也发生了重大变化。移动端已经成为信息传播的主流，人在哪里，传统主流媒体也要转向哪里。从传统主流媒体向新型主流媒体转变的过程中，以中央广播电视总台为主的国家级新型主流媒体已渐成型。省级卫视、地市级电视台也都基本建立了各自的新媒体平台，微博、微信、短视频、App、VR/AR、常态化网络直播等业务共同构成了多样化的媒体生态。但目前转型成功的传统主流媒体并不占多数，转型之路依然艰难。这其中有的是把媒体融合简单业务化、任务化，按传统思路做新媒体、脱离群众提供服务，阅读量、关注度、日活率低，引导能力和服务能力大打折扣；有的过度依赖"借船出海"，主动权、主导权、话语权日渐式微、日渐旁落；有的迫于生存压力，荒废主责主业，过度消耗公信力做经营，透支式增长不可持续。这种邯郸学步、自废"武功"的做法，不仅难以融合转型，最终还会被时代抛弃。

习近平总书记强调指出："我们推动媒体融合发展，是要做大做强主流舆论"，"传统媒体和新兴媒体不是取代关系，而是迭代关系；不是谁主谁次，而

---

① 赵兵：《新时代电视新闻主题报道正当时》，《声屏世界》2019年第1期。

是此长彼长；不是谁强谁弱，而是优势互补。"① 因此，在向新型主流媒体转型过程中，传统主流电视媒体要坚持一体化的发展方向，加快从相加迈向相融，通过流程优化、平台再造，实现各种媒介资源、生产要素有效整合，实现信息内容、技术应用、平台终端、管理手段共融互通，催化融合质变，从而蝶变为具有强大影响力、竞争力的新型主流媒体，扩大电视新闻的覆盖面。

一些媒体机构研究表明，两年多来新冠肺炎疫情总体上影响了人们对媒体的信任，但对传统主流媒体的整体信任度在上升。在突发公共事件面前，传统主流媒体以其发出的权威声音受到的关注度更高。从突发公共事件中电视新闻收视率回升的事实可以看出，人们还是相信电视新闻是真实、全面、消息源可靠的信息。

总之，在向新型主流媒体转变的过程中，传统主流电视媒体不能迷失方向，要守正创新，补短板、强长板，和新媒体优势互补，在融合中充分发挥此长彼长，讲好新时代中国人的奋斗故事，让党的声音传得更开、传得更广、传得更深入。

（作者单位：宁波广播电视集团新闻综合频道要闻部）

---

① 习近平：《论党的宣传思想工作》，中央文献出版社，2020，第353~354页。

新媒体主持人直播力体系构建初探

吴益丹

伴随数字技术的变革，新媒体成为人们接收信息、传播信息的重要途径。在新媒体环境下，人人都有麦克风，人人可以当主播，也因此，新媒体主持作为有别于传统媒体主持的新形态迅速发展。由于新媒体传播的特性，直播成为新媒体主持的常态。那么，新媒体主持与传统媒体主持有什么本质区别？新媒体主持人如何做好直播？这些问题成为全媒体时代和媒体融合发展中的新课题。

2019 年 1 月 25 日，中共中央政治局在人民日报社就全媒体时代和媒体融合发展举行第十二次集体学习，习近平总书记针对媒体融合发展问题发表了重要讲话，明确了要构建全媒体传播格局。对于如何构建全媒体传播格局，习近平总书记指明了具体思路，主要包括：要坚持一体化发展方向；要坚持移动优先策略；用主流价值导向驾驭"算法"；要旗帜鲜明坚持正确的政治方向、舆论导向、价值取向；要使全媒体传播在法治轨道上运行，对传统媒体和新兴媒体实行一个标准、一体管理。这是以习近平同志为核心的党中央为媒体融合发展描绘的新时代蓝图。因此，在新形势下，如何充分发挥新媒体主持人的作用，助力构建全媒体传播格局成为我们当前面临的紧迫课题。

本文尝试突破传统的播音主持理论研究范式，基于长期新媒体主持实践经验，结合新闻学、传播学，探索建立一个关于新媒体主持方面的新概念——直播力以及直播力体系构建的理论雏形。

一、直播力概念的提出

新媒体，作为传播媒介的一个专有术语自诞生之后一直被广泛讨论，它可以分为广义和狭义的两种理解。本文探讨的"新媒体"主要特指与"传统媒体"相对应的，以数字压缩和无线网络技术为支撑，以手机、便携式终端为主，利用其实时性和交互性特质，跨越地域传播的媒体。

在新媒体传播背景下，信息生产与传播链条发生颠覆性变革，由传统媒体的单点散发、单向互动演变为双向互动、多点交叉散发。直播是新媒体传播最具鲜明特色的传播方式，也是新媒体节目最常见的样态。在文化信息与用户消费行为结合日益紧密的当下，新媒体直播节目不仅具备内容创作与传播的功能，而且还承担着构建系统化、全面化的营销推广体系的功能。对新媒体直播节目来说，主持人就是其核心，主持人兼具技术运用者、内容创作者、信息传播与接收者、产品运营者等综合身份。事实上，主持人在新媒体直播节目中必须体现的技能早已超出了传统播音主持理论对主持人的研究范围，也不同于主持人的传播力。

陈虹在《节目主持人传播》中将主持人传播界定为："节目主持人传播是指节目主持人以大众传播媒介作为载体，融入人际传播优势，用人格化、个性化的传播方式，最大限度地调动受众参与层次的双向传播过程。"[①] 苏凡博在《媒介融合背景下节目主持人传播力生成机制》中将新媒介环境中的节目主持人传播力界定为：节目主持人在各种传播资源的支撑下，在以节目主持传播为核心的多元化的传播实践中，达成预定的传播效果的能力。[②] 可见，国内对主持人的传播力研究主要集中在对主持人在节目中的传播行为进行研究。而国外对传播力的解读主要是基于符号学的理解，其代表观点认为传播力更多的是传者和受众之间对解码能力的体现，以及基于掌握传播技术的传播主体，依据实力大小和能力范围来界定传播能力。为此，本文提出在新媒体主持方面的研究设定一个新的概念——直播力。

新媒体主持人的直播力，即新媒体主持人基于对直播特性的分析、判断、理解，充分运用直播技术，策划制作直播节目，运营维护直播产品，以达到预期目标的技能和效力。

二、直播力体系要素

毋庸置疑，对新媒体而言，直播是一种技术，是一种内容呈现手段，也是一种传播方式。无论在传统媒体还是新媒体的信息传播实践中，新闻或是最早应用直播进行传播的内容，也是目前最广泛运用直播的节目。正是因为有了直播，新闻的定义被许多人认为应该从"新近发生的事实的报道"改为"正在发生的事实的报道"。不过，因为直播讲究更强的时效性，要求第一时间传播最重要的信息，所以，新闻学理论对新闻要素的研究在直播应用中体现得更为淋漓尽致。新闻六要素（也就是记叙要素）：时间、地点、人物、事件的起因、经过、结果。即五个"W"和一个"H"即 Who（何人）、What（说什么）、

---

① 陈虹：《节目主持人传播》，复旦大学出版社，2007，第15页。

② 苏凡博：《媒介融合背景下节目主持人传播力生成机制》，《当代传播》2016年第13期。

When（何时）、Where（何地）、Why（何因）、How（如何）。

同时，新媒体的传播也打破了传播学的固有理论。美国政治学家拉斯韦尔在其1948年发表的《传播在社会中的结构与功能》一文中，最早以建立"5W"模式的方法对人类社会的传播活动进行了分析。"5W"模式界定了传播学的研究范围和基本内容，影响极为深远。这个模式是：谁（Who）→说什么（Says What）→通过什么渠道（In Which Channel）→对谁（To Whom）→取得什么效果（With What Effects）。但是，"5W"模式是线性模式，即信息的流动是直线的、单向的，没能注意到反馈要素，忽视了传播的双向性，而新媒体的最突出的优势和特性恰恰是便捷、高效地实现了双向互动，甚至多维互动。

据此，本文对直播力概念的界定，结合以上新闻学、传播学相关理论，认为构建直播力体系主要需具备以下要素。

（一）前提要素：Why（何因）

这里的Why（何因）就是"为什么直播"。新媒体内容的呈现方式有很多种，图文、短视频、H5，等等，那么，为什么选择直播来表现这个内容呢？直播的目的是什么？是为了抢时效还是为了达到实时互动？是为了让内容更新鲜生动还是通过互动而"吸粉"？是为了宣传还是销售？新媒体主持人在创作直播节目时必须思考的首要前提就是为什么直播。直播既是技术也是内容表现手段，在传统媒体的节目制作中，内容是核心，技术是辅助手段，一切技术围绕内容而选择确定。然而，在新媒体直播节目中，一切内容都是以技术能否实现为前提，换句话说，技术是载体，内容也是技术的呈现方式，一切内容围绕技术能否实现以及技术体验是否优质而选择确定。

（二）主体要素：When（何时）、Where（何地）、Say What（说什么）、In Which Channel（通过什么渠道）、To Whom（对谁）

新媒体可以随时随地开展直播，到底选择When（何时）、Where（何地）却是十分讲究，选择的时机和地址恰当与否很可能直接影响直播效果好坏。在这两个要素上，新媒体和传统媒体相比更是有很大区别。比如，当台风等突发事件来临时，按照传统媒体的直播节目操作，记者、主持人将在栏目固定的播出时间或者预先设定的直播时间内到达事件现场，再等待编辑通知进行连线直播。那么，新媒体直播是怎么操作的呢？当得知突发事件发生，记者、主持人第一时间赶往现场，到达现场后，经过技术测试调试，通知后台编辑准备就绪开始直播。通过对比发现，在传统媒体直播中，主持人是执行指令者，对时间、地点没有选择权，而在新媒体直播中，主持人是发布指令者，对When（何时）、Where（何地）有选择权，不仅需要根据直播目的并结合技术条件分析判断选择什么时间和地点，而且在直播过程中还要依据实际情况随机应变、不断调整，然后在直播结束后复盘回看选择的时间和地点为直播效果的实现贡献了多少比例。

Say What（说什么）就是主持人在直播过程中说的内容，这是直播节目的主体，也是主持人直播力的主体要素之一。显然，这一要素和后面两个要素 In Which Channel（什么渠道）、To whom（对谁）密不可分。在传统媒体中，主持人往往先考虑 In Which Channel（什么渠道）、To whom（对谁）两个要素，再确定 Say What（说什么）。因为对传统媒体直播节目，渠道和对象即什么栏目、栏目定位是什么、什么年龄层次的受众都是相对固定的，因此，主持人可以依据这些来确定自己在直播中该说什么。不过，在新媒体中，这三个要素却是交叉影响，不分先后，新媒体直播的渠道很多，新闻客户端、视频、抖音、头条、微信公众号、微博、脸书，等等。主持人的直播在这些渠道可以同时进行，但这些渠道的粉丝、用户不同，不固定、易流动，主持人说的内容也许吸引了有些粉丝加入，也许又让有些粉丝退出，所以，一切都在变动之中，主持人对这三个要素的把控都在实时变化中，并且直接影响直播效果。

（三）关键要素：Who（谁）

这里的 Who（谁）就是指新媒体主持人。在整个直播中，主持人是核心元素，对前提要素、主体要素的把控是主持人直播力的体现，而主持人本身的外在形象、主持艺术、思维习惯、知识积累、思想价值观、个人魅力、知名度、影响力等更是直播力的重要体现。主持人通过直播中的有声艺术创作，寻找主持风格与直播艺术基调间的契合点，在实践中，我们发现即便前提要素、主体要素都一样，不同的主持人直播也会导致效果千差万别。

值得注意的是，在传统媒体时代，由于直播节目的大众化，许多受众对节目中的主持人的期望是上知天文、下知地理、中晓人事的"杂家"，而在新媒体时代，由于直播节目的垂直化，用户对直播节目中的主持人的期望则是精通细分领域的"专家"。由此看来，新媒体主持人是一个多重身份复合体，从功能上说，主持人集策划、制片、编辑、编导、记者、主持、品牌推广、产品经理于一身，从定位上说，主持人又是具有鲜明特色标签的专业人士。比如我们在新媒体上看到各类直播节目：谈教育话题的直播，主持人就被定位为亲子教育专家；谈情感话题的直播，主持人就被定位为情感问题专家；带货直播，主持人就是好物推荐专家，等等。

（四）循环要素：What Effects（什么效果）

"效果"，是信息到达用户后在其认知、情感、行为各层面所引起的反应。它是检验传播活动是否成功的重要尺度。

相比传统媒体直播，新媒体直播在内容生产、传播渠道和方式、媒介运营模式、媒介营销观念等方面进行全新颠覆，尤其在整个传播生态链上，发生最大变化的就是传播效果。在传统媒体传播中，传播效果处于末端，而在新媒体中，传播效果既是末端又是起始端，呈现双向传播态势，且传播频率随着直播主持人的互动频率而变化。这里的"互动"就是指主持人在直播中的语言互动。戴冲在《试论融媒时代主播语言的特点》中提出在媒介融合的大背景下，主播的语言还需具备互动性。互动性在主持工作中早就存在，但随着当下节目元素的日益复杂，直播作为节目播出样态比例不断提升，因此互动性又有了新的变化，主要体现在两个方面：其一，与各交流对象的互动；其二，互动性由节目中延续到节目外。当然这里讲究方式方法，即如何互动，在互动中如何化解观众的某些消极情绪并向积极乐观方向引导，是主播需要多费心思研究的。①

在新媒体主持人直播过程中，用户对内容的第一反馈是首次传播效果的体现，主持人根据用户的第一反馈即首次传播效果又进行评论互动，根据用户的需求及时调整主持状态、主持内容，再次传达到用户，获得用户的第二次反馈，即第二次传播效果，如此循环往复，所有传播效果的叠加最终成为主持人直播力的终极体现。因此，What Effects（什么效果）成为直播力体系中的循环要素。

三、直播力体系雏形

通过新媒体主持人直播力体系要素的分析，我们发现整个体系的构建以"谁来播"为核心，即关键要素 Who（谁），"谁来播"决定了前提要素、主体要素、循环要素。在新媒体直播节目中，主持人的角色更为丰富，正是因为角色的丰富，它也突破了原有传播学理论中对主持人传播的逻辑。传播学学者施拉姆对"传播"过程的解析是："大众传播媒介在获取或接到信息源发出的信息后，经过译码者、释码者和编码者的加工和整理，变成可以被传播出去的符号。"② 施拉姆提到了主持人在其中的作用，即过滤信息，对接收到的信息源进行整编和加工。然而，处于直播力体系中心的新媒体主持人不仅是过滤信息者，也是发出信息者，而且到底是先过滤信息再发出信息，还是先发出信息再过滤，一直处在变动中。

为此，本文为新媒体主持人直播力体系构建雏形如下。

从以上构建雏形中可看到，整个体系一共由 5 个 W 组成，围绕直播主持人

---

① 戴冲：《试论融媒时代主播语言的特点》，《当代电视》2021年第6期。

② 孙愈：《新媒体环境下主持人的角色转型》，《视听》2015年第8期。

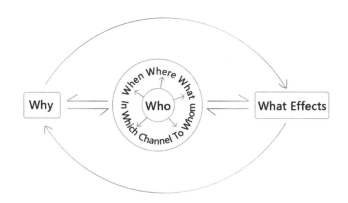

Who确定直播的时间、地点、渠道、对象、内容，即When\Where\In Which Channel\To Whom\Say What，而这些元素的选择确定皆来源于直播目的Why，在直播过程中又可根据直播效果What effects的具体情况及时修正直播目的，以便达到更好的直播效果，从而最终实现预期直播目标。概括起来说，关键要素、主体要素与前提要素、循环要素之间都是呈现相互影响的关系，Why（何因）、What Effects（什么效果）又呈现循环作用。

当然，在5个W中没有特别指出直播技术，事实上，主持人对In Which Channel（通过什么渠道）的选择运用中就涉及一部分直播技术，如果主持人不熟悉技术，不能熟练运用技术也无法精准选对渠道。直播技术是一项复杂系统，包括前置技术、后台技术等。在新媒体主持人直播中，不仅是主持人运用技术，还有其他配合直播的工作人员运用技术，以及新媒体本身的技术存在，所以，技术是整个直播力体系构建的保障，随着技术的继续发展，直播力体系也将不断更新。

四、研究直播力体系构建的意义与启示

传统媒体主持素养和直播技能难以契合新媒体时代的直播主持需求。不断发展的新媒体对主持人的综合知识和能力都提出了新的要求，提升新媒体主持人的直播力是扩大新媒体传播效果，加快推进媒体融合，擘画全媒体深度互联的传播格局中重要的环节，因此，研究构建新媒体直播力体系更显得意义重大。

（一）对直播力体系构建的研究有助于全面认识新媒体主持人在直播中的功能和作用

正如本文开头所述，在全媒体时代，新媒体主持以迅雷不及掩耳之势发展起来，不少新媒体主持人从传统媒体主持人转型过来，那么，传统媒体主持和新媒体主持到底有怎样本质的区别？新媒体主持人在最常见的节目形态直播节目中具有怎样的功能？应该发挥什么作用？这就需要从现象到本质，抽丝剥茧

进行科学探究，并且找到理论支撑。

（二）对直播力体系构建的研究为新媒体主持人职业规范的建立，直播行业相关法律法规的完善提供参考依据

不容否认，目前，由于新媒体主持人需求增大，队伍快速壮大，人才良莠不齐，在新媒体直播中存在着一些灰色地带，为此，规范新媒体主持人直播行为尤为迫切。比如，主持人不能以庸俗方式追求直播效果，带货直播要讲合法底线。主持人在直播中的行为容易受到哪些因素的干扰？如何厘清新媒体主持人的职能边界？我们通过分析新媒体主持人的直播力体系可以形成参考依据。

（三）对直播力体系构建的研究是新媒体直播发展的本质要求

全民直播的浪潮席卷而来，新媒体直播遍地开花，技术的创新实现人与人之间随时、随地、随播的实时交流互动，内容生产的快速化、生活化，渠道多样化，既满足了不同人群的需求，也使同一事件得以从不同视角展现在人们面前，让人们的判断更加真实客观，新媒体直播还拓展了娱乐与消费的方式，等等。未来，新媒体直播还会如何助推社会革新？作为其中发挥重要作用的主持人必须通过理论和实践的学习，不断提升直播力，才能适应新媒体发展，成为助推新媒体直播发展的重要力量。

（四）对直播力体系构建的研究为新媒体主持人才培养和高校学科建设提供借鉴

随着媒体融合向纵深推进，迫切需要传统媒体人才转型升级，加快培养适应全媒体传播格局的新媒体人才，新媒体主持人才是其中不可或缺的组成部分。通过新媒体主持人的直播力体系的研究，可以更清晰地了解新媒体主持人所需要的知识、技能、素养，从而为新闻媒体机构培养和管理新媒体主持人才提供路径。

同时，我们也看到直播力研究属于跨学科、跨领域研究，早已突破原有的播音主持学、新闻学、传播学的单一学科研究范围，这对高校的学科建设也提出了挑战。一直以来，全国各大高校培养主持人的播音主持专业在学科属性上，徘徊在艺术学、新闻学、语言学几个相关学科中。在中国播音学的定论中，"播音员是新闻工作者，也是语言艺术工作者"[1]。现在，新媒体主持人该如何定义？在现有的学科之外，是否可能诞生一门新兴的学科"直播学"？本文的研究抛砖引玉，期待引起业界对新媒体主持人研究的深入挖掘。

（作者单位：宁波日报报业集团）

---

[1]　张颂主编《中国播音学》（修订版），中国传媒大学出版社，2003，第28页。

媒体融合背景下省级传统媒体"破圈"报道研究

——以广西电视台媒体实践为例

林健连 李宏刚

随着5G、VR、AR等互联网技术的迅速发展，媒体融合向纵深发展，智媒发展势头强劲。"媒体融合"（media convergence），最早由尼古拉斯·尼葛洛庞蒂提出，美国学者浦尔在其著作《自由的技术》中提到：媒介融合是指各种媒介呈现多功能一体化的趋势。我国学者蔡雯提出"媒体融合"指的不仅是传播方式、手段和载体的融合，在更广泛的背景下更是传播组织和传播机构的融合。[①]处于媒体深度融合的时代，这对传统媒体而言，既是重大机遇，也是极大挑战。2019年习近平总书记指出："推动媒体融合发展、建设全媒体成为我们面临的一项紧迫课题。"[②]因此，传统媒体报道要不断优化创新，才能在融媒背景下获得长足发展。

广西电视台在近期的新闻报道中，积极整合媒体资源，发挥自身媒体优势，例如壮族特色节日"三月三"的相关报道，2022年4月12日推出的《紧跟伟大复兴领航人踔厉笃行》系列政论专题片，两者为2022年"迎接党的二十大"营造良好氛围而推出，展现广西特色民俗文化、发展态势等，让观众眼前一亮，为其他媒体提供参考价值。本文将对这两个案例进行详细分析，以此为传统媒体进行融合报道"破圈"的路径提供借鉴。

一、庆祝"三月三"歌节的"出圈"报道

（一）内容多样化，视听作品与民族文化符号相融

法国符号学家皮埃尔·吉罗曾经指出："符号的功能，是依靠讯息来传播观念。"[③]"三月三"是广西壮族自治区特色传统文化节日,有其独特的民族文化符

[①] 蔡雯：《媒体融合与融合新闻》，中国人民大学出版社，2012，第78页。

[②] 习近平：《加快推动媒体融合发展构建全媒体传播格局》，人民网http://media.people.com.cn/n1/2019/0316/c40606-30979210.html。

[③] 皮埃尔·吉罗：《符号学概论》，怀宇译，四川人民出版社，1998，第1~3页。

号，比如"壮语""山歌"等语言符号，"绣球"等非语言符号。这些符号可以通过讯息或媒介来传达其本质意义，进而有利于传播和发展民族文化。

在2022年农历三月三日，广西电视台在节日传播方面进行融合报道，视听内容丰富，且积极与民族文化相融。其新闻频道首先推出2022年"壮族三月三·八桂嘉年华"特别节目，以"喜迎党的二十大·中华民族一家亲"为主题，描绘八桂各地的景色，并传播民族特色文化。节目里用多样镜头展现广西各地美景和少数民族特有的风土人情，伴随着经典刘三姐的山歌纯音乐，传达着节日的欢庆，让观众感受壮乡风情。4月3日，"2022壮族三月三·全国百名主持人云上赶歌圩"融媒体互动歌会在线上线下同时举行，先后邀请来自全国各地的百名主持人互动问答广西"非遗"知识并隔空对歌，共同完成民歌对唱，与广西民族文化元素有机结合。

广西卫视还播出《民歌里的广西》栏目，在广西卫视的官方抖音号上有52集，每集约3分钟，有民歌独唱和合唱等形式，民歌内容丰富；电视直播采用出镜主持人探寻民歌的故事进行创作，让观众近距离了解广西民歌的历史及文化价值。如在《刘旭带你探寻桂林民歌》一集中，主持人到桂林特色景点漓江，穿着特有的民族服装，在竹筏上"顺江而行"寻找民歌文化。先后在茶园、刘三姐文化印象博物馆及侗族地区进行讲述，采访了三位具有代表性的人物，让观众了解广西民歌。在三月三假期，广西电视台的视频号和抖音号等也推广形式多样的视听内容。

（二）制作场景沉浸化，"云"游广西＋融媒直播展现真实广西

韦伯斯特等人提出沉浸式体验的两大特征为：在活动中完全专注和活动中被引导出来的心理享受。[①] 随着5G、增强现实（AR）、人工智能等技术应用到融媒体领域，广西卫视运用技术探索场景的优化建构。如在三月三假期的第一天开启了《踔厉奋发·壮美广西——2022年"壮族三月三·八桂嘉年华"》大直播。

大直播长达三个多小时，通过多主场、大小屏等直播形式，充分展现了广西各地民俗风情，增添了节日喜庆氛围。如青秀山主会场展示了种类繁多的广西特色物产，体现特色文化风情。数据显示全国各地超百万网友（独立访客UV）通过"广西视听"App、广西卫视微信视频号、广西卫视头条号/抖音号、广西卫视官方微博观看此次直播，取得了良好的传播效果，也促使广西风光、特色物产、民俗文化传播等在各网络平台成功"出圈"。不过相比用户对央视网、河南电视台对传统文化报道的访问量，广西台的访问量不算多。

---

① 陶侃：《沉浸理论视角下的虚拟交互与学习探究——兼论成人学习者"学习内存"的拓展》，《中国远程教育》2009年第1期。

2022 年广西还首次举办"壮族三月三"走进港澳系列活动——"好日子放在歌里过"，启动仪式活动在南宁和香港同步进行线上直播，广西电视台也对此次活动进行了现场直播，让更多人沉浸式体验八桂文化，也促进广西与香港的沟通交往。"2022 壮族三月三·全国百名主持人云上赶歌圩"融媒体互动歌会则采用"民歌手云上共同唱响民歌"、广播宣推、网络融媒体全程立体式传播，并通过全国广播电视媒体网络新媒体端全网推送对歌短视频，宣传广西"非遗"文化，广西电视台举办的该活动已成为广电业界融媒体活动的品牌 IP。① 2022 年三月三的融媒体创作展现出广西台充分地运用了技术和场景的融合，从而提升视听传播效能。

（三）年轻化叙事与多平台互动相融，习得用户思维

互动仪式链理论常被用作"研究群体活动、揭示个体汲取情感能量、参与社会互动、获得群体归属感和身份认同的规律"②。如抖音短视频观看量的火爆增长与平台和用户的互动性紧密相关。广西台在 2022 年"三月三"相关节目的传播中，通过多平台推广节日视频内容，积极与观看者进行互动。如有关"壮族三月三·八桂嘉年华"的内容分别在"广西视听"App、广西卫视微信视频号、头条号/抖音号和官方微博同步直播，访问量不断增长。互动性主要还体现在电视端转移到移动端的手机上，采用横屏加竖屏的方式播放。广西台视频号和抖音号的推广也编辑互动化、年轻化的文案，如某一条视频号的短视频文案为"广西民歌马上来啦，你还不赶紧过来听听"，引起了年轻人的共鸣，也更加符合融媒背景下年轻群体的审美需求、个性化需求。

二、《紧跟伟大复兴领航人踔厉笃行》系列政论专题片的"破圈"传播

（一）主题深刻，立意深远

在习近平总书记视察广西"4·27"重要讲话发表一周年之际，4 月 12 日至 17 日，广西卫视在晚间黄金档重磅推出电视专题片《紧跟伟大复兴领航人踔厉笃行》，引发收视热潮。此专题片主题重大，围绕"紧跟伟大复兴领航人踔厉笃行，凝心聚力建设新时代中国特色社会主义壮美广西"的政治主线，展现广西建设发展，同时为迎接党的二十大胜利召开营造良好舆论环境而推出，与一周前三月三的报道也有相关性。专题片共六集，分别为《牢记嘱托担当使命》《撸起袖子加油干》《打赢脱贫攻坚战》《绘好美丽壮乡图》《走好新的长征路》《欢歌唱响新时代》，主题涉及脱贫攻坚、产业发展、民族团结等，

① 《全国百名主持人云上"赶歌圩" 共唱壮族三月三》，https://baijiahao.baidu.com/.html。

② 谷学强：《互动仪式链视角下网络表情包的情感动员——以"帝吧出征FB"为例》，《新闻与传播评论》2018年第5期。

社会意义深远，激起广泛讨论。

（二）故事化叙述，小切口彰显大主题，小场景讲述大时代

在 2016 年党的新闻舆论工作座谈会上，习近平总书记指出："深刻道理要通过讲故事来打动人、说服人。"精辟阐述了讲好中国故事的重要性，这一点在《紧跟伟大复兴领航人踔厉笃行》专题片中也能体现出来。该片将抽象化、概念化、阐述性的理论内容，穿插配合典型案例故事，进行创新、新鲜表达。例如，第二集《打赢脱贫攻坚战》中，在主线中穿插着广西各个贫困村脱贫攻坚的故事，记者深入乡村田野、田间地头，采访了村支书、普通村民等不同人物，叙说一个个脱贫攻坚的故事，生动形象。该片还有众多"故事元素"，例如"大国重器"柳工装备制造、"国民美食"螺蛳粉、"让普通人拍出电影大片"的手机稳定器等一个个鲜活的故事，让人们深刻感受到在习近平新时代中国特色社会主义思想指引下，广西创新、开放、高质量的发展。该片以小见大，还采用平民视角切入，着眼于民众生活，创作出精品微叙事政论片。

（三）多平台传播，"视融＋县融＋N"联动，视听元素灵动相融

随着 5G 时代到来，面对传媒格局的深度调整和传播生态的整体重塑，党媒应坚持树立全媒体意识，善于打破时间和空间限制，创新做好重大主题报道，让重大主题报道在"信息快车"中得到快速和有效的传播，从而守好宣传主阵地、唱响舆论主旋律。[①]

此次系列政论片的报道属于重大主题报道，广西电视台及其所属的新媒体平台运用全媒体传播思维，不仅在传统电视屏幕上播放，还在广西视听、广西云等全媒体平台上宣传推广，联动全区 14 个区市媒体、111 个县级融媒体，以及广西各级党政新媒体、行业新媒体、头部商业网络平台等同频共振，在网络上掀起热潮。视听内容触达广泛用户群体，包括 Z 世代年轻用户等。用户也在微博、视频号等平台纷纷留言。

视频的视听元素较为丰富，将纪实影像、人物采访、三维图表等有机结合，将高屋建瓴的大政方针转化为形象生动的视听语言。视频中如"实现中华民族的伟大复兴，就是中华民族近代最伟大的中国梦""脱贫路上一个也不能少，中国人说话、中国共产党说话、中国共产党的领导说话是算数的""只有创新才能够自强"等习近平总书记经典话语不在少数。视听元素采用习近平总书记原声，配合雄壮的音乐，搭配多样的壮乡风景画面，声画与视听有机结合，是政论片中的佳作。

电视收视率数据显示，该片于 4 月 12 日至 17 日在广西卫视播出期间，以

---

① 韦佳利：《喜迎党的二十大，政论专题怎样出新出彩？来看广西答卷！》，《传媒茶话会》2022年4月15日。

每集 0.221% 的平均收视率在全国范围内位列同时段地方卫视综合频道节目收视率第六；在广西范围内每集平均收视率更是高达 4.195%，位列同时段地方卫视综合频道节目收视率第一。该片第四集《绘好美丽壮乡图》以"守护绿水青山，织就生态保护网"为主题，彰显壮乡生态之美，单集收视率 4.542%，为六集中高点，表现最为突出。[①] 据不完全统计，从 4 月 12 日至 17 日，该专题片每天约有 1000 万人次观看，网络总点击量超过 2 亿次。传统电视加融媒传播，收视率和点击率效果良好，引起业界广泛关注。

三、结语

在媒体融合的大背景下，广西电视台积极整合媒体优势，以时代主题为纲，以原创优质内容为基石，以互联网技术为轴，以用户思维为引领，进行全媒体新闻创作、融媒体产品的传播。2022 年"三月三"的系列报道和《紧跟伟大复兴领航人踔厉笃行》政论专题片，在内容创作、技术运用和平台宣传推广实践方面，取得了良好的传播效果。当然，也存在抖音账号和视频号点赞量和评论量不多的窘境，仍有很多人不了解广西台融媒创作的情况，广西电视台在融媒创作和"破圈"传播方面，仍需进一步探索。

（作者分别为：新疆大学新闻与传播学院副院长、副教授；新疆大学硕士研究生）

[①] 广西壮族自治区广播电视局：《〈紧跟伟大复兴领航人踔厉笃行〉收视表现强势》，2022 年 5 月 16 日，http://wgtlj.gxgg.gov.cn/gdfs/t11896180.shtml。